KB232464

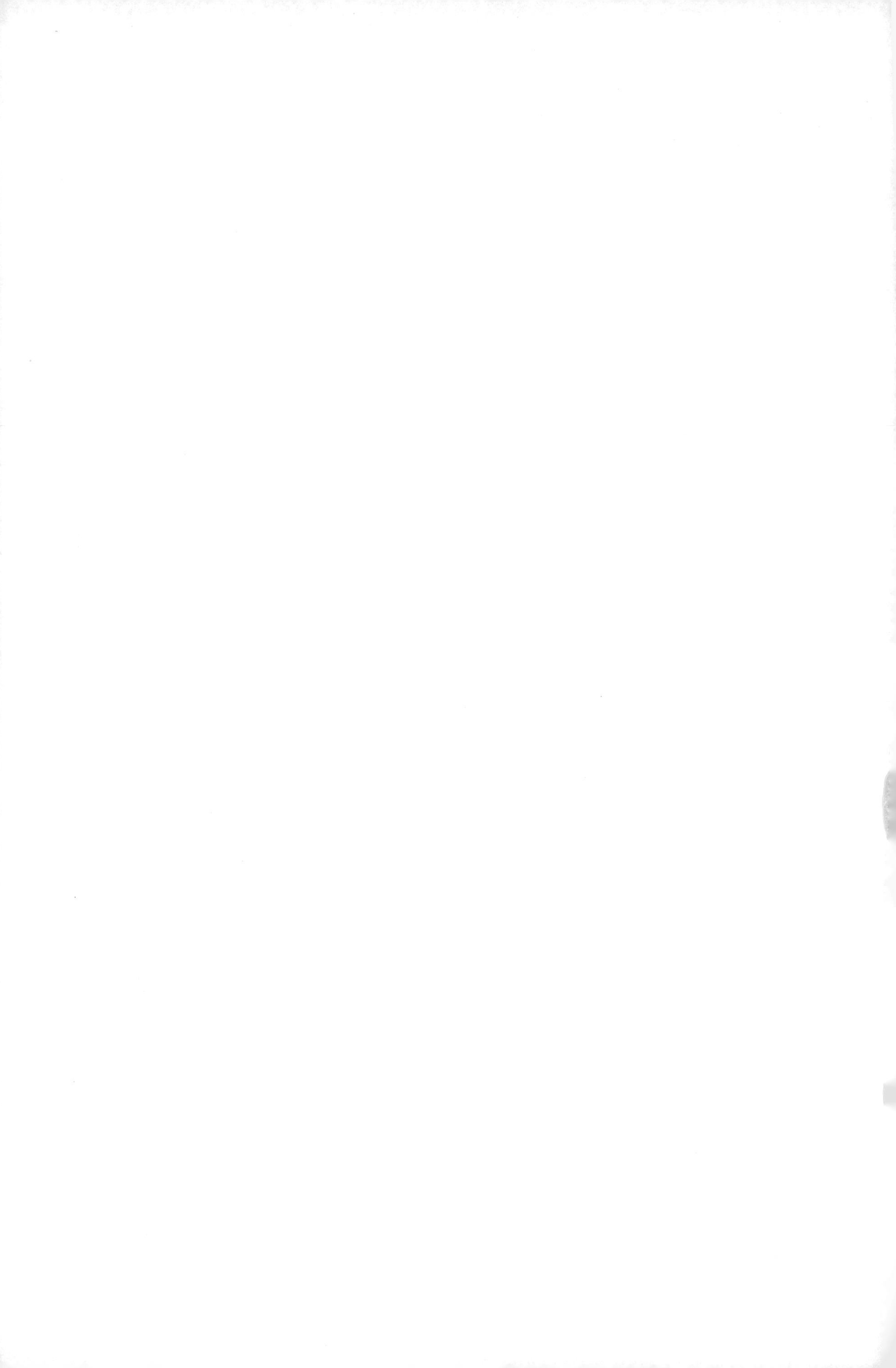

조형디자이너를 위한

금속조형해석론

ANALYSIS FOR METAL FORMATIVE DESIGN

조형디자이너를 위한

금속조형해석론

ANALYSIS FOR METAL FORMATIVE DESIGN

임옥수 지음

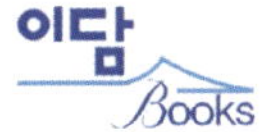
이담
Books

　이 책 <금속조형 해석론>은 현대 금속조형디자인에서 많이 사용되는 소재 및 재료기법 중에서 빈도와 그 비중이 큰 동합금방식에 대하여 고찰하고 있다. 본 책은 서론과 결론을 제외하고 총 4장으로 구성되어 있다.

　Ⅱ장에서는 동합금의 특성과 전통기법에 대하여 주로 다루었으며 또한 성형기법과 세공기법에 대하여 조사하였고, 동양 3국의 선행연구 사례에 대하여 조사하였다.

　한국의 경우 전통적인 동합금의 사례와 중요 무형문화재 보유자가 행하는 전통합금의 특성과 방식에 대하여 조사하였다.

　일본의 경우 시부이치(四分一)와 샤구도우(赤銅)와 전통 자입착색법에 대하여 연구하였다. 또한, 니야마에이로(新山榮郎)와 이또히로토시(伊藤廣利) 동경예대 교수의 금속합금에 대하여 조사하였다.

　중국의 경우 고대의 청동합금기술과 동의 세공 및 동기의 제작 유형을 조사하였다.

　Ⅲ장은 동합금의 표본선정과 재료실험에 대한 내용으로서, 동과 동합금, 실용 시판동의 종류에 대하여 살펴보았으며, 동의 여러 유형을 체계적으로 분석하였다. 이 과정에서 특히 황동과 양백, 청동, 백동 및 전자재료용 동과 같이 시중에서 유통되고 있는 재료를 선정하였으며 구체적으로는 동합금을 생산하는 D산업과 P사에 대하여 시장분석을 하였다. 또한, 재료 각각의 작업 성질과 특징에 대하여 살펴보았다.

　특히, 동합금의 용접 시에 생기는 여러 가지의 양상에 대하여 연구하였으며, 특히, 망상조직기법과 전해주조기법의 사용 시 온도와 색채와의 상호관계 등 연구작업 과정에서 두드러지게 드러나는 특징에 대하여 조사하였다.

또한, 동의 재료적인 특성을 드러낼 수 있는 시각언어 즉, 물질언어의 어휘에 대하여 분석하였으며, 이러한 물질언어를 적극적으로 활용하여 작품에 적용할 때 발생되는 형질변환적 사례에 대하여 조사하였다. 이러한 형질변환은 정신분석학 및 해석학적 차원에서 분석하였다.

이러한 결과를 바탕으로 하여 조형적인 해결을 위해서는 어떤 기법이 특별히 취급되고, 적용되고 있는지를 논하였다. 특히 적층기법, 망상조직기법, 융합기법, 전해주조기법 등의 적용사례를 중심으로 연구하였으며, 그 외에 이러한 기법들을 복합적으로 활용하는 특수한 경우들을 아울러 확인하였다. 이 책은 이러한 작품제작에 따른, 또는 작품감상에 있어서 특히 현대 금속조형의 이해의 한 방법으로서 기호학적인 해석이 가능하다는 사실을 발견하게 되었다.

Ⅳ장에서는 이러한 선행 사례와 실험을 토대로 하여 현대 금속조형가들의 작품을 분석하였다.

그 결과 동합금의 물질성을 교묘히 활용하여 타 물질과 같은 특성을 유발하는 준 쉬와르츠, 착색의 방식을 통해서 형질의 변환을 구가해 나아가는 셜크 헬렌, 퓨징 기법을 숙련되게 연출하는 마르네 랸의 경우에 대하여 분석할 수 있었다.

Ⅴ장에서는 표현기법의 확장을 위한 연구자의 재료실험과 작품연구에 관한 내용을 담고 있다. 특히, 저자가 자체 개발한 연구동합금의 재료적인 특성과 시중동합금의 재료적 특성을 분석하였고, 연구동합금과 시중동합금과의 차이점을 도출할 수 있었다.

작품에 대한 내용은 1980년대 이후 지속해 왔던 이러한 동합금의 재료적인 특성을 활용하여 금속공예의 차원을 넘어 금속조형을 환경예술품의 차원으로 끌어올리려는 모색에 대한 내용을 기술하였다. 구체적으로는, 1990년대에 이르기까지 다양한 표현의 가능성을 ≪태초의 공간≫ 시리즈라는 명제하에 실험해 온 내용과 그것을 기초로 하여 그 이후부터 현재에 이르기까지 ≪진화의 꽃≫ 시리즈라는 새로운 명제를 가지고 지속적으로 제작해 오고 있는 내용을 담고 있다.

책의 구성이나 내용에 대한 독자들의 허심탄회한 지적이나 건의가 있다면 앞으로 더욱 좋은 책으로 수정해 나아갈 수 있을 것이다.

앞으로 이 책이 많은 조형디자인 관련 분야의 사람들에게 작품을 해석하는 데에 꼭 필요한 조형해석학 이론서가 될 수 있기를 기대한다.

이 책의 원고정리와 표지디자인을 위하여 서울대학교 의류학과 석사과정의 임용덕 군과 전주대학교 디자인학부 조교 조근화 님의 많은 도움이 있었다.

끝으로 이 책을 낼 수 있도록 협조해 주신 한국학술정보(주) 채종준 사장님께 감사를 드린다.

2010년 2월

저자 識

목차

I. 서 론

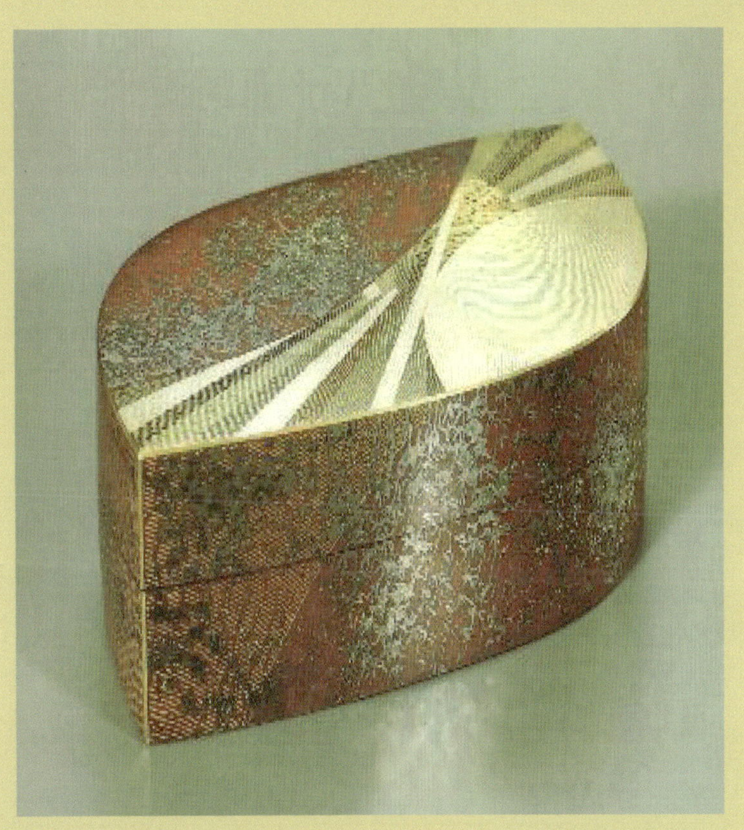

　20세기 후기에 와서 특히 1980년대 이후의 급격한 탈장르 현상을 맞이하
면서, 순수한 입장에서의 금속조형디자인의 양식이 급격히 무너져 내리고 여러
유형의 혼잡형식의 작품들이 등장하고 있다. 하나의 작품에서 금속을 위주로 하
되 전통적인 금속조형의 순수한 조형기법이 아닌 회화나 조각, 판화, 도예, 유리
공예 등의 다양한 장르에서 과거에 구축되었거나 새로 개발되고 있는 기법을
임의로 차용하거나 채택하여 사용해 오고 있다.

　특히, 물질 자체를 바라보는 시각도 대단히 특이한 시각에서 접근하여 복잡한
다원주의적인 문화와 철학이 내재해 있도록 할 뿐만 아니라, 지극히 은유적이거
나 상징적이어서, 복합적인 의미작용이 가능하도록 하는 작품들이 연출되고 있다.

　이러한 추세를 반영하듯이, 사용하는 매체에 있어서 단순히 금속 하나만을 고
집하지 않고 유리나 나무, 천, 수지 등을 복합적으로 사용하고 있다. 또한, 여러
유형의 합금이 개발되어 과거에 사용되었던 귀금속 위주의 작품에서 탈피하여
비철금속을 위주로 한 작업방식의 개척이 다양하게 이루어지고 있다.

　이 책은 이렇게 합금이 유도되고 있는 작품의 경우에 있어서 그 작품의 가치
를 어떻게 규명하고, 어떤 미적 가능성이 내재되어 있는가에 대한 연구를 해야
할 필요성이 느껴졌다. 일반적으로는 하나의 금속조형의 작품에서 하나의 물질
만이 사용되어 그다지 복잡한 해석이 필요 없었다. 그러나 오늘날의 금속조형
작품은 합금을 비롯한 다양한 매체의 복합과 다양한 기법을 통한 물질 자체의
변조 혹은 변환이 이루어져 있다. 구조적인 문제에 있어서도 의미심장한 형태와
해체적인 배치법이 작용되는 경우도 있으며, 다양한 민족과 문화가 교류하면서
이질적인 문화의 교잡형식의 작품들이 등장하기도 한다.

　이 책은 이러한 경우에 어떤 해석이 가능하며, 어떤 견지에서 작품을 접해야
하고 창작에 있어서 어떤 조형적인 해결이 필요한가에 대한 가능성을 점검할
필요성을 느꼈으며, 여기에 따른 구체적인 연구와 표본조사가 이루어져야 한다

는 사명감을 느끼게 되었다.

이 책은 이러한 혼재 양상에 대하여 다양한 대응책이 강구되어 기초적으로 필요한 해석을 위한 여러 가지의 해석의 단서들을 정리하고 체계적으로 대처해야 할 필요성을 느꼈다. 특히, 하나의 작품이 성립하는 데 있어서의 복잡한 제작과정과 작가가 의도하는 함축적인 정신의 질서들에 대하여 연구의 부족이 피부로 느껴졌으며, 이러한 선행연구가 부족하다는 생각을 해 왔다.

본 책은 이러한 탈장르 현상 가운데에서도 뚜렷한 흐름의 맥을 유지하고 있는 현대 금속조형디자인에서 동합금에 의하여 이룩되는 조형언어를 연구하려 한다. 특히, 그 방법론 중에서 금속 자체가 지니고 있는 순수한 조형언어가 내재되어 있음을 규명하고 그것이 어떠한 질서를 가지고 있으며, 작가가 그것을 어떻게 이용하고 제작에 임하는지를 살펴보고자 하였다.

특히, 이 책은 동합금을 위주로 하는 작업방식의 개척에 초점을 맞추었다. 국지적인 문제로서 동합금의 주변에 내재되어 있는 여러 가지의 유형을 분석하고, 과거에 이룩해 놓은 기법의 종류와 그 사례를 분석하고 향후 전개될 방향을 유추하여, 그 전개과정을 규명하고자 하는 데 그 목적이 있다. 따라서 동합금의 주변 재료에 따른 특징과 기법의 산출 가능성을 체계적으로 분석하고 구체적인 사례를 실험을 통하여 입증하고자 하며 그 결과를 보고하는 것이 본서의 기술방식이다.

현대의 금속조형에 있어서 특히 중요한 것은 채택되어 사용된 금속 자체의 성질과 의미 그 자체의 조형적인 가치 등이 필수적으로 고려 대상이 된다. 작가들은 이러한 작품을 제작하면서 재료 자체에서 발산하는 뉘앙스와 상징성을 두루 분석하여 표현의 가능성을 개척해 왔다. 이러한 특수한 기법들은 재료가 지니고 있는 다양한 의미작용까지를 염두에 두고 진행되었으며, 그것은 표현의 가능성을 대단히 확장시키는 결과를 가져왔다.

그 결과 특수한 기법을 통해, 금속 자체가 지니고 있는 물질성의 원형적인 가치를 해체하고 새로운 가치를 부여할 수 있는 가능성을 개척하여 왔다. 그래서 보다 나은 가치를 지닌 작품으로 화할 수 있는 기법들이 한창 진행 중이다. 본서의 경우도 이러한 추세를 반영하여 1990년대 이후부터 ≪태초의 공간≫, ≪진화의 꽃≫ 시리즈를 통해서 조형영역의 확장을 꾀하여 환경조형물의 제작을 위한 미니어처의 제작까지 시도하고 있는데, 이번 본서에서 이러한 결과의 일부를 보고하는 목적을 지니고 있다.

본서는 이러한 논제에 충실을 기하기 위하여 다음과 같은 절차에 따라서 연구를 진행하고자 한다. Ⅱ장에서는 동합금의 특성과 전통기법에 대하여 논하였으며 특히, 한국 및 일본과 중국의 전통동합금이다.

Ⅲ장에서는 동합금의 표본선정과 재료 및 기법에 관하여 다루고자 하며, 이에 따르는 제반 문제들을 논하고자 한다. 따라서 실용시판동(實用市販銅)의 종류에 관하여 논하고, 동의 유형에 대하여 간략하게 논할 것이다. 이러한 동의 종류에는 황동(黃銅), 양백(洋白, Nickel Silver 또는 German Silver), 청동, 백동 등이 있으며, 이러한 재료의 특성에 대하여 논할 것이다. 이와 별도로 현대에 와서 새롭게 알려지고 있는 전자재료용 동합금에 대하여 분석하고 간략하게 기술하고 있다.

이러한 동합금의 재료에 대한 시장분석을 통해서, 동(銅) 이외의 원료지금(原料地金) 및 국내 신동제품 품종별 생산업체 현황에 대하여 논하게 될 것이며, 국내 D산업[1] 및 P사에 대한 시장 및 기술 분석을 행할 것이다. 이와 더불어 국내 시장에 판매되는 동판의 종류와 저자의 형질변환기법 실험용 동합금에 대하여 논하고, 동합금의 기법을 일반기법과 특수기법으로 나누어 고찰하고자 한다. 특수기법으로는 여러 가지의 동합금의 기법 가운데에서, 비교적 과학적 표본실험이 가능하다고 생각되어 선정된 망상조직기법(Reticulation)의 실험분석 및 전해주조기법(Electroforming) 등에 대하여 설명하고자 한다.

본서는 이러한 유형의 작품 해석 방안으로 고대의 연금술사들이 행했던 가치변환의 문제와도 통하는 것으로서, 대단히 중요한 의미를 지닌다고 생각해 왔다. 왜냐하면, 독특한 작업경로와 정신성의 부여를 통한 감정의 이입, 혹은 작가가 특이한 경로에 의해서 사유한 정신적인 문제들을 마술처럼 물질에 걸어 놓고 있기 때문이다.

이러한 경우를 가치의 전환 혹은 가치의 전이 혹은 형질변환(metamorphosis)의 문제 등으로 고찰하려 하며, 여기에 대한 중심적인 고찰은 Ⅳ장에서 다루었다. 구체적으로는 재질적 특성의 조형적 해결을 위한 시도로서, 재료에 의한 형

---

1) www.brasone.com

상화를 유형 설정하고 각 유형들에 나타난 형상화의 조형분석을 행할 것이며, 이 과정에서 형태구성을 위한 제 요소들과의 역학관계 및 마티에르의 특성, 의미요소와 이미지 요소의 설정(해석, 상징, 용도) 등에 관하여 논하였다.

이러한 형질변환을 통해서 작가는 새로운 개성과 독창성으로 자기가 지닌 특유의 조형언어를 구축하게 되며, 필연적으로 물질 자체가 지니거나 지니고 있는 것처럼 보이는 언어들을 이용하게 된다. 이러한 언어의 구축이 하나의 작품에 있어서의 독특한 마력이 되게 한다. 이러한 마력의 구축을 통해서 작품 자체에 사용된 물질언어의 변환이 이루어지게 된다.

그것에 작가의식을 도입하여 자신의 방식을 새롭게 구축하고 독특하고 의미심장한 조형 자체의 다양한 내부의 문제들과 문학성과 역사성 및 사회성을 구축하여 작품의 구성요인이 되게 하는 경우도 있다. 이는 금속 자체가 지니고 있는 신화적인 의미나, 종교적인 의미, 주술적인 의미들이 일종의 상징언어로 채택되고 있음을 알게 되었으며, 이를 위해서 Ⅳ장에서는 이에 대한 체계적인 고찰을 시도하였다. 특히, 조형적 표현의 해결을 위한 실험적 시도를 일반화시키기 위한 노력의 범주에서 이 책을 쓰게 되었다. 이러한 형질변환에 대한 구체적인 범위를 한정하고, 재료의 특성별 효과의 부각에 따른 제반 요인들을 들추어 구체적인 작품 분석을 하였다.

이 책에서는 실제로 이루어지고 있는 조형언어와 작품의 이면에 내재되어 있는 상징적 의미를 동시에 비교해 보아야 하는 까다로운 절차가 내재되어 있다. 따라서 이러한 논의를 뒷받침해 줄 수 있는 내용을 고대에서부터 현대에 이르기까지 다양하게 검토해 보아야 할 필요성이 있으므로, 인간의 인식체계와 의식세계에서의 물질의 의미를 고찰해야 할 필요성이 있었다. 그래서 신화에 내재되어 있는 내용을 살피기 위하여 동양과 서양의 관련 자료를 두루 비교해서 고찰해 보아야 할 의미가 생겨났으며, 신화의 주변에 있는 민담이나 설화까지도 관계성을 고려하여 연구대상에 포함할 필요가 있었다. 그래서 우리의 주변에서 발견될 수 있는 무의식적인 금속의 가치관을 고대의 문헌과 성서 등에서 살펴보았다.

특히, 금속에 내재되어 있는 조형언어를 추적하기 위하여 신화와 관련된 내용과 성서 및 기타 일반도서[2]를 참조하여 기술하였다. 또한, 금속과 관련된 다양

---

2) 김무조, 한국신화의 원형, 신지서원, 1996; 박용순, 역사속에 숨겨진 우리 옛이야기, 박우사, 1999; 벌빈치

한 아티클과 Hayes, Charlton J. H, 김종순 역, <물질주의 세대(1871~1900)>, 루시 스미스(Smith, Edward Lucie) 이대일 역의 <상징주의 미술(Symbolist Art)>과 <원시주의 미술>, 로리 슈나이더 애덤스(Adams, Laurie Schneider)의 예술과 정신분석(Art and Psychoanalysis), 존 점프(Jump, John D.)의 <원시주의(Primitivism)> 등을 참고로 하여 진행될 것이다. 또한 기술적인 문제에 있어서는 금속공예의 다양한 기법을 연구해 놓은 선행연구자들의 문제와 물질의 본질적인 문제를 다루고 있는 타 장르의 조형적인 실험을 다루고 있는 경우 이해의 폭을 넓히기 위해 간략하게 다루었다.

이러한 본서의 내용은 Ⅱ장에서 다룬 바와 같이 다양한 양태의 소재를 분석할 수 있었으며, 특히 재료적인 특성을 체계적으로 연구할 수 있는 기회가 되었다. 특히 동양 3국에서 연구되어 온 전통적인 동합금에 대하여 다루게 될 것이다.

Ⅲ장에서 다루게 될 내용은 재료가 지니는 특성을 기본적인 조형의 수단으로 활용할 수 있는 구체적인 사례이며, 특히 동합금의 조형적 표현의 확장을 위한 실험 하나의 작품이 성립할 때, 필연적으로 요구되는 행위와 흔적, 시간성의 상관성을 고찰할 것이며, 2~3절에서는 형태와 무의식적인 상관성 및 금속조형이 타 장르와 어떤 차별성을 지니고 있는지를 고찰할 것이며 현대 금속조형의 장르에서 어떤 변화가 구체적으로 일어나고 있는지에 대하여 고찰하고자 한다.

Ⅳ장의 경우 국내외 거장들의 사례를 준거로 하여 조형적인 표현의 확장을 꾀할 수 있는 가능성에 대하여 분석한 성과라 할 수 있다.

이 가운데에서 이 책에서 주목한 특수한 기법 가운데에서 드러나는 특성 중에 하나는 물질언어를 교란하거나 조형적인 해결을 위해서 사용한 기법을 통해서 드러난 형질의 변환이라 할 수 있다.

형질의 변환은 금속이 지니는 기초적인 물질의 성질을 왜곡시키는 과정에서 비롯되는 것이다. 물질이 지니고 있는 기초적인 느낌을 작가가 의도적으로 교란시켜 원래의 느낌을 교란시키고 있을 경우, 물질언어가 교란되었다고 볼 수 있다.

또한, 이러한 경우에 있어서, 작품을 단순히 금속조형의 기존 조형어법으로

(Thomas Bulfinch), 김창수 역, 그리이스 로마신화, 삼성당, 1974; 불트만, 유동식 역, 예수그리스도와 신화론, 세종출판공사, 1974; 선정규, 중국신화 연구, 고려원, 1996; 이은봉, 단군신화 연구, 온누리, 1994; 이종섭, 페르시아 신화, 글사랑, 1995; 진성기, 탐라의 신화, 평범사, 1980; 마틸데버티스티니, 조은정 역, 상징과 비밀, 예경, 2007 등 참조.

해석하려는 시도는 금물이다. 작품을 하나의 텍스트로 본다고 할 때, 그 텍스트는 해체적인 조형어법이 적용되는 단계에 이르기까지 어렵고 난해해지기 때문에 단순히 해석하려는 근대적 발상은 이미 그 한계를 넘어섰다고 보고, 해체론이나 그 주변에 있는 기호학의 도움이 해석에 있어서 필수적인 상황이다. 본서는 이러한 분석에 있어서 기초적인 해석학적 고찰을 위해 Ⅳ장에서 다양하게 다루었다.

특히, Ⅱ장과 Ⅲ장에서 고찰한 예비적인 지식을 근거로 하여 현대 금속조형에서 형질변환이 이루어진 작품을 선정하여 그 구체적인 작품을 읽고 분석하는 장이 될 것이다. 여기서 필요한 경우 그 작품을 읽기 위하여 작품에 걸어 놓고 있는 작가의 정신작용의 문제와 그것을 뒷받침할 수 있는 다양한 주변 지식들이 고찰될 것이다. 이러한 작품들에 관한 분석을 위해서 정신분석학, 해체론, 기호학, 해석학, 도상학 등을 적용하여 고찰하였다.

이러한 방식에 대하여 그 가치를 따져 보자면 금속조형이 현대화되기 이전부터 조금씩 다루어 온 것이긴 하지만, 현대에 이르러 물질 자체의 이면적인 의미와 상징성, 은유성 등을 다루기 시작하는 등, 그 의미에 있어서의 차연화가 이루어지는 해체주의가 대두되면서 더욱 정당성이 부여되어 실험의 깊이와 폭이 한층 더 깊어졌다. 형질변환을 위한 특수한 기법에는 적층기법(積層技法), 망상조직기법(網狀組織技法), 융합기법(融合技法), 전해주조기법(電解鑄造技法) 특수한 형질변환 - 혼합매체의 사용 등이 있으며, 이러한 연구는 합금법과 함께 더욱 진전이 이루어지고 있다. 이러한 구체적인 사례로서 준 쉬와르츠와 셜크헬렌, 마르네 란 등의 작품에 대하여 분석하였다. 이러한 형질변환은 금속조형의 표현의 가능성을 더욱 광범위하게 하고 있을 뿐만 아니라 조형성의 증대와 금속 조형의 한계를 무한히 확장시키고 있다.

Ⅴ장에서는 저자의 작품세계에 대하여 크게 3단계로 구분하여 논하고 있으며, 본서는 이러한 금속 조형의 작품을 이해하고 창작에 적용해야 하는 다양한 정신작용에 대한 문제와 물질 자체의 가치와 그것을 작가가 제작하는 과정에서 어떤 가치의 변환이 이루어지는가에 대한 분석이 필요하다고 여겼다.

현대 금속조형디자인이 단순히 도구성이나 기능성을 바탕으로 하는 수준에 머무르고 있지 않기 때문에 본서는 이러한 정서를 반영하여 독특한 시도라 할 수 있는 실험의 확장과 형질변환의 사례 등을 토대로 하여 건축적 스케일의 작품의 미니어처를 제작하여 금속 조형으로서의 환경조형물의 제작 가능성을 분석하였다. 이러한 분석은 1984년 이후 시작된 모색기에서 1990년대의 실험기 1990년대 후반에서 현재에 이르는 완성기로 구분한다.

이러한 내용의 필요성을 충족시키기 위하여, 현대의 사회적인 흐름과 주변학문과 철학을 분석할 필요성이 있음을 부인할 수 없다. 그러나 이러한 내용에 있어서 중요한 것은 창작의 과정에 있어서 특히 작품의 제작에 있어서의 주변문제로 분석의 범위를 정하고 그것을 해석하기 위한 기초적인 문제 혹은 주변 학문의 경우에도 작품의 해석에 있어서 지극히 필요한 경우에 한하여 행하려 함을 밝히려 하여 실험을 통해서 준비한 저자의 작품이며, 이것이 본서의 범위이다.

이 책에서는 이러한 기법의 기본 값을 분석하고, 작가가 작품의 제작을 위해서 계획적으로 행한 형질의 변환을 구체적으로 분석해 보는 것이다. 구체적으로는 동합금을 통해서 이루어지는 제반 절차를 종합하는 것이기도 하다.

Ⅱ. 동합금의 특성과 전통기법

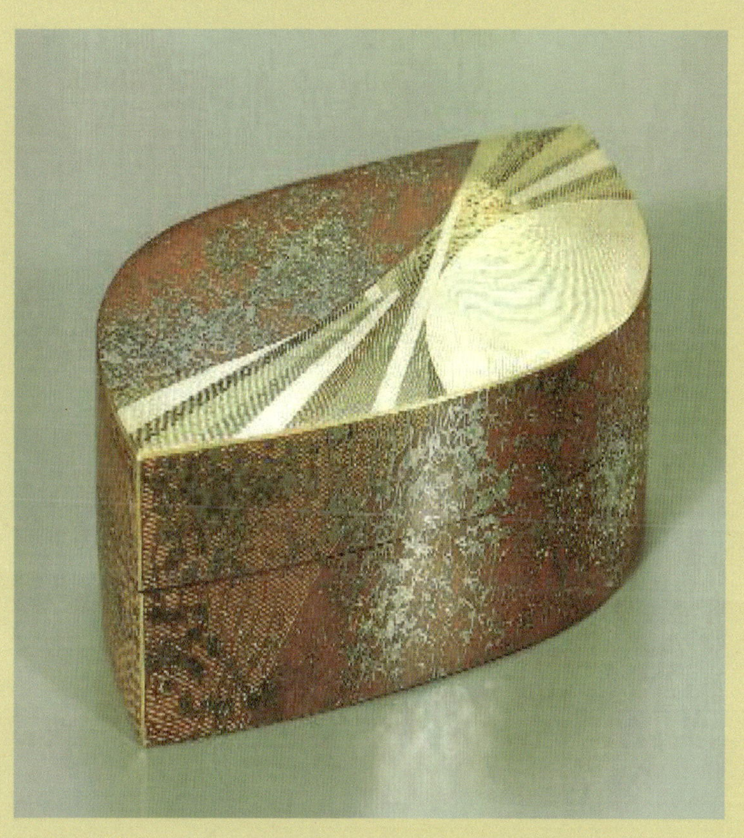

이 장에서는 동합금의 선행연구에 해당되는 전통적인 기법에 대하여 논하고
자 한다. 특히, 기법적인 특성으로서, 성형기법과 세공기법에 대하여 조사하고,
동양 3국의 전통적인 동합금에 대하여 논한다.

1. 전통기법

금속의 제작공정[3]은 광물의 제련에서부터 시작하여 재료의 합금과 열처리 과
정을 거쳐 원형을 만드는 성형작업(成型作業)과, 표면을 장식하는 세공작업(細
工作業), 그리고 표면처리 등으로 진행된다. 이 중에서 형상작업과 장식기법을
포함한 금속의 가공은 매우 어려운 공정이기 때문에 금속이 지닌 특성을 적절
히 이용하는 금속조형의 기법이 중요시된다. 금속의 특성 중에서 얇게 펴지는
성질인 속성과 늘어나는 성질인 전연성(展延性)은 금속의 변형을 가능하게 하
므로 다양한 기법이 생겨났고, 이로써 조화된 형태와 정교한 장식의 공예품의
제작이 가능하였다.

그런데 금속조형의 기법은 단순하게 단독 기법만 사용되는 경우도 있지만, 대
부분 형태를 만든 다음 세부를 장식하는 다양한 세공기법이 병행되고 있다. 따
라서 학자에 따라 세부 기법의 분류도 다양하다. 특히, 금속조형의 기법에 관한
분류는 전통적인 금속조형의 기법이 현대에 계승되지 못한 요인과 함께 통일되
지 못한 용어의 문제 등으로 인하여 많은 어려움이 있다.

본 내용에서는 선학들의 연구를 토대로 하여 한국의 금속조형을 제작하는 일

---

3) 이영희, 고신라 금속공예의 누금세공기법 연구, 이화여자대학교 대학원, 박사논문, 1997, pp.24 - 32 참조.

차적인 기법인 성형기법과 형태 위에 이차적으로 장식을 가하는 세공(장식)기법
으로 크게 <표 1>과 같이 분류하고, 각 기법에 대해서 개략적인 설명을 하고
자 한다.

〈표 1〉 금속조형 기법 분류

성형 기법	주조(鑄造, 鑄金, Casting)		
	단조(鍛造, Hammering, Forging) · 추기(鎚起, Raising)		
세공 (장식) 기법	조금(彫金, Engraving)	선조(線彫, Line - Carving)	점선조(點線彫, Dotted line engraving)
			모조(毛彫, Hairline engraving)
			축조(蹴彫, Kicking line engraving)
		어자문(魚子文, Ring punched ground)	
		투조(透彫, 透刻, Open - work)	
	부조(浮彫, Relief)	타출(打出, Repousse)	
		압출(壓出, Chasing)	
	도금(鍍金, Gilding)		
	상감(象嵌, Inlay)		
	누금세공(鏤金細工, Filigree)	세선세공(細線細工, Filigree)	
		세립세공(細粒細工, Granulation)	

1-1. 성형기법

　금속조형 기법 중에서 성형기법에는 주조와 단조가 있다. 주조(주금 · 주물,
Casting)란 열을 가하면 용해하는 금속의 특성을 이용하여 기원전 3000년경부터
인류가 사용한 금속조형의 가장 기본적인 기법이다.[4] 즉, 용해된 금속의 용액을
일정한 틀—흙(土型)이나 모래(砂型), 석제(石型) 또는 금속제(金型) 등의 주조
틀(주형(鑄型) · 용범(鎔范), Mould)—에 부어 응고시켜 형상을 만드는 방법이다.
　재료로는 5金이라 일컫는 금 · 은 · 동 · 철 · 석(錫) 등과 두세 가지 금속의 합
금을 사용한다. 특히, 동과 청동이 양적으로 가장 많이 사용되었기 때문에 청동
기시대는 주조시대라고 한다. 주조기법은 주형의 사용으로 인하여 정확한 치수
와 복잡한 모양의 생산이 가능할 뿐만 아니라 대량생산이 가능한 장점이 있다.

---

4) 이종남, 주조공학, 보성문화사, 1982; 염희택 외, 신편 주조공학, 문운당, 1983; 엄준상, 금속공예, 미진사,
　1984, pp.109 - 164 참조.

단조(단금)나 추기는 금속의 전연성을 이용한 기법으로, 금속을 망치로 두드려 단련(鍛鍊)하여 형을 만드는 방법이다. 그러므로 주금과는 달리 가공 중의 경화현상(硬化現狀)으로 금속의 탄력성과 인성(引性)이 풍부해지는 금속의 특성을 이용한 기법이다. 단조기법에서 응용된 기법으로는 타출과 압출이 있는데 세공기법에서 설명하고자 한다. 또한 이와 같은 방법으로 금속판을 만들어 이를 가위로 오리거나 금속판의 평면성을 유지하면서 여러 형태를 구부려 제작하는 판금법(板金法)이 있다.

단조(Forging)는 금속의 덩어리나 봉에 열을 가하여 부드럽게 된 금속을 두드려 가면서 기물을 성형하는 방법으로 화조(火造)라고도 한다. 주로 철을 이용한 농기구의 제작이나 칼이나 도끼 등의 제작에 사용되며 '벼리기', '벼리질'로 불리기도 한다.

추기(Raising)는 금속의 얇은 판을 냉간 혹은 열간가공으로 당금(當金, Stake)이나 모래부대 등에 대고서 추기용 망치로 두드려 가며 굴곡 있게 가공하는 방법이다. 이때 조금기술을 병행시켜 완성하기도 한다. 황남대총(皇南大塚)과 천마총(天馬塚)에서 출토된 각종 금은제 합(盒)과 고배(高杯)를 비롯한 용기나 여러 고분에서 출토된 관모(冠帽)나 과대(銙帶)와 같은 장신구의 제작에 주로 사용되었다.

1-2. 세공기법

세공기법이란 주로 주조나 단금에 의해 성형된 금속공예품을 장식하는 기법으로 조금, 부조, 도금, 상감(감옥, 嵌玉), 누금세공기법 등이 있다.

조금(Engraving)은 주금, 단금, 추기 등으로 제작된 금공제품을 강철로 만들어진 끌(錠)을 사용하여 공구의 독특한 맛을 살려 조각하는 기법이다. 선조, 어자문, 투조기법 등이 포함된다.

선조(Line-carving)는 금속기의 표면에 문양을 나타내는 기법으로 음각(陰刻)·선각(線刻)·세선음각(細線陰刻)·열점문(列點紋)·점선문(點線紋) 등의 용어로 쓰인다.5) 또한 점선으로 시문하되 선이 이어지는 모양에 따라 점선조(點

---

5) 이난영, 고려시대의 금속공예, 대고려국보전, 삼성문화재단, 호암미술관, 1995, p.269 참조.

線彫), 모조(毛彫), 축조기법 등으로 세분되는데 모두 장신구의 가장자리 장식에 많이 사용된다.

점선조(Dotted line engraving)는 끝이 뾰쪽한 '운풍정'으로 점을 찍어 선을 만드는 극히 단순하고 초보적인 기법으로[6] 표면에서 눌러 찍는 자점문(刺點紋)과 금속판 뒤쪽에서 한 점 한 점 때려 줌으로써 앞쪽으로 튀어나오게 하는 효과를 볼 수 있는 추점문(錐點紋)을 포함한 침석타기법(針石打技法)도 이에 속한다.

점선조는 타출점열(打出点列)이나 자돌점(刺突点)으로 외주의 윤곽을 돌리고 점각(點刻)과 점선(點線)으로 화문, 파상문 등의 무늬를 나타내며, 점각으로 명문을 쓰기도 하고 어자문의 대용으로 지문을 장식하기도 하는 등 다양한 용도가 있다.

모조(Hairline engraving)는 끝이 세모지고 뾰족한 '촛정' 또는 '삼각정', '모정'이라 불리는 끌을 금속 표면과 30°가량 경사지게 하여 선을 그어 무늬를 나타내는 기법이다. 금속표면을 파내듯이 선조하기 때문에 표면에 도드라진 부분이 전혀 없다. 황남대총 고분에서 출토된 금제반지의 표면에 새겨진 격자문이나 식이총출토동완(飾履塚出土銅碗)을 비롯하여 통일신라시대의 사리장엄구(舍利莊嚴具)에 집중적으로 보인다.

축조(Kicking line engraving)는 끝이 약간 편평한 '공군정'으로 직각에 가까울 만큼 가볍게 각을 세우면서 두드려 새기는 기법으로, 차듯이 두드린다 하여 '축조'라는 용어를 사용한다. 축조기법의 전형적인 수법은 삼각형 모양이 서로 약간씩 물리면서 이어지는 것이나, 경우에 따라서는 삼각형이 촘촘히 연결되어 거의 직선에 가깝게 선을 만들기도 한다. 고령 지산동 32호분출토 금동관(高靈 池山洞 32號墳出土 金銅冠)이 전형적인 예이며 신라에서는 황룡사지출토 사리기(舍利器)의 신장상이나 통일신라시대의 안압지출토(雁鴨池出土) 비천상(飛天像) 등에서 확인된다.

어자문기법(Ring Punched Ground)이란 뾰족한 송곳의 끝을 약간 잘라 내고 그 중간을 凹面으로 만든 송곳인 방울정을 이용하여 금속표면에 위에서 아래로 두드려 누리며 작은 원문을 반복적으로 찍어 내는 것을 말한다. 어자문이란 용어는 금속의 표면에 나타난 무늬가 마치 어란(魚卵)처럼 보이기 때문에 생겨난 것이며, 환문(丸紋), 연주문(連珠紋), 원권문(圓圈文), 원문(圓紋)이라고도 한다.

---

6) ___________, 한국고대 금속공예연구, 일지사, 1992, pp.237 - 238.

어자문은 처음에는 단독으로 눈(目) 같은 것을 나타낸 것과 동물의 머리나 몸체의 반문을 나타낸 것 등에서 차츰 발전하여 연주문이란 주문대를 나타내다가 차츰 바탕에 찍어서 지문을 장식한 것으로 변하였다.

어자문기법은 삼국시대에 불교와 함께 전래되었으며, 이후 통일신라시대에 특히 성행하였다. 계미명금동삼존불(癸未銘金銅三尊佛)을 최초의 예로 하여 불상의 대좌나 광배의 장식에 사용되었고, 감은사지출토 사리장엄구의 표면장식, 안압지출토 가위 등 통일신라시대의 공예품에 많이 장식되었다.

투조(투각, Open-work)는 금속판을 잘라 내어 뚫어서 문양을 표출하는 장식기법으로, 뚫어 낸 문양의 윤곽에 접하여 작은 구멍을 뚫고 문양의 사이를 잘라 끌로 절취한 후 줄로 마무리한다. 투조방법에는 바탕을 살리고 문양을 오리는 방법인 문양투(紋樣透)와 바탕을 오려내서 문양을 나타내는 지투(地透) 등 두 가지 방법이 있다. 천마총출토금모(金帽)를 비롯하여 금관총출토 금동제관모(冠帽), 황남대총 남분출토 은모(銀帽) 등 관모에 많이 사용되었으며 과대(銙帶)의 과판(銙板)에도 자주 사용되는 기법이다.

부조(Relief)는 금속의 전연성을 이용하여 망치와 같은 도구를 이용하여 금속판을 두드려 부조식의 정교한 문양이나 요철에 의해 입체감을 표현하는 기법이다. 단조기법(鍛造技法)에서 응용된 타출과 압출이 포함된다.

타출(Repoussé, 르프쎄)은 금속판을 뒷면에서 망치나 끌 등으로 두드리거나 눌러서 문양을 두드러지게 하여 돋을무늬가 되게 하는 주로 입체(고부조)의 형태를 만드는 데 사용된다. 황남대총 북분출토 은잔을 비롯하여 백제 무열왕릉의 왕(王)의 머리 부분에서 출토된 금제 뒤꽂이의 장식문양인 여덟 꽃잎(八花紋) 두 개와 S자형으로 배치된 인동문(忍冬紋)도 전형적인 타출기법의 예이다.

압출(Chasing)은 타출과 동일한 돋을새김 기법의 하나이나, 평면적인 모양을 새기는 것을 말한다. 즉, 타출기법과 달리 틀 위에 금속판을 올려놓고 금속판의 앞쪽에서 표면을 찍어 눌러서 정교한 문양이나 얇은 깊이의 형태를 성형하는 데 주로 사용된다. 압출불(押出佛) 등의 제작에 이용된 기법이다. 또한 주조와 부조가 결합된 기법으로 주출기법(鑄出技法)도 있다. 주출이란 주조법으로 틀을 만든 다음 이 틀 위에 얇은 금속판을 놓고서 망치나 끌 같은 도구로 타출하여 문양을 만드는 고도로 발달된 기법으로 식이총출토 식이가 있다.

　도금(Gilding)이란 청동 합금 위에 소량의 금을 이용하여 피복장식하는 기법으로 경제성, 장식성과 함께 금이 가지지 못한 강도까지 보완할 수 있는 장점이 있다. 금을 피복하는 방법에는 청동제품 위에 금을 입힌 후 열을 가하여 압착시켜서 청동과 금을 접착시키는 클래딩(Cladding)법과 수은을 이용한 아말감(Amalgam)법이 있다. 아말감 도금법은 수은에 용해되는 금의 특성을 이용하여 수은과 금을 혼합하여 금속면에 바르고 가열하면 357℃에서 수은은 증발되어 금속면에 얇게 확산된 금막이 형성되게 하는 방법으로, 한 번으로는 완전하지 않고 2, 3회 같은 작업을 반복한다.

　전자(前者)의 클래딩법은 비교적 표면상태가 단조롭고 작은 제품에 사용된다. 후자(後者)의 수은을 이용하여 금속표면에 금피막을 입히는 방법은 크고 복잡한 제품에도 사용하기 쉽다는 장점이 있으나 수은에 의한 부작용이 있기 때문에 수은처리를 할 수 있는 기본 시설과 환경오염을 방지할 수 있는 시설이 필요하다. 또한 도금이 어려운 철제의 표면을 장식할 경우에는 금판이나 은판을 철제품에 붙이는 철지은피(鐵地銀被), 철지은장(鐵地銀匠), 철지금피(鐵地金被), 철지금장(鐵地金匠) 등도 있다.

　상감(Inlay)은 금공품의 표면을 일부 파내고 여기에 다른 금속을 메워 넣음으로써 색채상의 장식효과를 내는 기법으로 목공예와 도자공예, 유리공예에도 널리 사용되었다. 보통 금이나 은 등의 무르고 연한 금속을 동합금의 바탕에 메워 넣어 화려한 장식효과를 내는 것을 의미하며, 나아가 금속에다 상아, 유리, 보석 등을 감입하는 경우도 있다.

　금속조형의 상감기법에는 금속의 가는 선을 박아 넣어 문자나 문양을 그리는 선상감과 조각면을 평면으로 파서 상감재를 박는 면상감이 대표적이다. 선상감은 입사(入絲)라는 용어로도 많이 사용되며, 향완(香浣)과 정병(淨瓶) 등의 불교공예품을 비롯하여 고려시대 공예품에 특히 많이 사용되었다.[7] 이 외에도 금속의 표면에 가는 종횡(縱橫)의 눈금을 새겨 조밀한 질감을 만든 후 이 질감에 바탕의 금속면보다 전연성이 좋은 금속으로 얇은 판을 만들어 고착시키는 포목상감(布目象嵌), 상감하는 금속을 표면보다 돌출시키는 고육상감(高肉象嵌), 금속면의 일부를 잘라 내고 그곳에 다른 금속면을 끼워 넣어 접합해 넣은 절감상감

---

7) 황수영, 고려청동은입사향완의 연구, 불교학보 1, 동국대학교불교문화연구소, 1963, pp.413 - 448 참조.

(切嵌象嵌) 등이 있다.

금속면을 파서 감입재를 넣는 상감기법은 백제의 칠지도(七支刀)를 비롯하여 도검(刀劍)의 손잡이 장식에 주로 사용되었다. 이와 달리 금속면 위에 구획선을 만든 다음 상감재를 넣은 감옥기법(嵌玉技法)의 유물에는 계림로14호분출토(鷄林路14號墳出土) 귀면장식(鬼面裝飾)이 있다.

누금세공(Filigree)은 고도의 기술이 요구되는 대표적인 세공기법(장식기법)이다. 즉, 금의 전연성과 용해성을 이용하여 만든 금사(金絲)나 금입(金粒)으로 금속의 표면에 원하는 문양을 표현하는 표면장식기법이다. 누금세공은 금사로 장식하는 세선세공(Filigree · 金絲法)과 금입으로 장식하는 세입세공(Granulation · 金粒法)으로 나누어지나, 일반적으로 'Filigree'라는 용어로 두 가지 개념을 포괄한다. 금을 금실이나 금 알갱이로 세공하여 금제유물(金製遺物)을 장식하는 기법은 기원전 2600년경 메소포타미아의 수메르인에 의해서 시작된 이래 오리엔트의 여러 지역과 그리스와 이탈리아로 전래된 이후 유럽의 금속조형기술로 18세기까지 존속된 오랜 역사의 금속조형 기법이다. 또한 누금법은 시베리아 유목민족과 중국, 한국과 일본의 금속조형에까지 전파되었으며, 우리나라에서는 삼국시대 금제유물의 장식기법으로 사용된 이래 고려시대까지 지속된 한국 금속조형의 대표적인 기법이다.

2. 한국의 전통동합금

한국 최초의 금속기(金屬器), 즉 청동기는 기원전 700년부터 본격적으로 시작하여 철기시대를 거쳐 원삼국시대 · 삼국시대 · 통일신라시대 · 고려시대 · 조선시대까지 각 시대마다 기형(器形)의 차이는 있으나 제작방법과 합금술(合金術)에 있어서는 거의 변함없이 청동제품을 제작 · 사용하여 왔다. 아울러 금 · 은 · 동 · 철의 금속제 공예문화가 시대발전에 따라 더욱 발전하여 이어져 왔다고 볼 수 있다.

또한 금속을 이용하여 조형문화를 낳게 한 합금술을 보면, 다른 나라의 합금술과는 다른 한국적인 독특한 합금술을 갖고 있다. 그것은 우선 동과 주석, 그리고 약간의 아연과 철을 합금시켜 청동을 제조하였으며, 제조된 자료를 주조(鑄造)·단조(鍛造) 등을 통해 기형(器形)을 만들고 양각(陽刻)·음각(陰刻)·투조(透彫)·상감(象嵌)·입사(入絲) 등의 기법을 이용해 문양을 시문(施文)하기도 하고, 또 금박(金箔)·도금(鍍金)·칠금(漆金) 등 고도로 발달된 기술을 발휘하여 금속 유물들을 제작·장식케 하여 유존(遺存)케 하였다.

삼국시대, 즉 원삼국시대에 이르러서는 청동기시대보다도 철제로 된 금속조형문화가 더욱 발달하였으며, 이로써 금·은제 조형물뿐만 아니라 철제조형물에 고도의 기술을 요하는 금·은 상감기법을 사용한 것이 주목되고 있다.

2-1. 한국의 금속조형제작기법

한국의 금속조형품을 제작하는 기법은 다음과 같이 분류할 수 있다.[8] 성형기법 중 주조기법(鑄造技法, Metal casting)은 네 가지로 구분할 수 있는데, 사형(砂型, Sand mould, 토범(土笵)-중국은 도범(陶范), 일본은 물형(捴型)), 납형(蠟型, Cire perdus, 실납법(失蠟法)), 석형(石型, Stone mould), 안틀 끼우기(입형(込型, Sealed model)과 안틀 깎기(삭중형(削中型)) 등으로 구분될 수 있다.

단금기법(鍛金技法, Metal hammering)에는, 단조기법(鍛造技法, Metal Forging), 추기기법(鎚起技法, Repoussé technique), 판금기법(板金技法, Metal sheet making) 등이 있다.

세공(장식)기법(細工(裝飾)技法)에는 조금기법(彫金技法, Chasing hammering)과 선조기법(線彫技法, Line carving)이 있는데, 후자의 경우 점선조기법(點線彫技法, Dotted line engraving), 모조기법(毛彫技法, Hairline engraving), 축조기법(蹴彫技法, Kicking line engraving) 등이 있다.

그 외의 기법으로는 어자문기법(魚子文技法, Ring punched ground), 상감기법(象嵌技法, Inlay), 누금세공기법(鏤金細工技法, Filigee) 등이 있는데, 누금 세공 기법의 경우는 세선세공(細線細工, Filigee)과 세입세공(細粒細工, Granulation)의 방식이 있다.

---

8) 이난영, 고려시대의 금속공예, 대고려국보전, 삼성문화재단, 호암미술관, 1995, p.269; 엄준상, 금속공예, 미진사, 1984, p.104.

2 - 2. 한국의 전통동합금

　금속제품[9][10]의 제조는 주조와 단조 등의 기법과 합금 그리고 각 시대를 통하여 제품의 표면에 금박·도금·음각·양각·투각 등의 기법을 사용하며 시대가 발전해 내려오면서 금·은 등의 재료로 입사·상감 등 고도의 정선된 기법을 구사하여 기물의 형태나 장식에 문양으로서 이용하여 왔다.

　그렇다면 청동은 어떠한 기법으로 제조되는지 논하고자 한다. 이것은 청동기 시대에는 대부분 용범(鎔范)[11]을 이용하였는데, 이 주조법은 고도의 합금술에 의한 것이었다. 순동(純銅)에 소량의 주석(朱錫)을 합금 용해하면 청동(靑銅)이 되는 것이 기본원리이고, 순동(純銅)에 금(金)을 합금하면 진오동(眞烏銅)이 되고, 순동(純銅)에 은(銀)을 합금하면 가오동(假烏銅)이 된다. 순동(純銅)에 니켈을 합금하면 백동(白銅)이 되며, 순동(純銅)에 아연(亞鉛)을 합금하면 진유(眞鍮)가 된다.

　청동[12]은 구리와 주석의 합금이다. 우리나라 선사시대의 청동기에는 구리, 주석, 아연을 7:2:1 정도의 비율로 섞어서 합금했다고 알려져 왔다. 합금비율에 따라 금속기의 강도도 달라지는데 무기의 경우에는 구리의 양이, 의기(儀器)의 경우에는 주석의 성분이 많아진다. 일반적으로 청동의 혼합비율은 대개 구리 95～70%, 주석 5～30% 정도를 섞어 만드는데, 고대의 청동에는 주석과 같은 양의 납을 섞기도 한다. 이 밖에 불순물과 니켈, 아연, 철, 안티몬 등이 섞여 들어

---

9)　이호관, 한국의 금속공예, 문예출판사, 1997, pp.22 - 23.

10) 이난영은 한국의 금속조형 제작기법을 미술사학자 입장에서 분류하였으나, 연구자는 위 금속조형 분류로부터 몇 가지 기법에 관한 용어와 표현을 수정 및 보완하고자 한다. 추기기법은 금속판을 두드려 부조(浮彫, Relief) 식의 정교한 문양이나 凹凸에 의해 입체감을 표현하는 기법으로서 중국에서는 추첩이란 말로도 쓰인다. 또한 우리말로는 순수하게 돋을새김이라고 하며, 또한 육각기법(肉刻技法) 타출기법(打出技法)이라 한다. 기물의 형태를 외면과 내면으로, 표면과 뒷부분을 정(釘)으로 두들기거나 우그려서 홀형을 나타낸다. 즉 부조(Relief)는 압출(Chasing)과 타출(Repoussé)로 나누어 부르며, 압출은 금속판의 앞쪽에서 표면을 찍어 눌러 정교한 문양이나 얇은 깊이의 형태를 성형하는 데 주로 이용한다. 타출은 금속판을 뒷면에서 밀어내며 앞쪽으로 부조를 만들어 내 고부조의 입체를 만든다. 연구자는 추기기법을 불어로 Repoussé technique보다는 Relief technique로 표현하고자 한다. 조금기법(彫金技法)은 파새김으로서 금속을 파내어 여러 가지 문양을 만드는 기법으로 우리말로 파기, 새기기, 조이짐이라 하는데 한자로는 조각(彫刻), 조금(彫金)이라고 한다. 파새김은 그 자체로서 문양을 만들어 내는 하나의 기법이며 또한 새겨진 음각공간에 다른 금속을 메워 넣는 상감기법의 기초 작업이 되기도 한다.

11) 용범(鎔范)은 금속의 주형(鑄型, Mould)을 말하며 우리나라 청동기 시대에는 용범 중에서도 주로 석형(石型)을 이용하여 주조한 금속공예품이었다.

12) 이난영, 한국 고대의 금속공예, 서울대학교 출판부, 2000, pp.26 - 33.

가기도 하는데 그 양은 미미해서 1% 미만인 경우가 많다. 주석을 넣는 목적은 구리보다 단단한 금속을 만들기 위해서인데 주석의 양이 많아질수록 흰색이 나고 부서지기 쉬운 성질을 갖는다. 그래서 청동기를 제작한 여러 지역에서 주석의 양을 적당히 조절하여 각종 도구나 무기들을 만들었다.

한국의 금속조형물 중에 청동제품은 이 비율을 충실히 따르고 있다. 그러나 한국의 청동제품은 타국에 비하여 독특한 합금비율을 하고 있는바, 동에 주석을 합금하면 청동(Bronze)이 되나 이와는 달리, 순동에 주석을 합금하며, 또 여기에 아연을 합하고 약간의 철분이 들어가는 것이 독특하나 아직 정확한 해명이 없는 실정이다.

이와 같은 금속들이 어떻게 융점과 비중이 다른 데에도 동일하게 용해되며, 원소의 성분을 유지한 채 합금되며 주조되어 금속공예품을 완성시켰는지에 대하여 우리 선조들의 과학적인 정밀한 기법에 놀라지 않을 수 없으며, 섬세한 문양, 섬세하고 정교한 기형 등에 진실로 감탄하게 된다.

2-3. 한국의 중요무형문화재 보유자 전통합금

현재 한국의 전통동합금을 사용하여 전통공예품을 제작하는 중요무형문화재[13]는 우리나라 무형문화재 지정 110호 중(2008년 7월 현재) 제35호, 제42호, 제60호, 제64호, 제65호, 제77호, 제78호, 제100호, 제101호, 제112호 이상 9개 분야 금속공예 지정 무형문화재가 있으며 <표 2>에 따른 무형문화재작품 <그림 1~15>은 매년 대한민국 전통공예대전에 출품되어 전시되고 있다.

백동연죽(白銅煙竹)은(<그림 5>) 남원 황영보 오동연죽 합금으로서, 오동(烏銅)은 진오동(眞烏銅)이라 하며 동 3돈과 금 5분(分), 중질진오동은 동 3돈과 금 3분, 가오동(假烏銅)은 동 3돈과 은 5분으로 분류할 수 있다.

임실 추옥판(무형문화재 65호)의 아들 추용근(무형문화재 65호 전수자)<그림 13>이 사용하는 오동연죽합금은 진오동으로서 동 1돈과 금 1분이다.

---

13) 2008년 중요무형문화재작품집, 문화재청, 2008, pp.50-94.

〈표 2〉 한국의 금속공예 분야 중요무형문화재 보유자 현황

(2008. 7월 현재)

지정번호 및 명칭	보유자(나이)	기법 및 특징	보유자 지정년도
제35호 조각장	김철주(72)	동제에 선상감 및 조각	1989. 12. 1
제42호 두석장	김극천(57)	백동장석 제작	2000. 7. 22
제60호 장도장	박용기(76)	은장도 제작	1978. 2. 23
	한병문(68)	대나무 낙죽장도 제작	1993. 7. 25
제64호 두석장	박문열(58)	시우쇠 숭숭이 장석 제작	2000. 7. 22
제65호 백동연죽장	황영보(75)	백동오동상감연죽	1993. 7. 5
제77호 유기장	김근수(91)	주물유기 제작	1983. 6. 1
	이봉주(81)	방짜유기 제작	1983. 6. 1
	한상춘(59)	반방짜유기 제작	1997. 3. 24
제78호 입사장	홍정실(60)	주철에 은입사 포목상감	1998. 3. 11
제100호 옥장	장주원(70)	옥 조각, 보석가공	1996. 2. 1
제101호 금속활자장	오국진(63)	밀랍주조 금속활자	1996. 2. 1
제112호 주철장	원광식(67)	밀랍주조 범종제작	2001. 6. 1

두석합금(豆錫合金)은 충무 두석장 김덕용의 아들 김극천(〈그림 1〉) 합금으로서, 주석장석은 구리 70%와 아연 30%, 구리 60%와 아연 30%의 합금과 상납을 사용한다.

백동장석의 경우는 구리와 아연 65%, 니켈 35%, 3~5%의 상납을 사용하고, 황동의 경우는 적동 6근과 아연 4근을 사용하며, 이때 동은 아연의 함량에 따라 다음과 같은 색상을 갖는다(〈표 3〉).

〈표 3〉 김극천 동합금

아연량(%)	0~3%	10%	15%	20%	30~35%	53%
빛 깔	구리색을 띤 붉은색 은(銀)	황색을 띤 붉은색	연분홍색을 띤 황색	초록색을 띤 청색	황금색	분홍색을 띤 황색

보통의 경우 주석 65%와 니켈 35%는 상질 백동이라 하며, 주석 75%와 니켈 25%는 일반적인 백동, 주석 90%와 니켈 10%는 노란빛이 나는 하질 백동으로 분류하며, 주석은 구리와 아연을 합금한 주석장석재를 말한다.

유기합금(鍮器合金)의 경우 동합금의 주종을 이루는 황동(黃銅)에는 두 가지가 있다.

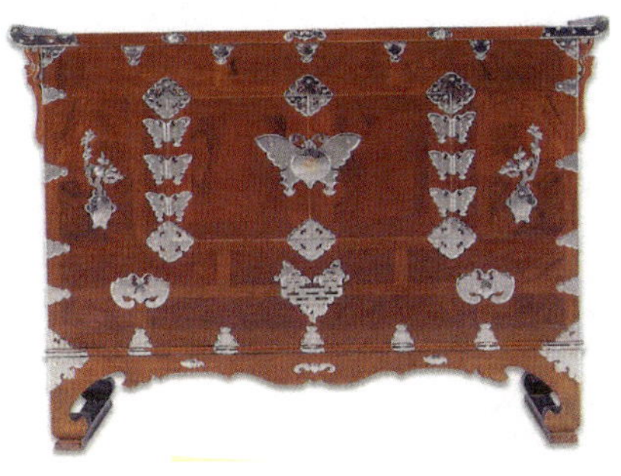

〈그림 1〉 김극천, 두석머릿장, 2000,
740×38.5×600㎜

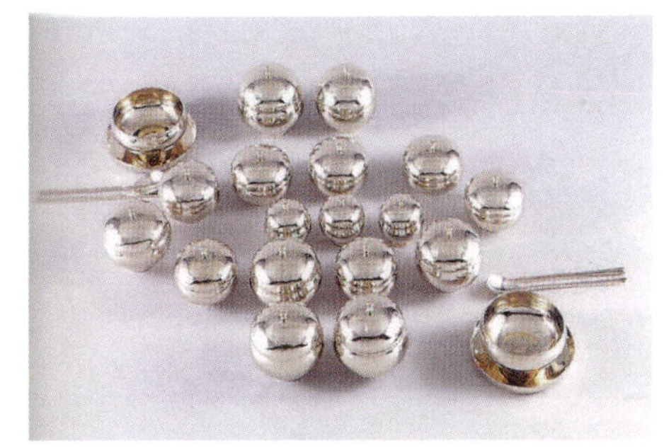

〈그림 2〉 김근수, 주물유기반상기,
2008, 70×80～120×160㎜

구리에 아연을 넣은 주동(鑄銅)과 아연 대신 석(錫)을 넣은 향동(響銅)으로 구분되지만 아연과 석(錫)을 섞어 넣어 합금할 때도 적지 않다. 구리와 석(錫) 합금의 향동은 상질(上質)의 황동으로서 방짜라 한다. 방짜로는 징, 꽹과리 같은 타악기를 만들며 독성이 없는 관계로 식기류를 만든다. 다만 단조(鍛造) 제품이어서 제작비가 많이 든다. 같은 황동의 질감이지만 주동(鑄銅)은 보다 저렴하고 독성이 강하여 음식그릇이 아닌 일반기물에 한하여 손쉽게 쇳물을 녹여 부어 제품화한다. 근래에는 유기(鍮器)에 대한 인식부족으로 방짜는 급격히 쇠퇴하여 농악기 만드는 것으로 겨우 명맥을 유지하고 있으며 주물(鑄物)에 의한 유기만이 보편화되고 있다.

우리나라 전통적 의미의 놋쇠는 동 1근(600g)에 상납 1냥 반(약 168.7g)을 합금한 것으로 유철(鍮鐵)이라고 한다.

鍮는 동에 주석을 넣은 것을 놋쇠라 한다. 이것은 동 1근에 주석 4냥을 합한 것이다.

방짜(方字)기법이란 동과 석(錫)을 정확한 비율로 합금하여 두드려서 만드는 놋 제품 제작을 말한다.

우리나라 해방 이전의 장인들은 경험에 의해 유기성분을 상쇠·중쇠·

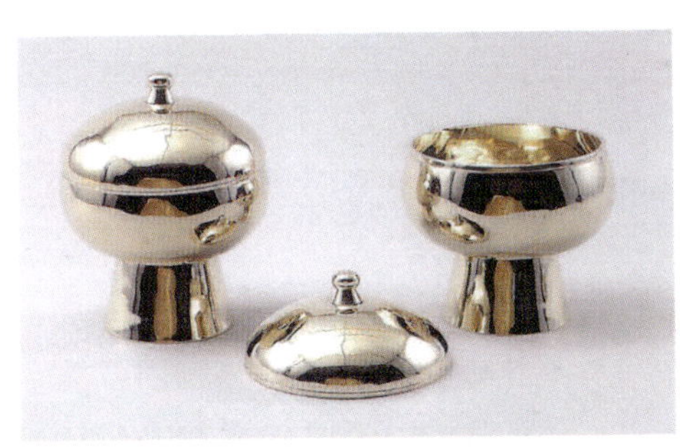

〈그림 3〉 한상춘, 반방짜 유기다기(茶器),
2008, 145×200㎜

하쇠로 나누었다. 상질의 쇠인 놋쇠는 유철(鍮鐵)로서 동 70～72%와 주석 28～

30%, 중간질은 청철(靑鐵)로서 동 80%~85%와 주석 15~10%의 합금을 말한다.

무형문화재 77호 국가지정 유기기능 보유자로서, 주물유기장은 김근수(<그림 2>), 반방짜유기장으로는 한상춘(<그림 3>), 방짜유기장은 이봉주(<그림 4>) 등이 있다. 방짜유기 합금으로는 구리 78%와 주석 22%를 사용한다. 이봉주 방짜합금비의 경우는 순동 16냥과 주석 4냥 5돈을, 즉 16:4.5로서 구리 78%와 주석 22%를 합금한 주석 청동을 사용한다.[14]

범종제작합금(梵鐘製作合金)의 경우 한국에서[15] 가장 역사가 오래된 충북 진천군 덕산면 합목리소재 성종사에서 범종을 제작하고 있는 원광식 사장은 1963년 성종사 설립 당시의 500관 되는 범종제작을 시작으로 1996년 경북대종의 7,700관 되는 국내 최대 대종제작, 2000년 목포 새천년 시민의 종으로 5,600관 2008년 수원 화성 여민각 범종 530관 범종제작에 이르기까지 국내에서 가장 많은 범종을 제작하고 있다(<그림 6>).

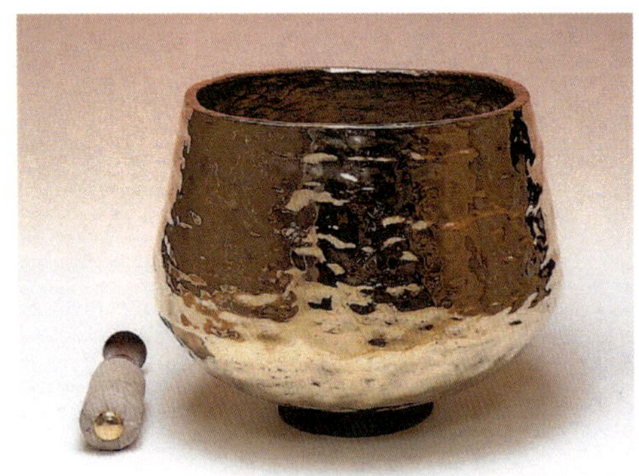

〈그림 4〉 이봉주, 방짜좌종, 1999,
510×540×430㎜

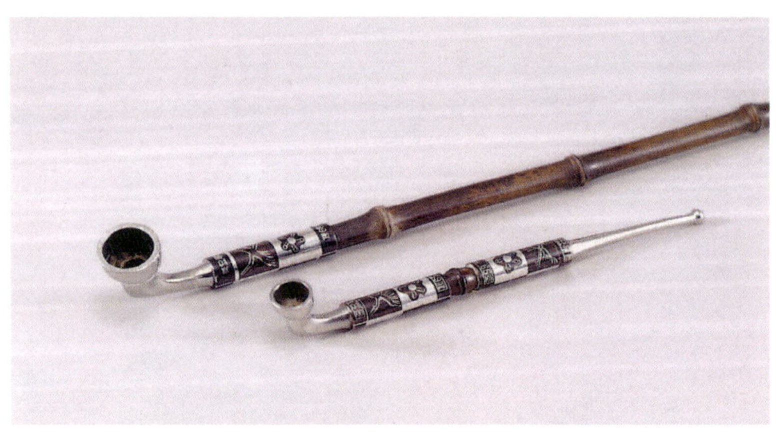

〈그림 5〉 황영보, 오동상감 송학연죽, 2008, 210㎜

---

14) 1근(斤)은 16냥인 600g이지만 100돈쭝인 375g으로 쓰기도 한다.
15) 임옥수, 중요무형문화재지정 조사보고서, 문화재청, 2000, pp.4 - 5.

원광식은 범종 제작 시에 주조합금비율은 범종의 크기에 따라 약간씩 차이는 있으나 일반적으로 동(Cu, 83%), 주석(Sn, 17%)을 기본합금으로 하고 있다.

합금 시에는 동을 먼저 1,200℃로 용해한 후 인동(P: Phosphorns)을 첨가하여 탈산처리를 하고 그 후에 주석을 첨가한다. 이때 인동을 첨가하는 것은 동이 용해 시에 발생되는 산소를 인(燐)과 반응시켜 제거함으로써 산소로 인하여 발생되는 산화를 방지하기 위함이다.

일반적으로 불상이나 향로 등 소리와 관계가 없는

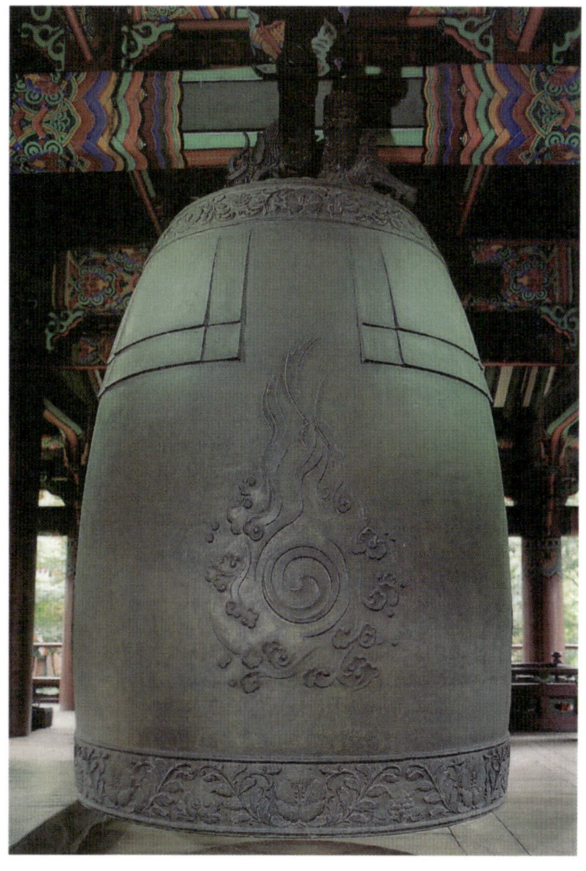

〈그림 6〉 원광식(디자인, 강찬균), 종로보신각 청동범종(靑銅梵鐘), 1985, 2224×3822㎜

청동주물은 표면을 미려하게 하기 위하여 아연을 첨가하나 범종의 경우에는 아연이 함유되면 소리가 둔탁해지기 때문에 오직 동과 주석만으로 합금된 금속을 용해시켜 제작하고 있다. 동은 상동이라 불리는 구리선을 사용하며 주석은 국내에서 생산이 되지 않는 관계로 말레이시아산을 수입해 사용하고 있고 인동은 영국산을 사용하고 있다.

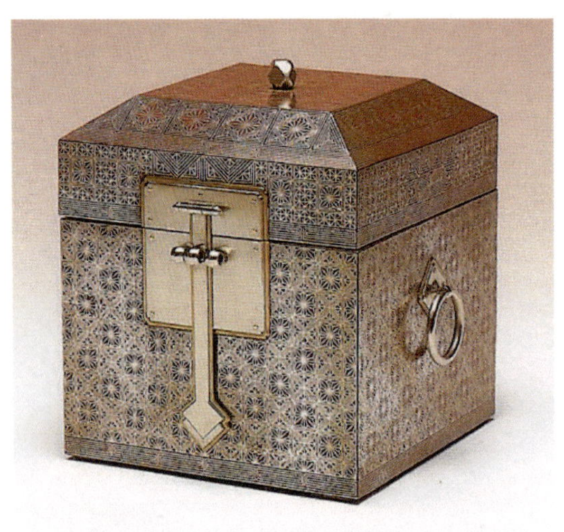

〈그림 7〉 홍정실, 은입사주철인함,
1999, 190×180×220㎜

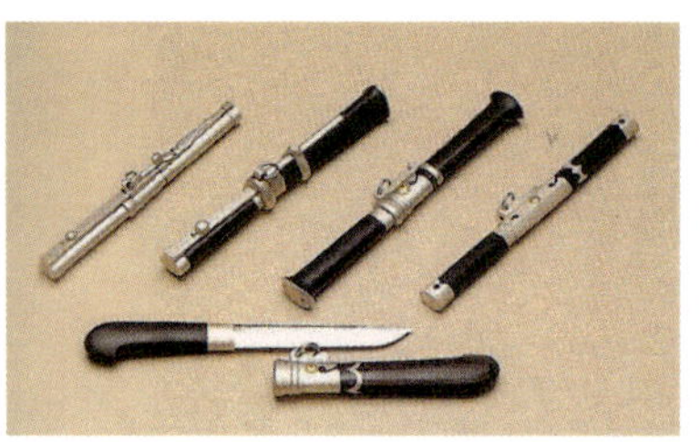

〈그림 8〉 박용기, 장도,
2008, 70×205㎜

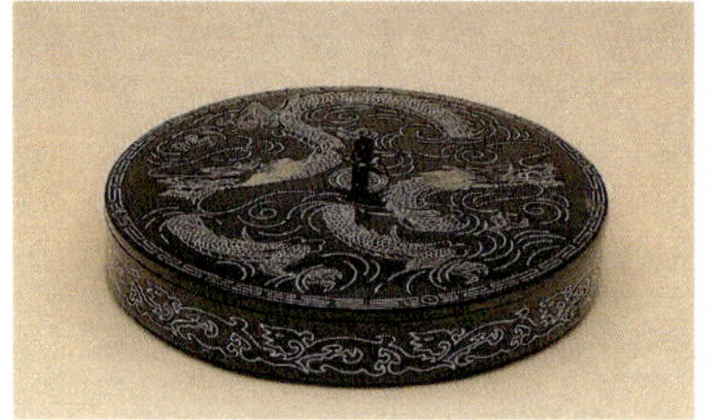

<그림 9> 김철주, 동제은입사쌍용상감합,
1999, 127㎜

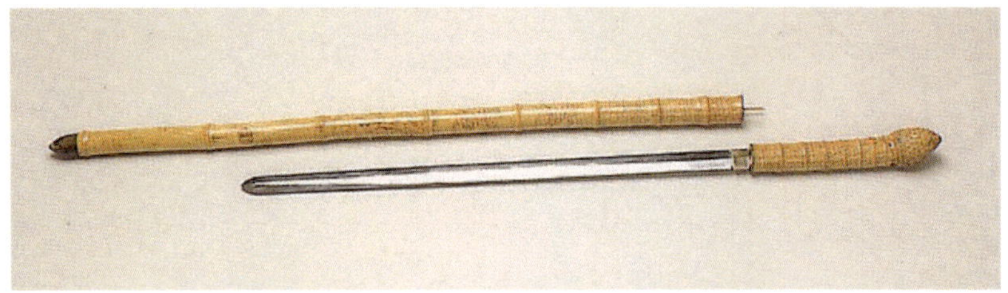

〈그림 10〉 한병문, 사인검(四寅劍), 1999, 1270㎜

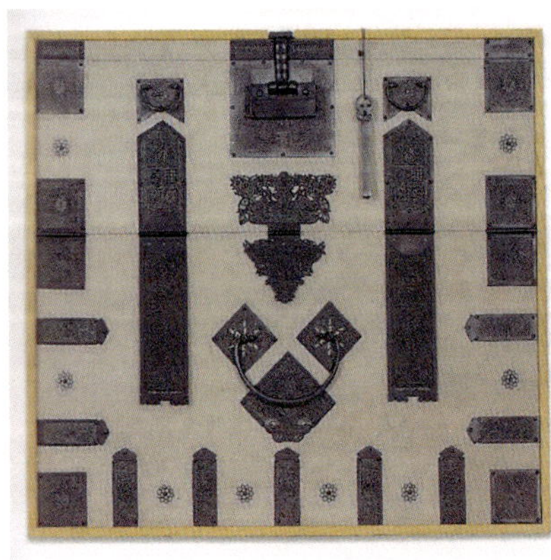

〈그림 11〉 박문열, 시우쇠숭숭이장석, 2000,
950×850㎜

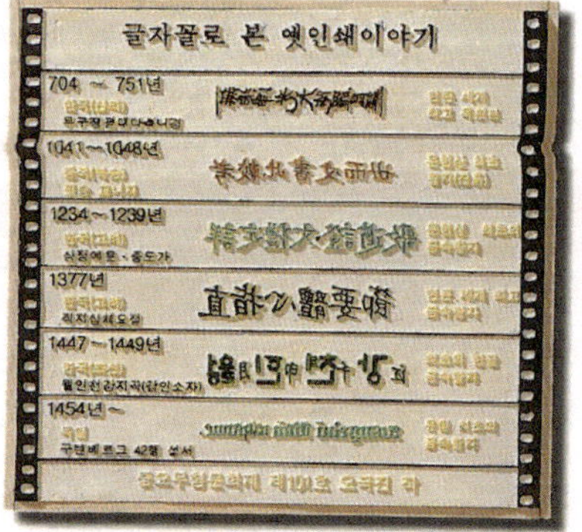

〈그림 12〉 오국진, 금속활자, 1999,
400×450㎝

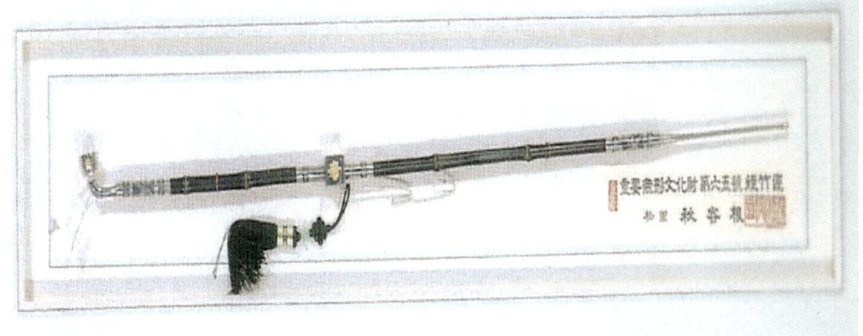

〈그림 13〉 추용근, 오동상감연죽, 2000, 250㎜

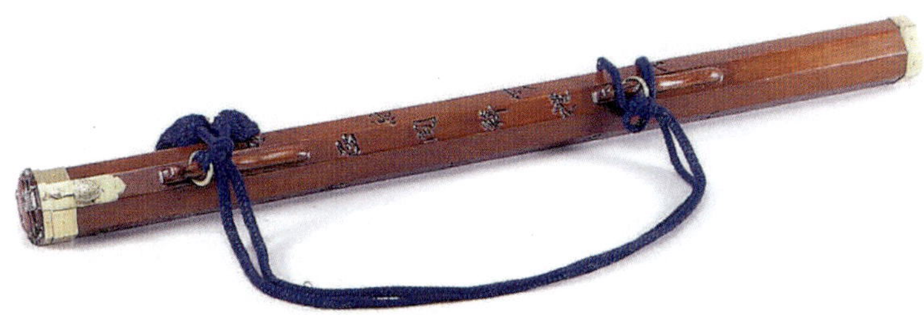

〈그림 14〉 김동학, 문자전통(文字箭筒), 1999, 900×80㎜

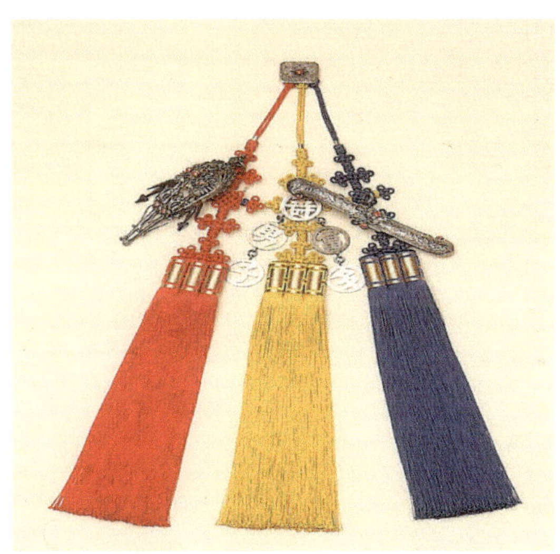

〈그림 15〉 최은순, 은방아다리삼작노리개(銀人風物三作),
1999, 380㎜

3. 일본의 전통동합금

일반적으로 금속문화재의 색은, 다른 두 가지의 요인에 따라 정해진다. 첫째는, 제작에 준비된 금속의 종류, 합금화할 때의 조성(造成)이 다른 것의 영향 등 합금소재가 갖는 내재적인 요인에 있고, 또 한 가지는 작품제작 과정에 따른 연마와 착색 등의 끝마무리의 공정에서 보이는 외적인 요인에 있다. 그 외적인 요인에는 제작 후에 기간이 지나면서 환경에 따라 차츰 부식의 영향에 따라 변색되는 경우도 있다.

일본의 금공미술, 조형분야에 전통적으로 행해지고 있는 착색법에는 자입착색법(煮込着色法)이 있다.[16]

이 착색법은 위에서 말한 내재적·외적인 두 가지의 요인을 적절히 조합하여 금속 표면에 자색(煮色)을 내는 착색법으로 두 가지 요인을 어느 것이라도 충족시키지 못하면 목적하는 색을 얻을 수 없다. 안료와 도료 등을 도포하는 착색법과 도금과 상감과 같은 표면을 다른 금속으로 바꾸는 방법과 같이 소재가 갖는 내재적인 요인에 무관한 색을 위에 덮는 방법은 본질적으로 다르다.

목적하는 색을 내기 위해서는 우선 합금의 조성을 결정, 그것에 맞는 착색액을 조합하여 그 가운데서 작품을 끓임으로써 착색이 되는 방법이다. 일본의 금속공예 역사에서 자입착색법은 최종적으로 얻을 수 있는 '색'이라는 것을 의식한 금속표면처리의 집대성이다. 이 자입착색법에 따라 착색되는 합금으로는 주로 동합금이 있고 이것을 총칭해서 색금(色金, いろがね)[17]이라 부른다. 그리고 그 색금을 대표하는 일본의 전통합금이 시부이치(四分一, shibuichi, しぶいち; Cu – Au 합금)와 샤구도우(赤銅, shakudo, しゃくどう; Cu – Au 합금), 아오긴(靑金, Aokin, あおきん; Au – Ag 합금)이 있다.

시부이치는 동과 은의 합금이고, 기본적으로 은을 1/4 합금한 것부터 그 이름이 명명되었다고 한다.

자입착색 전에는 순동과 거의 다름없는 색과 광택을 갖고 있지만 자입착색에

---

16) 材上隆, 金屬文化財の 色と 材質に 關する 研究, 東京藝術大 保存科學科 博士論文, 1988, pp.2 – 25 참조.
17) 新山榮郞外, 色金の着色科程と觀察, 古文化財科學 1985, 12月, 第30号, pp.1 – 10 참조.

따라 엷은 은재색을 띠게 된다. 또 적동은 기본적으로 금을 21~5% 포함한 동 합금이다. 착색 전에는 시부이치와 같은 색, 광택과 순동의 색과 거의 같지만 자입착색에 따라 조금 홍색 느낌을 지닌 진한 차(茶)색을 나타낸다. 이와 같이 자입착색에 따라 여러 가지 색을 나타내는 합금이 곧 색금의 매력이다.

시부이치와 사구도우는 일본의 대표적인 전통합금으로서 오래전부터 외국에 서도 일본식 발음으로 영어 표기가 되고 있으며 현재까지도 금속 동합금 분야 에서 활발한 연구가 진행되고 있으며 발전되고 있다. 또한 이에 따른 일본의 전 통금속공예작품은(<그림 16~25>) 현재에도 활발히 제작되고 있다.

3-1. 시부이치(四分一)의 역사적 배경과 정의

시부이치의 이름은 옛 시대에는 거의 문서에 나오지 않기 때문에 그 기원은 에도기(江戸期, 1603~1867년)가 되어서 불렸지만 마쯔다이우사다노부(松平定 信) 편「집고십종(集古十種)」히로마사기(寛政) 12년(1800년)에는 예를 들어「상 모국상근권언사장원뢰조경소납태도도(相模國箱根權言社藏源賴朝卿所納太刀図) 」의 원숭이의 손의 부분에 시부이치의 표가 있다. 이 태도(太刀, 큰칼)는 형태가 가마쿠라 초기(鎌倉初期, 1192~1333년)의 특징을 하고 복수태도(覆輪太刀)로서 확신하면 헤이안 후기(平安後期, 794~1192년) 정도부터 벌써 시부이치가 사용 된 것이 된다. 무로마치일기(室町殿日記, 1367~1425년)에 시부이치의 기록도 나온다는 것부터 시대적으로는 적어도 무로마치시대 초기(室町時代初期, 133 6~1573년)에는 사용되었다고 추정한다. 그러나 시부이치의 제작법과 착색법이 문헌에 명확히 나타나 있는 것은 에도 중기(江戸中期, 1764~1772년)를 넘었을 때쯤이다. 시부이치는 'しぶいち'라 읽고, 기본적으로는 동 3에 은 1, 다시 말하 여 1/4이 은이 있다는 곳에서 명칭이 되고 열끓임착색 후의 색의 상태로부터 농 은(朧銀, 오보로긴, おぼろぎん)이라 칭하게 되었다. 다만 이 농은(朧銀)이라 불 린 호칭은 메이지기(明治期, 1868. 9. 8~1912. 7. 3일)부터로 추정한다.

은과 동의 합금비는 시부이치의 이름부터 단순히 은 25%, 동 75%로 기록된 글도 많지만, 실제는 은의 혼합비에 따라 몇 개의 종류가 있다.

금공(金工)에 관한 에도기(江戶期)의 대표적인 책, 이나바쯔우다쯔(稻葉通龍) 저 장검기상(裝劍奇賞, 天明元年 1781년)에 따르면 시부이치는 상, 중, 하의 분류 <표 4>가 있다.

<표 4> 장검기상(裝劍奇賞)에 따른 시부이치

		은	동
四分一	상품	6~7돈 (37.5~41.2%)	10돈 (62.5~58.8%)
	중품	5돈 (33.3%)	10돈 (66.7%)
	하품	2돈 5푼 (20.0%)	10돈 (80.0%)

또는 색채조금술(色彩彫金術)[18] 다이쇼(大正 3년, 1914년)[19]의 분류 <표 5>에는 조금 더 자세히 되어 있다. 한편 금공제작법(金工製作法)[20]에도 똑같이 분류되어 기록되어 있다.

<표 5> 색채조금술(色彩彫金術)에 따른 시부이치

			은	동
四分一	백(白)		5~6돈 (55.6~60.0%)	4돈 (44.4~40.0%)
	상(上)		5돈 (40.0%)	6돈 (60.0%)
	병(並)	内三分	2돈 5푼 (30.0%)	7돈 (70.0%)
		外三分	3돈 (23.1%)	10돈 (76.9%)

<표 4>와 <표 5>를 비교하면 메이지기(明治期)에 들어서부터 은의 사용량이 많아진 것을 알 수 있다. 銀의 혼합비가 높아지면, 합금의 색은 전체적으로 백색이 되는 경향이 있고, 장검기상(裝劍奇賞)의 시부이치는 은색을 포함한 백색이 좋다고 말하고 있다. 이것에 비해 흑색을 띤 시부이치도 중요하게 쓰였다.

---

18) 水野信常, 色彩彫金術, 盛明舍, 1947.
19) 大正期(1912. 7. 31~1926. 12. 25일)
20) 淸水龜藏 著, 1937년.

장검기상에 따르면 마찌보리(町彫)의 선조로 불린 요꼬다야소우밍(橫谷宗眠, 1651~1733년)과 그의 양조부(養祖父) 소우요(宗与) 등이 사용한 것이지만, 시부이치 중에서 적동(赤銅)을 조금 가함이 있다 해도 말뿐이며 그 혼합비는 상세히 알지 못한다고 하였다.

이 흑색을 띤 시부이치는 오늘에 말하는 구로시부이치(黑四分一)에 해당한다고 생각할 수 있다. 구로시부이치는 시부이치에 적동을 첨가한 것으로 색채조금술과 금공제작법에는 다음과 같이 <표 6>으로 분류하고 있다.

<표 6> 구로시부이치(黑四分一)

		四分一	赤銅
黑四分一	1	2돈	10돈
	2	4돈	10돈
	3	7돈	10돈

<표 7>에 따르면 적동의 양은 「장검기상」에 있는 것같이 적은 양이 아니라, 역으로 시부이치보다 많은 것으로 된다.

소우요(宗与)가 사용했던 흑색을 띤 시부이치는 시간이 흐르면 "호문이자목(虎文梨子目) 등의 광채가 나 매우 훌륭한 것이 된다."로 쓰여 있어 생각해 보면 이것은 '색채조금술'이라 하는 이자지사분일(梨子地四分一)은 시부이치의 열배(3.75×10)에 대해 적동이 아닌 금 一푼을(0.375) 혼합한 것이지만 합금화해 버리기에 적동을 소량 넣은 것과 같게 된다. 다음에 실제의 시부이치의 분석 예 <표 7>를 나타낸다.

<표 7> 시부이치(四分一) 분석의 예

(wt %)

		Cu	Ag	Au	Fe
四分一	(1)	67.31	32.07	tr.	0.52
	(2)	51.10	48.93	0.12	−

이상과 같이, 적동과 같은 혼란은 없다 해도, 시부이치도 단순히 그 혼합비를 정할 수 없지만, 시부이치는 은을 20~50% 포함한 동합금(銅合金)이고 금을 소량 포함한 것도 있다고 생각해도 좋을 것이다.

3-2. 샤구도우(赤銅)

샤구도우의 역사적 배경과 정의를 살펴보면 다음과 같다. 샤구도우(しゃくどう)는 한자로 적동(赤銅), 오금(烏金)으로 해석할 수 있다. 샤구도우는 원래 지금(地金)[21]으로 보면 조금 붉은빛을 띤 것으로 그 광택은 보통의 동과 거의 변함이 없지만, 열끓임착색법을 함으로써 보랏빛의 흑색, 빗대어서 "까마귀가 젖은 날개색이 된다." 하여 그로부터 '오금'이라 쓰인 것으로 생각되고 있으나 '샤구도우'라 쓰이게 된 이유는 알려져 있지 않다.

에도기(江戸期)의 금공기법에 대해서 대표적인 책 「장검기상」(天明元年, 1781년)에는 주로 오금이 사용되었지만 샤구도우의 문자도 약간 있다. 사이도구 3년(正徳, 3년, 1713년)의 「화한삼재도회(和漢三才図會)」와 히로마사기(寛政期, 1789~1801년)의 「집고십종」에는 오금의 문자는 없고 샤구도우가 사용되고 있다. 그리고 현재에도 샤구도우의 용어가 일반적으로 사용된다. 샤구도우의 정의는 1~5%의 금을 포함한 동합금(銅合金)이다. 금 및 그 밖의 원소의 배합비에 따라 몇 가지로 분류된다.

다이쇼(大正) 3년 발행의 색채조금술에 있는 샤구도우의 분류를 <표 8>로 정리한다.

<표 8> 색채조금술에 따른 샤구도우

※백미(百味)는, 계산상 한 가지의 원소로서 취급하고 있다.

		純金	銅	銀	百味[22]	
					豊後	小豆
적동 (赤銅)	최상 (最上)	5分 (4.8%)	10돈 (95.2%)	–	–	–
	보통 (普通)	2.5~3分 (2.4~2.9%)	10돈 (97.6~97.1%)	–	–	–
	하등 (下等)	1分 (0.9%)	10돈 (92.7%)	1分 (0.9%)	1分 (0.9%)	5分 (4.6%)
	열등 (劣等)	–	10돈 (92.6%)	2分 (1.9%)	1分 (0.9%)	5分 (4.6%)

---

21) 지금(地金)은 일본에서는 아직 작품으로 되지 않은 기본이 되는 재료 또는 바탕이 되는 재료를 말한다(지가네, じがね).

22) 백미(百味): 백미라는 것은 "동(銅), 연(鉛) 정련의 부산물로 Cu, As, Sb, Fe를 포함한 복잡한 합금이다. 조성은 여러 가지로 As의 함유량 20~30%에 달하는 것도 있다." 백목(白目)이라고 불리고, 채취지역에 따라 이름

그 후, 당시 동경미술학교(현 동경예술대학) 교수였던 시미즈가메소(淸水龜藏)가 발행한 쇼와(昭和 8년, 1933년)[23]에 출판한 금공잡록(金工雜錄), 금공제작법(金工製作法)에도, 동일한 분류가 사용된 것으로 보아 메이지(明治) 이후 이 사양이 표준으로 보아도 좋을 것이다.

이로 비교해서 에도기(江戶期)의 장검기상에는 샤구도우를 상, 중, 하 <표 9>로 분류하고 있다.

〈표 9〉 장검기상에 따른 샤구도우

		소금(燒金)	오동(烏銅)
적동 (赤銅)	상품	6, 7分(5.7~6.5%)	10돈(94.3~93.5%)
	중품	3, 4分(2.9~3.9%)	10돈(97.1~96.1%)
	하품	1分(1.0%)	10돈(99.0%)

여기서 말하는 소금(燒金)이라면, 순도가 높은 것이고, 오동(烏銅)은 현재까지 구로미도(黑味銅)로 불려 동에 백미(白味)를 첨가시킨 것이다. 앞의 <표 8>과 <표 9>를 참고로 해서 <표 10>이 되었다.

〈표 10〉 샤구도우

		순금(純金)	동(銅)	오동(烏銅)			은(銀)
				동(銅)	백미(白味)		
					풍후(豊後)	소두(小豆)	
적동	최상	5分	10돈	–	–	–	–
	보통	2.5~3分	10돈	–	–	–	–
	하등	1分	–	10돈	1分	5分	1分
	열등	–	–	10돈	1分	5分	2分

다시 말해 최상 및 보통의 샤구도우는 금십동(金十銅)에 있다는 것에 대해 하등의 샤구도우는 금십오동십은(金十烏銅十銀), 좋지 못한(열악한) 샤구도우는 금을 포함하지 않은 오동십은(烏銅十銀)의 합금이 된다.

샤구도우제작법(赤銅製作法)에는 고법(古法)과 신법(新法)(<표 11>)이 있다고 가이노미모리(海野美盛)[24]는 말한다.

이 붙고 대표적인 것에는 견백미(堅白味), 소두백미(小豆白味), 풍후백미(豊後白味) 등이 있다.
23) 昭和時代, 1925~1988년.

〈표 11〉 적동제작법의 고법과 신법의 분류

위와 같이 분류하고, 현재에 있어서는 다만, 동과 금을 합해 녹인 것만으로는 백미(白味)를 선호하지 않고 있다. 이것에 의하면 금과 동만으로 만든 최상 및 보통의 샤구도우는 신법에 따른 것으로서 그 밖은 고법(古法)에 따른 것이다.

여기서 실제의 샤구도우의 분석 예(<표 12>)를 나타낸다.

〈표 12〉 샤구도우의 분석 예

(wt %)

		Cu	Au	Ag	Pb	Fe, As
赤銅	(1)	94.50	3.73	1.55	0.11	tr.
	(2)	95.77	4.16	0.08	–	–
	(3)	***	3.23	3.24	***	***

(1), (2)의 샤구도우는, 그 유래가 분명치 않다. (3)은 19세기 초경의 것으로 생각되는 목구메가네(木目金)[25]에 사용된 샤구도우를 EPMA[26]에 따라 분석한 결과이다.

이 분석 예 <표 12>를 참고하면 결국은 샤구도우에도 은이 출토된 것을 주

---

24) 中谷昭子, 黑色銅合金の色調について, 文化女子大學 論文 第20集, 1989, p.226. 일본의 금속공예연구에 관한 大正 3년(1914년)에 발간된 "색채조금술"과 昭和 12년(1937)에 발간된 淸水龜藏 저 "금공제작법" 책 내용에 관한 즉 일본의 江戸, 明治, 大正, 昭和期에 이르기까지 전수된 금속기법과 색채조금술을 1920년대에 당시 동경미술학교 교수였던 海野美盛, 海野勝珉 교수의 연구에 의해 일본의 전통금속공예 이론이 확고히 체계화되었음.

25) 목구메가네(木目金)란 서로 다른 금속의 판을 일정한 크기로 자른 다음 겹쳐, 순간적으로 표면이 용융된 시점에서 서로 붙게 하여 한 금속으로 만든다. 이를 드릴과정으로 파서 단금을 해 그 나름대로 문양을 만들어 낸다. 착색 후에는 마치 나무의 나이테와 닮아서 그 이름이 붙었다.

26) EPMA(Electron - Probe x - ray Microanalizer)는 표면미세구조관찰설치로서 원소의 정성, 정량분석, 선분석, 면분석을 위한 장비이다.

목하게 된다. 다만 (3)의 샤구도우의 은 농도가 높은 것은 목구메가네(木目金)에 있어 샤구도우층에 접해 있는 은층에서의 은 원자가 퍼질 가능성도 생각할 수 있다.

<표 12>는 은을 첨가하는 것은 등급이 낮은 샤구도우만이지만 분석 예의 샤구도우는 은을 포함한 금 농도로 보면 품질이 높은 샤구도우에 포함되는 것이 된다.

그러나 여기서 주의하지 않으면 안 되는 것은 <표 12>에 있는 것 같은 합금 사용은 현재에 말하고 있는 공업규격인 것이 아니며 어디까지나 하나의 보기로 있는 것이다.

고도우게(後藤家)27)와 같은 조금가(彫金家), 종가에서는 샤구도우의 성분에 대해서는 오분(五分)을 정하여 샤구도우 십(十)돈 중 순금을 절반 넣은 것을 가법(家法)으로 했지만 일반적으로 다른 조금가들은 그 집집마다 달라 특별히 정해진 것이 없고 각각의 가르침대로 그런대로의 높은 샤구도우에도 은을 첨가하는 것도 있었다. 또 금은 때에 따라서 순금의 형태가 아니라 합금의 형태로 첨가하였다. 예를 들어 아오긴(靑金, 순금 1돈에 은 2~3分의 합금)의 형태도 있었으며 그렇게 했을 때 샤구도우에 소량의 은이 포함되어 있는 것이다.

이상을 정리하면 샤구도우는 기본적으로는 금을 1~5% 포함한 동합금이고 백미(白味)를 첨가하는(烏銅이 필요) 메이지(明治)시대 이전의 방법으로 만드는 샤구도우는 급이 높은 것이라도 소량의 은이 들어 있는 것도 있지만, 동과 금만을 용해한 메이지(明治)시대 이후의 방법에는 은을 넣은 것이 점점 줄어들었다고 생각할 수 있다.

시부이치는 동에 은을 샤구도우는 동에 금을 합금한 것이나 연마한 단계에서는 이 내재적 인자는 육안으로는 관찰할 수 없다. 금속광택이 있는 적도색(赤桃色)을 띤 순동과 같게 보인다. 그러나 끓여서 자입착색(煮込着色)하는 외적인자가 더해지면 양상은 다르다.

동은 윤기가 있는 적다색(赤茶色), 시부이치는 윤기 없는 은회색, 샤구도우는 중후한 자흑색(紫黑色)이 된다. 즉 끓여서 착색하기 전에는 육안으로는 거의 같

---

27) 고도우게(後藤家, ごとうけ)는 日本室町期(1336년~1573년)의 後藤祐乘을 선조로 三所物(일본 무사들이
　　사용한 칼자루의 많은 장식 중, 금속이 사용된 3곳 즉 笄(계) 目貫(목관) 小瑕(소병)을 중심으로 칼에 금을 세
　　공하는 조금기술이 가장 뛰어난 당대의 조금가 가문.)

은 색으로 보이지만, 착색 후에는 동, 시부이치, 샤구도우가 확실한 3가지 각기 다른 색을 나타낸다. 각기 잠재적으로 숨어 있던 내재적 인자가 자입착색이라는 과정의 외적 인자의 작용으로 비로소 색금(色金)이 나타나게 된다.

색금의 메커니즘은 구체적으로 보면 순동은 고유의 적도색(赤桃色)을 띤 표면은 자입착색에 의하여 정밀하고 균일한 아산화동의 얇은 층으로 덮으면 깊이 있는 적다색을 띠게 된다.

시부이치는 동과 은 이원계공정합금(二元系共晶合金)으로서 두 가지로 분리되는 것을 금속조직적 불균일성을 이용하여 미세한 두 부분으로 나누면서 표면 요철을 만들어 윤기를 없앤 은회색을 나타낸다.

이 두 가지에 있어 동의 부분에는 순동착색과 같고 아산화동(亞酸化銅)이 형성된다. 더구나 합금조성의 배합률을 다르게 함에 따라 백은색(白銀色)으로부터 다회색(茶灰色)까지의 색상조절이 가능하게 된다.

동착색층과 같이 아산화동이 형성되나 이 아산화동의 얇은 막에 금 미립자가 분산하여 이것이 동 특유의 붉은 느낌의 색 성분을 흡수하기 때문에 자흑색을 나타낼 수 있는 가능성이 있다.

일본의 색금은 우리나라의 오동연죽합금에서 동과 금의 합금, 동과 은의 합금 과정과 매우 유사한 점, 또 영국의 스터링 실버(Stering Silver)의 <은 925%와 동 75%의 합금>과 이슬람[28]의 7~8세기의 "Stand with four Eagles"라는 금속 공예품의 시료분석과 원류를 같이한다. 그렇지만 일본의 샤구도우, 시부이치의 색금은 일본의 독특한 합금이고 일본 전통적 금속조형을 대표하는 합금이라는 것은 앞으로도 변화가 없을 것이며 현재에도 어떠한 광학적 방법으로나 현대 과학의 실험에서 나오지 못하는 색금의 본질을 나타내기 위한 일본 합금의 표면처리는 연구의 대상이며 과제이다.

---

28) 材上降, 앞의 책, p.59.

이슬람의 "Stand with four Eagles" 금속공예품 시료 분석표

부 분	은	동	금
Bottom of base 부분	53.4%	46.5%	0.1%
Bird 부분	61.3%	38.6%	0.1%

3-3. 자입착색법

　자입착색법(煮込着色法)[29]은 일본 고유의 동착색법이다. 색금(色金)에 따라 착색액의 조성은 약간씩 차이가 있다. 녹청(綠靑, ろくしょう, CuCO₃ · Cu(OH)₂), 단반(胆礬, たんぱん, CuSO4 · 5H₂O) 등을 물에 녹인 상태에서 동합금(색금)을 넣어서 끓이면 착색이 시작되는 표면처리법이다.

　동(銅) 이온(ion)을 함유한 약한 산성용액으로 자입할 때, 동(銅) 표면을 산화시키면서 착색이 된다. 즉 화학 착색의 일종이다.

　옛날에는 색상자침방(色上煮針方)으로, 메이지시대(明治時代, 1868~1912년) 이후에는 자색사상(煮色仕上)으로 칭하였다. 착색 전에는 샤구도우(赤銅)이나 시부이치(四分一)의 표면의 색은 동(銅)으로서 변색이 되지 않는 상태이다. 그러나 자입착색이 시작됨으로써 샤구도우는 자흑색(紫黑色)으로 시부이치는 맑은 은회색(銀灰色)으로 변하는데, 아직 동(銅)의 적색이나 고풍스런 동색으로 있는 부분이 있다.

　에도시대(江戶時代)의 장검기상(裝劍奇賞)(<표 14>) 색상자침(色上煮針)에는 샤구도우, 시부이치, 동을 같은 방법으로 착색하였으나, 색채조금술(色彩彫金術)이나 금공제작법(金工製作法)(<표 15>)에는 동, 샤구도우, 시부이치, 진유 등을 재료별로 자입착색법을 기술하였다.

　자입은 동합금에 따라서 착색액을 유발에 넣어 분쇄하여 녹청을 물에 녹인다. 다른 나머지 약품을 넣고, 곧바로 합하여 휘저은 다음 냉각시킨 후 동(銅)으로 제작된 통에 약품을 넣고 끓인 다음에 작품을 넣고 착색을 한다. 착색 전에 재료는 충분히 연마한 후 중조로 닦고, 그다음 끝마무리는 큰 무(大根)를 즙을 내어서 닦고 수세한다.

---

29) 中谷昭子, 黑色銅合金の色調について, 文化女子大學 論文 第20集, 1989, pp.227-228.

〈표 13〉 장검기상(裝劍奇賞)에 따른 자입착색액의 조성

	녹청(綠靑)	단반(膽礬)	명반(明礬)	식초(食酢)	물(水)
오금(烏金), 동(銅) 시부이찌(四分一)	144cc	144cc		180cc	1.8 ℓ
〃 빨리 자입착색할 때(무煮汁)	15g	1.88g	1.88g		1.8 ℓ

〈표 14〉 색채조금술, 금공제작법(金工製作法)에 따른 자입착색액의 조성

	녹청 (綠靑)	단반 (膽礬)	명반 (明礬)	붕사 (硼砂)	매초 (梅酢)	훈육 (薰陸)	초 (酢)	물 (水)
동(銅)(1)	5.63g	5.63g		0.38g				1.8 ℓ (淸水)
(2)	5.63g	5.63g						1.8 ℓ
(3)	3.75g	3.00g			1cc			1.8 ℓ
(4)	3.75g	3.00g	1.13g					1.8 ℓ
적동(赤銅)	3.75g	2.25g	0.38g					1.8 ℓ
오동(烏銅)(1)	3.75g	3.00g	0.75g			0.75g		
(2)	3.75g	1.88g	5.63g					
(3)	3.75g	2.63g						0.9 ℓ
(4)	7.50g	3.38g					2cc	0.9 ℓ
구로미도(黑味銅)	3.75g	1.88g	1.88g					1.8 ℓ

※ 녹청은 $CuCO_3$, 탄산구리와 $Cu(OH)_2$ 수산화구리이며 단반은 $CuSO_4$, 황산 구리로서 $5H_2O$의 5가 물이 혼합된 성질이다. 명반은 $KAℓ(SO_4)_2$, 백반이며 훈 육은 일본에서는 くンろっく(군록구)라 하여 광물질인 호박(琥珀)과 비슷한 광 물로서 인도, 페르시아가 산지이며 일종의 수지(樹脂)가 더운 여름에 모래 위에 녹아 굳은 것으로서 향료나 약용에 많이 쓰이고 있음.

3-4. 일본의 현대적 금속합금

니야마에이로(新山榮朗)[30] 동경예대 교수의 금속합금과 땜납에 관한 합금은 다음과 같다.

---

30) 新山榮朗, 彫金, 鍛金の 技法, 日本金工作家協會編, 1978, pp.298-299 참조.

〈표 15〉 금 합금표

品位	金分%	純金10g에 관한 것		좌측 칸에 분할금은 은과 동의 분할 %임	
純金　K24	1000.0	添加量		靑　金	赤　金
K22	916.6	10g ＋ 0.92g		銀 약간	銅：銀 ＝ 7：3
K20	833.3	10g ＋ 2.0g		銅：銀 ＝ 1：9	〃
K18	750.0	10g ＋ 3.3g		銅：銀 ＝ 2：8	〃
K16	666.6	10g ＋ 5.0g			〃
K14	583.3	10g ＋ 7.1g			〃
K12	500.0	10g ＋ 10.1g			〃
K10	416.0	10g ＋ 14.0g			〃
K 9	375.0	10g ＋ 16.7g			〃

〈표 16〉 아오긴(靑金) 합금표

純　金	83.3%	80%	76.9%
銀	16.7%	20%	23.1%

〈표 17〉 22金, 21金, 18金 합금표

재료 ＼ 종류	K22		K21		K18	
金	22g	91.7%	21g	87.5%	18g	75.0%
銀(銅)	2g	8.3%	3g	12.5%	6g	25.0%

〈표 18〉 샤구도우(赤銅) 합금표

재료 ＼ 종류	最上의 赤銅	普通의 赤銅	下等의 赤銅	劣等의 赤銅
純金	4.8%	2.5%	1.0%	
銅	95.2%	97.5%	92.0%	92.0%
銀			1.0%	2.0%
豊後白味			1.0%	1.0%
小豆白味			5.0%	5.0%

〈표 19〉 시부이치, 오보로긴(四分一, 朧銀) 합금표

재료 ＼ 종류	白四分一	上四分一	並四分一	
			內三分	外三分
銀	60%	40%	30%	23%
銅	40%	60%	70%	77%

〈표 20〉 구로시부이치(黑四分一) 합금표

재료＼종류	第 1 法	第 2 法	第 3 法
赤銅	83.3%	71.4%	58.8%
四分一	16.7%	28.6%	41.2%

〈표 21〉 기타 합금표

紫　金	純金	16%		13%
	銅	84%		87%
黑味銅	銅	97%		
	小豆白味	3%		
黃　銅	銅	70%	66%	60%
	亞鉛	30%	34%	40%
葡萄合	黑味銅	99.5%		
	金	0.5%		
단빠가 (タンパカ)	銅	50.0%		
	眞鍮	50.0%		

〈표 22〉 금납(金鑞)땜의 조성표

재료＼종류	제 1 법	제 2 법	제 3 법
金	58.8%	66.6%	69.05
銀	11.8%		13.8%
眞鍮	29.4%	33.4%	
銅			17.2%

이또히로토시(伊藤廣利)[31] 동경예대 교수가 연구한 금속합금이다. 금속 합금 재료로는 순금, 동, 은, 구로미도가 사용되며, 샤구도우 합금의 예는 다음과 같 다(<표 23>).

---

31) 伊藤廣利, 국제금속공예워크샵세미나, 원광대학교 금속공예과, 1995, pp.57－61 참조.

〈표 23〉 샤구도우(赤銅)의 합금

	상등	보통	하등	伊藏(이또) 교수의 合金法	
純金	4.8%	2.5%	1.0%	10~15g	5g
銅	9.5%	9.7%	44%	500g	500g
銀	–	–	1.0%	–	–
黑味銅 (구로미도)	–	–	44%	500g	500g

이또히로토시(伊藤廣利) 교수의 샤구도우(赤銅) 합금 과정은 다음과 같다.

1) 준비물로는 금속합금재료로서, 순금, 동, 은, 구로미도(黑味銅)를 준비한다. 채 종류와 쌀겨를 혼합해 도가니의 내측에 붙인다.

2) 그 후 도가니에 용해할 금속을 넣고 용해로에 넣어 용해한다.

3) 용해한 금속을 용해 틀에 붓는다.

   a) 금속 틀에 붙인 천에 뾰족한 침으로 균일하게 작은 구멍을 뚫어 준비된 70~80℃ 정도의 물에 용해 틀을 집어넣는다.

   b) 용해 틀에 용해금속을 일정한 속도로 천천히 부어 준다.

   c) 금속을 부은 후 뜨거운 물의 온도가 일정하도록 통의 물을 저어 주어 금속이 응고하도록 한다.

4) 완성: 부어서 완성된 상태는 다음과 같은 과정의 부분이 미묘하게 실패나 성공으로 연결된다.

   a) 금속의 용해속도 – 너무 용융하지 않아야 한다.

   b) 뜨거운 물의 온도 – 약 70~80℃ 정도로 유지한다.

   c) 용해 틀에 부을 때의 속도 – 용해 금속을 일정한 속도로 부어 준다. 이때 완성 상태의 좋고 나쁨을 금속 덩어리의 형상에 의해 구별이 가능하다.

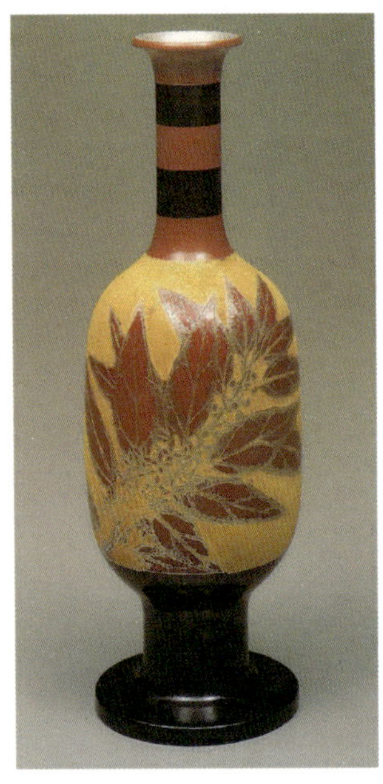

〈그림 16〉 일본합금작품,
1982(시부이치: 자색부분,
샤구도우: 흑색부분) 254×88㎜,
帖左美行(ちょうさよしゆき) 作

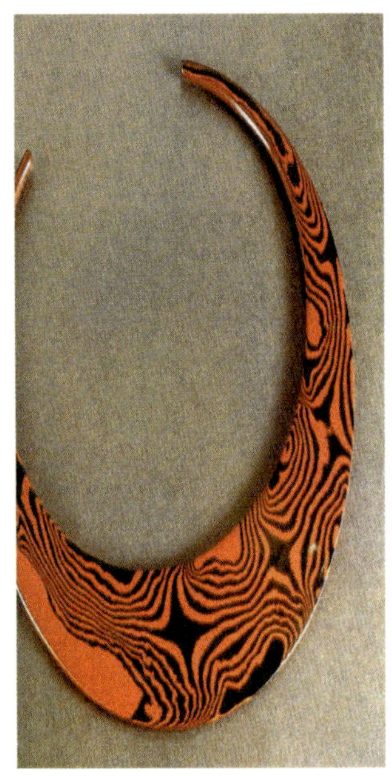

〈그림 17〉 일본합금작품, 1988,
150×160×3㎜,
목걸이(시부이치＋구로미도)
히로코사토 作

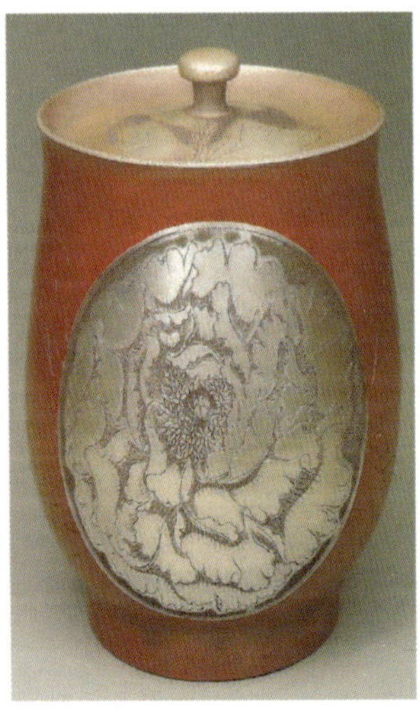

〈그림 18〉 일본합금작품, 1982,
180×200×180㎜
(시부이치＋은)
帖左美行 作

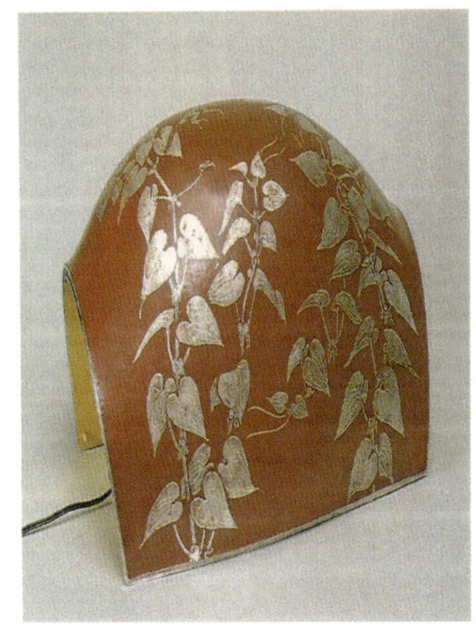

〈그림 19〉 일본합금작품, 1995,
330×480×350㎜
(시부이치＋은)
大內睦弘 作

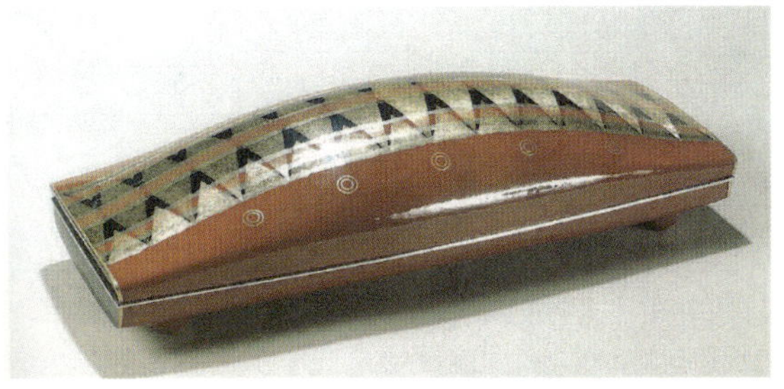

〈그림 20〉 일본합금작품, 1995,
15×54×22㎜
(시부이치, 구로미도, 샤구도우, 은)
田中 照一 作

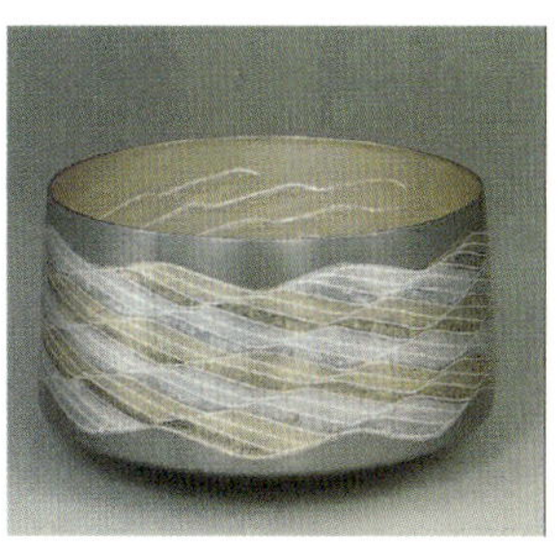

〈그림 21〉 일본합금작품, 1989.
220×220×95㎜
(시부이치, 오보로긴, 은)
泉 良一 作

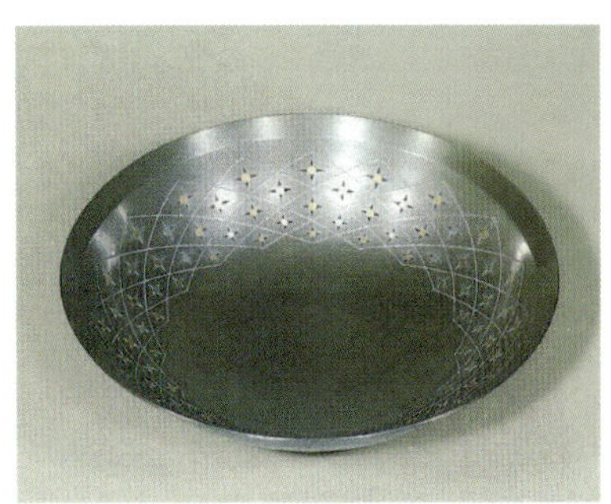

〈그림 22〉 일본합금작품, 1989,
316×316×80㎜
(시부이치, 오보로긴, 은)
田中 季明 作

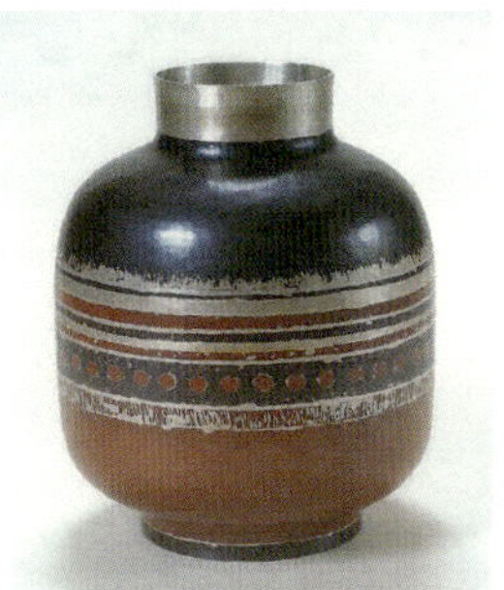

〈그림 23〉 일본합금작품, 1997,
350×260×260㎜
(시부이치, 샤구도우, 은)
佐野 寬 作

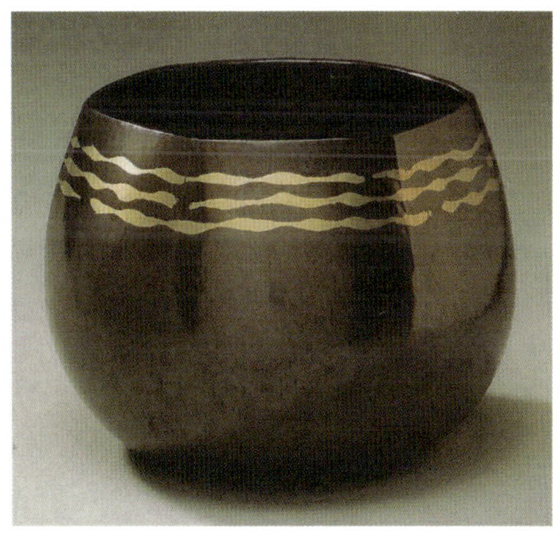

〈그림 24〉 일본합금작품, 1985
130×198×198㎜
(구로미도＋은니엘로우)
Tom Odell 作

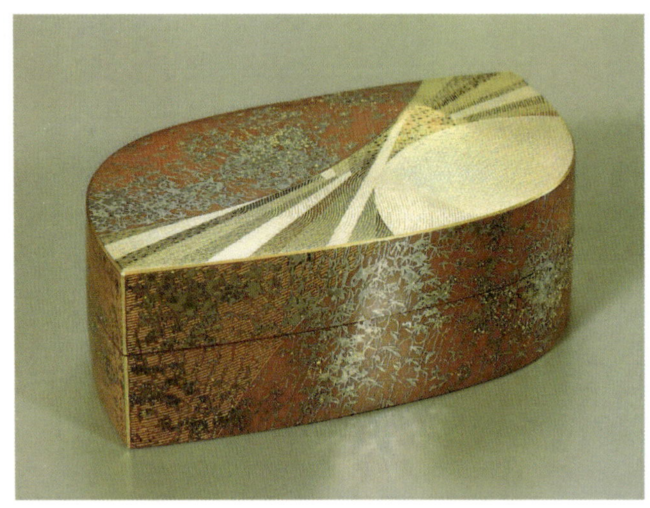

<그림 25> 일본합금작품, 1986, 170×100×55㎜
(금, 은, 동, 샤구도우, 흑시부이치, 백시부이치) 田中 勇 作

<그림 25>의 경우 동판 4장을 융합하여 전체적으로 제작한 상자형 작품이다. 가장 윗면의 일부분과 측면은 샤구도우(赤銅)로서 전체적인 붉은 자색을 띠며, 암흑색(暗黑色) 부분은 구로시부이치(黑四分一) 회백색 부분은 시로시부이치(白四分一) 색상을 나타낸다.

동판의 윗부분은 조금정으로 모양을 조금하고 흑시부이치, 백시부이치를 녹여서 소상감으로 끝마무리하였다.

뚜껑의 윗부분은 30매의 은판, 샤구도우, 흑시부이치, 백시부이치, 동판 5종류를 판으로 융합하여 조금하였으며, 모서리 각 부분 처리에 있어서 금색부분은 도금(금채)을 하였다.

4. 중국의 전통동합금

4-1. 중국고대 청동합금

중국 상주(商周)시대[32]의 청동합금기술은 고대 야금사에서 매우 중요한 위치를 차지하고 있기 때문에 일찍부터 고고 및 야금 학자들의 관심과 연구를 불러 일으켰으나, 아직까지 해결되지 않은 문제와 견해들이 남아 있다. 그러한 이유로는 현재까지 남아 있는 만여 점의 상주시대 청동제품 중에서 과학적 분석을 거친 제품이 적고, 또한 상당한 양이 전세품(傳世品)으로 분석 결과를 증거로 삼을 수 없거나 증거로 삼기에 부족하기 때문이다.

청동기시대 중국에서 최초의 동합금은 여러 가지 금속이 섞인 동광석을 녹여 만들었거나 몇 가지 금속 광석을 함께 녹이는 과정에서 만들어졌으며, 나중에는 동, 납, 주석을 각각 제련하고 합금하여 청동을 만들었다. 商왕조(BC 16~11세기) 때부터 이미 주석과 납을 사용하여 청동을 합금하였음이 확인되었으며, 동과 주석의 덩어리와 상대(商代)의 주조공방이 발견되었다.

1,400여 년 동안의 발전과정을 거쳐 온 상주시대 청동용기는 실제 사용된 재질에 따라 ① 순동 혹은 주석과 납의 함량이 적은 청동제품, ② 주(朱)석청동으로 납이 포함되지 않았거나 적게(2% 미만) 포함된 청동제품, ③ 납 함량이 높고 주석 함량이 적은 연청동(鉛靑銅)의 청동제품, ④ 동석연(銅錫鉛) 3원(元)합금의 청동제품 등으로 나누고 있는데, 상주시대 청동용기의 합금비율은 대략 다음과 같은 3단계로 변화·발전하였음이 확인되고 있다. 첫째, 상 대(商代) 초기에는 순동과 주석 및 납의 함량이 비교적 적은 청동을 사용했으며, 합금기술은 아직 초기적 단계에 머물고 있다. 둘째, 상 대(商代) 중기에는 주석 함량이 적은 연청동과 주석의 함량이 중간 정도인 석청동이 있었으나 석청동의 방향으로 발전하였다. 셋째, 상대(商代) 후기에 청동합금기술은 고도로 성숙되어 동석연(銅錫鉛) 삼원합금(三元合金)으로 정형을 이루었다.

중국 고대의 청동제품이 포함된 동과 주석의 합금비율에 대한 기록은 『주례

---

32) 노태천, 한국고대야금(冶金) 기술사 연구, 학연문화사, 2000, pp.113-117.

(周禮)』「고공기(考工記)」33)에 다음과 같이 남아 있다. 즉, '양을 6등분하여 주석이 1인 것은 종과 솥을 만들고(종정지제, 鐘鼎之齊), 5등분하여 주석이 1인 것은 동기(銅器) 즉 도끼와 끌 제작에 적합하고(부근지제, 斧斤之齊), 4등분하여 주석이 1인 것은 창을 만드는 데 좋고(과극지제, 戈戟之齊), 3등분하여 주석이 1인 것은 화살을 만드는 데 좋고(삭살실지제, 削殺失之齊), 1 대 1인 것은 거울을 만드는 데 적합하고(감수지제, 鑒燧之齊), 2등분하여 1인 것은 큰 칼을 만드는 데 좋다(태도지제, 太刀之齊)'고 되어 있다. 그러나 성분의 비율이 이런 원칙에 꼭 맞는 것은 아니다.

『주례(周禮)』「고공기(考工記)」의 금지육제(金之六齊)에 대한 동과 석(錫)의 합금비율34)은 다음과 같다(<표 24>).

<표 24> 『주례(周禮)』「고공기(考工記)」의 금지육제(金之六齊)에 대한 동과 석의 합금비율

금지육제 (金之六齊)	金을 銅－錫 합금으로 해석한 경우		金을 銅으로 해석한 경우	
	동 함량(%)	석 함량(%)	동 함량(%)	석 함량(%)
종정지제(鐘鼎之齊)	83.3	16.7	85.7	14.3
부근지제(斧斤之齊)	80.0	20.0	83.3	16.7
과극지제(戈戟之齊)	75.0	25.0	80.0	20.0
태도지제(太刀之齊)	66.7	33.3	75.0	25.0
삭살시지제(削殺矢之齊)	60.0	40.0	71.4	28.6
감수지제(鑒燧之齊)	50.0	50.0	66.7	33.3

최근의 중국 고대 청동합금기술에 대한 연구에서 얻어진 사실을 정리하면 다음과 같다.

1) 순동 혹은 주석과 납의 함량이 모두 낮은 동 용기(銅容器)는 그 수가 매우 적으며 일반적으로 초기에 있었다. 2) 전형적인 주석청동이 소둔(小屯)시기에 대량으로 출현하며 그 이전에는 주석의 함량이 낮거나 혹은 중간 정도의 양으로부터

---

33) 『周禮』「考工記」는 중국 춘추시대 주(周)나라 왕실의 6관 가운데 토목을 담당하는 동관(冬官)의 제도를 기록한 것으로, 내용은 목공(木工), 금공(金工), 피혁공(皮革工), 석공(石工), 도공(陶工) 등 6工과 그것에 종사하는 30氏의 이름과 작업내용, 제품의 규격을 기록하고 있다. 攻金의 工 가운데 박(鎛, 농구)을 만드는 단(段)시의 기사가 빠져 있다. 이 책은 춘추시대(770～475 BC)에 성립되어 漢나라 시대에 현재의 형태로 정리되었다고 한다. 후한 대(後漢代)의 훈고학자(訓詁學者) 정현(鄭玄, 127～200)의 注에 당 대(唐代)의 가공언(賈公彦)의 琉(류)가 덧붙어서 현재에 전하는 『주례주류(周禮注琉)』의 형태로 되었다.
　野崎準, 中國金屬學會寄贈の周禮注琉, 金屬博物館紀要, 第5號, 1980, pp.26－29.
34) 水野淸一, 考古學辭典, 東京創元社, 1974, p.532.

주석 함량이 높은 방향으로 가는 과도적인 중간 유형이 있었다. 3) 은 대 중기에 이미 주석을 포함시킨 납청동을 사용하였고, 그 후에는 적게 나타난다. 4) 소둔시기의 일부 용기에서 이미 주석 함량이 높은 합금을 사용했으며, 납 함량은 중간이거나 혹은 매우 적은 동(銅)·석(錫)·연(鉛) 삼원(三元)합금이었으며 은(殷)나라 중기에는 보이지 않는다. 5) 은 대(殷代)에 이미 연 함량이 매우 높거나 주석 함량이 중간 혹은 매우 높은 삼원합금이 있었으며, 그 후 수량이 차츰 증가한다.

은주시대(殷周時代) 청동용기의 합금비율은 대략 3단계로 발전하였다. 초기에는 순동과 석의 합금(含錫)·순동과 납의 합금(含鉛)이 모두 비교적 적은 청동을 사용했다. 은 대 중기에 각각 함석량이 중간 정도인 석청동(錫靑銅)과 함석량이 적은 연청동의 2가지 방향으로(전자를 위주로) 발전하였다. 소둔시기에 청동야주 생산은 정(鼎)[35]이 널리 유행하기에 이르러 기술상 고도로 성숙했으며, 예기(禮器)의 합금배합과 제작이 정형(定形)을 이루기 시작하였다. 중요한 기물은 대개 순동과 순석을 배합하여 만들었으며, 납은 매우 적게 포함하거나 아주 포함하지 않았다. 그리고 '종정지제(鐘鼎之齊)'에서 말하는 소위 '육분기금이석거일(六分其金而錫居一)'이라는 말은 '동육석일(銅六錫一)'을 지칭하며 주석 함량이 14.3%가량 되는(주, 朱) 석청동을 말한다.

중국의 청동솥 동합금[36]의 사례를 다음과 같이 조사하였다. 청동솥의 합금성분은 <표 25>와 같다. 선진시대(先秦時代)의 주석솥의 구리합금은 67.06~86.12%며, 주석 함량은 겨우 3.48%에 지나지 않았다. 일반적으로 10.44~18.76%이며, 납 함량은 최고가 17%이다.

〈표 25〉 선진시대 정(鼎)의 동합금

솥명칭	시대	출토 지점	합금(%)								
			Cu	Sn	Pb	Mn	Ni	Fe	Ti	Cr	Zn
사모술 司母戌	상 중기 商中期	하남河南 안양安陽	84.77	11.64	2.79						
방정 方鼎	상 商	하남河南 정주鄭州	75.09	3.48	17.00	Si약 0.2					
인면정 人面鼎	상 商	호남湖南	67.06	12.66	11.94						
정잔편 鼎殘片 (배, 腹)	상만기 商晚期	산서山西 영석灵石	86.10	10.44	3.12			0.10			
정잔편 (발, 足)	상 商	산서山西 석루石樓	81.13	12.13	2.86						
정잔편	서주 西周	섬서陝西 기산岐山	83.63	11.70	3.30		0.01	0.028	없음	미량	
정잔편	전국 戰國	호북湖北	77.69	18.76	2.21	0.02					0.01

솥 다리 윗부분의 양식에서 나온 고대 합금과 현대 주석 청동에서(〈표 26〉) 주석 함량이 비교되며, 표에서 알 수 있듯이, 고대 구리솥의 합금은 비록 현대 주석 청동보다 합금의 차이가 있지만, 그 차이는 그리 크지 않으며, 강도, 경도, 신축률은 현대 주석청동에 비해 단지 1:3 정도이다.

〈표 26〉 상대시대(商代時代) 정(鼎)의 합금 및 제작방법

명칭	합금 (%)		제작방법					
	주석	기타	σ_b(kg/㎟)		δ(%)		HB	
			사형 砂型	금형 金型	사형	금형	사형	금형
상대청동솥 (다리)	12.13	Pb 2.86 동 제외	14		2		57.3	
현대주석청동 ZQSn10 - 1	9 - 11	P 0.6 - 1.2 동 제외	22	25	3	5	80	90
현대주석청동 ZQSn10 - 2 - 1	9 - 11	Pb 1.0 - 2.5 P 0.6 - 1.2 동 제외		25		5		75

4-2. 중국의 동(銅)

천공개물[37]에 소개된 내용을 보면 세상에 쓰이는 구리 가운데 채광하여 제련할 수 있는 것은 오직 홍동(紅銅)뿐이라고 하였다. 그러나 구리에 노감석(爐甘石)이나 또는 아연(亞鉛)을 넣어 제련하면 빛깔이 변해서 황동(黃銅)이 되며, 또 비상(砒霜) 등의 약을 넣어 제련하면 백동(白銅)이 된다. 명반(明礬)이나 초석(礎石) 등의 약물을 넣어 제련하면 청동(靑銅)이 된다. 또한 주석을 넣으면 황동(黃銅)이 되고, 아연을 넣으면 주동(鑄銅)이 된다. 그러나 바탕의 재료는 단 한 가지 홍동뿐이었다.

동광(銅鑛)은 어디에나 있으며, 『산해경(山海經)』[38]에 구리가 산출되는 곳이 통틀어 437개소라고 하였는데, 어디에 근거를 두었는지 알 수 없다. 현재 중국에서 사용하는 구리는 서부의 사천(四川)과 귀주(貴州)의 두 성(省)에서 가장 많이 나며, 동남 지방에서는 외국에서 배로 바다를 건너온 것이 많다. 호북성(湖北省)의 무창(武昌)과 강서성(江西省)의 광신(廣信)에는 다 풍부한 동광이 있다. 호남성(湖南省)의 형주(衡州)·서주(瑞州) 등지에서 나는 몽산동(蒙山銅)[39]은 그 품질이 가장 나빠, 주조할 때 남몰래 섞어 제련하면 단단한 구리 덩어리를 얻을 수 없다고 하였다. 구리가 나는 산에서는 흙에 돌이 섞여 있으며, 여러 장 깊이로 파야 닿을 수 있다. 그 광석의 바깥을 모암(母岩)이 감싸고 있다. 모암의 모양은 생강(生薑)과 같고, 표면에는 구리의 낱알이 박혀 있는데 이를 동박(銅璞)[40]이라 부른다. 모암을 노에 넣고 제련하면 약간의 구리가 흘러나오므로 은광의 모암이 폐물인 것과는 다르다.

광석에 들어 있는 동사(銅砂)의 모양은 각각 다르다. 큰 것이 있으면 작은 것이 있고, 빛나는 것이 있으면 어두운 것이 있다. 유석(鍮石)[41]이나 또는 강철(薑鐵)[42]처럼 보이는 것도 있다. 동사에 끼인 흙을 씻어 내고 로에 넣어 제련한다.

---

37) 천공개물(天工開物)은 명조(明朝) 말엽인 1637년에 송응성(宋應星)이 지은 중국 최초의 고대기술백과전서임.

38) 산해경(山海經)은 중국 고대 지리서이다. 8권으로 되어 있으며 그 내용은 산천(山川), 민족, 물산(物産) 등이고, 중국 고대의 지리, 역사, 문화, 민속, 신화의 참고 자료이다.

39) 몽산(蒙山)은 강서성(江西省) 서주(瑞州)에 있으며, 여기서 나는 광석은 황동광(黃銅鑛, $CuFeS_2$)으로서 황철광, 방연광, 섬아연광이 공존한다. 따라서 주조는 할 수 있지만 단조는 어렵다.

40) 동박(銅璞)은 맥석에서 볼 수 있는 황동광이나 휘동광(Cu_2S) 또는 남동광($2CuCO_3$, $Cu(OH)_2$)과 같이 반점이 있는 저품위 광석이다.

41) 구리와 노감석으로 제련한 황동이 유석인데 여기서는 천연황동광을 가리킨다.

로에서 녹아 흘러나오는 것이 바로 자연동(自然銅)이며, 이를 석수연(石髓鉛)[43]
이라고도 부른다.

구리 광석에는 몇 가지의 종류가 있다. 그 가운데 바탕이 순수한 구리로서 납
과 은이 섞이지 않은 것은 큰 노(爐)에 넣어 한 번 제련하면 구리가 된다. 그러
나 납이 함유된 것을 제련하자면 노벽(爐壁)에 높고 낮은 두 개의 구멍을 뚫어
먼저 녹은 납은 위의 구멍에서 흘러나오고, 나중에 녹는 구리는 아랫구멍에서
흘러나온다.

일본의 동광은 은이 함유된 것이 있어서 이를 노에 넣어 녹이면 은이 위에
뜨고, 구리가 밑에 가라앉는다. 중국으로 상선이 운반한 구리를 일본동(日本銅)
이라 부르며, 이것은 장방형 판상(板狀)으로 주성(鑄成)되어 있다. 복건성(福建
省) 장주(漳州)에서는 이를 입수하면 노에 다시 넣어 제련하여 소량의 은을 건
지고, 남은 구리를 떡 모양으로 만들어 사천(四川) 구리인 양 팔기도 한다.

홍동을 제련하여 단조할 수 있는 황동을 만들려면 자풍탄(自風炭, 이런 석탄
은 가루처럼 고우며, 질흙과 섞어 떡 모양으로 만들어 태우는데 송풍(送風)하지
않아도 한번 빨갛게 타면 낮부터 밤까지 탄다. 강서성(江西省)의 의춘(宜春)·
신여(新餘)와 같은 현(縣)에서 난다.) 100근을 노에 넣어 태운다. 질흙으로 구운
도가니에다 구리 10근과 노감석 6근을 담아 노 안에 넣으면 스스로 녹는다. 후
세의 사람들은 노감석이 휘발하여 사람에게 해를 끼칠 뿐만 아니라 소모가 커
서 대신에 아연을 쓰게 되었다. 매 차례 홍동 6근에 아연 4근을 차례로 도가니
에 넣어 녹여서 식힌 후 꺼내면 이것이 바로 황동이다.

사람들은 단조하여 각종 기물을 만든다. 악기(樂器)를 만들 때는 향동(響銅)[44]
을 사용한다. 광동(廣東)과 광서(廣西)에서 나는, 납이 들어 있지 않는 주석을
도가니에 넣어 구리와 함께 녹인다. 정(鉦)이나 탁(鐲)과 같은 악기를 만들려면
홍동(紅銅) 8근에다 광동·광서에서 나는 주석 2근을 섞는다. 단조하여 요(鐃)
와 발(鈸)을 만들려면 구리와 주석을 섞어 잘 정련(精鍊)하여야 한다.

---

42) 동광의 일부는 자연동(自然銅)으로 되어 있다. 맥석(脈石)을 제거하면 그 모양이 생강과 같고, 그 표면에는 흑
   색 구리녹이 있어서 쇠처럼 보인다.
43) 석수는 원래는 비결정질의 석영(SiO_2)이 동물의 뇌수와 비슷한 모양인 것을 가리킨다. 여기서는 노에서 처음으
   로 흘러나와 응고하여 덩어리로 되어 표면에 구리 녹이 슬어 마치 한 덩어리의 석수 모양의 납처럼 보인다.
44) 향동은 구리에 주석을 10~25% 다량으로 첨가한 청동을 말한다. 주로 소리를 내는 종이나 타악기 제조에 많
   이 쓰인다.

값싼 그릇을 주조하자면 홍동과 아연을 같은 양으로 섞어 만들며, 심한 경우에는 아연 6에다 구리 4의 비율로 만든다. 값비싼 것은 3, 4차례 거듭 제련한 삼화황동(三火黃銅)이나 사화숙동(四火熟銅)으로 만들며, 구리 7에다 아연 3의 비율로 섞은 것이다.

값싼 가짜 은을 만들려면 오직 순동만이 혼입될 수 있고, 아연·비소·반(礬) 등은 극히 적어도 끝내 영원히 섞이지 않는다. 그러나 구리를 은에다 섞으면 흰색이 갑자기 홍색으로 변한다. 이것을 다시 노에 넣어 송풍하면서 녹이면 어떤 것은 맑고, 어떤 것은 탁하며, 또 어떤 것은 뜨고 어떤 것은 가라앉아, 분명히 판별할 수 있다. 이로써 은과 구리가 완전히 분리되어 순수한 것을 얻을 수 있다.

거울을 주조할 때는 거울의 거푸집에 겨의 재에다 고운 모래를 섞어 사용한다. 거울의 원료는 동과 주석의 합금이다(아연은 쓰지 않는다). 『주례(周禮)』, 『고공기(考工記)』에서 동과 주석을 각각 반반씩 섞은 합금은 평면경(平面鏡)이나 오목거울의 재료로 쓰인다고 적혀 있다. 거울이 빛을 반사할 수 있는 것은 수은(水銀)을 한 층 입혔기 때문이며, 구리 자체가 빛나는 것이 아니다. 당(唐)의 개원(開元) 연간(서기 717~741년)에 궁중에서 사용한 거울은 모두 은과 구리를 같은 양으로 섞어 주조한 것이며, 이 때문에 거울 한 개의 값이 은 몇 냥이나 된다. 거울에 주사(朱砂)와 같은 붉은 반점이 나타나는 것은 그 속에 불순물로 들어간 금은(金銀)이 빛나기 때문이다(옛날의 향로에는 금을 넣은 것도 있다.). 중국 명 대(明代)의 선로(宣爐)는 당시에 우연히 어느 창고에서 화재가 발생하여 금은(金銀)이 구리, 주석과 함께 녹아서 한 덩어리로 되었기에 관청에서 이것으로 향로를 주조하도록 한 것이다(선로의 진품 표면에는 금색의 반점이 반짝이고 있다.). 당경(唐鏡)과 선로(宣爐)[45]는 다 왕조(王朝)가 번성했을 때의 산품이다.

---

45) 선덕로(宣德爐)라고도 부르며 명조(明朝) 선덕연간(서기 1426~1435)에 주조된 향로이다. 구리를 정련하여 금은과 같은 귀금속을 첨가한다. 그 빛깔이나 광택이 아름다운 명대의 저명한 미술공예품이다.

4-3. 동(銅)의 세공(細工)

구리에다 아연[46]을 넣어 제련하여 황동을 얻고, 이를 다시 녹여 그릇을 만든다. 또한 구리에다 비상(砒霜, 산화비소 AS_2O_3)을 넣어 제련하면 백동[47]이 된다. 백동은 가공이 어렵고, 품질이 좋아 호사스러운 사람이 이를 사용하였다.

황동은 노감석을 구리에 넣어 제련하여 만든 것이며, 녹인 후 열이 식기 전에 망치질한다. 한편 노감석 대신에 아연을 넣어 만든 것은 녹인 후 식은 다음에 단조하였다.

향동(響銅)은 구리에다 주석을 넣은 합금으로 악기를 만드는 데 사용한다. 악기를 만들 때는 온전한 한 개의 덩어리를 단조하여야지 몇 개의 부품을 납땜질해서는 안 된다. 그 밖의 네모나 원형의 그릇을 납땜질하거나 달구어서 접합시켰다.

작은 것은 납땜질할 때는 주석가루를 쓰며, 큰 것은 향동가루를 쓴다(구리를 깨어서 가루로 만들려면 밥풀에다 이겨서 빻는다. 다음에 밥풀을 물로 씻어 내면 구리가루를 얻을 수 있다. 밥풀로 이기지 않고 빻으면 구리가루가 흩어져 날아가 버린다). 은그릇을 납땜질할 때는 구리가루를 사용하였다.

악기로 만들려면 정(鉦)은 주조하지 않고, 녹은 덩어리를 단조하여 만든다. 탁(鐲)과 정령(丁寧)은 미리 둥글게 주조한 후 단조한다. 정이나 탁을 만들려면 모두 구리 덩어리나 구리 조각을 땅에다 놓고 두드린다. 큰 것은 여러 사람이 힘을 합쳐 두드리며, 작은 것은 차츰 펼치면서 넓힌다. 차가운 물건을 두드리면 현악(絃樂)이 울리는 소리와 같은 소리가 몸체에서 난다. 탁은 가운데를 때려서 하나의 불거져 나온 원포(圓泡)[48]를 만든다. 다음에 식혀 두드리면서 음색(音色)을 정한다. 소리는 고저(高低) 두 가지로 구분되는데 이것은 원포의 후박(厚薄)과 심천(深淺)의 약간의 차이에 따른다. 다시 말하면 많이 두드린 것은 그 소리가 비교적 낮고, 적게 두드린 것은 그 소리가 비교적 높았다.

구리는 단조한 후에는 희멀겋게 되지만 줄질하면 다시 황색의 광택이 난다. 단조 시 구리의 소모량은 쇠의 소모량의 10분의 1에 불과하다. 구리는 독특한

---

46) 송응성 저, 최주 역, 천공개물(天工開物), 전통문화사, 1997, pp.243-321.
47) 백동은 여기서는 구리와 비소의 합금을 말한다. 비소광 중에는 때로는 니켈이 함유된 것도 있어서 구리-비소 합금, 또는 구리·비소-니켈 합금이며, 이들은 다 흰색을 띤다. 현대의 백동은 구리-니켈 합금을 말한다.
48) 중국의 악기이름으로 사천(四川)에서는 유라(乳鑼)라 불렀고, 광동(廣東)에서는 금고대라(金鼓大鑼)라 불렀다.

비린내가 나며, 그 빛깔도 곱다. 따라서 구리를 다루는 장인은 쇠장인보다 한 계급 높다고 하였다.[49)]

4-4. 중국의 동기(銅器)와 형태

중국[50)]에 있어서의 동 그릇의 연구는 송 대에 시작되지만, 그 과학적인 시작은 11세기이다. 그러나 그 이후는 금문(金文)만의 연구에 편중되어 있어, 그릇 그 자체의 고고학적인 고찰이 시작된 것은 20세기에서부터이다. 현재 행해지고 있는 그릇과 문양의 분류, 칭호의 대부분은 송 대에 쓰인 것을 기본으로 하고, 여기에 약간의 내용을 첨가한 것이지만 그릇의 형태는 문헌에 보이는 형태와 비교되어 다음과 같이 분류될 수 있다.

중국 고대의 청동용기(<표 27>, <그림 26>)는 크게 식사용 그릇인 식기(食器), 술을 마실 때 사용되는 주기(酒器), 물을 담거나 마실 때 사용되는 수기(水器), 그 밖에 사용되는 잡기(雜器)가 있다.

또한 병기류,[51)] 악기류, 생활용기류, 생산용기류, 사회용기류로 대별할 수 있다.

① 용기류(容器類)

용기는 청동기 중의 대부분을 차지하며, 또한 당시 사회에서 필요한 최대의 청동기다. 특히 이러한 종류의 기물은 용기에 식품, 술, 물을 담는 기능 이외에, 제사, 권력, 후장, 전세 등과 같은 기능과 관련이 있다. 이렇게 커다란 흐름으로

---

49) 1) 구리는 순동(純銅)을 말한다. 자연에도 순동이 있으며, 자연동(自然銅)이라 한다. 우리나라에서도 곳곳에서 난다. 그러나 그 자원이 제한되어 있어서 일반적으로 황화물(黃化物)이나 산화물 구리 광석을 제련하여 구리를 얻는다. 자연동이나 제련한 구리에는 불순물이 들어 있어 순도를 높이자면 전기 분해하여 구리를 얻으며, 이를 전해동(電解銅)이라 한다.
    2) 황동은 구리와 아연의 합금이며, 구리에다 아연이나 노감석을 넣어 제련하였으나 현재는 노감석을 쓰지 않고 금속 아연을 쓴다.
    3) 원문의 비(砒)는 비소 As를 가리키나 일반적으로 비상(砒霜), 즉 산화비소 As_2O_3를 말한다.
    4) 노감석은 아연 광석이며, 주요 성분은 탄산아연 $ZnCO_3$이다. 금속 아연이 나오기 전에는 구리에다 노감석을 넣어 황동을 만들었다.
    5) 정(鉦)은 긴 자루가 달린 종(鍾)을 말한다.
    6) 탁(鐲)은 종 모양의 방울로서, 흔들거나 두드려서 소리를 내는 용도로 사용한다.
    7) 정령(丁寧)은 일종의 작은 종으로서, 주조하여 만들 수도 있다.
50) 水野淸一, 考古學辭典, 東京創元社, 1974, pp.708-709.
51) 田長澈, 中國金屬技術史, 四川科學技術出版社, 1988, pp.58-63 참조.
    馬承源, 中國靑銅器, 上海古籍出版社, 1992, pp.83-279.

발전한 용기류는 여러 가지 품종으로 다양하였다.

이러한 종류의 주물은 기술 면에서 그 공익성이 있다. 구조적으로는 대부분 상자형이며, 많은 덩어리 이외에 바깥과 안쪽 면이 조합된 형태이다. 합금배합은 일정한 강도와 양호한 유동성이 있다. 동과 주석의 비율은 주례 고공기의 "종정지제"에 따른 즉 양을 6등분하여 주석이 1범위 내에서 합금을 하였다.

② 병기류(兵器類)

중국 청동병기는 상(商나)라와 주(周)나라에서부터 전국시대에 이르기까지 전쟁 중에 중요한 역할을 하였다. 이러한 종류의 청동병기의 기술적인 합금내용은 용기류와 크게 다르지 않았으며 그것은 주조물의 완전성을 지켰으며 강도와 경도를 가졌다. 또한 일정한 인장강도가 있었다. 그리고 재료는 도기뿐만 아니라, 금속으로 만들었으며 금속의 주조성은 속도를 가속화하여, 주조물의 표면 상태를 정밀하게 하였다. 합금성분에서 주석 함량은 용기류인 "종정지제"의 내용에 비해 약간 높다. 청동병기에는 주로 창, 방패, 미늘창, 화살촉, 도끼, 검, 비수, 팔모대창, 석궁, 투구 등이 포함된다.

③ 악기류(樂器類)

주조방법은 밀랍 제조법으로 주로 주조하여 완성하였으며, 합금성분의 기본은 "종정지제"의 내용으로 완성하였다. 청동악기류에는 종, 요, 정, 구요, 방울, 향간, 북 등이 있다.

④ 생활용구류(生活用具類)

생활용구는 비교적 복잡하며, 그중에 거울, 세(붓 씻는 그릇), 화로, 등, 인두, 낚싯대, 창이 가장 많았으며, 동경의 전통은 수천 년에 걸쳐 이어졌다. 제가 문화(齊家 文化)가 계속해서 전해져서 청대(淸代)에 이르렀다.

⑤ 생산용구류(生産用具類)

생산용구는 크게 공구(工具)와 농기계기구로 나누어지며, 청동 공구에는 도끼, 톱, 조각칼, 삭, 낫, 줄, 송곳, 점, 조구 등이 있다. 청동 농기에는 동 재료로 제작된 것이 간혹 있으나 청동시대에 있어서 비록 청동 농기가 출현은 하였지만 동 재료는 당시에 질이 우수한 금속이었기 때문에 청동은 농기구로서 지속적으로 농업용으로는 사용되지 않았다. 청동시대에는 석기가 주로 농업생산에 사용되었다.

⑥ 사회용기류(社會用器類)

사회용기류 기물은 사회적으로 광범위하게 전파되고 교체 및 발전되었으며, 그중에는 화폐가 대부분이었다. 화폐에는 청동포(靑銅布)화폐, 화폐, 둥근동전(圓錢), 동화폐 등이 있었다. 도량형기(度量衡器)의 척(尺), 양(量), 권(權)은 사회의 통상기능을 하였으며, 병마기는 교통, 전쟁 중에 매우 중요한 부품이었다. 또한 관인의 도장, 붓은 매우 중요한 의의가 있는 청동 기물이었다.

〈표 27〉 중국 고대 청동용기

명 칭	종 류	명 칭	내 용
식기 (食器)	팽숙기 (烹熟器)	정(鼎) 격(鬲) 언(甗)	발이 셋, 귀가 둘 달린 음식 익히는 솥
			발이 셋으로 속이 빈 솥
			시루
	성기 (盛氣)	궤(簋) 두(豆) 수(盨) 보(簠)	제사 때 쓰는 주발
			제사 때 쓰임
			그릇
			바깥은 네모지고 안은 둥근 제기
주기 (酒器)	성기 (盛氣)	유(卣) 존＝준(尊＝樽) 방이(方彝) 시굉(兕觥) 호(壺) 부(瓿)	술통
			술 단지, 술통
			네모난 술병, 제사용(祭祀用)
			물소 뿔
			병
			작은 항아리
	음기 (飮器)	가(斝) 각(角) 작(爵) 고(觚) 선(觶)	술잔
			뿔
			술잔
			의식에 쓰이는 술잔
			둥근 허리 술잔
수기 (水器)		반(盤) 이(匜) 부(瓿)	대야
			주전자
			작은 항아리
잡기 (雜器)		비(匕) 작(勺)	숟가락
			액체를 뜨는 용도

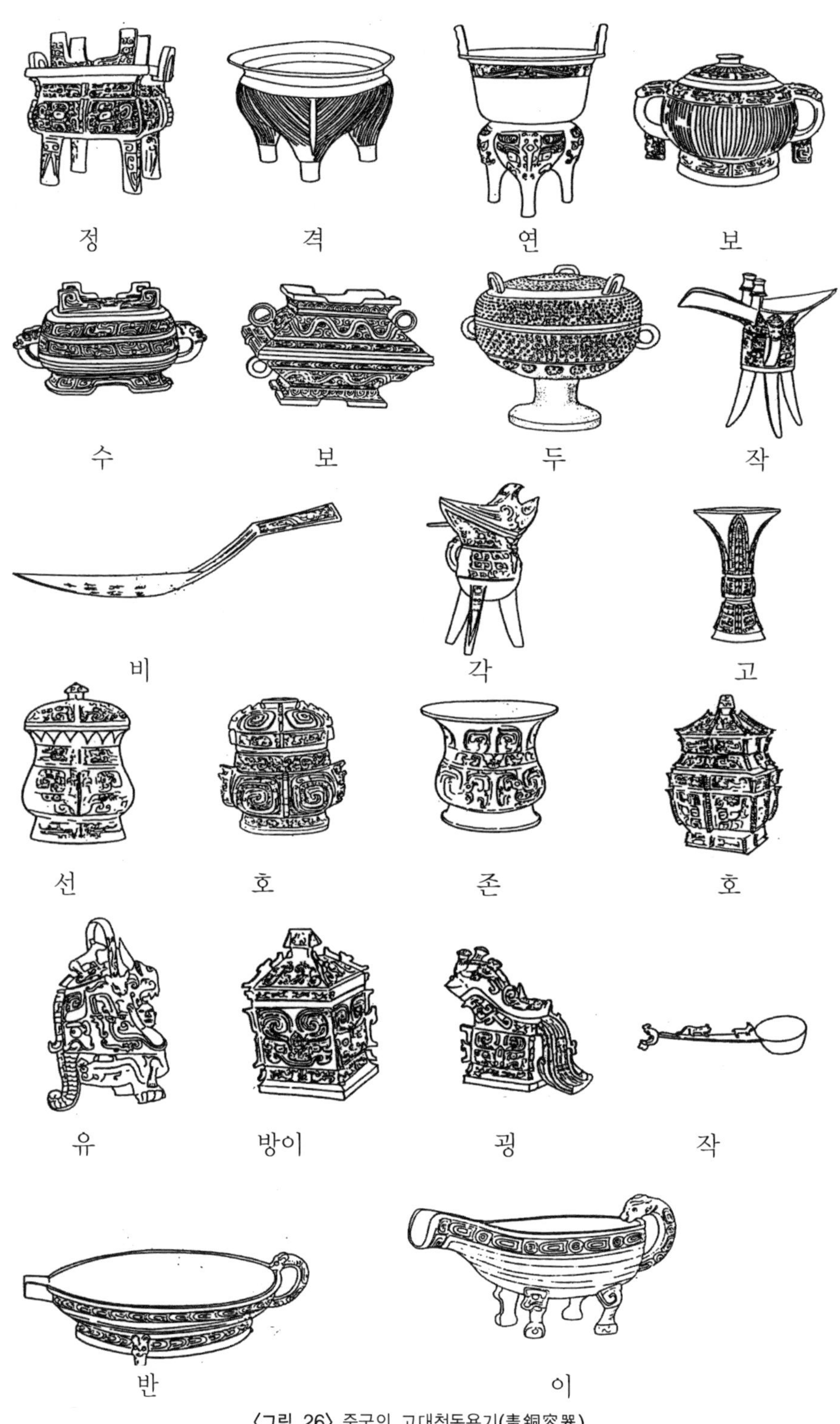

〈그림 26〉 중국의 고대청동용기(靑銅容器)

Ⅲ. 동합금의 표본선정과 재료 및 기법

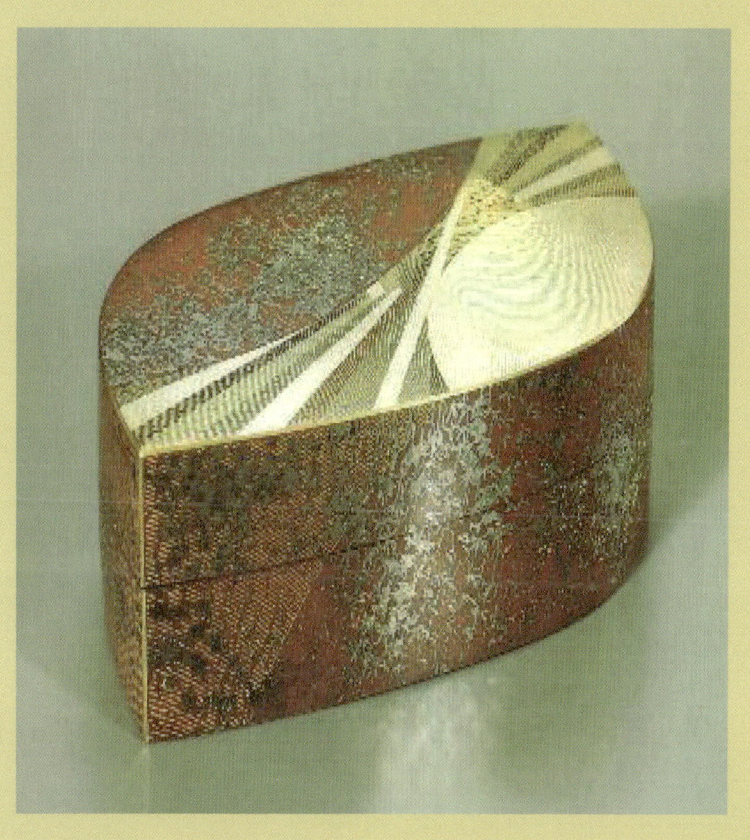

이 장에서는 동합금을 이용한 금속조형의 향배를 진단하기 위한 초기 작업으로서, 동과 동합금과의 상관관계 및 재질 그리고 기법에 대하여 논하고자 한다. 이러한 논의의 절차는 동의 종류와 그 역사 및 특성에 대하여 살펴보고, 그것의 주요 용도에 대하여 구체적인 논의를 해 보고자 한다.

이러한 재료를 취급하는 회사에서 제조하는 방식과 그 성분을 분석하여, 국내 시장의 재료적 특성을 살피게 될 것이다. 특히, 이러한 재료를 생산해 내는 회사의 가공능력과 품질을 비교하여, 일반적인 조형의 재료로 사용할 경우 어떠한 가능성이 있는지를 살펴보고자 한다.

이러한 특성을 분석하기 위해서, 본서는 몇 단계에 걸친 실험을 거쳐 몇 가지의 특성을 유추해 낼 수 있었다. 이러한 내용에 대하여 단락을 제시하고자 한다.

동합금을 이용한 금속조형의 표현 방식은 대단히 다양하게 전개될 수 있다. 이러한 기법은 재료가 지니고 있는 특성과 무관하지 않다. 따라서 재료가 지니고 있는 원래적인 속성과 조형상에서 드러난 외형적인 요인을 결부시켜 볼 수 있는 것이다. 따라서 본서는 이러한 동의 종류를 구체적으로 표본선정을 하고, 그것에 따르는 다양한 주변적인 요인들을 분석하고자 한다.

1. 동합금의 표본선정

1-1. 동 및 동합금

인류[52]와 금속과의 만남은 기원전 7,000~8,000년 전이라고 일컬어지며 동은 기원전 6000년경 서아시아의 메소포타미아 지역에서 처음 발견하여 사용하기 시작한 가장 오래된 금속이다. 구리는 동(銅)이라고도 하며, 은·금과 함께 화폐 금속이라고도 한다. 구리의 영어명인 Copper는 옛날 구리의 산지(産地)였던 그리스의 카프로스섬(Cyprus 島)의 라틴명 Kyprus 혹은 Cyprium에서 비롯된 것으로서 Cu의 상징으로부터 연유한다고 한다.[53]

고대의 이집트인들은 BC 13000년부터 BC 6000년경에 무기를 제조할 때 사용된 것으로서 재련(Smelting) 주조 또는 비가열(Cold working)에 의한 제조방식에 의해 이루어졌다.

중국인들은 예로부터 '구리(銅)는 금(金)과 같다(同)'고 여길 만큼 동은 동서고금을 막론하고 인류문명과 밀접한 연관을 가져왔다. 뛰어난 연성(延性)과 전성(展性) 때문에 가공하기가 쉬워 인류문명의 태동기부터 칼이나 창 등 제례기구나 고대 공예미술을 대표하는 각종 불상과 범종, 놋그릇 등 사람들의 생활 속에 광범위하게 사용되면서 찬란한 동 문화를 발전시켜 왔다. 오늘날에 있어서도 동(銅)은 열과 전기 전도율이 높고 가공성, 합금성, 내식성 등이 뛰어나 모든 산업분야에서 널리 사용되고 있으며, 우리의 일상 생활용품을 비롯하여 건축과 자동차, 조선, 기계, 전기 등의 기초산업분야에서부터 전자, 반도체, 통신, 우주항공 등 첨단분야에 이르기까지 동의 용도는 보다 다양해졌으며 그 중요성도 날로 높아지고 있다.

과거에는 동 재료는 기계기구를 제작하기 위한 보조수단으로만 생각했으나 근래 첨단산업에서는 재료가 우선되지 않으면 기술혁신을 달성할 수 없다는 것이 일반적인 인식이다. 고성능의 동합금계의 리드 프레임(lead frame) 재료가 반도체 산업발전의 일익을 담당하고 있는 것이 좋은 예이다.

이렇게 신소재는 현재 에너지, 정보통신, 항공우주, 의료 등의 각 분야에서 혁신적인 기술개발의 핵심체로서 적극적인 연구개발이 추진되고 있다. 그러나 알루미늄이나 플라스틱 등의 성능 향상에 의한 기술이 빠르다. 동 산업의 발전을 계속하기 위해서는 확고한 기술적 기반을 기초로 해서 동의 특성에 맞는 동 재료의 개량, 신재료, 신가공법 등의 개발을 추진하여 경합재료보다 앞서야 하며 적극적으로 미개척 분야의 탐구를 계속하여 기술혁신에 도전하며 새로운 시장

---

52) 村上陽太郎, 銅および 銅合金の基礎と工業技術, 日本伸銅協會, 1988, pp.1 - 23 참조.
53) E 산업자료(www.Leeku.co.kr)로서 두산세계대백과 Encyber 내용.

을 개척할 필요가 있다.

앞으로 동 재료는 우리 생활 속에 없어서는 안 될 가장 중요한 재료로서 미래의 고도산업사회에서도 무한한 가능성을 펼치며 인류문명을 보다 풍요롭게 해 줄 것이다.

동(Copper, Cu) 및 동합금은 주요 상용 금속 중 하나로서, 그 용도가 매우 다양하다. 이것의 특징으로는 우수한 열 및 전기전도성, 가공성, 내식성 그리고 타 금속(Zn, Sn, Ni, Ag, Au 등)과의 용이한 합금성 등을 들 수 있다. 또한, 동은 주기율표 제1B족의 구리족원소에 속하는 금속으로서 원소기호: Cu, 원자번호: 29, 원자: 63.549, 융점: 1084.5℃, 끓는점: 2,549℃, 비중: 8.92(20℃)이다.

동 및 동합금은 일반적으로 비자성체이며, Soldering성, Brazing성 그리고 용접성이 양호하다. 또한 이 합금은 도금성 및 연마성이 우수하고 색상의 선택이 다양하여 건축, 가구, 장신구, 공예품, 화폐 등 그 용도가 매우 넓다.

순동의 종류에 대해서는 KS(한국) D5201, ASTM(미국) B224 및 JIS(일본) H3100에 상세히 기술되어 있으며, 통상은 전기동(Electrolytic cathode Copper), 정련동(Electrolytic Tough Pitch Copper), 인탈산동(Phosphorus Deoxideized Copper), 무산소동(Oxygen Free Copper)으로 대별할 수 있다.

실용시판동(實用市販銅)에 있어서 순동의 종류는 다음과 같다.

1) 전기동(電氣銅, Eletrolytic, Cathode Copper)은 전기분해[54]로 얻는 전기동(電氣銅, 陰極銅)이 동지금(銅地金)으로 판매되는 것이 보통이며, 이것은 순도는 높으나 취약해서 가공하기가 곤란하다. 이것을 다시 산화환원에 의한 용융정련을 하여 형동(型銅)을 만들어 판매하는 일도 많다. <표 28>은 전기동지금(地金)에 대한 한국공업규격(KS)의 표시이다.

<표 28> 전기동지금 규격(KS D 2341)

종류	Cu(%)	불 순 물(ppm 이하)							
		As	Sb	Bi	Pb	S	Fe	Ag	계
1종	99.99 이상	5.0	4.0	2.0	5.0	15.0	10.0	25.0	65.0
2종	90.90 이상	30.0	30.0	10.0	50.0	50.0	50.0	−	−

---

54) 양훈영, 신금속재료학, 순운당, 2000, pp.352 – 397 참조.

2) 정련동(精鍊銅, Electrolytic Tough Pitch Copper)은 전기동을 용융ㆍ정제하여 Cu 중의 O를 0.02~0.04% 남긴 정제동(精製銅)이며, 표준조성은 99.92% Cu, 0.03% O이다. 정련동은 전기 및 열의 전도성이 대단히 좋으며, 20℃에서 전기비저항은 1.71μΩ－cm(annealed, 101%에 해당), 열전도도는 0.934cal/㎠/cm/℃/sec이다. 내식성ㆍ전연성도 좋으며 상당한 강도도 가지고 있다. 이와 같은 특성이 있기 때문에 판ㆍ선ㆍ봉의 형태로 가공되어 전기공업용에 널리 사용된다.

3) 인탈산동(燐脫酸銅, Phosphorus Deoxidized Copper)은 용해 시 흡수한 O를 P로 탈산하여 O는 0.01% 이하가 되고 잔류 P량이 0.02% 정도의 것이다. 따라서 탈산동은 고온의 환원성기(還元性氣) 중에서도 수소(水素)취성이 없고 고온에서 O를 흡수하지 않으며 또 경화(軟化)온도도 약간 높으므로 용접용으로 적합하다. 그러나 P 때문에 전도도는 저하하여 비저항(比抵抗)은 약 2μΩ－cm이다. 판으로도 사용되나 대부분은 관으로 제조되어 가스관, 열교환관, 중유버너용관, 증기계(蒸氣系)관 등의 용도에 공급된다.

4) 무산소동(無酸素銅, Oxygen Free Copper)은 O나 탈산제를 품지 않은 Cu를 말한다. 이것을 만들려면 진공 중에서 용해ㆍ주조하거나 또는 목탄탈산장치로 목탄 및 CO가스에 의한 탈산처리를 하여 목탄발생로가스분위기 중에서 주조한다. 진공용해동의 산소함량은 0.002~0.001% 정도이고, 성질은 정련동과 탈산동의 장점을 합하여 가진 우수한 것이며, 전도성이 좋고 수소취성도 없으며 또 가공성도 우수하므로 주로 전자기기 등에 사용된다. 또한 유리의 봉착성이 좋으므로 진공관용 재료로서 유리에 봉입하는 동선으로 이용된다.

1-2. 황동(黃銅) Ⅰ

황동(Brass)이란 Copper(Cu)와 Zinc(Zn)의 합금 및 이것에 따른 원소를 첨가한 합금을 말한다. 황동은 주조성 및 가공성이 좋고 기계적 성질 및 내식성도 좋으며, 청동에 비하여 값도 저렴하고 색상도 좋으므로 널리 사용된다. 황동에 함유되는 아연량은 약 40%까지이고 약 30% 이내의 Zinc를 함유하는 황동은 단동(丹銅, Tombac)이라 하여 미술공예품, 장식품 등에 사용된다.

가장 많이 사용되는 합금은 30~40% Zn의 황동이며 판, 봉, 관, 선 등의 가공재 또는 주물로 이용된다. 또한 납이 함유되는 연입황동은 절삭성의 향상을 위해 Copper와 Zinc 이외에 3.5%까지 납(Pb)을 포함한다. 특수 황동은 주로 강도, 미끄럼성 그리고 내부식성을 향상시키기 위하여, Al, Fe, Mn, Ni, Si 혹은 Sn을 함유하는 Cu - Zn 합금이다.

황동의 역사를 살펴보면 다음과 같다. 인류에게 있어서 황동은 매우 오래전부터 알려져 왔다. BC 3000년에는 Babylon과 Assyria에서 이미 사용되었으며, Palestine에서는 BC 1000~1400년 사이에 사용된 것으로 입증되었다. 황동의 탄생은 인류가 Copper 용해 시 아연광물(아연탄산염)을 첨가함으로써 생겨나게 되었다.

1884년 A. Dick는 Fe와 Mn을 통한 황동의 개량 효과를 인지하여서, 사용 가능한 특수 황동을 처음으로 소개하였다. 1906년에는 Guillet가 실험을 통하여 Cu - Zn 합금계에서 얼마만큼의 Zinc가 첨가원소로서 대체될 수 있는지를(아연 당량가) 밝혔다. 이 아연 당량가는 오랫동안 실무작업자들을 위해, 황동에 있어서 제3원소의 영향을 예상하는 데 귀중한 도움이 되었다.

황동의 종류를 살펴보면 다음과 같다.

① 95 Cu - 5 Zn 합금(Gilding Metal)은 순동과 같이 연하고 Coining을 하기 쉬우므로 화폐·메달 등에 사용된다.

② 90 Cu - 10 Zn 합금(Commercial Bronze)은 단동(丹銅)의 대표적인 것이며, Deep Drawing用, 메달·배지(Badge) 등에 사용된다. 색깔이 청동과 비슷하므로 청동대용으로 쓰이기도 한다.

③ 85 Cu - 15 Zn 합금(Rich Low or Red Brass)은 연하고 내식성이 좋으므로 건축용 금속잡화·소켓·체결구(締結具) 등에 사용된다.

④ 80 Cu - 20 Zn 합금(Low Brass)은 전연성이 좋고 색깔도 아름다우므로 장식용 금속잡화·악기·가소관(可撓管) 등에 사용된다. 이러한 5~20% Zn의 저아연합금을 총칭하여 Tombac이라 하는데, 전연성이 좋고 색깔이 金에 가까우므로 모조금으로 사용되며 박(箔)으로 하여 금박의 대용으로 쓰인다.

⑤ 70 Cu - 30 Zn 합금(Cartridge Brass)은 가공용 황동의 대표적인 것이며,

판·봉·관·선 등을 만들어 널리 사용한다. 자동차용 방열기부품·소켓·체결구·각종 일용품·탄피·장식품 등으로 가공하여 이용한다. 이 종류의 황동은 가공재료이므로 지금을 엄선하여 불순물의 혼입(混入)을 방지해야 한다.

⑥ 65 Cu - 35 Zn 합금(High or Yellow Brass)은 α단상합금으로서 아연 함량이 높은 것이며 용도는 70/30 황동과 비슷하다. 이러한 Deep Drawing용 재료는 판의 두께가 균일하고 결정입도가 적당하여야 한다. 결정입도는 경도의 가공을 할 때의 0.015mm로부터 심한 가공을 할 때의 0.050∼0.100mm까지 적당히 조절한다.

⑦ 60 Cu - 40 Zn 합금(Muntz Metal)은 조직이 $(α + β)$이므로 상온에서의 전연성은 낮으나 강도는 크다. 아연 함량이 많으므로 가격은 황동 중에서 가장 싸며 고온 가공하여 상온에서 완성하여 판·봉 등으로 만든 내식성이 적고 탈아연부식을 일으키기 쉬우나 강력하기 때문에 기계부품으로서의 용도가 넓으며, 예를 들면 복수기용판(復水器用板)·열교환기용관·볼트·너트·대포탄피 등에 사용된다.

⑧ 황동주물은 주물용으로서 10∼40% Zn의 것이 여러 가지 목적에 사용된다. Zn을 품으므로 용탕의 유동성이 좋고 복잡 정밀한 주물을 얻을 수 있다. 아연 함량이 낮은 10∼15%의 것은 미술주물에 또 Zn 30∼40%의 것은 강력하므로 기계주물에 사용된다. 절삭성을 좋게 하기 위해서는 Pb를 2.5%까지 첨가하면 좋으며, 절삭성·내해수성·내알칼리성을 요구하는 선박부품·보일러부품 등의 재료에는 Sn을 넣으면 좋다.

황동제품의 한국공업규격은 판·봉·선·주물 등에 대하여 규정하고 있으며, 그 예로서 황동판의 규격을 <표 29>에, 황동판의 기계적 성질을 <표 30>에, 황동주물의 규격을 <표 32>에 표시하였다.

〈표 29〉 황동판 규격(KS D 5201): 화학성분

합금번호	Cu	Pb	Fe	Zn	용도보기
C2600	68.5∼71.5	0.05 이하	0.05 이하	나머지	자동차용 방열기, 탄피 등
C2680	64.0∼68.0	0.07 이하	0.05 이하	나머지	디프드로잉용, 배선기구 등
C2720	62.0∼64.0	0.07 이하	0.07 이하	나머지	샐로드로잉용 등
C2801	59.0∼62.0	0.10 이하	0.07 이하	나머지	배선기구부품, 명판, 계기판 등

<표 30> C2600P(7:3 황동판)의 기계적 성질

질 별	기 호	인 장 시 험			굽 힘 시 험		
		두께 (mm)	인장강도 (kgf/mm^2)	연신율 (%)	두께 (mm)	굽힘각 도	안쪽 반지름
연질	C2600P - 0	0.3~1 1~30	28 이상 28 이상	40 이상 50 이상	2 이하	180°	밀 착
1/4경질	C2600P - 1/4H	0.3~30	33~42	35 이상	2 이하	180°	두께의 0.5배
1/2경질	C2600P - 1/2H	0.3~20	36~45	28 이상	2 이하	180°	두께의 1배
경 질	C2600P - H	0.3~10	42~55	–	2 이하	180°	두께의 1.5배
특경질	C2600P - EH	0.3~10	53이상	–	–	–	–

<표 31> 황동주물의 규격(KS D 6001)

황동주 물종류	기호	화 학 성 분(%)						인 장 시 험		용 도
		Cu	Zn	Pb	Sn	Al	Fe	인장강도 (kg/mm^2)	연신율 (%)	
1종	BsC1	83.0 ~ 88.0	殘部	0.5 이하		Sn, Al, Fe의 합계 1.0 이하		15 이상	25 이상	flange, 전기부속품
2종	BsC2	65.0 ~ 70.0	〃	0.5 ~ 3.0	1.0 이하	0.5 이하	0.8 이하	20 이상	20 이상	전기부품, 일반기계 부품 등
3종	BsC3	60.2 ~ 65.0	〃	0.5 ~ 3.0	1.0 이하	0.5 이하	0.8 이하	25 이상	20 이상	건축용장식품, 일반기계부품, 전기부품 등

⑨ 특수 황동은 보통의 황동에 다른 원소를 가하여 색상, 내마모성, 내식성, 기계적 성질을 개선한 합금을 특수 황동이라 하며 합금원소는 Sn, Al, Si, Fe, Mn, Ni, Pb 등이 있다.

<표 32>은 절삭황동봉의 화학조성 예이다.

<표 32> 절삭황동봉의 화학조성(KS D 5101) (%)

합금번호	Cu	Pb	Fe	Fe + Sn	Zn	용도보기
C3601	59.0~63.0	1.8~3.7	0.30 이하	0.50 이하	나머지	볼트, 너트, 작은 나사, 스핀들, 기어, 밸브라이터, 시계, 카메라, 부품 등
C3602	59.0~63.0	1.8~3.7	0.50 이하	1.2 이하	나머지	
C3603	57.0~61.0	1.8~3.7	0.35 이하	0.6 이하	나머지	
C3604	57.0~61.0	1.8~3.7	0.50 이하	1.2 이하	나머지	
C3605	56.0~60.0	3.5~4.5	0.50 이하	1.2 이하	나머지	

⑩ 고강도 황동(High Strength Brass)(<표 33>)의 경우 6:4 황동에 Fe, Mn,

Ni, Al 등을 넣어서 취약하지 않고 더욱 강력하고 또 방식성(防蝕性) 특히 내해수성이 증가한 것을 고강도 황동이라 하며 속칭 Manganese Bronze 라고 부르는 것이다. (α + β) 조직의 것이 많으나 특히 고경도(高硬度), 내마모성을 요할 때에는 β단상조직의 것도 이용된다. 고강도 황동은 대부분이 주물용이나 내마모용 단조품으로 이용되는 것도 있다. 다음에 각 원소의 영향을 기술한다.

〈표 33〉 고강도 황동주물(KSD6007)

종류(기호)	Cu	Zn	Mn	Fe	Al	Sn	Ni	불 순 물		인장강도 (kg f/㎟)	연신율 (%)	용 도 보 기
								Pb	Si			
1종(HB_SC_1) 1종(HB_SC_{1C})	〉55.0	나머지	〈1.5	0.5~1.5	0.5~1.5	〈1.0	〈1.0	〈0.4	〈0.1	〉44 〉48	〉20 〉25	높은 강도, 내식성이 있음. 선박용 프로펠러, 너트, 기어
2종(HB_SC_2)	〉55.0	나머지	〈3.5	0.5~2.0	0.5~2.0	〈1.0	〈1.0	〈0.4	〈0.1	〉50	〉18	밸브시트, 디스크 등
3종(HB_SC_3)	〉60.0	나머지	2.5~5.0	2.0~4.0	3.0~7.5	–	–	〈0.2	〈0.1	〉65	〉15	특히 높은 강도, 경도, 내마모성 베어링, 너트, 나사, 기어
4종(HB_SC_4)	〉60.0	나머지	2.5~5.0	2.0~4.0	5.0~7.5	–	–	〈0.2	〈0.1	〉77	〉12	내마모판, 슬리퍼 등

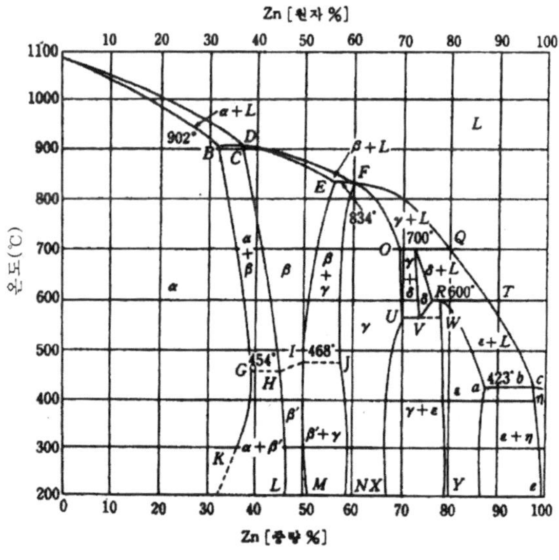

〈그림 27〉 Cu-Zn 2원계 평형상태도

고강도 황동은 실용합금으로서 단조용(鍛造用)으로는 예를 들면 58.5% Cu, 39% Zn, 1.4% Fe, 1% Sn, 0.1% Mn 합금이 내마모를 요하는 클러치판, 펌프로드 등에 사용된다. 주물용 합금은 <표 33> KS D 6007에 규정되어 있다.

황동의 조직은 <그림 27>[55]과 같이 황동의 조직에 있어서 Cu-Zn계 평행 상태도이다. 이 계(系)에서는 α, β, γ, δ, ε, η의 6상(相)이 있으나 Zn이 너무 많으면, 취약(brittle)하므로 공업용 합금은 Zn 45% 이하의 도는 $\alpha + \beta'$만의 범위이다.

합금 중의 Zn 32.5%(β) 이하이면 Zn은 전부 Cu 중에 고용(固熔)하여 α고용체를 만든다.

α상중(相中)의 Zn 고용체는 약 450℃에서 Zn 35%를 나타내며, 다시 온도가 강하(降下)함에 따라서 약간 고용체는 감소하는 것이 보통의 상태이다.

1-3. 황동 Ⅱ

이 제품은 D공업(주)사[56]에서 생산하는 것으로, 주로 황동제품의 봉, 선재제품 등이다. 위 기업의 황동제품의 용도와 생산형태에 관한 내용은 다음과 같다.

① 단조황동(Forging Brass)은 열간 단조성, 절삭성, 정밀 단조성이 우수하며, 단조용, 압착용으로 활용된다. 제품용도로는 밸브, 기계부품, 타이어 공기 주입구, 플랜지, 전기 코드, 전조 나사 등이다. 생산형태로는 봉, 선, 중공 봉 등이 있다.

② 쾌삭황동(Free-Cutting Brass)은 절삭성, 전연성이 우수하며, 일반 가공용, 신선용, 전조용, 너링용 등으로 활용된다. 제품용도로는 볼트, 너트, 작은 나사, 밸브, 기계부품, 시계, 라이터 부품, 카메라 부품 등이 있다. 생산형 태로는 봉, 선, 중공봉 등이 있다.

③ 황동(Yellow Brass)은 냉간 단조성, 전연성, 전조성, 열간 가공성이 우수하 며, 지퍼용, 신선용, 밴딩용, 관재용 등으로 활용된다. 제품용도로는 EDM

---

55) 박용진, 신편기계, 금속재료, 성안당, 1979, p.235.
56) www.brasone.com

Wire, zipper, 리벳, 기계 부품, 전기 부품 등이 있다. 생산형태는 선, 봉, 슬라브 등이 있다.

④ 주물용 청동(Bronze Ingot for Casting)은 내식성, 내압성, 내마모성이 뛰어나며, 청동합금은 일반기계 부품용, 미술 공예품용, 수전금용 등으로 활용된다. 제품용도는 명판, 펌프 몸체, 소방기구, 프로펠러, 범종 등으로 이용된다. 생산형태는 현재 청동, 인청동, 연입청동, 알루미늄 청동 등이다.

⑤ 고강도 황동(High - Strength Brass)은 강도가 높고 열간 단조성, 기계적 성질, 내식성이 우수하여 주로 자동차 및 선박용으로 활용된다. 제품용도는 싱크로나이저 링, 프로펠러축, 펄프축 등이다. 생산형태는 봉, 중공봉 등이다.

⑥ 동양극(Copper Anode)은 전자부품의 기본인 인쇄회로기판(PCB)의 전기도금용 소재로, 인탈산동보다 높은 $0.04 \sim 0.06\%$ P를 함유, 균일한 P분포로 도금성과 생산성이 우수하다.

⑦ 내식황동(DR, Dezincification - Resistant Brass)은 청동과 유사한 내식특성을 가지며, 단조성과 가공성도 우수하여 기계부품용뿐만 아니라 옥내외 건축용 자재, 해안이나 공장지대의 오염지역이나 오염된 물, 급탕온수 또는 순환수 특히 음료수용 배관부품 등에 널리 쓰인다.

⑧ 무연황동(Lead - Free Brass)의 경우 우수한 절삭가공성을 유지하면서도 납 용출이 없는 무연소재로서 급·배수용, 공업용 등의 밸브 및 부속부품, 기계 또는 음식물과 관련된 제품, 수전금구, 음료수용, 부속부품, 수도꼭지, 수도계량기 등으로 활용된다.

1 - 4. 기타 동합금

가. 양백

양백(洋白, Nickel Silver 또는 German Silver)은 양은(洋銀)이라고도 하며 Ni를 넣은 황동이다. 그 색깔이 Ag와 비슷하므로 옛날부터 장식용·식기·악기 기타 은기(銀器) 대용으로 사용되어 왔으며, 탄성·내식성이 좋으므로 탄성재료·화학기계용 재료에 사용된다. 조성범위가 $10 \sim 20\%$ Ni, $15 \sim 30\%$ Zn의 것이 많이 사용된다. 약 30% Zn 이상이 되면 (α+β)조직이 되어 점성이 낮아지고 냉간가공성은 저하하나 열간가공성은 좋으므로 열간가공재로 이용된다.

양백은 또한 전기저항이 높고 내열·내식성이 좋으므로 일반 전기저항체로서 이용된다. 그러나 저항온도계수가 높으므로 정밀저항기용으로는 부적당하다.

〈표 34〉 양백봉·선의 화학조성과 기계적 성질(KS D 5102)

종류	Cu	Pb	Fe	Zn	Mn	Ni	기호	지름 (mm)	인장강도 (kgf/㎟)	H$_\vee$ 0.5이상	용 도 보 기
C7451	62.0 ~ 68.0	〈0.10	〈0.25	나머지	0 ~ 0.50	8.5 ~ 11.5	-	-	-	-	광택이 아름답고 내피로성·내식성이 좋다. 봉은 작은 나사, 볼트, 너트, 전기기기부품, 악기 및 의료기 등 선은 특수 스프링 재료에 적합하다.
C7521	61.0 ~ 67.0	〈0.10	〈0.25	나머지	0 ~ 0.50	16.5 ~ 19.5	C7521B-1/2 H	2.9~6.5 6.5~13	50~65 45~60	〉145 〉130	
							C7521B-H	2.9~6.5 25~50	56~70 42~56	〉145 〉110	
C7541	59.0 ~ 65.0	〈0.10	〈0.25	나머지	0 ~ 0.50	12.5 ~ 15.5	C7541B-1/2 H	2.9~6.5 6.5~13	45~60 40~55	〉135 〉120	
							C7541B-H	2.9~6.5 25~50	58~72 40~55	〉150 〉100	
C7701	54.0 ~ 58.0	〈0.10	〈0.25	나머지	0 ~ 0.50	16.5 ~ 19.5	C7701B-1/2 H	2.9~6.5 6.5~13	53~68 48~63	〉160 〉145	직선 스프링, 코일스프링으로서 계전기, 계측기, 의료기, 장식품, 안경부품 및 헤더재 등
							C7701B-H	2.9~6.5 25~50	63~77 49~63	〉160 〉130	
C7941	61.0 ~ 67.0	0.8 ~ 1.8	〈0.25	나머지	0 ~ 0.50	16.5 ~ 19.5	C7941-H	2.9~6.5 6.5~13 13~25 25~50	56~70 49~63 45~59 42~56	〉150 〉130 〉120 〉110	C7941은 쾌삭 양백임.

양백은 주로 가공재로 사용되나 주물로서도 밸브·콕·장식품·악기·광학기계부품 등에 사용된다. 주물용 합금은 Zn이 20% 이상이 되면 미세한 수축공이 생겨서 수압누수를 일으키기 쉽다. 내수압주물로는 20% Ni, 5~10% Zn, 2~4% Sn, 4~6% Pb의 조성의 것이 좋으며, Sn을 넣으면 강도를 증가시키고 또 Pb를 품은 합금의 응고 시에 나타나는 연오(鉛汗, lead sweat)를 억제하는 효과가 있다. 또 용탕 중에 탄소흡수를 방지하고 CO가스 생성반응에 의한 기포의 발생을 방지하는 역할을 한다. Pb는 절삭성을 좋게 하나 두꺼운 주물에는 소량

으로 넣는 것이 좋다. <표 34>는 양백봉·선의 한국공업규격이다.

양백의 역사를 살펴보면 다음과 같다. 중국[57]에서는 'Pak Fong(Pak = White, Fong = Cu)'이란 이름으로 수천 년 전에 양백과 유사한 합금이 제조되었으며 이는 예술품 혹은 동전용으로 가공되었다. 1823년 독일의 Schneeberg에서 E. A. Geitner가 이 소재를 최초로 만들었는데 그 색상이 '은'과 거의 구분할 수 없어서 '양은(Argentine)'이라고 불렀다.

Henninger 형제는 1824년 베를린에서 양백의 제조 및 가공을 시작하였는데, 이 합금의 색상이 은과 거의 유사하여 'Neusilver(양백)'라고 명명하였다.

영국에서는 Charles Askins에 의해 이 합금이 알려졌었다. 과거 영국과 미국에서는 양백이 'German Silver'라고도 불렸는데 이 명칭은 제1차 세계대전 중 'Nickel Silver'로 바뀌었다. 양백의 프랑스어 명칭은 'Maillechort', 이탈리아와 스페인에서는 'Alpacca 혹은 Alpaca'로 불린다.

양백의 상태도를 살펴보면 다음과 같다. <그림 28>은 양백합금계 중 25℃에서의 Cu쪽 상태도를 나타내는 것으로, 빗금 친 부분은 상용합금(商用合金)의 영역을 보여 준다. 이 영역에 해당하는 합금의 조직구성은 α 혹은 $\alpha + \beta$황동조직에 해당하는 것으로서, 이때 Ni은 등가로서 Cu를 대체한다. 그림에서 보듯이 CuNi25Zn15, CuNi18Zn20, CuNi12Zn24, CuNi18Zn19Pb, CuNi12Zn30Pb는 균질한 α영역에 해당하고, CuNi10Zn42Pb는 $\alpha + \beta$영역에 해당한다.

양백의 특성 및 가공은 주성분인 Cu, Ni, Zn과 기타 첨가원소인 Pb, Mn, Sn에 많은 영향을 받는다. 이러한 원소들을 이용하여 합금구성을 행할 경우에 다음과 같은 특성을 보여 준다.

Cu는 기본성분으로서 인성을 주고 냉간가공을 용이하게 한다. Ni은 고온에서의 Creep 강도를 높이고 내식성을 향상시킨다. 또한 Ni은 탄성모듈과 전기저항성을 높인다. 증가하는 Ni 함량에 따라 용해온도구간은 고온으로 이동한다. Zn은 합금의 가공경화능에 기여하며 또한 열간가공성을 높이나, 내식성을 감소시킨다. Zn 함량의 증가에 따라서 용해온도 구간은 저온으로 이동한다.

---

57) 이동우, (주)풍산금속소재기술연구소자료, 양백편, 2000, pp.1 - 7.

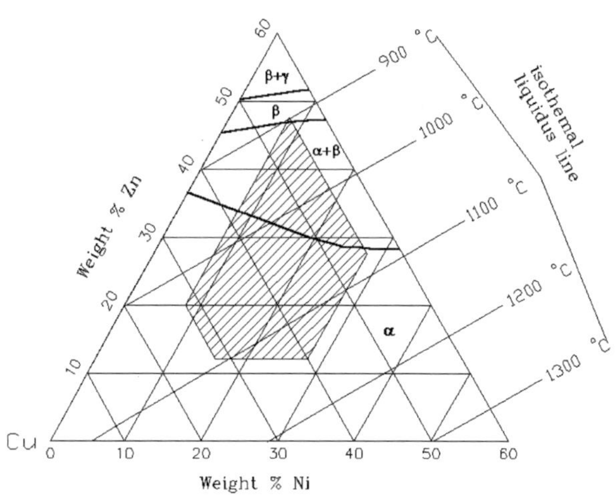

<그림 28> Cu-Ni-Zn 삼원계 합금의 상태도
20℃에서의 등온단면도(빗금 친 부분은 상용합금의 영역을 나타냄)

상용양백합금(商用洋白合金)을 살펴보면 다음과 같다.

가공용 양백의 조성은 <표 35>과 같고 주물용 양백의 조성은 <표 36>과 같다.

<표 35> 가공용 양백의 조성

합 금 기 호	ISO 430	평균조성(wt %)			
		Cu	Ni	Zn	Pb
비 연 입 양 백(非鉛入洋白)					
CuNi12Zn24	CuNi12Zn24	64	12	24	
CuNi18Zn20	CuNi18Zn20	62	18	20	
CuNi25Zn15	ISO에 없음	60	25	15	
연 입 양 백(鉛入洋白)					
CuNi10Zn42Pb	CuNi10Zn42Pb2	47	10	42	1
CuNi12Zn30Pb	ISO에 없음	57	12	30	1
CuNi18Zn19Pb	CuNi18Zn19Pb1	62	18	19	1

<표 36> 주조용 양백의 조성

합금기호		평균조성(wt%)				
Copper Alloy No.	ASTM B149	Cu	Ni	Zn	Pb	Sn
C97300	10A	56	12	21	9	2
C97600	11A	65	21	8	4	4
C97800	11B	66	25	3	2	4

양백(Cu－Ni－Zn)은 Zn과 Ni의 적절한 성분조합에 의해 은과 유사한 색상을 나타낸다. <그림 29>은 성분배합비에 따른 색상의 차이를 나타내는 것으로, 상용 양백 중 Cu 함량이 많은 양백은 노란색을 띠고, Zn 함량이 증가하게 되면 초록비취 광택을 띠게 된다. 약 20%의 Ni를 함유하는 양백은 은과 가장 유사한 색상을 보인다. Ni의 함량이 점차 증가하게 되면 순수 Ni을 흡수한 색상을 띠게 된다.

가공용양백의 주요 물리적 특성은 <표 37>에 나타나 있고 주물용 양백의 물리적 특성은 <표 38>에 나타나 있다.

양백의 용해온도는 Ni과 Cu의 함량에 따라 상승한다. 용해온도에 대한 대략적인 계산식은 다음과 같은 같다.

용해온도($^\circ$C) = 10 · (Ni wt%) + 5 · (Cu wt%) + 600

<표 37> 가공용 양백합금의 물리적 특성

합금기호	밀도 (g/㎤)	용해구간 $^\circ$C	전기전도도[1] m/Ω · ㎟	열전도도[2] W/m · K	선팽창계수[3] 10^{-6}/K
비 연 입 양 백(非鉛入洋白)					
CuNi12Zn24	8.7	990~1020	4	33	16.5
CuNi18Zn20	8.7	1025~1100	3.5	27	17
CuNi25Zn15	8.8	1105[4]	3	23	16.5
연 입 양 백(鉛入洋白)					
CuNi10Zn42Pb	8.5	900~920	5	35	19.5
CuNi12Zn30Pb	8.6	950~1000	4	33	19.5
CuNi18Zn19Pb	8.8	1015~1075	3.5	27	17

註) 1), 2) 20°C에서, 3) 25~300°C에서, 4) 최저 용해온도

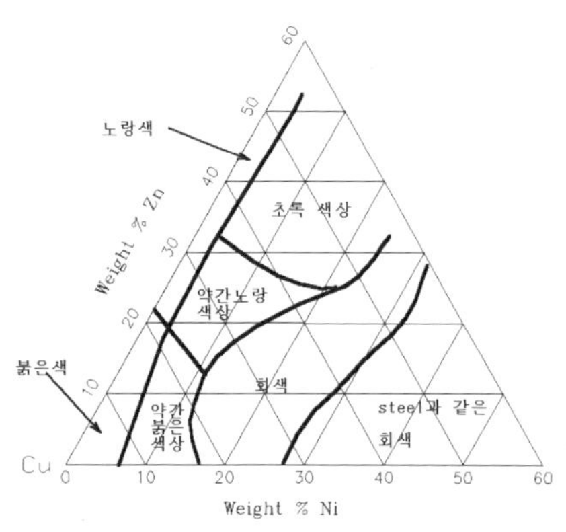

<그림 29> 성분조성에 따른 Cu－Ni－Zn 합금의 색상

〈표 38〉 주물용 양백합금의 물리적 특성

ASTM B149[1]	밀도 g/cm³	용해구간 ℃	전기전도도[2] m/Ω · mm²	응고수축률 %
10A	8.95	1010~1040	3.4	1.6 - 1.8
11A	8.85	1108~1142	3	1.6
11B	8.85	1140~1180	3.8	1.8

註) 1) 합금성분 〈표 36〉 참조.
　　2) 20℃에서

　　양백 표면상의 금속 혹은 합금의 전기적 도금 접착력은 우수한 편이어서, 니켈이나 크롬 도금 시 중간층(하지도금)이 필요 없다. 은도금을 위해서는 20% 이하의 Ni를 함유하는 양백이 적합하다. 왜냐하면 Ni 함량이 높을수록 은도금의 접착력이 감소하기 때문이다. Ni 함량이 20% 이하일 경우에는 은도금의 접착력이 아주 뛰어나므로 수저(장식용 포함) 등의 은도금 시 중간 니켈 도금층이 필요하지 않다.

〈표 39〉 양백의 특성 및 용도

합금기호	특　성	용　도
비 연 입 양 백(非鉛入洋白)		
CuNi12Zn24	매우 우수한 냉간가공성, 칠보용으로 적합	DeepDrawing용, 수저, 예술품, 건물내장, 부식동판, 접촉단자스프링, 광학, 정밀기계용
CuNi18Zn20	우수한 냉간가공성, 내식성 양호	안경테, 지퍼, 금속재, 수저, 접촉단자스프링, 박막
CuNi25Zn15	우수한 냉간가공성, 내식성 우수함	Deep Drawing품, 내장용
연 입 양 백(鉛入洋白)		
CuNi10Zn42Pb	열간프레싱성 우수, 절삭성, 냉간가공성 나쁨	정밀부품, 안경테 경첩용
CuNi12Zn30Pb	우수한 냉간가공성, 절삭성	정밀부품, 열쇠
CuNi18Zn19Pb	우수한 냉간가공성, 절삭성	장식용품, 안경테 경첩용, 시계부품, 제도기구
주 조 용 양 백(鑄造用洋白)		
10A	우수한 주조성, 내식성, 절삭성 매우 우수	케이스, 밸브, 예술품
11A	우수한 주조성, 내식성, 절삭성 매우 우수	배의 장식, 예술품
11B	우수한 주조성, 내식성, 절삭성 매우 우수	케이스, 고온용 밸브

　　양백은 높은 강도와 스프링성, 색상, 낮은 열 및 전기전도도 그리고 손쉬운 전기도금성으로 인해 다양한 특수용도로 사용되고 있다. 이 합금의 용도는 조성

과 특성 그리고 가공성 등에 의해 결정된다. <표 39>는 양백의 몇 가지 응용 예를 보여 준다.

나. 청동

넓은 의미에서는 황동 이외의 동합금을 모두 청동(Bronze, Cu－Sn 합금)이라고 말하나 좁은 의미에서는 Cu－Sn 합금을 말하며 이것을 특히 주석청동(Tin Bronze)이라 부른다.

주석청동은 오랜 역사를 가지며 고대의 가구·장신구·무기·불상·종·기타 금속제품에는 주석청동을 많이 사용하였다. 주석청동은 황동보다 내식성이 좋고 내마모성도 좋으므로 10% Sn 이내의 것을 각종 기계주물용, 기타 미술공예품 등에 사용하고 있다. 가공용 청동은 약 8.5% 이하의 Sn을 주 합금원소로 하는 동합금이다. 용해 시 탈산을 위해서 0.01～0.35% 정도의 P(인)가 첨가되는데, 간혹은 이 P가 합금성분(0.1～0.4%)으로서 표기되기도 한다. 또한 청동 중에는 Sn 이외에도 Zn을 경제적인 이유로 함유하는 경우도 있다.

청동은 청동기시대에서 비롯된 것으로 그 역사가 매우 깊으며, 그 시대부터 인류는 상이한 금속의 합금을 배워 왔다.

최초의 청동품은 이집트의 제3왕조(BC 2778부터 시작)시대에 사용된 것으로 입증되었다. 청동의 성형가공은 이미 오래전부터 행해 왔고, 대부분의 그리스 동전과 로마 동전에서 그 예를 찾아볼 수 있다. 그 외에도 장식류, 무기, 기기, 판재 등이 청동으로 만들어졌었다. 청동의 열간압연과 압출은 제1차 세계대전 이후 최초로 시작되었으며, 오늘날의 청동은 금속재료 중 중요한 위치를 차지하고 있다.

실용주석청동(實用朱錫靑銅)의 경우 1～2% Sn의 청동은 강도와 내마모성을 요하는 송전선에 사용된다. 3～8% Sn에 1% 정도의 Zn을 넣은 것은 성형성이 좋고 각인하기 쉬우므로 화폐나 메달 등에 많이 사용된다.

8～12% Sn에 1～2% Zn을 넣은 것은 포금(砲金, Gun Metal)이라 하여 주물에 사용된다. 현재는 대포의 포신재료로서 Ni－Cr 강(鋼)을 사용하나 옛날에는 포신을 주석청동으로 만들었으므로 이 이름이 남아 있다. 내해수성이 좋고 건전한 주물은 수압·증기압에도 견디므로 선박 등에 널리 사용되며 Admiralty Gun

Metal이라고도 불린다.

미술용 청동에는 2~8% Sn, 1~12% Zn, 1~3% Pb의 유동성이 좋은 것이 사용되나 아연 함량이 너무 많으면 녹청의 아름다운 색이 나타나지 않는다.

<표 40> 청동주물규격(KS D 6002)

종류	기호	Cu	Sn	Zn	Pb	불순물	인장강도 (kgf/㎟)	연신율 (%)	용도보기
1종 1종C	BC1 BC1C	79.0 ~83.0	2.0 ~4.0	8.0 ~12.0	3.0 ~7.0	2.0 이하	17 이상 20 이상	15 이상 15 이상	주조성, 피삭성 좋음. 급수배수용 쇠붙이, 밸브, 펌프몸체, 베어링, 기계부품
2종 2종C	BC2 BC2C	86.0 ~90.0	7.0 ~9.0	3.0 ~5.0	1.0이하	1.0 이하	25 이상 28 이상	20 이상 15 이상	내압성, 내마모성, 내식성, 강도 좋음.
3종 3종C	BC3 BC3C	86.5 ~89.5	9.0 ~11.0	1.0 ~3.0	1.0이하	1.0 이하	25 이상 28 이상	15 이상 13 이상	베어링, 슬리브, 부싱, 펌프몸체, 밸브, 기어, 기계부품 등
6종 6종C	BC6 BC6C	82.0 ~87.0	4.0 ~6.0	4.0 ~6.0	4.0 ~6.0	2.0 이하	20 이상 25 이상	15 이상 15 이상	내압성, 내마모성, 피삭성, 주조성 조음. 밸브 콕류, 베어링, 슬리브, 기계용 부품
7종 7종C	BC7 BC7C	86.0 ~90.0	5.0 ~7.0	3.0 ~5.0	1.0 ~3.0	1.5 이하	22 이상 26 이상	18 이상 15 이상	베어링, 펌프부품, 밸브, 기계 부품 등

미국에서 85 - 5 - 5 - 5 또는 81 - 3 - 7 - 9라는 합금은 이 순서대로 Cu · Sn · Pb · Zn%의 주조용 합금이며 수압부분에 적합하다.

주석청동의 대부분은 주물용으로 사용되고 있으며, <표 40>은 우리나라의 청동주물 규격이다.

특수청동으로는 인청동(燐靑銅, Phosphor Bronze), 스프링용 인청동이 있는데, 인청동은 주석청동의 용해·주조 시에 탈산제로 사용하는 燐첨가량을 많게 하여 합금 중에 0.05~0.5% 정도의 P를 남게 하면 용탕의 유동성이 좋아지고 합금의 경도·강도가 증가하며 또 내마모성·탄성이 개선된다. 이러한 합금이 인청동이다.

인청동의 용도는 고탄성(高彈性)을 이용하는 판·선 등의 가공재로서 또 내식성·내마모성을 이용하는 펌프부품·기어·선박용 부품·화학기계용 부품 등의 주물로 사용된다.

스프링용 인청동은 7~8% Sn, 0.05~0.15% P 정도의 합금이 사용되며, 적당한 냉간가공을 하면 탄성한이 높고 탄성피로가 적은 것을 얻을 수 있다. 또 내식성·용접성도 좋고 철강과 같은 자성(磁性)이 없으므로 통신기·계기 등의 고급스프링재로 사용된다.

스프링재는 방향성이 있으며, 압연방향에 직각으로 취한 횡재(橫材)는 평행하게 취한 종재(縱材)에 비하여 인장강도와 연신이 낮다. 그 외에 탄성계수·탄성한(彈性限)·굴곡성 등도 현저하게 변화한다. 여러 가지 시험의 결과 45° 방향이 평균치가 얻어지고 또 재료를 취할 때의 치수가 경제적이라 하여, 이 방향의 것이 이용된다.

인청동 재료는 판·봉·선으로서 여러 가지 용도를 가지며 판에 관한 한국공업규격은 <표 41>과 같다.

<표 41> 인청동판규격(KS D 5506)

합금번호	Sn	P	Cu+Sn+P	용 도 보 기
C5111	3.5～4.5	0.03～0.35	99.5 이상	전연성, 내피로성, 내식성이 좋다.
C5102	4.5～5.5	0.03～0.35	99.5 이상	C5191, C5212는 용수철재료에 적합. 전자, 전기기기용 용수철, 스위치, IC리드,
C5191	5.5～7.0	0.03～0.35	99.5 이상	커넥터
C5212	7.0～9.0	0.03～0.35	99.5 이상	다이어프램, 벨로, 퓨즈클립, 베어링, 부싱 등

주석청동의 조직을 살펴보면 다음과 같다.

Cu－Sn 합금은 <그림 30>[58]의 상태도에 표시한 바와 같이 Sn 양에 의하여 α, β, γ, δ, η 4종의 고용체와 $\delta(Cu_{31}Sn_8)$, $\eta(Cu_3Sn)$ 및 $\varepsilon(Cu_6Sn_6)$의 3종의 화합물이 있다.

Sn 15%까지는 α고용체이지만, 주조상태는 Sn 9% 정도로부터 α고용체의 주변에 청백색의 δ화합물을 석출(析出)한다. Annealing 하면 균일한 고용체 조직으로 된다.

다. 백동

① 10～30% Ni 합금(白銅, Cupronickel)인 백동합금은 10～30% Ni 합금으로서 이

---

58) 박용진, 앞의 책, p.245.

합금은 가공성이 좋아서 두께 25mm에서 1mm까지 중간소둔하지 않고 압연할 수 있다.

딥드로잉(Dip Drawing) 가공에 적합하고 열간가공성도 매우 좋다. 내식성도 좋아서 화폐, 열교환기, 특수공예품 재료에 많이 사용된다.

② 40～50% Ni 합금(Constantan, Ferry, Copel, Eureka, Advance)의 경우 전기 저항이 높고 그 온도계수가 낮으므로 정밀급교류계측기·통신기용, 배전판용 저항선·Car Heater용 전열선 등의 전기저항재료로 쓰인다. 또 Cu·Fe·Pt 등에 대한 열기전력치(熱起電力値)가 높으므로 열전대선(熱電對線)으로도 쓰인다. 내산·내열성이 좋고 가공성도 좋다. 이 합금의 산화피막은 절연성이 있어 그 대로 에나멜인선(引線)의 대용도 된다.

③ 60～70% Ni 합금(Monel Metal)의 경우 Canada의 Bessemer Matte를 배소 (焙燒)하여 목탄으로 환원한 자연합금으로 고온에서도 강하고 내식성·내마모 성이 우수하므로 판·봉·선·관·주물 등으로서 Turbine Blade·Pump Impeller·증기밸브·항내기계·화학공업용기·가정용기 등 그 용도는 넓다.

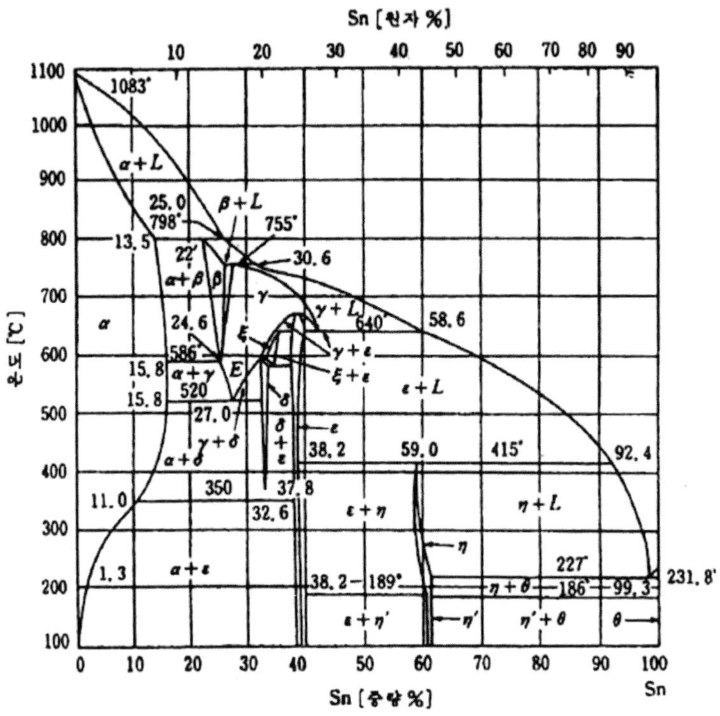

〈그림 30〉 Cu－Sn 평형상태도

라. 전자재료용 동합금

동합금[59]은 IC나 LSI의 실현과 앞으로 예상되는 VLSI(Very Large Scale Integration), ULSI(Ultra Large Scale Integration) 등의 개발에 따라 도전재료로서 요구되던 종래의 단순한 동의 특성이 합금화하면서 다양해지고 있다.

IC(직접회로)를 중심으로 한 일렉트로닉스 반도체산업의 성장은 부품의 경박단소(輕薄短小)화하여 장치, 기기 및 부품에 있어서 자원, 에너지, 공간, 효율 및 기능 등의 경제효과를 극대화시키고 있다.

이러한 방향은 모든 산업에서 추구되고 있으며, LSI(차세대에는 VLSI, ULSI)를 중심으로 한 광통신, 메카트로닉스, OA(Office Automation), FA(Factory Automation) 및 HA(Home Automation) 등의 고도 정보기기의 개발도 가속화하고 있다.

예를 들어 컴퓨터가 통신기술을 결합하면 정보통신시스템을 구사하여 폭넓은 경제활동과 기업활동을 활성화하며, 사회생활이나 가정생활은 통합디지털 통신서비스, 유선 TV 등과 같은 매체를 통하여 정보통신 고도화를 실현시킬 수 있다. 따라서 현재의 전자용 동합금재료에는 기계적인 강도의 향상과 새로운 기능을 부여하려는 합금화의 중요성이 증대되어 많은 연구개발이 시도되고 있으며, 전자, 전기 분야의 부품재로서 다양하게 적용되고 있다.

2. 국내 동합금 재료의 현황

우리나라는[60] 세계 제5위의 동 소비국이며 또한 생산국임에서 알 수 있듯이 신동(伸銅), 전선, 기타 등등을 포함해서 연간 423,869톤(2000년)의 수요가 있다. 또한 동전을 만드는 동합금(銅合金) 소전(素錢)은 풍산금속이 2007년 세계시장 점유율 1위로서 점유율 44.6% 생산수출규모가 192.2%를 차지한다. 신동품(伸銅品)은 일반적으로 동과 동합금으로 크게 대별되지만 동합금의 약 60%를 차

---

59) 김창주, 동기술세미나, 안산중소기업진흥공단, 1999. 10. 26, pp.1 - 17.
60) 한국비철협회, 한국무역협회 2000년 자료.

지하는 황동에는 주요한 합금성분으로서 Cu 외에 Zn이 사용되며 그 외에는 청동, 양백, 백동에는 Sn, Zn, Ni 등이 사용되고 있다.

동·동합금의 주요원료인 Cu의 국내자원을 위한 자급률은 수입 등을 포함한 전체 공급량의 약 58%이고 수입에 의존하는 동광석과 지금(地金)이 55~60%를 차지하며, 나머지는 재생에 의존하여 균형을 맞추고 있다.

우리나라는 신동품(伸銅品)에 사용되는 동지금(銅地金)이 약 419,312톤(2000년), 아연지금(亞鉛地金)이 약 130,530톤이다. 이 숫자는 신동품의 연간 생산량 약 34만 톤[61]에 비해서 너무 적다고 생각되지만, 동 및 동합금은 금속재료 중에서도 지극히 높기 때문이다. 이것은 또 원료로서의 Scrap 선정과 사용방법이 가공제품의 원료비용에 커다란 영향을 준다는 뜻이기도 하다.

또 동합금은 Ag, Pb, Si, Be, P 등 각종의 첨가요소가 합금의 종류, 제조방법에 따라서 단체 또는 모합금의 형태로 사용되기 때문에 주요원소인 Cu, Zn 등 이외의 금속에 대해서 품위(品位), 수급이나 가격에 관한 충분한 지식이 필요하다.

2-1. 동(銅) 이외의 원료지금(原料地金)

동합금(銅合金)(<표 42>)에서 가장 많이 생산되고 사용되는 것은 Cu, Zn을 주성분으로 하는 황동이고, 이것에 쓰이는 아연지금의 양은 우리나라 아연지금의 전체 수요량의 10%를 차지한다. Zn은 융점 420℃, 비점 960℃이 비교적 낮기 때문에 증류법에 의한 순도 98.5% 소위 증류아연을 얻을 수 있지만, 불순물로서 1% 전후의 Pb와 소량의 Cd, Fe를 포함한다.

동합금에 포함된 Pb는 소량일지라도 가공성에 현저하게 나쁜 영향을 주는 경우가 있기 때문에 특히 쾌삭황동(快削黃銅)과 같이 Pb를 첨가하지 않고 보통은 고순도의 정유(精留)아연이나 전기아연을 합금원료로 사용하는 것이 바람직하다. 우리나라에서는 가장 순도가 높은 Zn을 최고의 순도 높은 아연으로 Zn 99.995% 이상이라고 규정하고 합금원료로서 많이 사용되는데 청동용의 Sn, Al,

---

61) 제4회 동기술세미나, 2000. 4. 28일 성균관대, "일본신동연구에 관하여", 山根泰己, 오사카대학 명예교수 발표논문, p.1에 1998년 동제품 및 황동제품에 사용되는 나라별 생산량은 미국 173만 톤, 독일 104만 톤, 이태리 90만 톤, 프랑스 34만 톤, 한국 34만 톤, 영국 19만 톤으로서 한국은 세계 제5위 동생산국이다.

양백(洋白), 백동(白銅)용의 Ni 등이 있지만, 어느 것이나 원료지금으로서 화학성분이 KS에 규정되어 있기 때문에 합금조성에 따라 품위의 원료를 선택한다.

인탈산동의 제조나 합금의 제조에 있어서 탈산(脫酸)을 필요로 할 때에는 P, Si, Mg, Mn 등을 탈산제로 사용하지만, 특히 P를 15% 포함한 인동지금은 인탈산동이나 인청동의 제조에 사용된다. 탈산을 목적으로 첨가된 원소가 합금 중에 잔류하는 경우, 그것이 소량일지라도 합금의 전기적 특성 그 외에 것에 영향을 주는 경우가 있기 때문에 주의가 필요하다.

Cu에 비해 현저하게 융점이 높고 게다가 산소와 활성화하는 Si, Cr, Ti, Zr 등의 원소를 합금성분으로 하는 경우에는 Cu와 이러한 원소와의 모합금(母合金)을 사용하는 것이 보통이다. KS로 규정되어 있는 인동지금, 벨륨동지금, 마그네슘동지금 등도 모합금의 일종이고 이외에 Al, Te 등의 저융점원소와의 모합금이 있으며 각각 자가제조(自家製造)하든지 또는 시판품을 구입해서 사용된다.

〈표 42〉 동합금의 분류

순 동	Cu	강인동, 탈산동, 무산소동
고동합금 (高銅合金)	Cu - Be - Co 계 합금	베릴륨 동
	Cu - Ti 계 합금	티탄동
	Cu - Ni - Si 계 합금	C합금
	Cu - Cd 계 합금	카드뮴 동
	Cu - Ag 계 합금	은입 동
	Cu - Cr 계 합금	크롬 동
	Cu - Zr 계 합금	지르코늄 동
	Cu - Fe - P 계 합금	동 · 철 합금
황동 (Brass)	Cu - Zn 계 합금	7 - 3 합금, 6 - 4 합금, 난동, 동……
	Cu - Zn - Pb 계 합금	쾌삭황동
	Cu - Zn - Sn 계 합금	네이발 황동, admiralty 황동
	Cu - Zn - Al 계 합금	알루미늄 황동
	Cu - Zn - Fe - Al - Fe 계 합금	고력황동
청동 (Bronze)	Cu - Sn 계 합금	주석청동
	Cu - Sn - P 계 합금	인청동 · 연입인청동
특수청동	Cu - Al - Fe - Mn - Ni 계 합금	알루미늄 청동
	Cu - Si 계 합금	규소 청동
동 · 니켈 합금	Cu - Ni 계 합금	백동, 큐푸로 니켈
	Cu - Ni - Zn 계 합금	양백

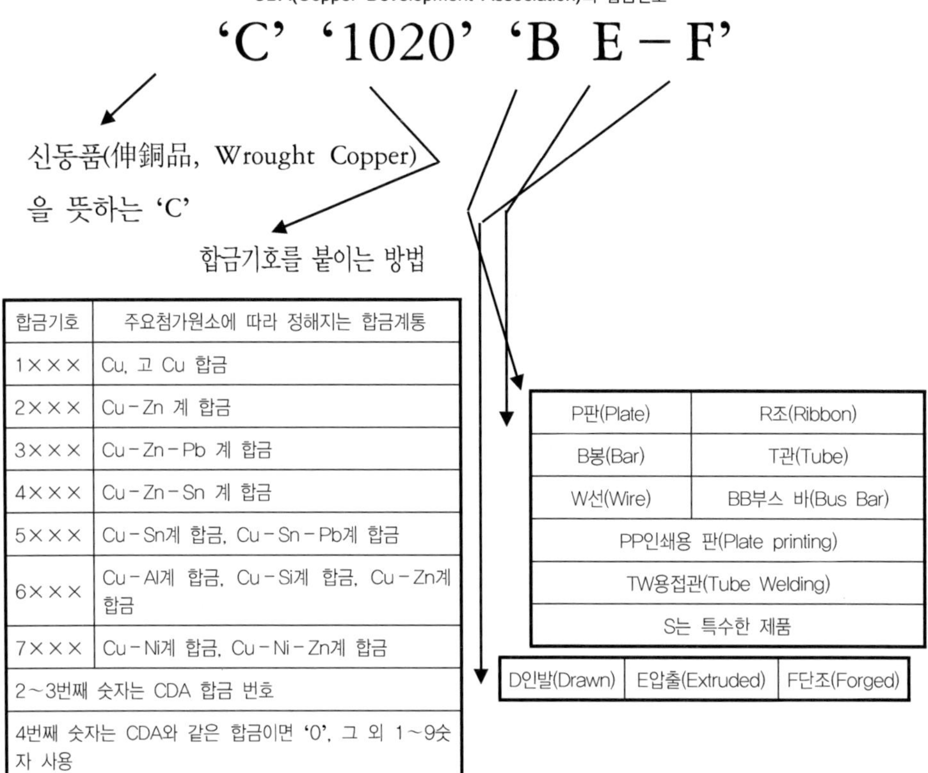

합금기호	주요첨가원소에 따라 정해지는 합금계통
1×××	Cu, 고 Cu 합금
2×××	Cu - Zn 계 합금
3×××	Cu - Zn - Pb 계 합금
4×××	Cu - Zn - Sn 계 합금
5×××	Cu - Sn계 합금, Cu - Sn - Pb계 합금
6×××	Cu - Al계 합금, Cu - Si계 합금, Cu - Zn계 합금
7×××	Cu - Ni계 합금, Cu - Ni - Zn계 합금
2~3번째 숫자는 CDA 합금 번호	
4번째 숫자는 CDA와 같은 합금이면 '0', 그 외 1~9숫자 사용	

P판(Plate)	R조(Ribbon)
B봉(Bar)	T관(Tube)
W선(Wire)	BB부스 바(Bus Bar)
PP인쇄용 판(Plate printing)	
TW용접관(Tube Welding)	
S는 특수한 제품	

D인발(Drawn)	E압출(Extruded)	F단조(Forged)

질별	질별의 내용
F	압출이나 주조, 또는 단순한 상태 그대로 나타나는 성질
O	풀림(annealing)한 상태(결정립의 크기를 조정하여 기계적 성질을 변하게 한다.)
H	냉간 가공하여 가공 경화된 것 1/4H, 1/2H, 3/4H H(경질) - 단면적 감소율이 75% 정도로 냉간가공 EH - 심하게 경질한 것

2-2. 국내 신동제품 품종별 생산업체 현황

〈표 44〉 2007년 6월 중소기업청, 한국신동협동조합 합동 조사자료

판	관	봉	선	판·관·봉·선
(주)원일사 (주)서경금속 이구산업(주) 삼신산업(주) (주)삼환산업 정동금속공업 창덕금속(주) 다보금속 금보산업(주) 신화금속사 한국통산(주) 한성금속공업사 (주)유성금속	한영알미늄공업 (주)동화금속 성광산업(주) (주)현대기공 능원금속공업 신화공업사 대웅금속공업사 삼포산업(주)	범양금속공업 (주)서원 삼원금속(주) 부영산업 성진정밀 대유공업(주) 일신산업(주)	주일산업(주) 태우금속(주) (주)우성메탈 (주)삼동 (주)선진금속 대신비철공업 삼보경금속(주)	LG금속(주) (주)풍산 일신금속공업사
13업체	8업체	7업체	7업체	3업체

관·봉	관·선	판·봉·선	판·관	기 타
풍산산업(주) (주)대륭산업 대창공업(주) 대우금속(주)	다산금속공업 일신태광금속 대진동관공업	신원금속 동양특수금속 2업체 판·관·봉 연경금속공업	(주)대명금속 1업체 판·봉 세화금속 연흥금속공업 고려금속공업	범일특수금속 (동테이프) 거산금속 (빌레트) 태광금속(주) (동괴)
4업체	3업체	1업체	3업체	3업체

2-3. 국내 J산업 생산 및 선재

<표 45> 이음매 없는 관(Extruded Copper & Brass Tubes)[1]

품 종	규 격			압출 치수		비 고
	KS (한국)	JIS (일본)	ASTM (미국)	외경 (m/m)	두께 (m/m)	
동 관	D5301 C1100	H3300 C1100	B88 C11000	100~68	12.5~6.0	Tough Pitch Copper
	D5301 C1201	H3300 C1201	B88 C12000	85~68	8.0~3.5	D/P인탈산동
	D5301 C1220	H3300 C1220	B135 C12200			D/P함인동
단동관	D5301 C2300	H3300 C2300	B135 C23000	100~75	12.0~7.0	
황동관	D5301 C2600	H3300 C2600	B111 C26000	105~75	12.0~7.0	공업용파이프
	D5301 C2700	H3300 C2700	B111 C27000	124~68	6.0~3.5	공업용파이프
알브라스관	D5301 C6870	H3300 C6870	B111 C68700	106~80	6.0~8.0	Al-Brass Tube
어드미럴티관	D5301 C4430	H3300 C4430	B111 C44300	75	7.0	Admiralty Tube
백동관(1종)	D5301 C7060	H3300 C7060	B111 C70600	124~80	6.0~8.0	
백동관(3종)	D5301 C7150	H3300 C7150	B111 C71500	93	14.5	

<표 46> 부스바 및 황동 롯드(Extruded Copper Bus Bar & Rods)

품 종	규 격			압출치수		비 고
	KS (한국)	JIS (일본)	ASTM (미국)	외경 (m/m)	두께 (m/m)	
동부스바 및 황동롯드	D5530 C1100	H3140C11 00	B187 C11000	180~15	15.0~4.0	Tough pitch Copper
	D5530 C1201	H3140C12 01	B187 C12000	140~25	15.0~6.0	D.P(A)
	D5530 C1220	H3140 C1220	B187 C12200			D.P(B)
	C2600 C2700 C2800	C2600 C2700 C2800	C26000 C27000 C28000	9~7		Rods

<표 47> 막대 및 선(Rods & Wires)

품 종	규 격			압출치수		비 고
	KS (한국)	JIS (일본)	ASTM (미국)	외경 (m/m)	두께 (m/m)	
동 선	C1100 C1201 C1220	C1100 C1201 C1220	C11000C1 2010 C12200	16~0.8	E.H 1/8H O	T.P선 D.P선
황동선	C2600 C2700 C2800	C2600 C2700 C2800	C26000 C27000 C28000	16~0.6	E.H 1/8H O	롯드. 선. 봉. 이형선. 육각선. 사각선
단동관	C2300	C2300	C23000	16~0.8	E.H O	수평연속주조
인청동선	C5111 C5191 C5210	C5111 C5191 C5210		10~0.6	E.H 1/8H O	수평연속주조
양백선	C7541	C7541		10~0.6	E.H 1/8H O	수평연속주조
EDM선	C2800 C2700 C2700	C2800 C2700 C2700		1.2~0.9		방전가공용선 방전가공용선 알루미늄 EDM

2 - 4. 동합금 재료의 P사 시장 및 기술분석

본서의 동합금에 관하여 실험 및 분석을 하는 데 있어서 기술지원을 한 연구소는 (주)풍산금속(이하 P사)의 소재기술연구소이며 본 연구소 이동우 박사의 협조가 있었다. P사의 울산 온산공장 생산제품(溫山工場 生産製品)은 크게 5종류의 제품으로 대별된다.

P사의 온산공장 생산제품을 살펴보면 다음과 같다.

㉠ 판 및 조(板 및 條, Plate & Strip)의 경우는, Copper, Brass, Phosphor Bronze, Nickel Silver, Lead Frame재 등이 있다. Lead Frame재로는, PMC - 102, C194, PMC90 등으로 분류된다. 또한, Tin Plated Strip도 생산된다.

㉡ 관(管, Tube)의 경우는 Copper일 경우, Water Tube, ACR Tube, Ripple Fin Tube 등으로 제작되며, Alloy Tube의 경우는 Cupronickel Tube, Aluminium Brass Tube 등으로 제작된다.

ⓒ 봉(棒, Bar)은 Free Cutting Brass와 Forging Brass로 생산된다.

ⓓ 소전(素錢, Coin Blank)의 경우는 Cupronickel, Nickel Silver, Al – Bronze, Brass 등으로 나뉜다.

ⓔ Cup의 경우는 Cartridge Brass와 Red Brass로 제작된다.

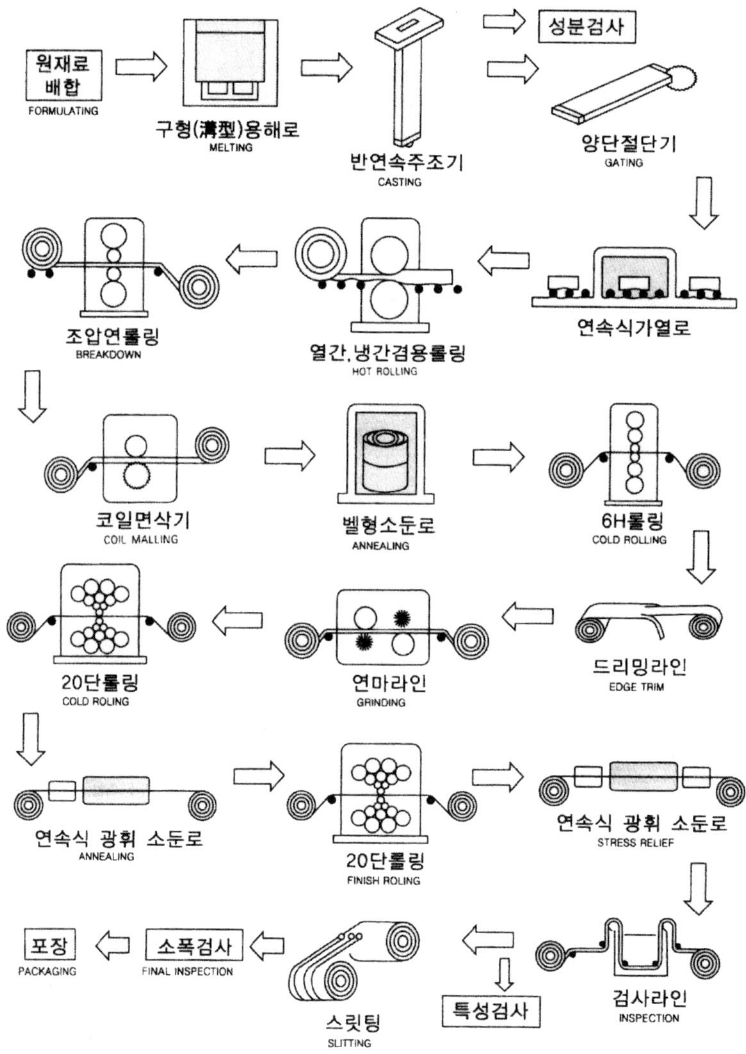

〈그림 31〉 P사 동판재(Plate)제작 공정도

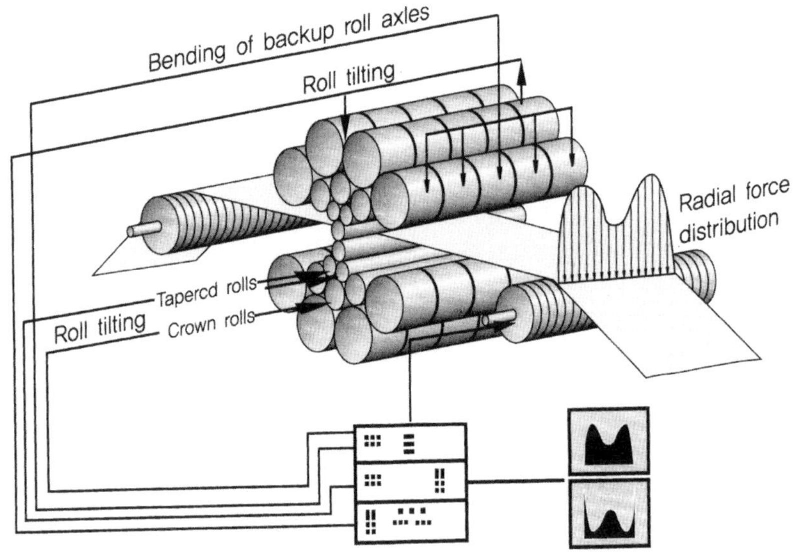

〈그림 32〉 판형상조절장치(Shape Control System)가 부착된 압연기의 개념도

〈표 48〉 소전 형태 분류표

구분		Alloy	화종	국가
형태	Security	Cu75/Ni25	5 Rupee	India
	Clad	Core: Cop		
		Each Side: Cu75/Ni25	5 Baht	Th
	결합소전	Ring: Cu92/Ni2/Al6	250 Rial	Iran
		Core: Cu75/Ni25		
		Ring: Cur/Zn20/Ni5	1 Euro	Euro국가
		Core: Cupro – Nickel Clad		
		(Cu75Ni25/Ni/Cu75/Ni25)		
		Ring: Cu75/Ni25	2 Euro	
		Core: Nickel – Silver Clad		
		(CuR/Zn20/Ni/CuR/Zn20/Ni5)		

<표 49> 동 및 동합금판, 조의 종류, 특징, 용도

합금계	명 칭	종 류	주요성분(%)	특 성													특징 및 용도
				도전성	내식성	스프링성	내마모성	냉간단조	열간단도	밴딩성	드로잉성	압착성	전단성	프레스성	절삭성	용접성	도금성	
	무산소동	C1020	Cu	◎	◎	–	–	◎	◎	○	○	◎	○	○	○	◎	◎	수소추회를 일으키지 않음. 전기용, 화학공업용
	타프피치동	C1100	Cu	◎	◎	–	○	◎	○	○	○	○	○	○	–	–	◎	전기용, 건축용, 화학공업용, 개스킷, 자동차부품, 기계부품
	인탈산동	C1201 C1220 C1221	Cu	◎	◎	–	○	◎	◎	○	○	◎	○	○	–	◎	◎	수소취화를 일으키지 않음. 개스킷, 냉장고, 욕탕기, 건축용, 화학공업용
	인쇄용 동	C1100 C1221 C1401	Cu Cu Cu – 0.2Ni	◎	–	–	○	○	○	○	○	○	○	○	–	–	◎	표면이 평활하며 내열성이 있음. Photo frame용
	전자관용 무산소동	C1011	Cu	◎	◎	–	–	◎	◎	○	○	◎	○	○	–	◎	◎	수소취화를 일으키지 않음. 동제품 중에서 최고 순도임. 전자관
	뇌관용 동	C2051	Cu – 2Zn	◎	◎	–	–	◎	○	◎	◎	◎	○	○	–	◎	◎	뇌관용
	단 동	C2100 C2200 C2300 C2400	Cu – 5Zn Cu – 10Zn Cu – 15Zn Cu – 20Zn	○	◎	–	–	◎	○	◎	◎	○	○	○	–	◎	◎	색상이 미려하여 건축용, 외관장식용, 액세서리, 화장품케이스, 가구드로잉가공용으로 적합함.
Cu – Sn – P 계	인청동	C5111 C5191 C5212	Cu – 4Sn – 0.1P Cu – 6Sn – 0.1P Cu – 8Sn – 0.1P	○	◎	◎	◎	◎	–	◎	○	◎	○	○	–	◎	◎	전기전자부품용 스프링, 스위치, IC리드프레임, 커넥터 등
	스프링용 인청동	C5210	Cu – 8Sn – 0.2P	○	◎	◎	◎	◎	–	◎	○	◎	○	○	–	◎	◎	스프링성이 우수함. 전자, 전기계측기용 스위치, 커넥터, 릴레이
Cu – Ni – Zn 계	양백	C7351 C7451 C7521 C7541	Cu – 18Ni – 10Zn Cu – 10Ni – 25Zn Cu – 18Ni – 18Zn Cu – 14Ni – 25Zn	○	◎	◎	◎	◎	–	◎	◎	◎	○	○	–	◎	◎	광택도, 내식성, 내피로성이 우수함. 수정진동자, 의료기기, 건축용
	스프링용 양백	C7701	Cu – 18Ni – 26Zn	○	◎	◎	◎	◎	–	◎	◎	◎	○	○	–	◎	◎	스프링성이 우수함. 전자, 전기계측기용 스위치, 커넥터, 릴레이, 수정진동자

합금계	명 칭	종 류	주요성분(%)	특 성														특징 및 용도
				도전성	내식성	스프링성	내마모성	냉간단조	열간단도	밴딩성	드로잉성	압착성	전단성	프레스성	절삭성	용접성	도금성	
Cu − Be 계	스프링용 베릴륨동	C1700 C1720	Cu − 1.7Be − Co(+ Ni,0.2이상) Cu − 1.9Be − Co(+ Ni,0.2이상)	◎	◎	◎	◎	◎	−	◎	◎	◎	○	○	−	◎	◎	고성능 스프링용, 단전기용 스프링, 전기부품용 스프링, 수정진동자, 소켓, 커넥터
	황 동	C2600 C2680	Cu − 30Zn Cu − 35Zn	○	◎	○	−	◎	○	◎	◎	○	○	○	−	◎	◎	자동차라디에이터, 스프링, 카메라, 보온병, 스위치단자, 라이터케이스, 화장품케이스, 각종 수전금구
		C2720	Cu − 37Zn	○	◎	−	−	◎	○	◎	◎	○	○	○	−	◎	◎	소전
		C2801	Cu − 40Zn	○	○	−	−	○	◎	○	○	○	○	○	−	◎	◎	계기판, 스위치단자, 일반판금용
	쾌삭황동	C3560 C3561	Cu − 37Zn − 2.5Pb	○	○	−	−	○	−	−	−	−	◎	◎	◎	◎	○	절삭성, 타발성이 우수함. 시계부품, 제지용 스크린
		C3710 C3713	Cu − 40Zn − 1Pb	○	○	−	−	○	○	−	−	◎	◎	◎	◎	◎	◎	
	Naval황동	C4621	Cu − 37Zn − 1Sn	○	◎	−	−	○	○	○	−	○	○	○	−	◎	◎	내해수성이 우수함. 열교환기 및 복수기관용 부품. 선박용 부품
		C4640	Cu − 40Zn − 0.8Sn	○	◎	−	−	○	◎	○	−	○	○	○	−	◎	◎	
	악기밸브용 황동	C6711 C6712	Cu − 37Zn − 0.5Pb − 1Sn − 0.5Mn Cu − 40Zn − 0.5Pb − 0.5Mn	−	◎	○	−	−	○	−	−	−	○	−	○	○	○	하모니카, 오르간, 아코디언 등의 악기밸브
	특수알루미늄 청동	C6161 C6280 C6301	Cu − 8Al − 3Fe − 1Ni − 1Mn Cu − 10Al − 2Fe − 5Ni − 1Mn Cu − 10Al − 5Fe − 5Ni − 1Mn	○	◎	−	◎	−	◎	−	−	−	○	−	−	−	−	내마모성, 내해수성이 우수함. 기계부품, 선박용, 화학공업용
	백 동	C7060 C7150	Cu − 10Ni − 1.5Fe − 0.5Mn Cu − 30Ni − 0.5Fe − 0.5Mn	○	◎	◎	◎	−	−	−	−	−	○	○	−	◎	◎	내해수성, 내마모성이 우수하며, 고온강도가 높음. 열교환기 및 복수기관용 부품

비고: ◎ − 우수, ○ − 양호

은	동	알루미늄	황동	순철	탄소강	인청동	양백	스테인리스	니켈	납	아연
108.4	100.0	61.0	28.0	19.1	9.5	13.0	6.0	3.0	25.2	8.3	29.3

품 종

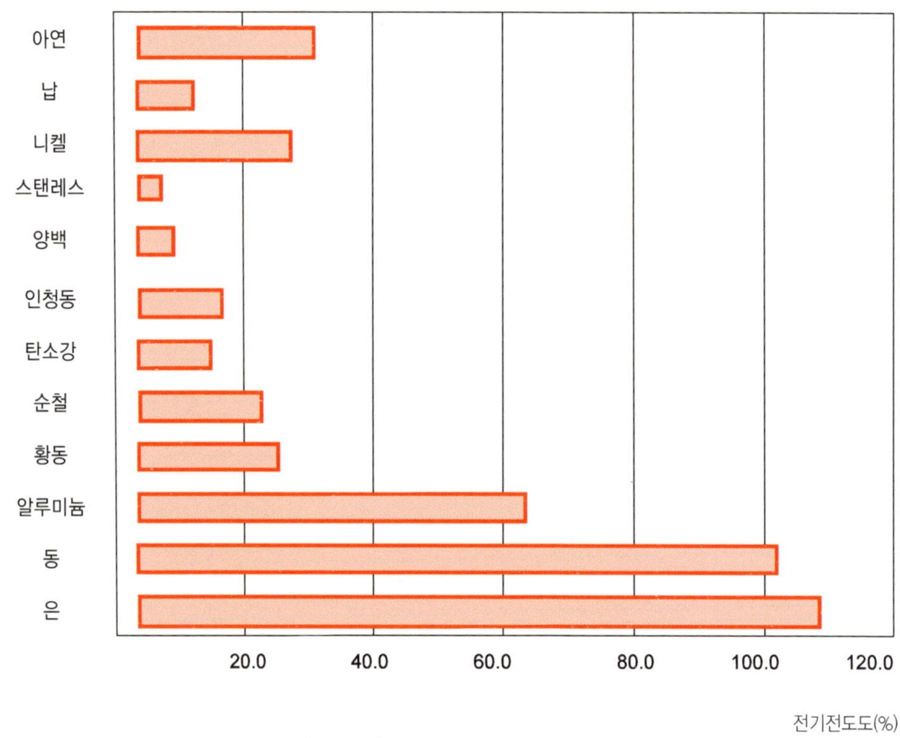

〈그림 33〉 품종별 전기전도도(%)

2-5. 현재 시판되는 동판

2008년 7월 현재 국내에 시판되고 있는 내수용 동합금판은 주로 (주)P사, E사 2개 회사로서 금속공예가들이 사용하는 동판은 (주)P사, (주)E사 제품이 많이 사용되고 있다. (주)P사에서 시판되고 있는 동판은 적동과 황동 각 1종뿐이며 E사 제품은 적동판 1종, 황동판 1종, 양백판 2종이 있다. 또한 얇은 박판으로는 P사, E사 각 2종류가 있으며 인청동인 C5210과 양백 C7701이 시판되고 있다.

국내 대표적인 시판용 동판 종류는 다음과 같다.

- · P사: 적동 1종류: 합금종류 C1220(인탈산동)

  황동 1종류: 합금종류 C2680(황동)

  양백, 백동은 시판 없음.
- · E사: 적동 1종류: 합금번호 C - 1220(인탈산동)

  황동 1종류: 합금번호 C - 2680(황동)

  양백 2종류: 합금번호 C - 7451(양백) C - 7521(양백)
- · 무명사(無名社): 백동 1종류: 합금번호 C - 7060(백동)

3. 동합금의 기법

이 단락에서는 동합금의 기법을 크게 일반기법과 특수기법의 두 가지 유형으로 나누어 고찰하고자 한다.

3 - 1. 일반기법

금속조형에서 전통적인 금의 접합방식인 금부(Kum Boo)기법은 순금을 모재에 부착하는 기법으로, 이러한 기법은 얇은 접막을 통해서 이루어지는 것이다. 두 장의 금속판을 서로 밀착하여 약간 두터운 쪽이 얇은 쪽을 흡수하도록 하는 방식이기도 하다. 또한 가장 얇은 것을 땜납 할 수 있는 방법을 동원하여 롤러를 이용하여 서로 밀접하게 접합될 수 있게 만드는 기법으로서, 이 기법을 동원하여 특이한 가장자리를 만들어 낼 수도 있다. 즉 겹층이 이루어지는 과정에서 다양한 울타리의 형태라든가, 푹 파인 모양이 생겨나기도 하며, 예기치 않은 불규칙적인 곡선이 탄생할 수도 있다.

스털링(Sterling)과 픽클링을 통해서 순수한 용해의 기법과 함께 땜납의 기법을 적용하여 금부의 기법을 또 다른 취향의 리티큘레이션의 유형으로 변환시킬 수 있기도 하다. 예를 들면, 색채가 퇴색될 때까지, 조각들을 가열한 뒤에 픽클링 용액에 담근 뒤에 묽은 린스를 행하는 작업을 되풀이하면서 금박을 입히는 것과 같은 방식이 이루어지는 것이다. 작품의 외층으로부터 동 성분을 걷어 내기도 하며, 순은의 성분을 남겨 두는 과정이 이루어지게 한다.

린싱과 건조의 과정을 되풀이하면서, 전기적인 가열판이 되게 한다. 소형의 특수절삭용 가위를 사용하여 금(金)을 원하는 형태로 잘라내고 특수한 층이 되게 하면서 필요한 경우에 겹층의 효과가 나게 하기도 한다.

약 260~370℃ 사이에 스틸링 절편을 가공하여야 하기 때문에 반드시 양모로 된 장갑을 착용하여 화상을 예방해야 한다. 적절한 온도가 된 뒤에 압력을 가하면 금의 접착이 이루어지게 된다. 버니셔를 사용하여 압력을 가하고 다시 되풀이하는 과정을 통해서 접합이 완료된다.

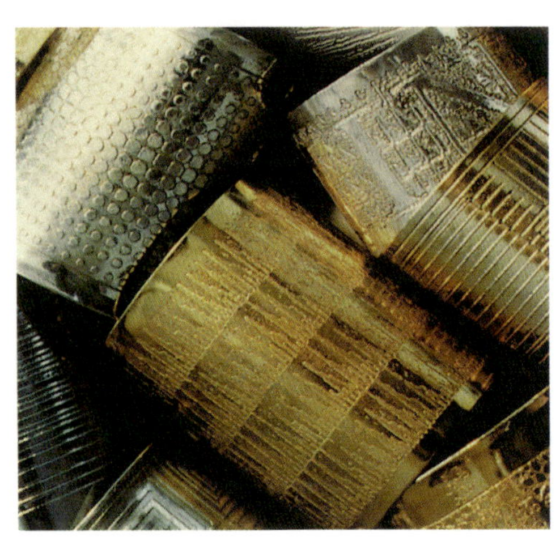

〈그림 34〉 Mary Ann Scherr 작, 팔찌,
은, 청동, 금, 스테인리스 스틸
실크스크린 후에 부식기법

부식기법(腐蝕技法, Etching)의 경우는 표면에 강한 산을 접촉시켜서 일정한 깊이로 금속면을 파내는 기법으로서, 파내어 들어가는 과정에서 생기는 요철의 특이함을 이용한 표면장식이 이루어지게 하는 방법이 부식기법이다. 이러한 기법을 통해서 다양한 표면에서의 변화를 계획할 수 있으나, 완전히 의도대로 이루어지지 않기 때문에, 우연의 효과를 기대할 수 있으며 매우 강렬한 인상을 새길 수 있는 방식이기도 하다. 부식은 보통으로는 산을 사용하는데, 부식을 원치 않는 부분은 방식제(resist)를 사용하여 부분적인 부식이 이루어지게 하는 방법도 있다. 또한 사진을 이용하여 부식을 행하는 경우도 있는데, 사진의 상을 금속 표면에 옮겨 오는 부식방법의 일종이다. 흑백으로 표현된 사진의 상이 금속 표면 위로 옮겨지면서, 노출되는 부분과 방식제로 덮인 부분으로 나뉘며, 이를 부식하면 결과적으로 사진의 상이 표면에 나타나게 되는 것이다. 이 기법을 위해서는 사진방식제, 시너, 현상액 등의 사진과

관련된 주변 여건이 갖추어져야 한다.

덧붙이기(Overlaying)는 금속판 위에 색이 다른 금속조각이나 금속선을 땜하여 붙인 후 망치로 때려 바탕금속과 같은 평면을 만들어, 결과적으로 상감을 한 것과 같은 효과를 내는 기법이다.

이때 덧붙이는 금속은 바탕금속보다 얇아야 작업하기가 용이하다. 또한 덧붙이는 금속을 때려 평면을 만들 때 너무 늘어나 옆으로 퍼지면 형태가 둔해지므로 덧붙이는 금속은 가능한 한 바탕금속보다 단단한 것이 좋다.[62]

망치질을 하는 동안 덧붙이는 금속과 바탕금속 모두가 두께가 얇아지면서 금속판 자체가 늘어나게 되므로 입체물의 표면에 덧붙이기와 평면잡기, 표면마감까지 끝내고 그 후에 입체물 가공에 들어가는 것이 좋다.

질감 옮기기 기법(Roll Printing, Texture Transfer)의 경우는 표면에 요철이나 질감을 가진 금속을 그보다 연한 금속과 겹쳐서 압연기를 통해 누르면 그 질감이나 부조적인 형태가 연한 금속의 표면에 옮겨지게 된다. 이를 로울 프린팅 혹은 질감 옮기기라 한다. 이 기법은 금속판의 상대적인 단단함과 무름의 정도, 그리고 압연할 때의 압력 등만 유의하면 특이한 표면장식을 계획할 수 있는 방식으로서, 주변에 여러 가지의 물성을 옮겨 오는 실질적인 기법이다.

질감을 옮길 수 있는 물질은 여러 가지가 있으나, 대다수 일상적인 사물에서 이러한 질감을 연구하는 것이 특징이기도 하다. 그래서 주변에서 쉽게 발견될 수 있는 다양한 소재가 채택되는데, 사포, 천, 레이스, 망사, 대나무로 된 바구니의 격자무늬 등이 이용될 수 있으며, 인공적인 것을 살리려는 의도와 자연적인 소재에서 찾으려는 방법으로서는 나뭇잎, 옹이, 등의 모양이 드러나게 하는 경우도 있다. 이 밖에 상감, 입사, 니엘로, 모래맞침 등의 표면 장식을 위한 많은 일반기법이 있다.

3 - 2. 특수기법

특수기법으로서 낟알 붙이기 기법은 금속의 작은 알갱이(그래뉼)를 땜을 사용

---

62) 전용일, 금속공예기법, 디자인 하우스, 2000, p.83. 참조.

하지 않고 금속표면에 붙이면서 독특한 패턴과 질감을 만드는 기법이다. 또한 같은 원리로서 알갱이 대신에 선을 이용하는 경우에는 세선세공(Filigree)이라 한다. 이 기법은 고대 이집트 시대부터 행해져 온 표면장식기법으로, 우리나라에

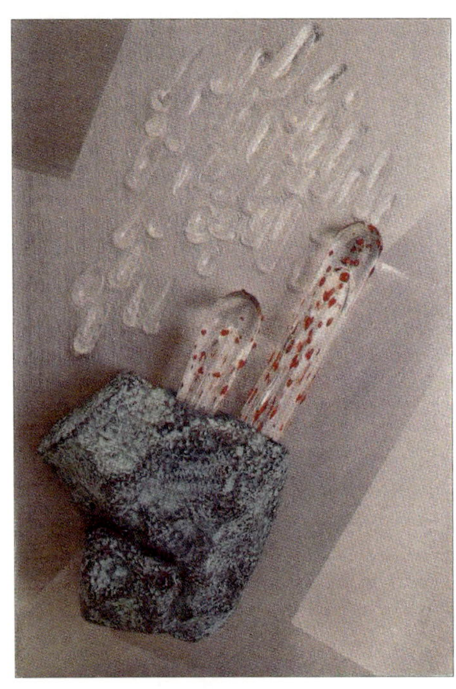

〈그림 35〉 임옥수, 진화의 꽃(Evolutional Flower),
1999,430×680×160㎜,
Copper, Aluminum, Glass

서도 삼국시대 이후 많은 금장신구에서 성공적으로 활용된 것을 볼 수 있다. 독특한 표면질감을 만들 수 있는 장점이 있으나 비교적 까다롭고 시간이 소요되어 현대의 금속공예가들에게는 생소한 방식이기도 하다.[63]

그래서 수많은 예술가들이 이러한 미지의 영역에 도달하고자 연구하고 있으며, 그것은 곧 새로운 표현을 자극하고 있으며, 새로운 기법을 연구하는 중심적인 모티브로 연결되어 나타난다.

합금으로 이루어진 금속들을 서로 접합하는 경우, 합금의 구성 성분들에 따라서 다양한 형질의 변환이 이루어지는 사례를 살펴볼 수 있다. 이러한 경우에는 구성되어 있는 금속의 재질과, 성분비, 온도들의 조건에 따라서 그 조건이 다양하게 변환되는 것을 알 수 있으며, 사용된 금속의 조건에 따라 변환의 내용이 매우 다양하고 섬세한 변화가 이루어짐을 알 수 있다. 경우에 따라서는 두 금속이 최저의 융점에서 표면끼리 서로 쉽게 녹아 붙는 현상이 일어나기도 한다. 이 현상을 유텍틱 접합(Eutectic Bonding, 共晶)이라고 하며, 이러한 현상을 이용한 것이 세립세공(Granulation)이다.

이러한 방식은 금속을 혼합(Mixed Metal)하는 하나의 과정에 해당되기도 한다. 이러한 금속의 혼합은 색채의 대비를 연출할 수도 있으며 다양하고 풍부한 팔레트의 기능을 연출할 수 있기도 하다. 이러한 금속의 혼합기법이 전통적인 땜납의 기법과 함께 다루어질 수 있는 부분이기도 하다. 금속조각의 파편들은

---

63) 전용일, 앞의 책 p.98. 참조.

단순하게 깎이기도 하고 옆으로 붙기도 하며 풍부한 색채의 물질들은 서로에게 연락을 취하도록 창출해 줄 수 있기도 하다.

다양한 형질의 변화가 이루어지기 위해서 사용되는 기법에 대하여 살펴보면 다음과 같다.

고대의 경우로부터 형질의 변화가 이루어지기 위하여 다양한 방식을 통해 예술가들이 연구해 왔다. 그러한 내용은 대부분 한 가지의 금속이 지니고 있는 한계를 뛰어넘어 좀 더 색다른 조합과 변화를 기하려는 시도에서 비롯된 것이기도 하다. 이러한 연구는 조형예술의 他 장르에서는 많이 계획된 바가 없는 것이다. 따라서 이러한 연구는 금속공예의 기술이 최대한 차별화되는 경우에 해당된다. 그래서 연구자는 이러한 다양한 사례를 통해서 형질변환이 이루어진 내용을 논해 보고자 한다. 특히, 형질변환에서는 다양한 물성이 가미되는 것이 특징이다.

저자의 작품 ≪진화의 꽃(<그림 35>)≫과 같은 경우는 형질변환의 특수한 사례로 볼 수 있다. 특히, 이 책에서 드러내고자 하는 방식은 여타의 작가들과는 다르게 알루미늄, 동, 유리를 혼합하여 특수한 형질변환을 계획하였다.

저자가 드러내려는 방식은 단순한 금속조형의 차원을 넘어서, 리티큘레이션을 혼용한 다양한 방식을 통해서, 유리를 물방울처럼 변환시키고 동을 단순한 동이 아닌, 유리를 감싸는 손 혹은 장갑처럼 보이게 하여 Ⅴ장에서 예비적으로 고찰했던바, 다른 물질에로의 전이를 계획하였다.

또한, 일반적으로 장신구의 차원을 넘기 어려운 금속공예를 회화의 영역에 이입시키는 변화를 계획하고 있으며, 유리와 동, 알루미늄 등의 이질적인 물질을 하나의 text에 혼용한다는 점에서 금속조형의 한계를 넘나들고 있다. 따라서 이러한 작품에서 찾을 수 있는 것은, 형질변환을 통해서 이루어지는 해체적인 기법이며, 1980년대 이후의 脫장르적 현상을 반영하고 있는 것이기도 하다.

본서에서 드러내고자 하는 방식적인 특성은 이렇게 다양하게 다루었던 내용을 좀 더 심화시키고자 함이며, 현대의 조형예술가들이 드러내고자 하는 물질의 미묘한 정서를 예술적인 관점에서 변환하고자 한 것이다. 또한 그것은 형질의 변환으로 이어지며, 단순히 장인적인 수준에서 조형물을 다루려는 일반적인 의식의 한계를 초극하고자 함이기도 하다.

따라서 현대의 금속조형은 어떤 이루어진 상황에 안주하려는 것이 아닌, 좀 더 적극적으로 예술의 영역에로 나아가려는 시도에서 비롯된 것이다.

이러한 내용은 금속조형의 기술이 최대한 차별화되는 경우에 해당된다. 그래서 본서는 이러한 다양한 특수기법을 통해서 형질변환이 이루어진 내용을 논해 보고자 한다.

이러한 방식과 더불어 조형적 해결을 위한 형질변환에 관한 특수기법을 살펴 보면 다음과 같다.

가. 적층기법

적층(積層)기법(Lamination Technique)[64]이란, 두 가지 혹은 그 이상의 서로 다른 금속재료를 정해진 일정한 순서에 의하여 포갠 후, 접합시킴으로써 그 재료의 성질을 개선시키고, 특정한 방법에 의해 다양한 유기적인 무늬를 만드는 기법이다. 이 기법은 보통 철, 강 금속을 사용할 경우에는 다마스커스 스틸(Damascus steel)로, 비철 금속을 사용할 경우에는 목구메가네(木目金, Mokumegane)로 분류할 수 있으며, 다마스커스 스틸의 경우에는 유기적인 물결 문양의 표현뿐만 아니라 적층구조(Laminated Structure)에 의해, 마치 합판처럼 탄력이 있고, 질긴 성질이 있다.

목구메가네의 경우에는 금, 은, 동의 귀금속, 비철금속의 합금을 사용함으로써 각 합금재료의 색상의 차이에 의한 장식적인 나뭇결무늬의 효과를 살린 것이다.

금속의 접합 방법으로는 단조용접(鍛造熔接, Forge Welding)과 확산용접(擴散熔接, Diffusion Welding)이 사용된다.

철(鐵), 강금속(鋼金屬)의 적층기법의 기원과 발달을 살펴보면, 철·강금속의 적층구조를 이루는 다마스커스 스틸의 명칭은 철·강금속의 적층기술이 다마스커스 지방에서 행해졌기에 붙은 이름이 아니고, 십자군 원정 중, 유럽인들이 이 지방에서 처음 접했기 때문에 붙은 이름이다.[65] 이 다마스커스 스틸은 제조방법에 의해 두 가지로 구분된다.

---

64) 정신우, 비철금속의 적층기법을 이용한 목리문의 표현 연구, 1988, pp.4 - 8.
　　적층(積層)기법이란 용어는 다마스커스 스틸기법과 목구메가네 기법이 제작방법의 측면에서 모두 융접(融接)에 의한 적층구조를 이루며, 또한 유사한 방법에 의해 유기적인 목리문(木理紋)을 형성하는 공통점을 가지고 있다.
65) Dona Meilach, Iron Work, Crown Pub, Inc., New York, 1970, p.215.

첫째로는 천연상태에서 철을 72% 함유하며, 자성(磁性)을 띤 광석인 자철광(磁鐵鑛, Fe$_3$O$_4$, Magnetite)을 용해시켜 만든 우츠(Wootz)이다.[66] 우츠의 생산은 인도에 기원을 두고 있으며, 서방으로는 중동지방까지, 동방으로는 중국, 일본, 인도네시아 등지로 전래되었다. 이 우츠의 생산은 전쟁용이나 의식용 칼의 일반적인 사용이 실질적으로 중단된 19C까지 계속되었으나 인도의 철로부설로 인한 값싼 유럽산 철의 유입으로 그 생산이 중단되었다.

인도에서는 용광로(鎔鑛爐)에 조각낸 연강(鍊鋼, Mild Steel)과 잘게 부순 주철(鑄鐵, Cast Iron)을 2:1의 비율로 넣고 붕사(硼砂)를 첨가하여 용융(熔融)시켜 만들었는데, 연강(鍊鋼), 주철(鑄鐵), 붕사(硼砂)가 혼합된 도가니에 목탄(木炭) 가루를 넣고 뚜껑을 덮어 가열한다. 철의 융점인 1,538℃로 가열되면 침탄(浸炭, Carburizing)[67]이 일어나 탄소가 1.7%까지 철이 함유되게 된다.

가열이 끝난 후, 금속을 도가니 속에서 서랭시키는데, 서서히 이루어지는 응고과정에서 일어나는 금속구조의 변화는 독특한 문양을 지닌 다마스커스 조직을 형성하게 된다.[68]

이를 결정(結晶) 다마스커스 스틸(Crystalline Damascus Steel)이라고 한다.

다른 한 가지 방법은 단접(鍛接)에 의한 다마스커스 스틸로서 두 개나 그 이상의 판 또는 봉으로 된 철금속을 높은 온도로 가열하고 달구어져 있는 동안 단조(鍛造)하여 접합(接合)시키는 방법이다.

보통, 가단성(可鍛性)이 있고, 잘 융접(融接)되는 연철(鍊鐵, Wrought Iron)과 탄소 1.7% 이상을 함유하고, 니켈 3% 이상 첨가된 단단하고 열처리에 적합한 강(鋼)을 교대로 쌓아 단접(鍛接)한다.

강(鋼)은 보통 단단하고 강한 성질을, 연철(鍊鐵)은 탄성을 제공한다.

이와 같이 단접시키는 기술은 BC 1350년경에 중동지역에서 발생한 철금속의 단접의 한 과정으로서 BC 800년경에는 유럽으로, AD 3C에 중국, AD 8C 이전에 일본 등지로 전래되었다.

---

66) Oppi Untracht, Jewlry Concept & Technology, Doubleday & Company, Inc., New York, 1982, p.363.
67) 강(鋼)의 탄소함유량(炭素含有量)을 증가시키기 위하여 적당한 모제(媒劑) 속에서 가열하는 조작을 말한다.
68) 위의 책, p.364 참조.
서랭시키는 동안 동소체(同素體) 변화가 일어나 단단하고 결이 거친 Cementite(Fe$_3$C)와 부드러운 Ferite로 이루어진 판상(板相)의 구조물 형태로 분리되어 확대하지 않고도 결을 볼 수 있는 조직을 형성한다.

비철금속(非鐵金屬)의 적층기법(積層技法)의 기원과 발달의 경우, 철·강금속을 사용한 적층기법이 기원 이전부터 발생된 것에 비해 비철금속(非鐵金屬)을 사용한 적층기법은 훨씬 뒤늦게 개발되었다. 또한 철·강금속의 적층기법이 세계 각지에 전래됨에 따라 그 흔적이 세계 도처에서 나타남에 비해 비철금속을 사용한 예는 일본에 국한되어 나타남으로써 매우 독특한 것으로 평가된다.

일본에서 이용된 비철금속의 적층기법은 목구메가네(木目金, もくめかね) 또는 판목금(板目金)이라고 하며, 그 의미는 "나뭇결무늬를 나타내는 금속"이라는 뜻이다.[69]

메이지(明治) 말기에 동경미술학교(현 동경예술대학) 단금부의 교수 히라다마사유끼(平田宗幸)가 학교에 재직 중에 만든 작품 중의 한 점이, 현재 예술대학 자료관에 소장되어 있다. 마사유끼의 제자 요시다소뉴사이(吉田宗入齊)는 이 작품의 제작에 임하면서, 조교를 맡아 기법을 익혀, 후년에 수많은 작품을 만들었다. 당시의 미술학교장 마사기나오히고(正木直彦)는 이것에 가즈미우치(하타, 霞打, かずみうち)라고 이름을 붙여 소뉴사이의 가즈미우치로서 알려져 있다.

아끼타(秋田)의 신도데쓰지(進藤鐵治) 아끼타 공예시험소의 곤다(權田) 두 명이 일찍부터 목구메가네를 연구하고 훌륭한 작품을 제작하고 있다.

유물로는 오래된 것은 발견되지 않으며, AD 1600년경에 제작된 것으로 보이는 유물이 가장 오래된 것으로, 이 기법의 원조(元祖)로 보이는 '쇼아미 덴베이(正阿弥伝兵衛)'가 있으며 또한 금(金), 은(銀), 적동(赤銅), 동(銅)의 4종류의 금속으로 만든 '고즈까(小柄)'[70]가 가장 오래된 것으로 평가된다(<그림 38>).[71]

목구메가네 기법은 금속의 접합방법, 목리문(木理紋)의 표현방법 등의 기법적인 문제에 있어서 다마스커스 스틸기법의 연장선에 있는 것으로 보이나, 서로 색이 다른 비철금속을 사용함으로써 나타나는 다양한 색상효과의 구상은 중국의 칠예(漆藝)의 퇴주기법(堆朱技法)에서 얻은 것이다.

퇴주기법(堆朱技法)은 칠(漆)을 여러 번 거듭하여 두꺼운 겹의 층을 만들고, 이를 조각하여 색층을 조각면에 노출시키는 기법을 말한다.

이 퇴주기법을 비철금속의 소재로 대신하여 만든 것이 '쇼아미 뎀베이'의 '쓰바(심, 鐔)'[72] <그림 37>인데 이것을 두들겨 평평하게 하여 표출시키면 목구메

---

69) 三井安蔣夫, "彫金·鍛金の技法, 1978, 木目金 について", 日本金工作家會編, pp.161 - 165.
70) 작은 검(劍)의 칼집에 달고 다니는 작은 칼.
71) 三井安蘇夫, 위의 책, p.41.

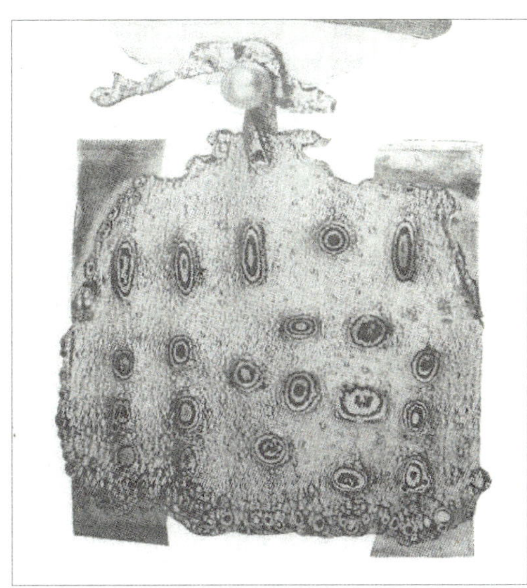

〈그림 36〉 Florence Rensnikoff 작,
핀, 은, 동

가네(木目金)가 된다.[73]

　최종 끝마무리는 숯(炭)으로 단계적으로 거칠기에 따라 연마해 주고 자입착색(煮込着色)방법으로 완성하면, 색금(色金) 즉 구로미도(黑味銅), 시부이치(四分一), 샤구도우(赤銅)의 색이 선명하게 나타난다.

〈그림 37〉 쇼아미 덴베이(正阿弥伝兵衛)
쓰바(심, 鐔)

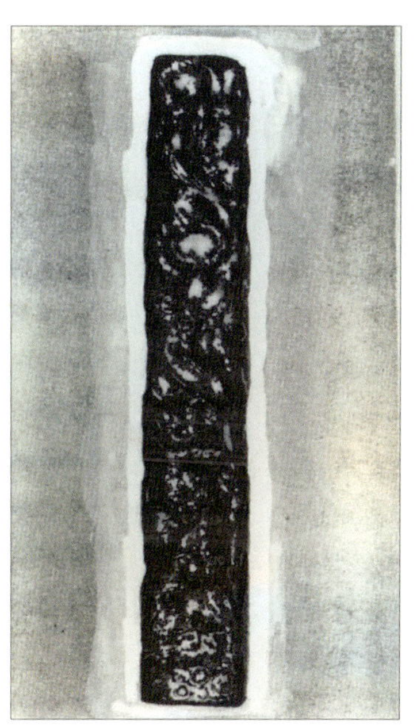

〈그림 38〉쇼아미덴베이(正阿弥伝兵衛)
고즈까(소병, 小柄)

---

72) 다양한 재료와 형태의 금속판으로 제작되는데, 보통 투박한 원형이다. 칼자루와 칼의 사이에 끼워져 손을 보호하는 역할을 한다. 중앙엔 칼이 끼워지도록 쐐기형의 구멍이 뚫어져 있다.
73) 三井安蘇夫, 위의 책, p.42.

나. 망상조직기법

망상조직기법(網狀組織技法)은 금속의 표면을 융점에 가깝게 가열하였다가
다시 냉각시키는 과정을 통해서 특이한 주름이 형성되도록 하는 기법을 통해서
풍부한 질감을 갖추도록 하는 표면상의 형질변환을 야기하는 방식이다. 이 기법
은 금속층의 수축률의 차이를 이용한 형질변환의 방식으로서, 구리가 합금된 금
속을 계속 가열하면 합금속의 성분들이 두 개 이상의 층을 이루며 거의 녹는
상태까지 가열된다. 이때 가열을 멈추고 식히면 표면 쪽으로 형성된 구리 산화
물은 얇은 막 그대로 있는 반면에 안쪽의 금속은 용융되었다가 식으면서 바깥
쪽의 막보다 좀 더 수축되어 결과적으로 표면의 막을 오그라지게 하여 특이한
주름이 형성되도록 계획하는 방식이다. 리티큘레이션 기법에 관한 몇 가지의 약
간씩 차이가 나는 제작기법은 다음과 같다.

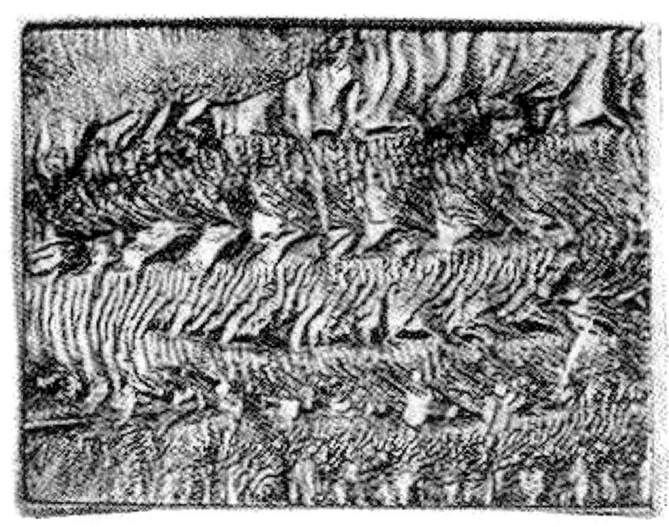

〈그림 39〉 Gene Pijanowski 작, 핀, 은

은판의 망상조직화(Reticulation)를 위해서 필요한 준비는 양면을 완전히 세척
해야 한다. 그 표면은 그 결과로서 산화가 이루어지며 이때에는 완전히 백색이
될 때까지 8~30%의 묽은 황산에 담가야 한다(금과 금의 합금일 경우에는 질
산에 담가야 한다.). 산에 담글 경우에는 고운 브러시로서 금속판을 브러싱을 해

주어야 하며, 그 행동은 매우 민첩하게 이루어져야 하며, 축적된 침전물을 제거해 주어야 한다. 그런 뒤에 판을 닦아 내고 린스 칠을 행한다. 양면을 할퀴는 형식의 브러싱을 행하기 위해서는 부드러운 동을 주름이 잡혀 있는 철사형식의 브러시 휠 또는 윤활제를 사용하기도 한다. 또한 달구어서 서서히 식히고 담그는 작업을 5～6회 반복해서 행한다. 마지막의 담그고 식히는 작업을 행하기 이전까지 긁기의 브러싱을 계속적으로 행한다. 담금질을 행하는 동안에, 보통보다는 좀 더 그 프레임이 많은 공기의 노출에 의해 산화가 진행될 수가 있다. 그래서 용접 토치에 의한 가열이 금속의 표면을 풍부하게 보이도록 도울 수 있다. 이러한 절차는 은의 금속표면에 외부 코팅을 행하게 되는 결과를 가져오며, 산화의 진행과 방혈작용으로 인해 동의 성분을 제거시키게 된다.

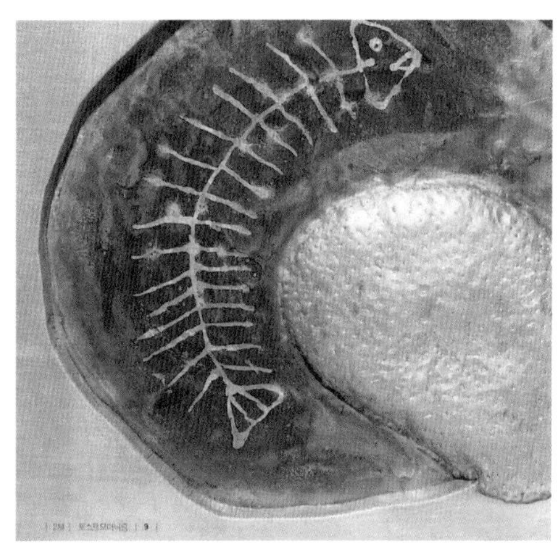

<그림 40> 임옥수 작, 진화의 꽃, 2000,
알루미늄, 440×440×30㎜, 망상조직기법

이때에 사용되는 테이블은 대단히 평평해야 하며, 망상조직화가 이루어지는 시점에는 청결해야 하고, 습기가 없어야 한다. 이때 사용되는 불꽃의 크기는 망상조직의 성격을 규정하는 요소로서 매우 중요하다. 토치는 두 가지의 종류가 준비될 경우 매우 유익하다. 첫 번째의 토치는 부드러운 강도의 총체적인 금속의 온도를 유지하고 있어야 하며, 두 번째 불꽃은 망상조직의 패턴을 좌지우지하게 된다. 한번 토치가 지나간 뒤에는 표면이 구불구불 움직이며 끝이 뾰족해진다. 망상조직이 이루어지는 것을 관찰하여 패턴을 조정할 수가 있다.

'Gene Pijanowski 작, 핀, 은(<그림 39>)'은 다양한 질감을 드러내어 형질변환을 이룩하는 경우에 있어서 가장 대표적인 경우에 해당된다. 이때 드러나는 내용은 은의 특이한 형질의 변환으로 인해서 마치 천과 같은 질감을 지니게 되기 때문이다. 토치를 사용하여 질감의 다양한 변화를 계획하는 방식은 매우 정교하게 이루어지는 것이며 대단히 극적인 텍스처를 만들어 낼 수 있다. 이 방식은 순은의 용융점의 다양성에 의존하여 이루어지는 것이며, 동과 은의 합금에 의해서 이루어지는 것이다.[74] 첫 번째 단계는 고열에서 용융되는 '표면'을 지닌 금속을 창출하는 것이다. 이 금속은 이때 내적인 용해가 이루어지는 지점에서 가열된다.

> 망상조직기법은 92.5퍼센트의 은과 7.5퍼센트의 동으로 이루어진 스털링(sterling)을 통해서 이루어진다. 그러나 그것은 보다 다량의 동을 포함하고 있는 합금으로서 가장 효과적인 방식이기도 하다. 이렇게 선택된 합성체는 82퍼센트의 은이 사용되어 동과의 균형을 이루고 있다. 그것은 몇몇의 공급자들에 의해서 습득될 수 있는 것이기도 하며 혹은 상점에서 제작될 수 있는 것이기도 하다. 두 가지의 방식에서 모두 필요한 방법은, 첫째로는 기물을 융점에 가깝게 달구어서 식힌 뒤에 기물을 담금질을 한 다음 묽은 산 용액에 넣는 산 처리방법을 통해서 이루어지는 기법이다.[75]

리티큘레이션의 과정을 살펴보면 다음과 같다. 우선 깨끗하고 순수한 벽돌 위에 준비된 판을 펼쳐 둔 뒤에 판의 상부에서 수직으로 향하게 하여 산소불꽃을 준다. 만약에 토치가 연료분리식으로서 이러한 기법을 위해 특수 처리된 에어밸브를 갖고 있다면, 충분히 공기를 분사하여 불꽃이 불어지도록 해야 할 것이다. 표면의 처리를 위해서 토치를 움직일 때 주의해야 할 것은 토치가 주게 될 영향으로서 그 각도와 높이를 적절하게 조절해야 할 것이다.

리티큘레이션은 순수하게 우연의 효과에 의해서 이루어지는 것으로서 패널의 넓이를 충분히 넓게 하도록 계획해야 하며, 이때 중요한 것은 자신이 원하는 효과가 나온 조각들을 적절하게 선택할 수 있도록 다양한 가능성을 예상해야 한다는 것이다. 순은의 리티큘레이션은 스털링보다는 용융점이 낮기 때문에 보조조합의 필요성이 손쉽게 이루어질 수 있으며 매체 땜납과 함께 행해질 수 있다. 왜냐하면 망상조직화된 조각의 안쪽 면의 경우는 기공이 많이 형성되어 있기 때문에, 땜납을 하기 이전에 광택을 내거나 압착을 행해야 한다.

국내에서 발표된 망상조직 표면처리기법의 경우를 살펴보면 다음과 같다.[76] 망상조직기법은 주로 비철금속을 활용하여 금속의 표면에 산화층이 형성된 상태

---

74) McCreight, Tim, Jewelry, Fundamentals of Metalsmithing, Hand Books Press, Madison, Wisconsin, 1997. p.29 참조.
75) McCreight, Tim, Jewelry, Fundamentals of Metalsmithing, Hand Books Press, Madison, Wisconsin, pp.29 - 30.
76) 한국금속공예가회, 금속분과 '83 워크샵, 서울대학교 미술대학 금속공예실, 1983. 7. 14~15일, pp.4 - 6 참조.

에서 가열하여 집중적인 열처리과정에서 발생되는 특수한 상황을 활용한 기법이며, 보통의 금속을 용융점에 다다를 때까지 가열하는 과정에서 납작한 구형이나, 물방울과 같은 형태로 구성되는 상태를 활용하는 방식으로 보고되고 있다.

> 22Gauge(0.64㎜)~24Gauge(0.51㎜)의 금속판에 리티큘레이션 처리를 하는 것이 적당하며, 금속은 동이 합금된 82% 은(銀)(이것이 가장 좋다.), 14Karat 금, 황동, 청동, 니켈 (Reticulation 처리를 하면 주름이 잡히는 대신 작은 구멍이 형성된다.)을 이용할 수 있다.[77]

리티큘레이션의 준비과정은 다음과 같다.

㉠ 산화층을 형성시키는 과정은 열풀림하는 과정과 도금하는 과정이 있는데, 후자의 경우는 열풀림을 해서 산화층을 형성시키는 과정보다 2분에서 15분 정도 시간을 단축시키며, 금속판을 휘지 않게 하는 장점이 있다.

㉡ 직류 12Volt/6Amp의 전류로 도금할 수 있다. Binding 철사로 금속판을 여러 군데 매어 준 것을 산에 넣으면 철과 산이 작용해서 금속 표면이 동(銅)으로 도금된다. 그러나 이러한 도금법에서는 동으로 도금된 층의 두께를 측정할 수 없다.

㉢ 불대로 Texture를 내는 과정은(산소-가스, 공기-가스, 아세틸렌 불대 사용) 열풀림으로 산화층이 형성된 금속판(또는 동 도금된)을 깨끗하고 평평한 석면판이나 Bismuth Blook, Fiber-Fax판 위에 올려놓은 다음, Reticulation 기법을 하기 위해서 공기와 가스의 양을 반반으로 공급하며, 중간 크기의 작고 센 불꽃으로 가열하기 시작한다. 금속판의 한쪽 귀퉁이에 불꽃을 대어 붉은색을 띠며(녹기 직전까지), 금속 표면에 주름이 지기 시작할 때 공기를 더 세게 조절해 준다. 원하는 패턴에 따라서 다양하게 주름을 형성시켜 나아간다. 이러한 방식을 응용하면, 다양한 양식적 특성을 살려 낼 수 있어서 여러 유형의 패턴을 제작할 수도 있다.

㉣ 니켈(동 62%, 아연 5%, 니켈 33%, 융점 1960°F) Perforation-(스펀지 조직망)의 경우는 다른 금속과는 달리 산화층 형성과정이 필요치 않으며, 니켈 표면에 Reticulation 처리를 하면 주름이 잡히는 대신 구멍이 많이 뚫린

---

77) 한국금속공예가회, 금속분과 '83 워크샵, 서울대학교 미술대학 금속공예실, 1983. 7. 14~15일, pp.4.

스펀지 형태와 같은 조직망이 형성된다. 이 조직망은 Reticulation 처리를
했을 때는 보이지 않으나 산 처리를 하면 나타나게 된다. 산소 불대를 판
위에 가깝게 대고 열을 주면, 작은 구멍이 생기며 불대를 멀리 할수록 구
멍이 커진다. 산화된 붉은 반점들은 산 처리가 됐을 때 구멍이 형성되며
스펀지 형태의 조직망이 이루어진다. 그렇지만 구멍이 많이 나 있는 형태
조직이라도 매우 단단하다.

다. 융합기법

융합기법(融合技法, Fusing)의 경우 고대로부터 벽돌로 건조된 용광로를 이용
하여 퓨징 기법을 활용한 방식이 발전되어 왔다. 작가들은 숯불을 피워 놓은 뒤
에 그 화로 안에 작품을 위치하도록 했다. 그것이 완전히 전소되는 것을 방지하
기 위해서, 속이 빈 갈대를 진흙을 발라서 감싸 놓았으며, 그것을 퓨징을 행하
는 동안 바람을 불어넣은 파이프로 활용하여 온도를 높이는 데 활용하였다.

열을 가하여 이러한 방식을 행하는 기법은 오늘날 발전을 거듭하여, 여러 유
형으로 전개되어 나아갔지만 고대에서부터 비롯되었던 방식의 절차상에는 커다
란 변화가 없었다. 다만 숯불 대신에 가스가 사용되고 있다는 점이 조금 다를
뿐이다.

이러한 열을 가하는 데 필요한 소도구는 토치(torch)이다. 알코올 혹은 가스램
프를 활용하여 입으로 바람을 불어넣는 작은 파이프가 사용될 수 있는데(<그림
42>), 유럽과 미국에서 19세기에 이르기까지 활용된 것으로 알려져 있다. 또한
이러한 도구가 아직도 재래식 방식으로 활용되는 경우도 있다. 그리고 이러한
기법은 폐활량에 따라서 많이 좌우되는 특성을 지니고 있다.

이러한 열처리 방식은 자연스레 다양한 기법적인 특성을 기초로 하고 있는데,
입으로 불어 내는 바람의 정도에 따라 다른 색상이 연출될 수 있기 때문이다.[78]
현대에 와서는 이러한 방식에서 발전되어 토치가 적극적으로 활용되었는데(<그
림 41>), 토치에서 불어 내는 바람의 색상에 따라서 성형되는 방식이 변화될
수 있다는 것을 연구해 내었다.

---

78) Philip Morton, Contemporary Jewelry, Holt, Rinehart and Winton/New York, 1979. pp.130 - 131 참조.

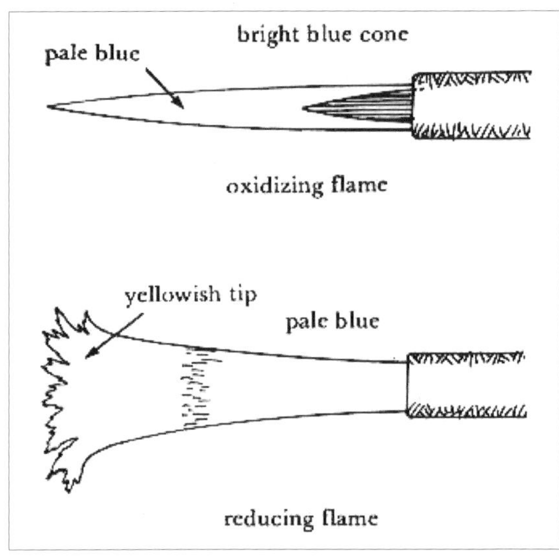

〈그림 41〉 공기 – 가스 토치에 의해서 불꽃을 가감할 수 있다. 상단 그림은 산소를 공급할 때 보이는 불꽃이고 하단 그림은 산소량을 줄일 때 생겨나는 불꽃이다.

예를 들면, 불꽃이 붉은색을 띠고 있을 때에는 산소공급량이 조금 부족한 경우로서, 공기의 공급량을 불꽃이 선명하게 백색이 될 때까지 증가시킬 필요가 있다.[79]

현대에 이르러서 가스탱크를 대단히 간편하게 준비하여 제작에 활용할 수 있는데, 휴대용 산소 가스나 공기 – 가스 탱크를 활용하는 것이다. 여기서 사용되는 공기 – 가스 토치는 일반적으로 비철금속 혹은 은가공용으로 활용되는 것이다. 왜냐하면 대단히 부드러운 불꽃을 만들어 낼 수 있기 때문이다. 그래서 땜납이나 달구어서 서서히 식히는 방식에 사용될 수 있다. 그러나 일반적으로 귀금속 상점에서는 산소용 토치를 준비해 놓고 있는데, 그 이유는 다양한 불꽃을 낼 수 있기 때문이다. 여기서 사용되는 토치들은 금과 플라티늄을 다루는 데 필수적이며 비철금속을 가열하거나 퓨징하는 방식에 동원될 수 있다. 토치를 사용하는 방식은 다음과 같은 사례를 통해서 확인할 수 있다.[80]

① 대형 불꽃은 대형의 금속조각을 가열하는 데 활용될 수 있다.

② 가스의 공급량 혹은 토치의 분출구를 조절하는 양에 따라서 불꽃의 크기를 조절할 수 있다.

③ 산소와 가스가 혼합되는 강도에 따라서 화염의 열의 강도가 가감될 수 있

---

79) 적절하게 토치의 불꽃을 조절하는 것은 매우 중요한데, 다음과 같은 몇 가지의 불꽃이 산소를 가감하는 방식에 의해서 나타난다.

㉮ 산소가 가중되었을 때의 불꽃은 금속에 마치 어두운 색조의 필름과 같은 효과가 나타난다. 이때는 대다수 푸른색의 불꽃이 드러나며, 대단히 고온이 형성된다. 보통으로는 이 불꽃을 많이 이용한다.

㉯ 금이나 은을 단순히 가열하고자 할 때에는 불꽃을 줄이고 사용하여야 한다. 그러면 과도하게 가열되는 것을 방지할 수 있으며, 매끈하게 표면처리를 행할 수 있다. 그래서 마치 거울과 같은 표면을 생성시킬 수 있다. 이때 발생되는 불꽃의 색상은 황색에 가깝다. Philip Morton, 위의 책, p.132 참조.

80) Philip Morton, 위의 책, p.132 참조.

다(<그림 43>).

④ 가장 뜨거운 부위의 불꽃은 토치의 분출에 의해서 형성되는 푸른색 원추모양의 가장 끝부분이다(<그림 43>).

⑤ 첫 번째로 가스 공급을 행한 뒤에 산소-가스 혹은 공기-가스 토치에 불을 붙이고 난 후에 공기 혹은 가스를 틀어야 한다. 끌 때에는 이와 반대로 먼저 공기 혹은 가스를 잠근 뒤에 토치를 꺼야 한다.

⑥ 만약 산소-가스 토치(<그림 44>)가 펑 하는 소리가 나서 튕겨 나가면, 산소가 토치 밖으로 분출되어 나갔기 때문이다. 만약에 가스에 불이 잘 붙지 않으면, 그것은 밸브가 과도하게 열려져 있어서 가스공급량이 너무 많기 때문이다. 갑작스럽게 연소하는 것을 방지하려면, 토치에 불을 켤 때, 반드시 밸브를 조금 열어야 할 것이다.

⑦ 작품의 특정 부위에 솔더링을 해야 할 필요성이 있을 경우에는, 작품 전체를 용융점에 가깝도록 가열한 다음, 중간-열 불꽃을 활용하면 된다. 그런 뒤에 특정 부위에 포커스를 맞추어 가는 불꽃을 활용하여 솔더링하는 방식을 사용해야 한다.

⑧ 항시 작품에 직접적으로 겨냥하여 불꽃을 사용하여야 하지만, 항상 작품의 주변을 빙빙 돌리듯이 화염을 움직일 필요가 있다. 만약 불꽃이 특정 부위의 한 지점에 고정되어 버린다면, 금속판이 용해될 수도 있다.

⑨ 솔더링을 하지 않은 상태에서 금속들을 퓨징을 해야 한다면, 첫 번째로 해야 할 일은 접합 부위에 놓여 있는 조각을 용해시켜야 한다.

⑩ 성냥 대용으로서 토치에 불을 댕길 수 있는 스트라이커나 스파커는 항시 이용될 수 있다.

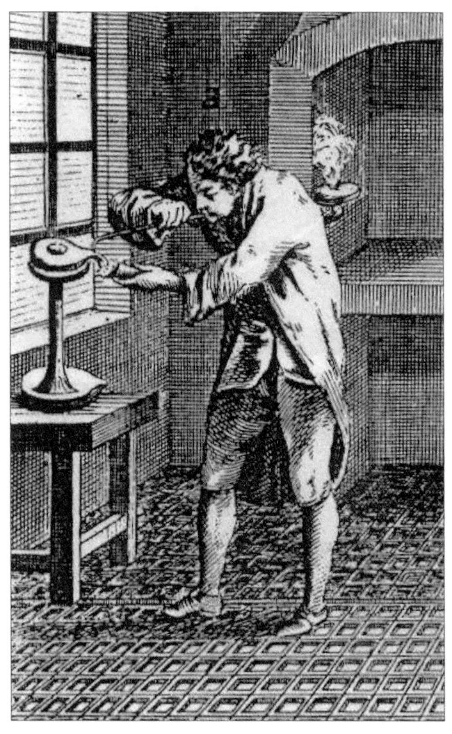

〈그림 42〉 공예가가 바람 불기 파이프를 활용하여 작품을 제작하는 장면으로서 고대에서부터 현대에 이르기까지 퓨징 기법이나 솔더링 기법을 행하는 데 활용되었다.

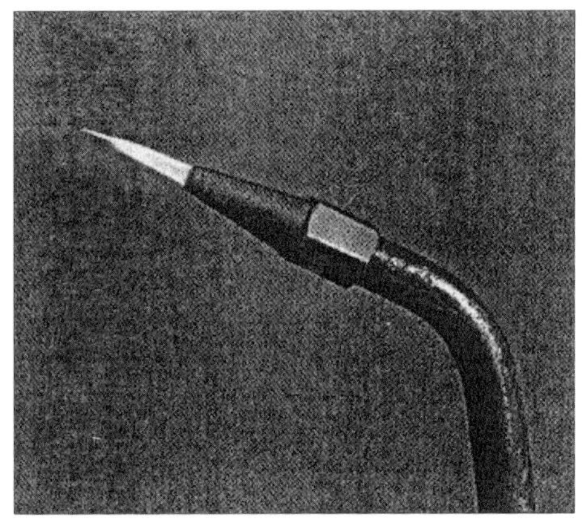

〈그림 43〉 불꽃의 크기를 줄여 열을 중앙으로 모으기
위해서 불꽃의 끝을 가늘게 해야 한다.

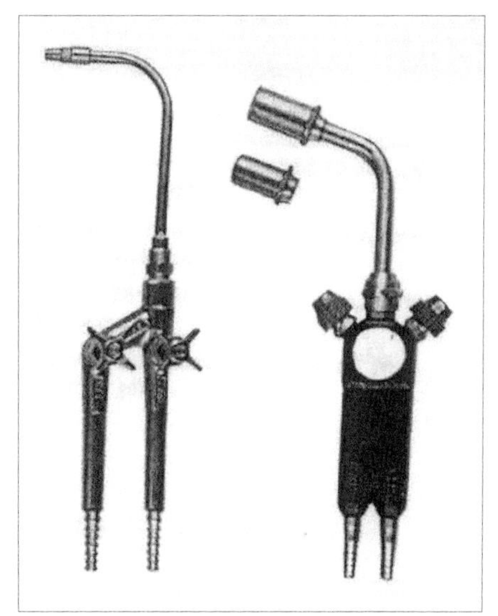

<그림 44> 공기-가스 토치와
산소-가스 토치

융합기법을 설명하기 위해서는 여러 가지의 방식이 있겠으나, 물질 위에 2차적인 물질을 용해시켜서 하나의 물질로 융합되어 독특한 새로운 물질처럼 변환되는 형식이라고 할 수 있다. 그리고 모든 비철금속은 전 단락에서 설명한 바와 같이 퓨징의 소재로 사용될 수 있다.

즉, 판 위에 두 개의 작은 물방울이 놓여 있는데, 그것이 특수한 환경의 변화에 의해 하나로 합쳐지는 것과 같은 경우라 할 수 있다. 말하자면, 이 두 개의 물방울과 같은 금속의 용해물이 토치에 의해 가열되어 두 개의 개체가 하나의 물방울로 합쳐지게 되는 경우와 같은 것이다. 이러한 방식을 응용한 것이 퓨징의 기법이다. 이러한 용해방식을 적극적으로 활용하면, 훌륭한 퓨징의 방식이 이룩될 수 있다. 이때, 준비되는 모든 금속은 대단히 청결하게 준비되어야 하고, 필요할 경우에는 청소용 묽은 산 용액을 사용하여 깨끗하게 하여야 한다. 이렇게 준비된 금속은 특정한 장소에 옮겨

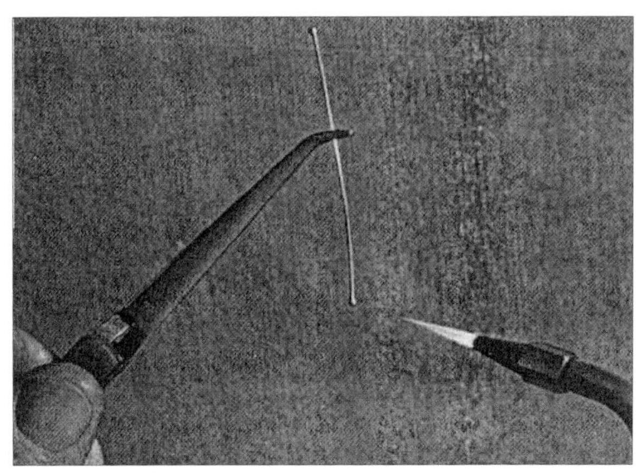

〈그림 45〉 토치에서 나오는 불꽃의 가장 가는 끝을 철사의 끝에
가열하면, 액체 상태의 금속알갱이를 취할 수 있다.

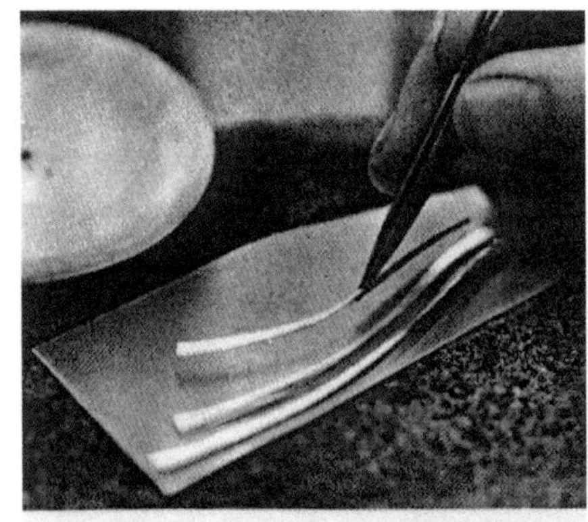

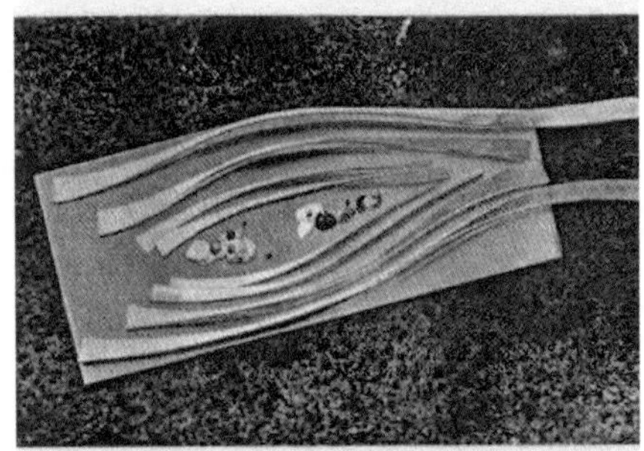

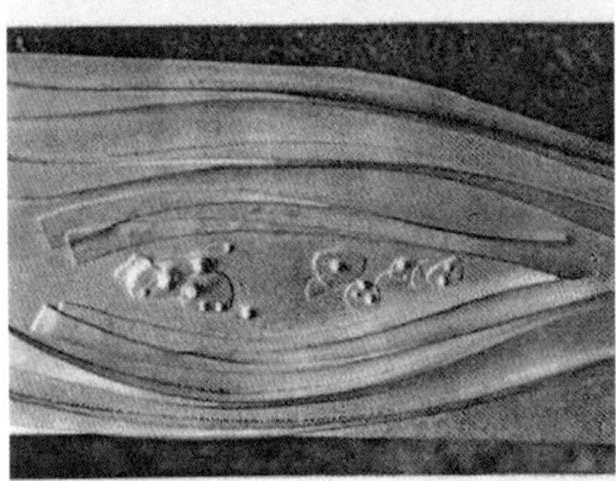

<그림 46> <上> 망치질로 납작하게 된 철사를
금속판 위에 둔다.
<中> 퓨징할 수 있는 모든 준비를 마친다.
<下> 퓨징이 완료된 부분도

진 뒤에, 대단히 정교하게 산소 - 가스 토치를 왕복하는 방식으로 금속을 천천히 그리고 고르게 가열하여야 한다.

하나의 금속 용융체가 용융점에 근접하게 되면, 표면은 액체의 상태가 된다.

이때를 이용하여 작가가 원하는 유형의 텍스처나 색상을 부여하는 방식을 활용하거나, 두 개 이상의 금속이 합체가 되게 하는 것이 기본적인 방식인데, 대단한 숙련과 기술이 요구되는 것이기는 하나,[81] 이것을 더욱 발전시키면, 특수한 물질처럼 보이게 하는 형질변환의 방식이 될 수 있다.

이러한 퓨징의 기법을 제어할 수 있는 실험의 사례로서, 두 조각의 은판을 사용하여 두 개를 융접시키는 방식을 실험해 볼 수 있는데, 대단히 적절하게 통제된 상황에서 순은을 사용할 경우는 그다지 어렵지 않게 퓨징에 도달될 수 있음을 알 수 있다. 그러나 순은이 아니거나 합금 상태에 있는 경우는 퓨징의 성공 가능성을 예측하기 힘들다. 그리고 불꽃을 조절하는 방식에 따라서 이러한 퓨징의 성공 가능성이 좌우된다는 것을 확인할 수 있다.

퓨징의 일반적인 기법은 황색 빛을 띠면서 불꽃이 흩날리기를 멈추는 상황인 중간 정도의 불꽃을 활용하여 가열한 뒤에 금속이 용융점에 다다를 때까지 핀셋을 사용하여 움직이지 않게 한 뒤에 두 개의 금속을 부착하는 것과 같은 용

---

81) 예를 들면, 금속이 가열되는 상황에 따라서 말리기도 하고, 뒤틀리기도 하며, 자신이 원했던 형식대로 이루어지지 않을 수도 있다. 따라서 토치를 사용하는 데 있어서 대단히 중요한 기술이 필요한 것이다.

도로 사용한다.

　일반적으로 순은 조각을 대형 순은 판에 퓨징하는 것은 매우 어렵다. 왜냐하면, 순은 조각이 표면에서 쉽게 용해되기 때문이다.

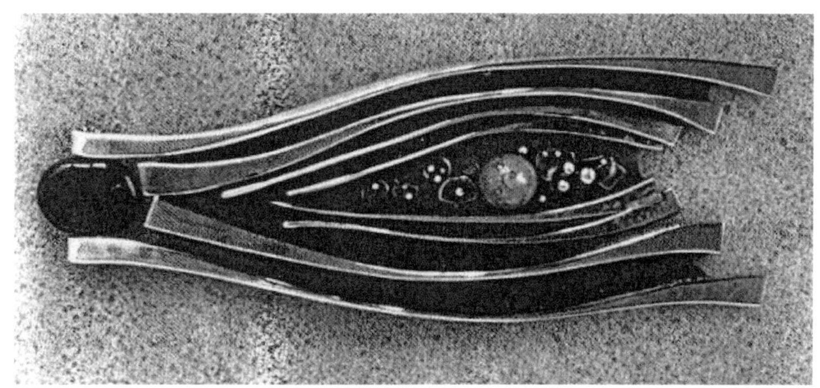

<그림 47> 퓨징의 가법을 활용한 브로치의 완성된 상태

　따라서 은을 사용할 때에는 스털링의 기법이 더욱 용이하다 할 수 있다. 그리고 스털링의 기법을 동이나 황동에 활용할 경우에는 금속의 형질이 완전히 변환되는 경우도 있다. 그렇지만, 매우 섬세하고 부드러운 불꽃을 사용한다면, 이러한 기법도 가능할 수 있다.[82] 또한 <그림 46, 47>처럼 미리 특정한 형태를 준비한 뒤에 퓨징의 기법을 활용하여 작품을 제작할 수도 있다. 이때에도 미리 베이스로 준비된 금속판을 가열한 뒤에 특정한 금속 절편을 올려놓고 연속적으로 퓨징을 행하는 방식도 있다.

　구슬 상태의 용해된 금속을 퓨징 기법에 활용하여 작은 작품의 제작 시 이용하는 경우도 있다. 이러한 방울 상태의 금속은 <그림 47>의 경우처럼 쉽게 만들어질 수 있는데, 그것은 강렬한 불꽃을 금속이 용해되기 쉬운 철사의 끝을 가열하는 상태에서 포착하는 방식을 사용했기 때문이다. 이러한 용해된 방울들은 대단히 큰 양으로도 포착될 수 있다. <그림 45>에는 철사의 끝부분에 불꽃의 온도가 가장 높은 끝부분으로 가열하는 경우를 보여 주는 것으로서, 액체 상태로 떨어질 때까지 가열하면 된다.

---

82) Philip Morton, 위의 책, p.134 참조.

보통으로 작은 알갱이에서부터 어느 정도 크기에 달하는 용해된 액상 구슬과, 경우에 따라서는 금이나 은을 적절한 크기로 잘라서 조각이 된 금속의 절편을 활용하여, 퓨징을 보다 용이하게 행할 수 있다.

퓨징을 행하기에 앞서서 이러한 예비적인 준비를 행할 경우에는 보다 효과적으로 작품을 제작할 수 있는 가능성이 열리는 것이다. 예를 들어서, 작품 ≪목걸이 #22, 1975'≫(<그림 49>)의 경우처럼 일정한 크기의 금속철사를 일정한 규격으로 자른 뒤에 다시 일정한 형태를 갖추게 하고, 그것을 용해된 금속의 알갱이로 퓨징 또는 누금세공 기법을 통해서 특수한 형상이 되게 하는 경우도 있다. 또한, 금속의 판에 일정한 구멍을 낸 뒤에 그 위에 특정하게 오려 낸 금속의 절편을 부착하고 다시 일정한 금속의 알갱이를 떨어뜨리는 경우도 있으며, <그림 48>처럼 단순히 열에 의해서 표면이 일그러뜨려진 물성을 보여 주는 앵포르멜 형식의 퓨징 기법도 존재할 수 있다.

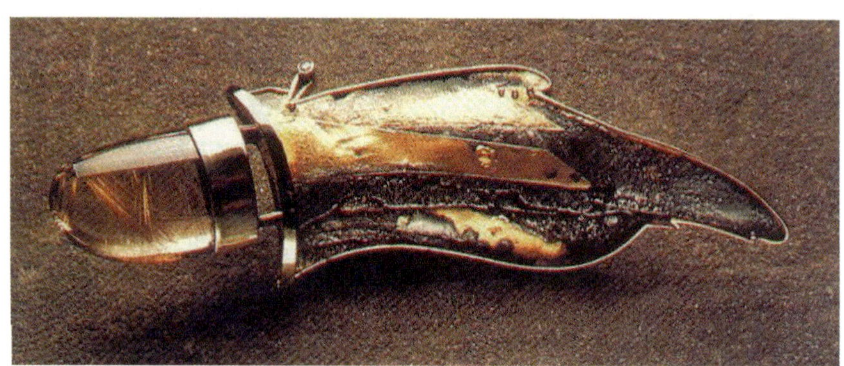

〈그림 48〉 마르네 란(Marne Ryan) 작, 브로치, Rutilated Quartz, 다이아몬드, 19~22K, 925은

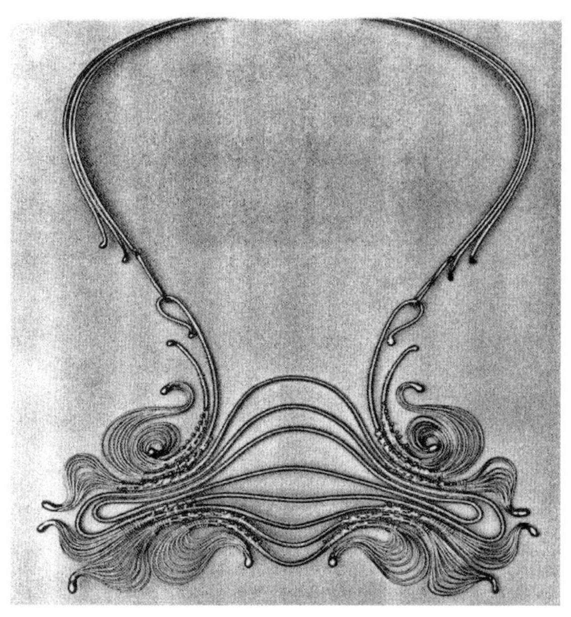

<그림 49> 메리 리 후(Mary Lee Hu), Neckpiece #22, 1975,
순은을 활용한 퓨징과 누금세공의 기법을 적용

라. 전해주조기법

전해주조기법(電解鑄造技法)은 금속입자를 전기로 용해시켜, 이것을 미리 만
든 모델 위에 들러붙도록 하여 두께를 만든다. 또한 그 모델과 같은 형태의 금
속입체물을 만드는 기법으로서 표면에 특이한 유형의 형질변환을 계획할 수 있
다. 이 기법은 19세기 중엽 이후에 주로 사용되기 시작하여 현대에 와서 다양한
방식으로 개발되어 사용되어 오고 있다. 금속공예가들에게는 보통의 성형기법으
로는 만들기 어려운 복잡하고 유기적인 형태를 만들기 위해 주로 사용된다. 전
기성형은 전기도금(電氣鍍金, Electroplating)과 같은 원리로 이루어진다. 이미
완전히 표면마감이 끝난 형태 위에 다른 금속의 얇은 막을 입히는 것이 도금이
라고 한다면, 전기 성형은 금속을 포함한 여러 가지 타 재료로 만든 모델 위에
금속을 두껍게 입혀 이 금속 자체가 기물의 몸체를 이루도록 하는 것이다. 전기
성형이 끝난 후 원래의 모델은 금속 형태로부터 빼낼 수도 있으며 가벼운 경우
는 그대로 두기도 한다.[83]

---

83) 전용일, 앞의 책, p.141 참조.

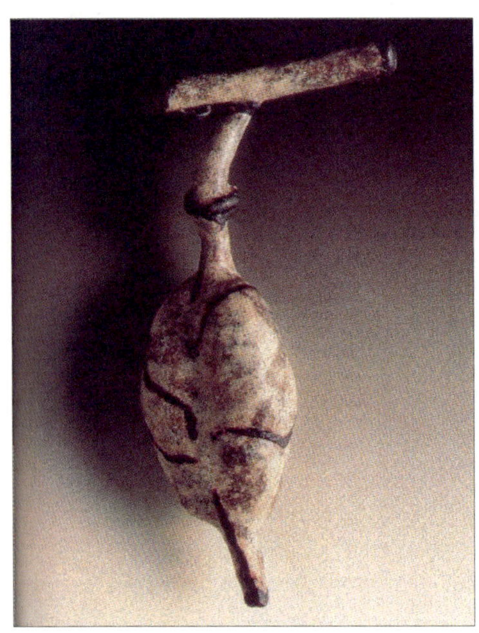

<그림 50> Alexander Hart 작, Autumn Indigo(브로치), 1997, 에나멜, 동, 니켈실버, 2.5×0.25×0.25㎝, 전해주조

이러한 내용을 근거로 하여 이룩한 형질변환 이외에도 다양한 형질의 변환기법과 같이 보이게 하는 차용된 기법으로 이루어진 사례가 있을 수 있다. 망치질을 직접적으로 행한다거나, 끌로 긁거나, 할퀴거나 늘어뜨리거나 하여 다양한 금속판의 변조를 계획할 수 있다. 이러한 경우에 있어서 현대적인 금속공예가로서 알렉산더 하트[84] 경우에는 다양한 기법을 통해서 많은 작품을 행해 왔다. 금속기법을 계획하는 단계에서 많은 형태와 인체와의 상관관계를 연구하고, 필요한 변조를 계획한다. <그림 50>의 경우에는 마치 콩나물과 같은 생명체가 솟아오르는 것과 같은 특이한 형상이 되도록 하고 있으며 상단 주위와 하단 부위에 각기 다른 유형의 금속이 붙어 있는 것처럼 질감의 변화를 보여 주고 있다. 이러한 전해주조 기법을 이용한 작품을 통해서 금속의 표면에 생겨나는 유텍틱한 현상적인 메시지가 다양하게 형질의 변화를 느끼게 한다.

---

84) Metal Smith Vo.20, No.2, Spring, 2000, pp.15 - 30.

Ⅳ. 현대 금속조형작품의 조형분석

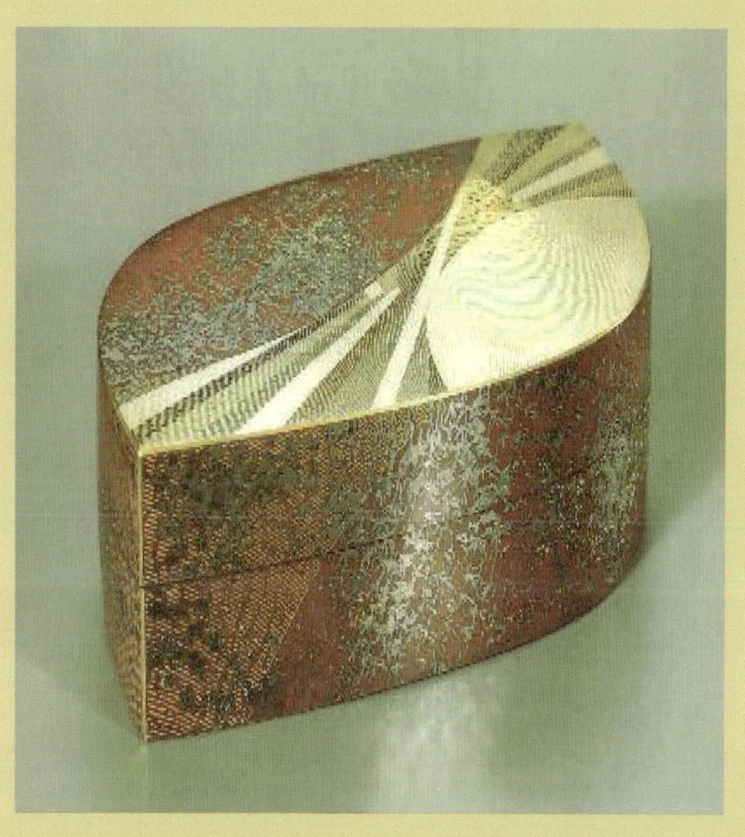

1. 작품 분석을 위한 예비적 고찰

현대 금속조형은 다양한 재료와 합금 등의 사용으로 인해서 이전의 표현법과는 매우 다른 양식적 특성을 보이고 있다. 포스트모더니즘 시기에 이르러 표현면이나 의미설정 문제에 있어서 여타의 장르와 함께 급속도로 변화를 거듭해오고 있다. 특히, 1980년대 이후 탈장르 현상을 거치면서 그러한 현상은 더욱 확산되고 있는 실정이다. 21세기를 맞이하면서 현대미술이 지향하고 있는 지향점이 예술의 방식을 더욱 새롭게 하고 있고, 변화를 거듭하고 있기에 그 변화의 폭은 극히 파격적이라 할 수 있겠다.

현대의 다원주의적인 양상과 더불어, 소비사회의 문명이 득세하여 과도한 물질문명에 따른 매우 민감한 요인들이 이러한 작품들에 내재되어 있음을 부인할 수 없다. 대중취향적인 입장에서 매우 키치적인 작품들도 고급예술에 편승하려하기 때문에, 분석하는 방식에 있어서의 적절한 대응책이 요구되는 실정이다.

본 연구는 이러한 필요성을 감안하여 극히 제한적이기는 하지만, 기호학과 해석학을 사용하여 몇 가지의 특징적인 금속조형 작품의 분석 사례를 제시하고자 한다.

그러나 작품을 이루는 다양한 요인들을 체계적으로 분석하려면, 여타의 작품의 주변에 도사리고 있는 제 요소들을 살펴보아야 하며, 작품의 제작과정에 담겨 있는 다양한 문제들에 대한 논리적인 규명이 필요조건으로 전제되어 있다.

이러한 여타의 요소들을 정확하고 논리적이며, 객관적으로 기술할 수 있는 체계를 정리한다는 것은 매우 까다로운 일이 아닐 수 없다. 또한, 분석과정에서 사용된 주관적인 관점과 이전의 선행연구자들이 이룩하였던 방식들에 대한 검토 자체가 불충분할 경우에는 그것을 중요한 객관적인 사례로 다루기 힘들 것이 분명하다. 여기에 더불어 몇 가지의 문제점이 거론되고 있다.

현대의 금속조형 작품들을 체계적으로 다룰 수 있는 모델은 어떠한 것이 될 것인가? 그리고 금속조형을 단순히 순수미술의 영역에 포함시킬 수 있는가? 또한, 여타의 조형예술에서 사용하고 있는 분석의 도구를 검증 없이 사용하였을 경우 생겨나는 문제는 없을 것인가?

또한, 선행연구자들이 어떠한 부분에 초점을 맞추어서 작품을 분석하고 있으며, 그들이 분석하고 있는 방식에 있어서 문제점은 어떤 것인가를 예비적으로 살펴보아야 할 것이다. 그런 뒤에 선행연구자들이 이룩한 방식에서의 체계를 이해하고 그것을 적용하는 과정에서의 문제점들이 드러나야 할 것이다.

본 논고에서는 지면관계상, 복잡한 요인들을 전부 다룰 수 없기 때문에 현대 금속조형의 핵심을 이루고 있는 사실들을 논리적으로 고찰하고 그 가치를 분별하여, 작품에 내재되어 있는 조형상의 비밀을 캐내는 데 있어서 필요한 절차를 다루려는 데 그 목적이 있다고 하겠다.

이 단락에서는 특정한 작품을 분석하는 과정상의 문제를 예비적으로 다루고자 한다. 작품의 분석을 정확하게 행하기 위해서는 특정한 절차와 그에 상응하는 기초적인 자료와 data가 설정되어 있어야 할 것이다. 또한, 자료를 조사하는 과정에서 연구자의 연구에 적절한 신뢰할 만한 선행사례에 대한 검토가 요구된다. 그 뒤에 이러한 자료를 뒷받침할 수 있는 여타의 자료와 data를 산출하게 된다.[85]

그리고 필요에 따른 후속자료가 선행했던 data들을 증거할 수 있어야 그 타당성이 강화될 것이다. 그런데 만일 후에 입증된 자료가 이전 자료의 여타 요소들을 부정하는 성격을 지니고 있다면, 이전 자료와 후속 자료 간의 상호 불일치로 인해서, 대단한 혼란을 겪을 것이 예상된다. 따라서 연구의 진행방식은 많은 자료의 정확한 data를 전제로 하여야 할 것이며, 그것은 특정한 사실을 입증하는 제 요인이 될 수 있다.

따라서 우선적으로 기초자료를 타당성이 있게 조사하는 방식에 대하여 논해야 할 것이다. 그리고 이러한 방식을 예술작품에 적용할 경우, 그 타당성은 작

---

85) 전자를 기초자료로 정의하고 후자를 후속자료로 본 논고에서는 편의상 구분하고자 한다.

가가 이룩해 놓은 조형세계를 연구하는 훌륭한 요인으로 구축될 수 있어야 할 것이다. 하나의 작품이 이루어지기까지의 과정에서부터, 작품에 내재되어 있는 주변요인들을 어떻게 연구하고 조사할 것이며, 그 조사의 타당성과 적절성에 대한 검증이 요구될 것이다.

조형예술을 분석하는 기본적인 도구로서는, 소쉬르의 <기호학>과 장 보드리야르의 <모드의 체계>, 고트디너의 <포스트모던 기호학> 장 마리 플로슈의 <조형기호학>, 주디스 윌리엄슨의 <광고기호론>, 로버트 숄즈의 <기호학과 해석>, 베르나르 투생의 <기호학이란 무엇인가>, 움베르토 에코의 <기호화 현대예술>, 리차드 팔머의 <해석학이란 무엇인가>, 앤드류 스펜서의 <형태론> 등을 연구하여 적용할 것이다.

또한, 구조의 문제를 읽기 위하여, 아른하임의 <중심의 힘>에서 드러나 있는 내용을 구조기술의 어법으로 채택 가능할 것이며, 의미소와 통사 및 형태론에 관한 내용을 근거로 구조기술의 또 다른 방편으로 사용하게 될 것이다. 조형예술에서는 이따금씩 시각언어와 관련된 문제들을 다루게 된다. 그리고 이러한 시각언어를 측정하는 측정술은 또 다른 문제로서 제기될 수 있으며, 그것은 구어에서나 일반적인 언어의 문법체계와는 비교할 수 없을 만큼 다양한 문제를 야기할 수도 있다.[86]

금속조형 작가들이 가끔 사용하고 있는 신화나 역사적인 주제에 관련된 의미를 탐색하기 위하여, 롤랑 바르트의 <신화론>을 참고로 하고, 요즈음의 사회의 흐름을 읽기 위하여 '역사주의' 및 '신역사주의'에 관련된 내용을 사용하려 한다. 또한, 포스트모던 시기에 해체론이 적용된 사례를 연구하기 위하여 '해체론'에 관한 몇 가지의 저술을 참고하여 그 기초적인 선행연구로 삼으려 한다. 그러한 작품은 여태껏 논해 왔던 해체적 특성의 주요 논점을 예비적인 지식으로 삼고 거기에서 드러난 해체적 특성을 구체적으로 조항을 만들어서 입증하는 방식으로 이루어질 것이다.

기호학에서 문제로 삼고 있는 내용은 눈앞에 드러난 실질이 아니라 실질의 아래에 위계적으로 조직되어 있는 상관관계로서 어떠한 형식과, 대립되는 자질을 찾아내는 것, 표현 면과 내용 면의 분절 양상의 규명이며, 가시적 대상과 관

---

86) 베르나르 투생, 윤학로 역, 기호학이란 무엇인가, 청하출판사, 1987, p.33 참조.

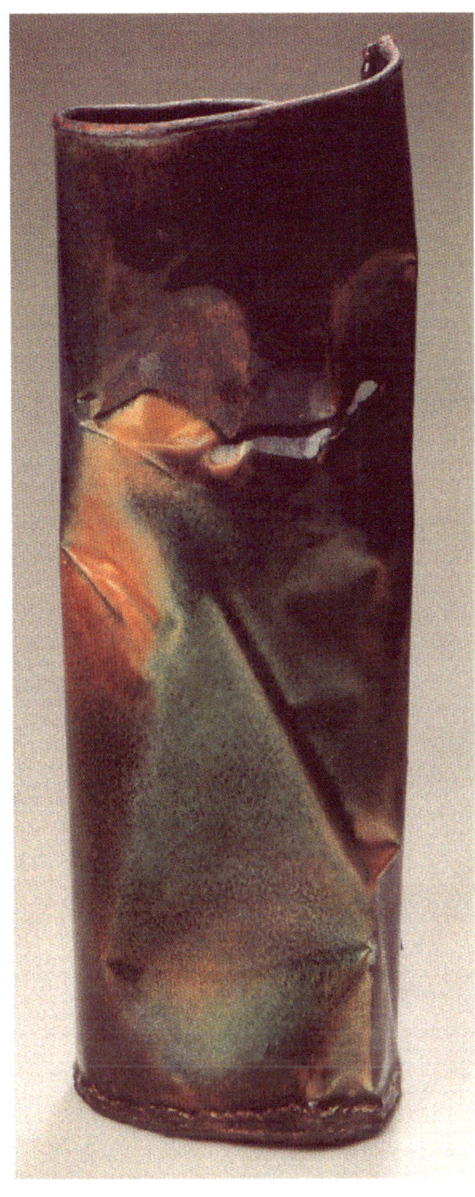

〈그림 51〉준 쉬와르츠(June Schwarcz),
다색용기(Many–Colored Vessel), 1991,
10¾×4¼×2½", Electroformed Copper Foil,
Enameled

념적 대상의 상호관계를 읽는 것으로서, 표현된 기호나 상징체계를 연구하려고 하며[87] 그리고 1980년대 이후에 드러난 현대 금속조형의 표현방식은 이른바 포스트모던 현상 가운데 하나인 탈장르 현상과 맞물려 여러 유형의 변화가 급속도로 일어나고 있다.

공예라는 틀의 이탈뿐만 아니라, 타 장르의 표현법을 적극적으로 차용하여, 근대화하고 있고, 특히 조각이나 회화에서 사용하는 조형어법을 적극적으로 도입하고 그것에 작가의식을 도입하여 자신의 방식을 새롭게 구축하고 있기 때문이다.

특히, 쉬와르츠의 작품(<그림 51>)은 환경조형물과 같이 스케일이 엄청나게 거대해졌고, 단순히 장식용이나 소장품으로서의 전통적인 개념을 벗어나서 회화와 같이 벽에 부착되는 용도로 제작되는 경우도 있으며, 조각처럼 공간에 세워 두는 목적으로 제작되는 경우도 있기 때문이다.

여기서 현대금속조형에서 여타의 표현방식이 있겠으나, 물질이 지니고 있는 元型적인 의미[88]에 대하여 살펴보고자 한다.

---

87) 쟝 마리 플로슈, 조형기호학, 한길사, 1994, pp.15 – 20 참조.
88) 元型, 原型(Archetype) 인간의 정신 내부에 존재하는 조상이 경험한 흔적의 의미로서 원초적인 상징성 등을 포함하고 있는 의미작용의 근원을 추적하기 위한 내용을 말한다.

이러한 물질주의에 근거한 최초의 운동은 19세기 말로 거슬러 올라가서, 살펴볼 수 있는데, 이 당시의 조형예술의 근간은 현상학을 근거로 한 인상주의였다. 그들은 사물의 외관을 대단히 중시하였으며, 순간적인 느낌을 표출하는 데 대단한 관심을 지니고 있었다.

또한, 이러한 인상주의와 더불어 예술의 영역에 거대한 변혁을 예고하고 등장한 미술이 상징주의 미술이다. 해이스에 의하면 상징주의 미술은 특정의 분위기(대부분 반신비적(半神秘的) 분위기)를 전달할 수 있는 어휘에 주의를 기울여 선택하는 것을 암시한다고 설명하고 있으며, "강렬하고 뚜렷한 색보다는 부드러운 색조, 문자 그대로의 정확한 표현보다는 암시적인 표현"에 더욱 주의를 기울이는 미술이라고 설명하고 있다.[90]

또한, 본격적으로 물질에 대한 관심을 지니게 되는 시기는 1950년대에서 60년대에 이르러서인데, 당시에 왕성하게 펼쳐졌던 앵포르멜, 쉬포르 쉬르파스, 신현실주의, 플럭서스 그룹들이 등장되면서 본격적으로 이루어졌다. 그들은 회화작품을 그린다는 차원에서 물질을 사용하여 표현하기 혹은 표면의 느낌을 전달하기 물질성으로 감정을 전달하기 등으로 연구해 나아가기 시작하였으며, 그것은 회화뿐만 아니라 여타의 장르에 있어서도 커다란 변혁을 예고하는 시도였다.

따라서 1960년대 이후에 등장되는 많은 예술에서 사용되는 질료의 문제 혹은 표면의 문제에 대단한 관심을 기울이게 되었다. 이러한 문제는 조형에 있어서 제작과정과 물질의 성질 등을 체계적으로 연구하는 계기가 되었으며, 물질성이 그 자체로서 하나의 작품이 성립되는 중요한 포인트가 되었다.

여기서 분석과 고찰의 대상이 될 수 있는 것은 물질언어의 기원이 될 수 있

---

89) Hayes, Charlton J. H., 김종순 역, 물질주의 세대(1871 - 1900), 덕성여대 출판부, 1982 p.94.
90) 위의 책, p.95 참조.

는 여러 가지의 내용이 될 것이다. 인간의 역사의 기원이 되거나, 종교의 근원이 되거나 원형이 될 수 있는 제반 요소들은 인간의 사고의 근원이 될 수 있으며, 인간의 무의식에 내재해 있을 수 있으며, 그것이 지시하는 대상을 은유적으로 상징할 수 있기 때문이다.

보통으로 이러한 신화는 예술작품의 내부에 간직될 수 있으며, 시, 문학, 회화, 조각, 공예 등의 예술의 표현방식이 될 경우도 있다. 그러나 이러한 신화는 살아 있는 동식물과 같아서, 때로는 변화하고 첨가되거나 삭제될 수도 있어서 항상 생산과 발전의 형태를 유지하게 된다.91) 본서는 이러한 유동적인 내용의 신화의 이면적인 의미가 예술품의 언어에 어떻게 상관관계를 지니고 있는지를 살펴보려는 것으로서, 각국의 근원이 되는 의미의 대강을 살펴보고 그것이 적용되는 조형예술로서의 금속공예작품을 이해하여 창작의 기법과 의미작용을 분석하려 한다.

1 - 1. 기호학과 해석학의 적용

이러한 내용은 해석학의 내용에 근거한 것으로서 금속공예가들의 예술을 분석하는 초기 자료에 해당한다. 리차드 E. 팔머에 의하면, 성서적, 문학적, 과학적, 문헌학적, 정신과학적, 실존론적, 6가지의 분석이 필요하다고 설명하고 있다.92)

따라서 조형예술을 분별하는 과정에서도 이러한 6가지의 문제를 체계적으로 정리해야 할 것이다. 그러나 이러한 문제는 분석하는 사람들이 모두 적용하는 것은 아니다. 필요에 따라서 자신이 선별하여 적용하는 것으로서, 그것은 일종의 문제 해법을 위한 키와 같은 것이다. 예를 들면 복잡한 경로를 통해서 열리는 문이 있고, 단순한 키를 사용하여 문을 열 수 있는 것과 같은 이치이다. 따라서 분석하는 대상을 올바르게 행할 수 있는 수준에서의 문제는 개별적으로 다른 차별성이 반드시 존재한다.93)

---

91) 선정규, 중국신화 연구, 고려원, 1996, 신화의 보존과 개작 pp.18 - 19 참조.
92) 리차드 E. 팔머, 해석학이란 무엇인가, 문예출판사, 1988 참조.
93) 위의 책, pp.29 - 31 참조.

소쉬르는 다음과 같은 사실을 발견했다. 즉, 언어는 문화를 소유했으며, 그것은 문화의 현상이었다. 이러한 사실은 몇 가지의 다른 발견들을 유도했다. 언어의 구조들은 복수적으로 설정된다. 즉, 두 가지의 분명한 방식들이 존재했으며, 의미작용은 구조를 경유하여 전달된다. 그 반대로 어떤 언급은 단어들의 고리를 구성하고 있는 그것은 통어적 관계를 갖는 축의 관계를 반영하고 있는 것에 의하여 시간 혹은 통시적, 쾌를 전하고 있다. 인간들은 항상 '쾌'와 '불쾌'에 대하여 민감한 존재로서, 자신의 감각기관을 통해서 이러한 정보를 분석하게 된다. 그리고 이러한 감각정보는 자신의 두뇌를 이용하여 일종의 명령어 혹은 정보로서 사용하여 자신의 거취를 결정하는 요인이 될 수 있다.[94]

소쉬르의 주장에 의하면, 모든 어휘들은 상관관계 속에 근거되어 있다. 통어적 관계를 갖고 있으며, 모범이 되는 상관관계들의 축을 분리하는 것에 따라서 차이 혹은 대비들을 통해서 구조가 존재하게 된다.

차례로 구조를 갖는 구조와 생각에서의 연합들은 그것의 단위들에 의해 불러 모아지며, 항상 서로와 연합관계를 갖고 있는데, 그래서 그들은 서로 상관관계에 있어서 상호 의존적이다. 따라서 추상적으로 적용된 조형언어를 기술하는 것은 이러한 추상언어를 올바르게 이해하여 그 애매성을 원활하게 해결하는 데 있다. 따라서 기호학은 추상적인 언어를 객관화하거나 논리적으로 다스리는 여과장치로서 존재할 수 있다.

그래서, 찰스 샌더스 피어스(Charles Senders Pierce)에게 있어서 기호학은 논리학의 또 다른 이름일 뿐이다. 그는 기호학을 보편적인 재현이론으로 생각하였다. 소쉬르가 기호학의 대상을 사회적 계약에 근거한 기호체계들로 본 데 반하여, 피어스에게 있어서는 대상, 언어, 의식, 인간 자체가 기호이며, 그것이 기호학의 대상이 된다.

인간 의식의 어떤 요소도 언어에 상응하는 어떤 것을 갖지 않는 것은 없다. 그리고 그 이유는 명백하다. 인간이 사용하는 언어나 기호는 인간 자체이다. 모든 생각은 기호이며 삶은 일련의 생각들이라는 사실과 연결 지어 볼 때, 인간은 기호라는 것이 입증된다.

피어스는 주관이 리얼리티를 진실하게 재현할 수 있다고 보았는데, 그 이유는

---

94) 베르나르 투생, 앞의 책, pp.38 - 42 참조.

리얼리티뿐만 아니라 인간 자체가 기호이기 때문이라는 것이다. 즉, 주관과 대상의 일치는 양자가 기호의 산물이라는 데 있다.

기호학에 대한 피어스의 기본 태도는 찰스 모리스(Charles Morris)의 다음과 같은 말에서 다시 반향되고 있다. "인류문명은 기호들과 기호들의 체계에 의존하고 있으며, 인간의 마음은 기호들의 작용과 분리할 수 없다, 비록 정신이 그러한 작용과 동일시될 수는 없다고 하더라도." 이러한 관점은 특히, 분화의 논리를 위한 기호학을 구성하였던 움베르토 에코(Umberto Eco)에게서 보다 발전된 형태로 나타나며, 이외에 피어스의 영향을 받은 기호학자들로는 르네 톰(Rene Tom), 에밀 밤브니스트(Emile Benveniste) 등이 있다.

피어스의 기호학이 소쉬르의 기호학과 비교되는 차이점은 대체로 다섯 가지이다.

    (ㄱ) 전자의 기호학이 사회 심리학적이라면, 후자의 경우는 인식론적이다.
    (ㄴ) 전자의 기호학이 대상과 주제를 괄호 안에 넣고 기호 자체에 대한 구조적 파악을 목표로 한 것이라면, 후자의 경우는 주체 대상, 기호의 상호작용에 의한 의미의 생산과정, 즉 세미오시스를 밝히는 것을 목표로 한다.
    (ㄷ) 전자의 경우 삼분법에 근거하고 있으며, 후자의 경우 기본 개념인 기호 − 대상 − 해석자와 도상 − 인덱스 − 상징에서 이를 확인할 수 있다.
    (ㄹ) 전자의 경우 정태적인 데 반하여, 피어스의 경우는 역동적인 성격을 지니고 있다.
    (ㅁ) 전자의 경우 구조 안에 닫혀 있다면, 피어스의 기호학은 무한을 향해 열려 있다. 왜냐하면, 후자의 경우는 세미오시스가 기호 − 대상 − 해석자 간의 '기호학적 연쇄'를 이루면서 무한하게 전개된다고 보기 때문이다.

피어스에 있어서 기호학의 대상은 의미의 생산과정, 세미오시스이며, 이것은 기호, 대상, 해석자라는 세 가지의 항으로 구조화되어 있다. 기호는 대상을 대신하여 해석자에게 주어진 것이며, 다른 것을 대신한다는 의미에서 재현체이다. 피어스 자신의 말에 의하면 기호는 다음과 같이 규정된다.

기호 또는 재현체는 누군가에 대해서 어떤 것을 어떤 측면이나 능력으로 표상하는 어떤 것이다. 이러한 기호는 기호와 기호, 기호와 대상, 기호와 해석자의 관계에 따라 9가지로 나누어진다. 기호는 기호 − 기호 관계에서 성질, 사물 또는 사건, 법칙으로, 기호 − 대상 관계에서는 유사성, 물리적 연속성, 문화적 관습 등

으로, 기호 – 해석자 관계에서는 질적 가능성, 현실적 존재, 법칙 등으로 나누어
진다. 피어스는 이러한 기호들의 매트릭스를 만들어 세계를 완벽하게 재현하려
고 하였다.

이 중에서 가장 중요한 개념은 도상 – 인덱스 – 심볼의 연결고리이다. 도상
(Icon)은 사실주의 회화처럼 유사성을 통해 대상과 연결되어 있다. 그것은 대상에
대한 정신적 시각적 이미지이다. 인덱스는 총알 자국처럼 물리적 연속성을 통해
서 대상과 연관되어 있다. 피어스는 드로잉과 영화를 도상이라고 보았으며, 사진
은 도상적이면서 인덱스적인 것이라고 보았다. 왜냐하면, 사진은 시각적 유사성
을 가지면서 동시에 빛이 필름에 닿음으로써 물리적 연속성을 갖기 때문이다.

다음으로 상징은 관습을 통해서 대상과 연결 지워져 있다. "비둘기는 평화를
상징한다."고 할 때 비둘기와 평화의 연관은 보편적인 것이 아니라 관습적인 것
이다. 상징에서 기호와 대상 사이에는 실제적인 연관이 없지만 양자의 관계가
사회적 관습 또는 계약에 의존한다는 점에서 소쉬르가 주장하는 '기호의 임의
성'과 상통하는 개념이다.

피어스는 이 세 가지 개념 중 모든 커뮤니케이션에서 핵심적인 역할을 하는
것이 도상이라고 생각하였다. 도상 개념은 사물을 언어로 표현하기 이전에 마음
에 떠오르는 심상을 나타내는 프로이트의 'Thing – Presentation'이나 라캉의 '상
상적' 개념과 유사하며, 이처럼 기호를 시각적인 것으로 파악한다는 점에서 피
어스의 기호학은 시각예술에 대한 기호학적 접근을 모색하는 우리에게 시사하
는 바가 많다고 할 수 있다. 하지만, 실제로 피어스의 기호학은 1960년대부터
영화이론에 많은 영향을 주어 왔던 데 반하여 미술에는 그다지 큰 영향을 미치
지 못해 왔다. 그런 의미에서 시각예술의 기호학은 소쉬르 전통에 있어서나 피
어스 전통에 있어서나 모두 시작단계에 있다고 하겠다.

각 단어들이 타 언어들의 내용 안에 존재하는 것으로 문장의 의미를 전달한
다. 단어의 위상을 통제하는 규칙 등의 집합체는 통어법(Syntax)으로 알려져 있
으며, 각 문장에서 각 단어의 병치로부터 등장하는 의미작용은 환유를 발생시키
며, 그것은 통어적인 축의 관계를 반영하는 또 다른 방식이다. 단어의 집합들은,
즉 Boy, Dog, the, the, fed로 나열하였을 때, 즉 'The boy fed the dog'으로 예를
들면 구문의 사회적으로 기술된 법칙을 따랐을 때 의미를 갖는다.

통어적인 축에 더하여 각 단어의 사용은 연관된 단어들의 고리로부터 선택된 경우이다. 주어진 단어의 현존은 예를 들면 Boy는 많은 부재의 단어들을 함축하고 있어서 비슷하게 전개된 것으로서, 예를 들면 'youth', 'male', 'tike' 등등이다.

부재하지만 연합되어 있는 단어들은 의미의 모범이 되는 축을 구성한다. 단어들의 올바른 사용은 의미론의 규칙들에 의하여 통제된다. 더 나아가서 부재되어 있거나 현존하는 것과는 대조적인 것에 의하여 그것의 연합체들에 따라 각 단어가 요구하는 것에 의하여 부분적으로 발생하는 단어들의 의미 때문에 그 축은 은유적인 차원과 같이, 혹은 통어적 관계를 갖는 어구의 양상과 같다. 예를 들면, 그것은 시간 내에 얼어붙은 구분들을 포함하고 있는 것이며, 단어들은 어구에 의하여 부분적으로 그 의미가 생겨난다. 그리고 이러한 의미의 전달체계에 있어서 반드시 존재할 수 있는 것은 '의미소'에 있지 않지만 존재할 수 있는 '변수'일 것이다. 이러한 변수는 일반적인 분석가들이 생각하기 어려운 '추상적'인 것으로서, 대단히 미묘한 부분에 해당되는 것이다.

1-2. 물질언어의 조형적 해석

이 단락에서는 다소 생소한 어휘인 물질언어[95](物質言語, Material Language)의 구체적인 뜻에 대하여 논하고자 한다. 물질언어가 시각언어를 바탕으로 하고 있고, 물질이 지니고 있는 표정을 그 판단의 근원으로 하고 있으므로, 이러한 물질언어의 주변에 대해 이해하고 그 사례에 대하여, 분석하고자 한다.

의사소통을 위한 수단인 언어는 인류의 발생과 그 역사를 같이해 오고 있다. 그리고 그것은 인류문명이 발전하면서 다양한 유형으로 드러나고 있다. 자신의 의사를 전달하는 체계는 이루 말할 수 없이 많은 유형이 있을 수 있다. 조그마한 몸짓이나, 제스처, 표정, 율동, 동작, 소리 흉내 내기 등 그 종류를 헤아리기가 힘들다. 그런 가운데에서도 이 책에서 다루고자 하는 언어는 이러한 모든 내용을 함축적으로 담고 있는 근원적인 문제를 생각해 보지 않을 수 없다. 인간이나 동

---

95) 물질 자체가 기호적으로 품고 있는 의미, 혹은 상징성, 이면적인 사연들을 토대로 하여 형성되는 담론을 편의상 물질언어로 칭하고자 함.

물이 자신이나 타인을 위해서 남긴 흔적의 모두가 사실은 커뮤니케이션의 수단
이 될 수 있다. 그것은 약속으로 공통점을 분별할 수 있는 공통의 커뮤니케이션
이 있을 수 있고, 자기 자신만을 위한 것일 수도 있고, 특수한 부류의 타인에게
만 커뮤니케이션을 행하기 위해서 시도한 흔적이 있을 수 있다. 이러한 모든 가
능성을 고려하고서, 몇 가지의 언어에 대한 기본적인 고찰을 행하고자 한다.

일반적으로 언어는 두 가지가 있는데, 그것은 구어(口語)와 문어(文語)일 것이
다. 구어는 주로 청각에 의존하며, 문어는 시각에 의존하는 언어이다. 그리고 이
러한 언어에 의존하는 모든 문명이 존재하고 있다. 실제로 예술은 이러한 언어
를 바탕으로 생겨난 것이다. 그리고 이러한 예술은 주로 시·청각의 쾌를 바탕
으로 조성된 것이기도 하다. 청각언어에 의존하는 예술의 경우는 음악이 있으
며, 시각언어에 의존하는 예술은 조형예술이 존재한다. 그리고 이러한 조형예술
은 시각에 자극을 주는 유형으로 등장된다. 시각에 자극을 줄 수 있는 방식은
문자 이외에 형태적인 측면과 구조, 색채, 물질 등이 있을 수 있다. 그리고 이러
한 요인들은 모두 언어로 볼 수 있다. 그래서 문자언어, 형태언어, 구조언어, 색
채언어, 물질언어 등이 존재할 수 있는 것이다. 그리고 이러한 언어들은 다양한
방식으로 등장될 수 있다.

이러한 시각언어는 문자를 통해서 객관성을 유지해 오고 있고 매우 다양한
레퍼토리를 구축하고 있다. 그리고 현대미술에서는 이러한 언어만으로도 예술의
범주에서 거대한 지위를 차지하고 있는 경우가 있다. 개념미술의 경우에는 여타
의 시각예술과는 달리 오브제가 없이 아이디어 혹은 개념으로 구축된 예술이다.
이러한 예술에서는 상상력을 가장 중요하게 생각한다. 현대미술에서는 이러한
상상력을 불러일으키는 중요한 요인으로서 사용되고 있는 물질 자체의 특성이
나 모양, 색채 등에 주목하는 경우도 흔하게 발견되고 있다.

전술한 바와 같이, 1960년대의 모더니즘에서는 이러한 언어 중에서, 물질언어
에 대한 연구가 매우 활발히 일어났었다.

1960년대 후반에서 1970년대 초반에 이르기까지, 에바 헤세(Eva Hesse), 린다
벵글리스(Linda Benglis), 루이스 부르주아(Louis Brouise), 브루스 노먼(Bruce
Nauman) 등을 중심으로 새로운 물질에 대한 다양한 탐구가 이루어졌다. 그들은
미니멀리즘이 과도하게 사물화되어 가는 것과 팝아트의 지나친 통속성에 대하

여 염려하였다.[96] 또한, 이러한 물질에 대한 근원적인 탐색은 요셉 보이스를 비롯한 몇몇의 플럭서스 그룹 작가들에 의해서 이루어진 것이기도 하다.

요셉 보이스는 비롯한 물질을 그대로 사용하는 경우이며, 린다 벵글리스의 경우는 지각 경로에서 생겨났던 물질의 이야기를 엮어 내는 행위를 연구하였다. 로버트 라이먼의 경우는 생(生)을 순수 물질과 같이 여긴다는 것으로서 그것은 그가 회화 자체도 하나의 생으로 여긴다는 것을 의미한다.[97]

벵글리스는 부드럽고 강한 질감의 특성을 마치 연금술사가 행하는 형질변환과 같이 작품을 제작하였다. 그녀의 작품에 다양하게 사용되는 독특한 물질의 정서를 통해서, 관객들은 대단히 독특한 미적인 쾌감을 즐길 수 있는데, 그것은 미적이기도 하고 에로틱하기도 하며, 분석학적이기도 하다. 60년대의 후반에서는 액체 상태의 라텍스와 왁스, 폴리우레탄, 건물장식용 천, 석고, 및 액체 상태로 된 금속을 사용하기도 했다.[98]

그것은 물, 물상, 표면, 화면 등의 어휘로 연구되기 시작하였다. 특히 회화에 있어서나, 설치 조각에 있어서 이러한 경향은 두드러지게 드러난다. 캔버스에 칠해져 있는 물감이 단순히 일루전을 양산하기 위한 것이 아니라 질료로서의 물질의 개념이 더욱 거세게 이루어졌던 것이다. 질료의 특성에 따라서 표현하는 내용이 매우 달라진다. 포스트모더니즘 시기에도 이러한 질료 자체에 대한 연구는 대단히 중요한 논점으로 남아 있다.

그래서 당시에는 물질의 연구를 대단히 중요하게 여기는 작가들이 많았는데, 특히 네오다다이즘이나, 쉬포르 쉬르파스에 이르러서는 이러한 연구가 매우 거세게 이루어져 있었다. 여기서 중요한 것은 작기기 스스로 물질의 상징성을 모토로 하는 예술이 대단히 많은 비중을 차지한다는 것이다. 아르망, 세자르, 존 체임벌린, 이브 클라인, 요셉 보이스 등은 이러한 연구를 매우 심도 있게 행하는 작가였다. 또한 이우환의 경우에 있어서도 이러한 철과 돌의 의미에 대해서 대단히 중요한 작품들을 발표한다. 또한 사용된 흔적이 배어 있는 레디메이드와 파편화된 물질문명의 잔해들이 계속적으로 작가의 작품에서 중요한 역할을 수행하게 된다.

---

96) Jonathan Fineberg, Art since 1940, Laurence King, 2000, p.311.
97) Joseph James Akston, Robert Ryman, Arts magazine, march 1971 Volume 45. No.5, p.98.
98) Marcia E. Vetrocq, Knot, Glitter and Funk(Linda Benglis), Art in america, Dec. 1991, p.94.

아르망은 여러 유형의 레디메이드를 사용하여 기본적인 물질을 계획하는 작가이며, 요셉 보이스는 지방이나 펠트천, 레디메이드 등을 골고루 사용하는 작가로서, 각각의 물질에 내재해 있는 은유성과 상징성을 대단히 중요하게 여기는 작가이다.

세자르의 경우에도 이러한 물질을 매우 중요하게 여기고 작업을 행하는 작가이다. 그는 압축된 자동차를 이용하는 경우로서, 챔벌레인과 유사한 일면이 있으나, 세자르는 블록화한 폐자동차의 부품을 나열하거나 겹겹이 쌓아 놓는 형식을 통해서 일그러진 물질의 언어를 구축하여 현대문명에 대한 담론을 물질에 부여하는 특징을 지닌다.

또한 이를 구체적으로 입증하는 객관적인 내용과 주관적인 내용이 모두가 고찰의 대상이 될 수 있으며, 특히 예술에서는 주관적인 언어의 구축이 가능하고, 또 그 변환이 가능한 분야이다. 그러므로 객관적인 사례와 주관적인 사례를 포함하는 제반 요소가 연구의 대상이 될 것이다.

여기서, 물질이 지니고 있는 의미는 매우 복잡한 규명의 절차가 필요하리라 본다. 우선 물질의 태에 있어서 그 정황이 언어의 성격을 규정하게 된다. 물질은 항상 동일한 상황에 있는 것이 아니기 때문에 주변의 환경과 자신의 현재의 형질이나 색상이 고려의 대상이 될 수 있다. 그리고 이러한 특성과 더불어 중요한 것은 형질이 항상 일정하지 않으며 시시각각 다른 태를 지니게 된다는 것이다. 또한 이러한 물질이 주변의 조건 즉, 온도나 습도의 영향에 대단히 민감하다는 것이다. 그래서 이러한 주변 요건들을 면밀하게 분석해야 할 것이다. 따라서 이러한 변화무쌍한 카멜레온적인 성격이 물질을 언어로서 읽을 때 매우 중요한 사전 지식이라고 할 것이다.

또한 색채의 넓이나 길이 등을 고려할 때 그 밀도와 색상이 각각 다를 수 있는 것처럼, 색채가 지니고 있는 다양한 정황을 살피는 것과 더불어 면적과 크기 또는 부피에 따라서 대단히 다를 수 있다는 것을 간과해서는 안 되리라 본다. 결국 물질언어의 규명은 우선 기본값을 정하고 난 뒤에 그 변수에 대한 내용을 검토하는 것이 중요할 것이다. 또한 물질언어를 규명할 때 있어서 모든 물질을 규명할 수 없다고 느껴서, 물질언어를 구축하는 내용을 이해하고 설명하는 경우를 제외하고는 주로 금속공예에서 사용하는 물질에 한하여 다루게 될 것이다.

그래서 이러한 기본값을 구축하기 위한 시도로서, 상징성과 표피적인 느낌의 언어적인 고찰이 이루어져야 한다. 또한 선행연구자들의 논지를 참고로 하여 다양한 은유성과 상징성에 대하여 연구하게 될 것이다. 이러한 내용을 구체적으로 살펴보면 신화 속에서 등장하는 원형적인 의미에서의 물질언로서의 금속을 살펴보고, 이 내용에 대한 보편타당한 기본값을 구축하려 한다.

㉠ 기초금속 '납, 철'이 지니는 어휘

신화 속에서 등장하는 금속은 다양한 의미가 존재하는데 가장 기본적인 금속이 납(Lead)이다. 납은 연금술사(Alchemist)가 특수한 재련기법으로 금, 은으로 변환시킨다는 뜻을 지니고 있다. 납은 로마신화의 사투르누스(Saturn)의 물질인데, 그의 두 가지 양태는 우울증(Melancholia)과 시간이다. 우울증은 시간과 관련을 지을 때 부정적인 것을 다량 포함하기도 하며, 반대로 그것은 창조하는 능력을 암시하기도 한다. 한편 이러한 내용에서 시간은 선형적으로 고려되지 않는다. 달리 표현하면, 사투르누스는 역사적인 혹은 통사적인 시간을 나타내지 않으며, 다만 이러한 날것(raw)으로의 시간에서의 시간은 하나의 차원이다.[99] 납은 전쟁용 탄환의 제작에 사용되는 금속으로서 인마 살상용으로 사용되는 전쟁과의 관련성이 있고, 공기총의 탄환으로도 사용되는 등 대단한 독성을 지니고 있으며, 중독성을 지니고 있는 물질이다. 무게가 비교적 무겁고 쉽게 휘어지는 성질을 이용하여 낚시용 추로 사용되기도 한다. 잘 휘는 연철의 특성이 내재되어 있기도 하며, 특이한 회색을 띠고 있어서 우울한 일면을 드러내기도 한다.

납을 주로 활용하는 신표현주의 화가인 안젤름 키퍼(Anselm Kiefer)의 회화에서 이러한 특징이 발견되기도 한다. 이러한 납은 우울증 시간성과 함께 한 걸음 더 나아가게 된 특징은 역사성과 장소성과 이 민족의 애환이 담겨 있는 원형(元型)에 대한 추적일 것이다. 그가 전 세계의 신화나 역사적인 사실 및 사료 문화 유적, 이민족의 전쟁 등에 관심을 돌리게 된 것은 자국인들의 편견에 대한 반발에서 기인했다고 고려된다.[100]

---

99) Doreet LeVitte Harten, Anselm Kiefer, Lilith, Canticle for a God Unknown, Marian Goodman Gallery, 24 West 57th Street, New York, 1991, p.12 참조.
100) 이영조 역, 그리스 로마신화(The Qriginal Greek and Roman myth), 풍림출판사, 1987.

고대의 연금술에 대한 연구는 끊임없이 지속되어 왔다. 이러한 연금술은 대체적으로 비상식적으로 보인다. 그러나 고대의 기록에는 여타의 물질로 금을 정련해 내는 특이한 기술을 의미하는 것으로서 대단히 훌륭한 기술이었다.

플라멜은 그의 사랑하는 아내 페레넬의 품으로 돌아왔다. 그는 여행을 떠나기 전보다는 훨씬 많은 사실들을 알게 되었지만, 그 비법의 전체를 알지는 못하였다. 정확을 기하기는 힘든 작업에 수년을 몰두하더니 마침내 그와 그의 아내는 한 공식을 발견하였다. 1382년 1월 17일 정오, 이 부부는 반 파운드의 수은을 순은으로 변성시켰다. 3개월 후인 4월 25일 오후 다섯 시경, 그들은 같은 양의 수은을 순금으로 변성시키는 더 어려운 작업에 성공하였다.[101]

이러한 저자는 대단히 근거가 없는 이야기처럼 보이나 이야기 속의 플라멜은 이러한 연금술을 통해서 막대한 재산을 모으게 되고 그러한 재물을 올바른 곳에 사용하는 훌륭함을 보이고 있으며, 이러한 연금술에 관련된 내용이 담겨 있는 벽화나 벽면장식이 암호처럼 되어 있어서 후대에 남겨진 사례도 있다. 이러한 기록을 발견하는 일은 그다지 힘들지 않다.

이러한 연금술은 금속이 지니고 있는 가치의 변환을 상징적으로 의미하기도 한다. 한 예술가가 자신이 이룩하고 있는 예술적인 창조력을 활용하여 예술 작품을 제작하여 가치의 변환을 이룩한다는 사실은 고대의 연금술사들이 행하는 가치 변환 이상의 특이한 기술이 아닐 수 없다. 하나의 금속이 비가공된 상태에서의 가치와 예술적인 행위나 작가의 특수한 정신 작용이 내재될 경우에는 대단한 가치의 창출이 가능하기 때문이다.

이것을 연구자는 예술 행위에 의한 가치의 변환 즉 현대의 연금술이라고 생각한다. 고대의 기술자들이 특수하게 가공하여 저가치의 금속을 고가치의 금속으로 만들었던 것처럼 현대의 예술가들은 교묘한 정신 작용이나 형식에 의해 가치의 변환을 계획하게 때문에 더욱 새로운 연금술이 되었다. 여기서 정신작용으로 계획되는 것에서 필연적으로 도입되는 것이 물질언어이다. 물질언어에 의해 계획된 상징적인 의미와 정신 작용은 이러한 연금술의 한 책략이며 방편이 된다.

---

101) Coudert, Allison, 박진희 옮김, Alchemy: The Philosopher's Stone(연금술 이야기), 민음사, 1995. p.17
  - 18.

오늘날 우리들의 생활을 되돌아보아도 철을 제외한 생활을 생각하기는 힘들 것이다. 인류가 사용하는 다양한 도구들이 대다수 철기로 이루어져 있음은 말할 나위가 없다.

철은 금속 가운데에서 가장 흔하게 여겨지는데, 보통으로는 이 금속을 사용하기가 쉽지 않았다. 그러나 이 금속을 정련하고 단금하여 대단히 강력한 무기와 연장을 만들었으며, 그것으로 인해서 대단히 훌륭한 문명을 이룩할 수 있었다. 현대에서도 강철은 아주 유용하게 사용되고 있다. 철기문명은 고대의 청동기에 의존하는 청동기 문명 이후에 등장하고 있다. 그러나 성서에서는 이미 창세기에 철을 사용하고 있는 것으로 드러나 있다.

그래서 철이 기초 금속으로 채택되어 사용되었음을 알 수 있으며, 인간의 삶에 지대한 영향을 미치는 물질문명을 상징하기에 충분하다고 하겠다. 성서에서 등장하는 철은 주로 풀무에 의해서 단금하는 것으로 알려져 있다. 그리고 철로 만들어진 연장은 시시때때로 갈아서 날카롭게 해야만 잘 사용될 수 있는 것으로 알려져 있다.

또한 철은 돌을 다듬을 수 있는 연장으로 대단히 단단한 의미를 지니고 있다. 또한 필기구와 가축의 멍에 등으로 사용되었으며, 도끼나 기둥 등으로 만들어 내기도 하였다. 또한 견고함, 단단함을 상징한다. 이러한 특징은 인간의 문명을 뒷받침하는 중요한 물질언어가 된다. 보통으로 이러한 상징이 오늘의 물질문명의 토대가 되며 중요한 어휘가 되기도 한다.

그래서 기둥이나 성벽, 방패 등을 이루는 물질이 되며, 그러한 특징이 도구성으로 드러난다. 항상, 철은 매우 중요한 부품을 이루거나 도구의 중요한 역할로서 타 물질의 제압을 상징하는 어휘가 된다. 그 어휘란 견고함에서의 우위를 나타낸다. 견고함의 우위는 여타의 물질을 제압하는 힘과 탄성으로 인해서 채택된 것이다.

그렇게 하여 타 물질의 단점을 이용하여 단련하거나 뚫거나 갈아 내거나, 휘거나 하는 수단으로 사용되는 것이다. 현대의 문명에서는 여러 종류의 철이 등장하고 있다. 철의 단점이 되는 산화가 되는 것을 방지하는 스테인리스 스틸과 다양한 종류의 철이 등장하고 있다.

철이 지니고 있는 견고함이 속박의 의미를 지니고 있는 멍에로 이용될 수 있음을 알려 주는 대목이기도 하다. 또한 기록을 남기는 도구로 사용되기도 하였다. 철판이나, 놋쇠 판을 이용하여 다양하게 조금하여 오랫동안 보존되는 기록을 남기기도 하였다. 이러한 특성은 철이 지니고 있는 두드러진 특징이 되고 있다.

철은 문명의 기초가 되며, 견고함의 상징이 되며, 기록을 담당하거나, 드물게는 속박을 상징하는 어휘가 됨을 알 수 있다. 또한 이사야가 예언하고 있는 바와 같이 땅을 상징할 수도 있으며, 이러한 내용을 통해서, 철의 물질언어를 가늠해 볼 수 있다.

ⓒ 비철금속 '적동, 황동, 백동'이 지니는 어휘

현대의 금속조형가들이 가장 선호하여 채택하고 있는 것이 물질이다. 인류가 금속을 알게 된 것은 오랜 시간 전으로 추정되는데, 청동(Bronze)을 사용하여 인류가 문명을 개척한 것은 기원전[102] 6000년경 서아시아의 메소포타미아에서 활약한 수메르인의 우르 제1왕조로부터 시작된다. 물론 그 이전에도 운석에 포함된 철이나 모래로부터도 자연 금이나 자연 동을 사용하여 각종 도구나 장식품을 제작하기도 했으나 그 양은 인류의 문명에 영향을 줄 정도는 아니었다. 인류가 석기를 생활의 제일 수단으로 사용한 것은 오래전부터 비롯된 것으로 추정되며, 그러한 도구에 의한 생활은 보다 단단하고 형태의 유지가 용이한 금속으로 옮겨 오게 되었으며, 특히 적동과 주석의 합금인 청동을 개발하고 더욱 진전을 보이게 된다. 보통으로 이러한 문명의 유산들이 발견되는 지역은 대하의 주변이며, 이집트, 메소포타미아, 혹은 은(殷), 모헨조다로 등의 문명은 모두 금속문화 위에 세워진 것이라 해도 좋을 것이다.

적동(Copper)은 사람에 의해 사용된 가장 첫 번째 금속이다. 고대의 이집트인들은 BC 13000년부터 BC 6000년경에 무기를 제조할 때 사용된 것으로서, 제련(Smelting), 주조 또는 비가열(Cold Working)에 의한 제조방식에 의해 이루어졌다. Copper의 용어의 어원은 그리스의 Cyprus 섬, 혹은 라틴의 Kypros 혹은 라틴의 Cyprium에서 비롯된 것으로서 Cu의 상징으로부터 비롯된 것이기도 하다.

오늘날에도 적동은 산업에서도 철이 포함되지 않은 비철의(Nonferous) 금속으

---

102) 宮下孝雄, 新版デザインハンド ブック, 朝創書店, 1996, pp.125 − 131.

로 불리며 광범위하게 사용되고 있다. 오늘날에 있어서도 예술의 분야에서 순수한 상태 혹은 합금된 상태로 사용되고 있다. 순수한 상태일 경우에는 부드러운 핑크빛 홍색을 띠고 있다. 그리고 연성(Ductile)과 전성(Malleable)이 있으며, 열전도와 전기를 다루는 금속으로는 최상의 금속이기도 하다. 모든 공정에서 다루기 쉬울 뿐만 아니라, 단단하게 작업이 이루어질 수 있으며, 손쉽게 달군 뒤 식혀서(Annealing) 부드럽게 만들 수 있다. 조립의 방법은 경납과 연납으로의 땜질이 가능하며, 부착될 표면의 상태는 깨끗하고 녹아야 한다.

이와 같이, 동은 금속 재료로서는 가장 오래된 역사를 지닌 재료 중의 하나이다. 동제품은 감상공예품의 중심이 되고 있다. 동은 다른 금속과 합금하여 적색뿐만 아니라 황색, 백색 등 다양한 색채를 낼 수 있다.

청동의 경우에는 동과 주석의 합금으로서 보통 동 75~90%에 주석을 더한 것으로서 유동성이 좋고, 주조용에 적합한 합금이다. 주석 함량을 높게 하면 경도가 증가하고 색도 백색을 띠게 된다.

진유(황동)의 경우에는 동과 아연의 합금으로서, 황색의 아름다운 광택을 갖는다. 가격도 저렴하고 일반 공예품으로 널리 사용되고 있다.

적동의 경우에는 동과 금을 합금한 것을 녹청과 황산동의 용액으로 끓여서 착색하면 진한 흑색으로 변한다.

백동의 경우에는 동과 니켈, 아연의 합금으로서 양은이라고도 불리는데 은의 대용으로서 장신구의 제작에 많이 사용하고 있다. 옛날 백동 제품은 주석을 많이 합금해서 백색을 띠게 한 것이다.

ⓒ 귀금속 '금, 은'이 지니고 있는 어휘

고대의 기술자들은 이러한 금속이 지니고 있는 물질의 언어에 지나치게 주목하지 않았으며, 그 자체의 속성에 대해 현상적이거나 지시적인 기능성과 사회적인 통념에 의한 축적된 경험에 의해 기물들을 제작했음을 짐작할 수 있다.

백금(platina)의 경우 내산성이 강하고 가공성이 풍부한 백색금속으로서, 너무 물러서 장신구용에는 보통 길라듐(Galladium)이나 이리듐(Iridum)을 합금하여 사용한다.

금(gold)의 경우에는 화학적으로 가장 안정되고 원시시대 이래 인류가 좋아하고 동경해 온 금속으로서 가장 절연성이 풍부하다. 순금은 너무 물러서 동이나 은을 합금하여 사용하는 경우가 대부분이나, 동을 사용하는 경우에는 적금이라 부르고 은을 사용하는 경우에는 청금이라고 부른다. 보통으로는 금의 함량에 따라, 12K, 14K, 18K, 24K로 나뉘는데 금의 순도에 의한 수치이다. 화이트 골드라고 부르는 백색의 합금도 금을 기본으로 하여 팔라듐이나 니켈을 합금한 것이다.

은(silver)의 경우에는 귀금속 중에서도 가장 일반적으로 사용되며, 금이나 백금과 비교하면 매우 저렴하다. 안정된 색상은 이집트 시대 이래로 금에 이어 가장 널리 사용된다. 단지 화학물에 약해서 흑색으로 변하는 결점이 있으나, 의도적으로 이러한 색상을 선호하기도 한다. 일반 합금은 은 95, 동 5가 많이 사용된다. sterling silver라 마킹된 것은 925/1000의 순도를 갖는 은이다.

㉣ 현대 금속 '텅스텐, 두랄루민, 알루미늄'이 지니고 있는 어휘

물질문명의 변천사에서 각 문명을 대표하는 내용으로 사용되는데, 예를 들면, 청동기시대를 대표하는 '동'과 철기문명을 대표하는 '철'이 그것이다. 그래서 '동'보다는 '철'이 더욱 새로운 것으로 여겨질 수 있고, 보다 현대적인 금속으로 사용될 수 있는 것이 알루미늄이나 텅스텐, 두랄루민 등이다.

철을 잘 가공하여 크롬과 니켈 등을 합금한 경우 스테인리스 스틸 재료가 개발되었다. 스테인리스 스틸 재료는 오늘날 공업제품에 중요한 재료가 되었으나, 수공예 분야에선 아직 충분히 활용되고 있지는 않다. 주석은 그다지 단독으로 사용되지는 않으나 은과는 다른 분위기가 있다. 변색이 적은 특색이 있어서, 술잔이나 찻잔, 식기, 접시 등을 제작하는 데 사용되기도 한다. 알루미늄은 근대기술이 낳은 금속 재료의 하나로서 가장 대중적인 것이며, 알루미늄이 처음으로 만들어졌을 때 나폴레옹 Ⅲ세는 그 진귀한 금속으로 왕관을 제작하게 했다는 유래도 있다. 가공성이 좋으나, 약한 점이 결점이다. 그러나 가격도 저렴하고 표면을 아노다이징(Anodizing) 가공하면, 많은 색채를 얻을 수 있고 또한 일반 식기를 비롯하여 실용품의 재료로서는 가장 많이 사용되고 있다.

현대 금속조형에서는 타 장르의 물질언어와 대단한 교류를 행하고 있다. 물질이 지니고 있는 어휘가 채택되어 그 의미를 주관하고 있는 경우가 아주 빈번하게 발견되고 있다. 현대 금속조형에서는 일반적으로 크게 두 가지로 대별되는데, 첫째로는 보석이 가미된 장신구와 순수한 조형예술로서의 금속조형으로 구분된다는 것이다. 장신구와 금속조형의 경우에는 이러한 물질언어가 사용된 다양한 흔적들이 내포되어 있음을 알 수 있다. 그러나 이러한 내용에 대하여 쉽게 식별할 수 있는 눈이 필요한데, 현대의 금속조형에서 장신구의 경우에는 과거와는 달리 귀금속에 치우치지 않으며, 다양한 소재를 바탕으로 하는 경우를 알 수 있기 때문에 다양한 소재와 물질의 질료적인 성격이 반영될 여지를 담고 있다.

> …… 장신구는 두 번째 피부로서의 가능성을 지니고 있다.
> 장신구들은 귀중한 물질들을 거부하며 문화적인 기저들에서 그들을 밀어내고 있다. 그 과
> 정에서, 그들은 다음의 작품들을 제작하게 되는 결과를 가져왔는데, 그것들은 문화적인 리
> 얼리티와 정치적, 사회적, 미적인 것에 관심을 두기 때문이다. 다수의 작품들이 이러한 추
> 세를 반영하고 있다.103)

여기에 관한 연구자는 헬렌 드루트(Helen Drutt)와 피터 도르머(Peter Dormer)이다. 그들은 '예술로서의 장신구'라고 하는 범위에서 다양한 연구를 행했다. 그러나 살과 '제2의 피부' 사이의 공간을 탐구하는 실험이 계속적으로 이루어졌으며, 그들의 초점은(장신구로서의 범위와 혹은 그것을 넘어서는 영역에까지 이루어지는 것이며) 신체를 되찾는 것에 있었다.104) 또한 장신구로서의 특징은 인체를 미려하게 장식하고 악센트를 부여하며, 인체를 더욱 풍요롭게 하는 특징을 지니고 있다. 따라서 인체에 필요한 제반 요소와 어울리게 해야 하는 의무를 지니고 있으며, 제작과정에서 이러한 필요성을 충족시킬 필요성이 있다. 특히, 이러한 연구는 장신구의 시각언어로서의 기능을 크게 부각시킬 수 있는 요인이기도 하다.

인체를 연장시키는 개념으로서의 장신구는 단순히 내용물의 아름다움에 그치는 것이 아니다. 왜냐하면, '제2의 피부'가 되게 하기 위해서는 인체의 기능과 곡선형태, 그리고 그것이 지니고 있는 물질 자체의 메시지 등이 고려의 대상이 되기 때문이다. 또한 이러한 내용과 더불어 수반되는 내용이 형질의 변환인데, 여기에 관해서는 다음 단락에서 자세히 다루게 될 것이다.

---

103) Metal Smith, 2000 April, p.16.
104) 앞의 책, p.17 참조.

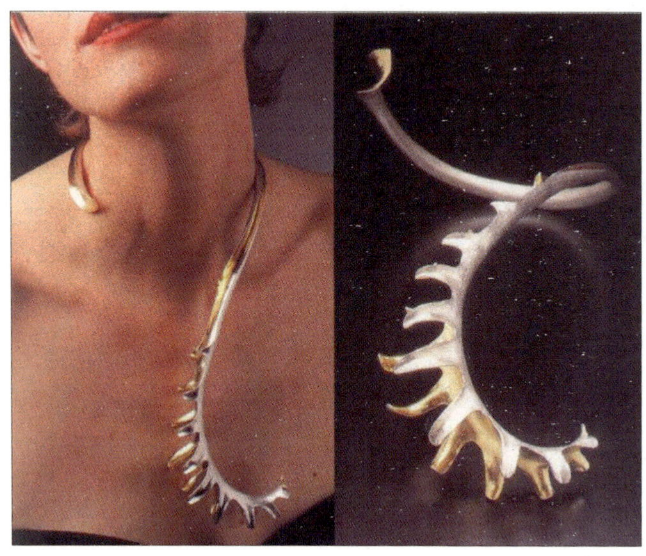

<그림 52> 알렉산더 하트, Necklace, 1999,
Sterling and 22k Bimetal, 11 1/2×5 1/4×3 1/2"

알렉산더 하트의 작품 ≪Necklace≫(<그림 52>)에서는 인체의 특성을 활용한 다양한 사례를 관찰할 수 있는 것 중의 하나이다. 여기서는 목의 곡선과 피부를 연구하여 제작된 것으로서 금속은 피부를 감싸고 있는 식물 혹은 유연한 생명체와 같은 메시지를 담고 있다. 이러한 작품에서는 인체의 옷이 고려되지 않고 제작된 것이기도 하다.

작품 ≪Necklace≫(<그림 52>)에서는 이러한 신체의 곡선과 금속 장신구가 함께 고려되어 제작된 작품으로서 여기에서 사용된 금속은 마치 연한 질감을 지니고 있는 나뭇잎이나, 혹은 천과 같은 소프트함을 연출하고 있다. 그러면서도 금속이 지니고 있는 유려한 광택을 드러내어 보여 주고 있다. 이러한 예시작

---

105) 앞의 책, p.17.

품을 통해서 인체의 피부의 연장으로서의 개념을 수용하고 있는 작품들이 연구되고 있음을 알 수 있다.

단순히 여성의 역할과 장식을 이루는 용도로서가 아니라, 인체 공학적인 요소와 물질이 지닐 수 있는 제반 요인들이 고려될 때 오히려 더욱 진전된 작품이 제작되는 것이다. 여기서는 조각적인 요인이 많이 작용하고 있으며, 인체의 누드를 마치 옷을 입히게 되는 결과를 수반하게 된다.

물질언어의 해석을 위하여 구체적으로 논하는 데 있어서 영국의 화가이며 조각가, 설치미술가인 토니 크랙의 작품을 헨리 메릭 휴(Henry Meric Hughes)가 분석한 사례이다.

> 오브제 – 물질은, 하나가 다음이 되기도 하고, 예술가의 공간 속에서 펼쳐지거나 양도받기도 하며, 공중에 뜨기도 하며, 쉽사리 예술가의 진실을 방출하기도 한다. 이 작품은 그 물질을 칭송하기도 한다. 그것은 물질을 찬양하는 데 있지 않으며, 차라리 물질의 탈물질화를 찬양하며, 그 자체의 암호해독(decodification)을 노래한다.
> 오브제 혹은 물질의 영역을 넘어서, 토니 크랙은 그 자신을 대부분 정신성과 연관시키기를 원한다. 그는 정신이 그 자신의 이익을 위해서 물질을 사용하는 방법을 창출하고 있으며, 이러한 탈물질화를 위한 주체로서, 오브제 – 물질을 정신적인 지지를 위해 사용하며, 그 이상은 없다.106)

이러한 사례를 통해서 살펴볼 수 있듯이, 작품에서 채택되고 있는 물질이 해석의 기초를 이루는 기본 자료로 활용되고 있다. 뿐만 아니라 해석에 참여하게 되는 제반 요인들은 다양한 방식에서 고찰되고 있음을 알 수 있다.

작품을 이루는 제목과 주제, 소재 채색방식 작품에 담겨 있는 작가의 제작 당시에 이루어졌던 모든 요소와 행위의 흔적 등이 고찰의 대상이 될 수 있으며, 나아가서는 제작한 내용의 이면에 간직되어 있는 정신적인 측면을 포함하여 다양한 이면적인 의미까지도 해석의 단초가 되어 있음을 알 수 있다. 휴의 이러한 설명은 이전의 비평가들이 해석학으로 사용했던 측면과 비교해 볼 때 매우 난해하다는 것을 느끼게 된다.

이러한 해석은 물질언어를 이해하지 않는 상황이라면 대단히 까다롭고, 다양

---

106) Hughes, Henry Meric, Tony Cragg, ⅩLⅢ, Biennale Di Venezia, 26 June – 25 September 1988, British council, p.12.

한 국면을 이루며 난해한 상황이 된다. 그러나 전체적인 해석의 근거가 되는 물
질언어를 해석의 단초로 삼을 경우는 매우 달라진다. 즉, 해석 불가능 혹은 모
호한 해석을 해석 가능 혹은 근접한 해석으로 전환할 수 있기 때문이다.

또한, 물질언어를 비롯하여 작품의 의미소를 이루는 제반요인들을 체계적으로
분석하고, 그것이 작품에 적용되어 있는 상황을 구체적으로 상세하게 살펴보았
을 때, 비로소 작품의 의미의 근처에 도달할 수 있게 된다.

1-3. 형질변환

형질변환(形質變換)이란 물질이 가지고 있는 원래의 성질이나 가치의 전환을
의미하는 것으로서 영어로는 'Metamorphose/Metamorphosis'라고 한다. 이러한
형질의 변환은 현대의 예술가들이 다양하게 실험을 행함으로써 더욱 복잡한 양
상으로 진행되고 있다. 특히, 이러한 형질의 변환만을 목적으로 작품을 계획하
는 경우도 있다. 가령 나무를 석재처럼 보이게 한다거나, 철판을 천처럼 보이게
한다거나, 돌을 천처럼 보이게 하는 경우가 그것이다. 이러한 작품을 행하는 사
례는 조각과 공예 회화 등의 각 장르에서 다양하게 실험되고 있다.

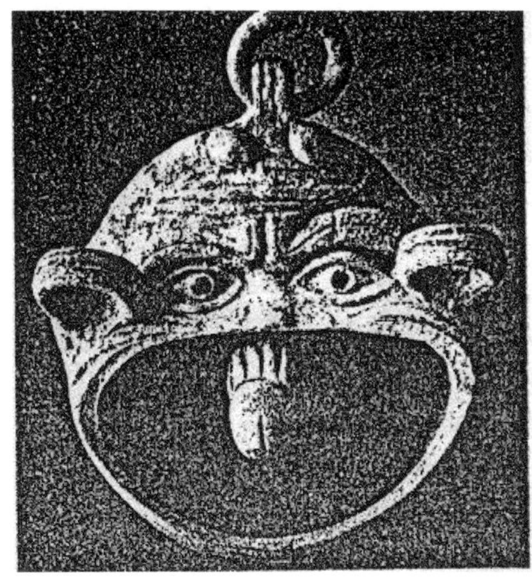

〈그림 53〉 Roman Drinking Bowl Mask with Phallic
Tongue, first century AD

㉠ 정신분석학적 측면에서의 형질변
환의 개념

이 단락에서는 로리 슈나이더 애
덤스(Laurie Schneider Adams)의 예술
과 정신분석(Art and Psychoanalysis)
을 토대로 하여 정신분석학의 관점
에서의 금속의 의미를 고찰하고자
한다. 고대에서부터 장신구나 소형
조형물이 금속으로 만들어졌던 사례
는 대단히 다양하게 발견되고 있다.
금팔찌나, 목걸이, 식기, 술잔 등

그 유형도 대단히 다양하다. 그 당시에는 공예라는 명칭하에 예술로서 제작된 것은 아닐 것이다. 그러나 고대의 장인들이 만들어 놓은 작품들의 내용은 대단히 진보적인 것도 많이 발견되고 있다.

고대의 금속으로 만들어진 다양한 작품들을 살펴보면 주로 주술적이거나 장신구로 이루어져 있다. 그들이 다루고 있는 이러한 소재와 더불어 주제적 특성은 주로 신화나 설화를 바탕으로 이루어져 있음을 전 단락에서 살펴보았다. 그러나 이러한 표현 방식 가운데에서 정신분석학적인 특성이 스며들어 있는 작품의 경우에 우선 그 표현 방식이 꿈을 활용한다거나 무의식적인 표현이 가미되어 있는 경우가 있다. 이러한 경우에는 인체의 부위에 대한 표현의 방식이 대단히 특이하게 부각되고 있음을 알 수 있다. 입을 거대하게 표현하여 감정을 표현한다거나, 성기를 두드러지게 표현한다거나, 특정한 부위만을 남기고 제거하는 방식을 사용한다거나, 성기와 특정 부위를 대체시키는 표현방식을 사용한다는 것이다.

시각예술에서의 환치술(displacement)은 신체의 부위들 사이의 무의식적인 상관관계를 반영할 수 있다. 이러한 환치술은 보편적인 언어와 유사하다. 한 수수께끼가 다음과 같이 묻고 있다. "왜 남성들은 생각을 그렇게 많이 하고 여성들은 그렇게 떠들어 대는 것일까?"에 대한 대답으로서 "왜냐하면 남성은 두 개의 머리를 지니고 있고 여성은 4개의 입술을 지니고 있기 때문이다."라고 표현함으로써 성적인 것과 얼굴을 각각의 위로 향하거나 아래로 향하는 환치술을 드러내고 있다.[107]

---

107) Laurie Schneider Adams, Art and Psychoanalysis, Library of Congress Cataloging－in Publication Data, New York, 1993, p.125.

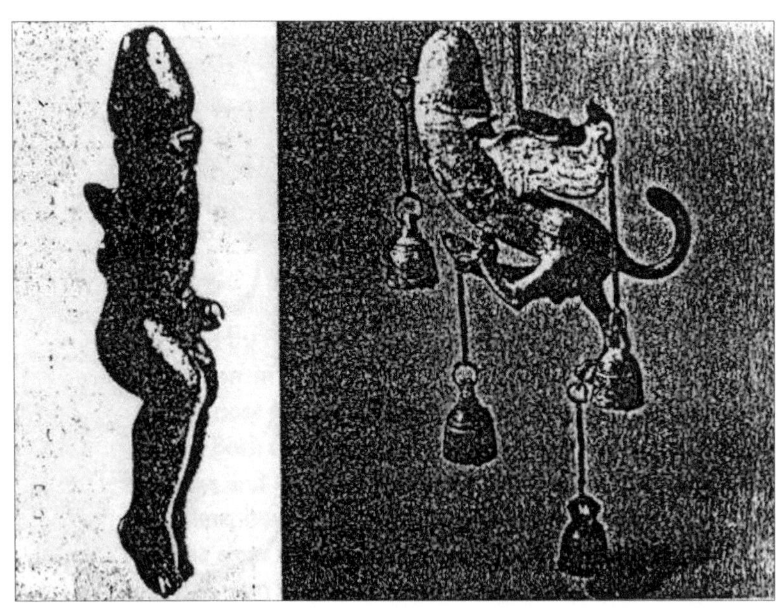

〈그림 54〉 좌측 그림은 Bronze Body/Phallus, Roman. Museum of Fine Arts Boston, 우측 그림은 Winged Phallic Tintinnabulum with Lion Feet, from Heraculaneum, first century BC – first century AD National Museum of Naples, Raccolata Pornografica no.27835.

　　로마시대의 남근 숭배적인 마스크에서 이와 같은 내용을 살펴볼 수 있다. 로마시대의 작품 남근의 형태를 지니고 있는 ≪Drinking – Bowl Mask with Phallic Tongue, first century AD≫(<그림 53>)의 경우에 이와 같은 특징을 살펴볼 수 있다. 이러한 내용에 대해서는 성서에 나와 있는 "신이 말씀으로 육신을 창조"하는 것과 연관을 갖고 있다고 애덤스는 설명하고 있다. '신의 말씀'의 수태의 힘과 혀와 남근과의 연관성을 찾고 있는 것이다. 이와 같이 무의식적으로 남근과 혀를 동치시키는 경우가 고대로부터 있어 왔던 것이다. 이와 같은 환치의 방식은 눈을 성기와 연관시키는 경우도 있었다.[108] 이러한 성적인 표징을 제작할 때 주로 로마시대에는 동을 사용해서 제작했다. 이러한 성적인 의미가 정신분석학적으로 채택되기도 했다. 고대의 예술작품에서 이와 같이 남근을 표현하고 있는 경우는 흔히 발견되고 있다(<그림 54 – 좌측>). 조류의 이미지나 동물의 이미지를 인체의 형상과 교차시키거나 남근의 두부를 동물의 머리 부위로 대치시

---

108) 앞의 책, p.126 참조.

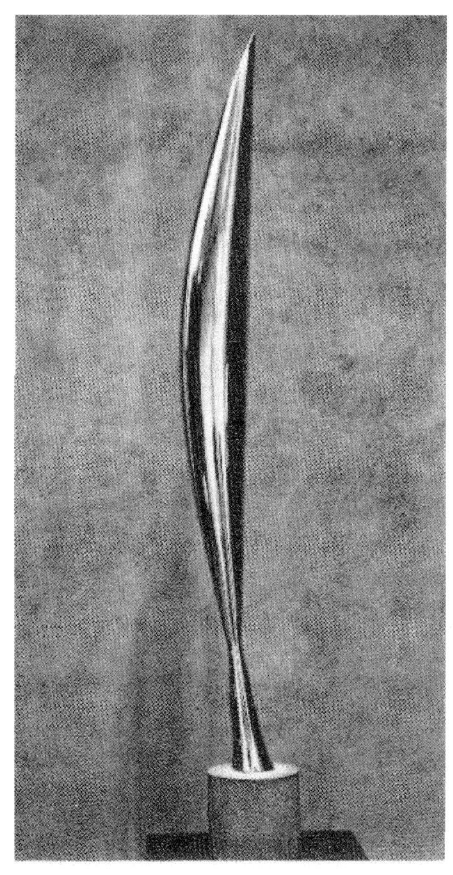

〈그림 55〉 브랑쿠시, 공간에서의 새(Bird in Space), 1928, Bronze, 54 inch High, National Museum of Modern Art, New York

키는 형태를 자주 살펴볼 수 있다. 로마시대의 동으로 제작된 딸랑이(Tintinnabula)(<그림 54 - 우측>)에서도 이와 같은 형태를 살펴볼 수 있다. 이러한 예술에서의 환치술은 고대의 세계와 초현실주의에서 살펴볼 수 있는 성적인 이미지임을 알 수 있다.

초현실주의 회화나 조각의 경우에 대단히 다양한 성적인 이미지들이 사용되고 있으며, 금속이 주재료로 사용되는 작품의 경우에 있어서도 금속 고유의 색채와 질감이 여러 유형의 작품들에서 활용되어 그 주제에 필요한 메시지를 담고 있으며, 특이한 조형언어가 되고 있다. 브랑쿠시의 경우에 그의 작품에서 사용되는 새의 이미지에서는 비상의 이미지를 담고 있으나, 성적인 내용도 아울러 담겨 있다.

그들이 공간을 점유하고 있긴 하지만 날려는 의중을 지니고 있는 듯이 보이지는 않는다. 시드니 가이스트에 의하면 브랑쿠시의 새의 이미지는 자신의 이미지로서, 고도로 광택이 나도록 되어 있는 브론즈의 이미지는 태양으로서의 그의 부친을 상징한다고 설명하고 있다.[109] 여기서의 광택은 물론 태양의 빛을 상징하고 있다. 여기서 브론즈의 이미지가 조형언어로서 중요하게 작용한다. 이러한 내용을 초현실주의적으로 파악했던 브랑쿠시의 경우에는 그의 부친에 대한 도전으로서 이와 같은 표현법을 사용하게 된다. 작품 ≪공간에서의 새, 1928≫(<그림 55>)의 경우에, 이렇게 간접적인 표현법을 적용하는 경우에 금속 자체가 지니고 있는 느낌이 매우 조심스럽게 사용되고, 단순히 이러한 이미지가 자신의 이미지에 국한되어 있지 않으며, 상

---

109) 위의 책, pp.152 - 153 참조.

징적으로 태양의 아버지에게서 나오는 힘으로부터 자신이 상징적으로 방어되고 있음을 암시하기도 한다. 브랑쿠시는 이러한 이미지를 브론즈와 목재로 제작하기도 하였다.

헨리 무어의 조각에서는 어머니와 아들의 상관관계에 대한 예시의 의미로서 다량의 작품을 브론즈로 제작하였다. 그의 작품 ≪흔들의자≫(<그림 56>)의 경우가 이러한 경우에 해당되는데, 여기서 사용되고 있는 공간과 곡선적인 형태는 아기의 놀라움을 강조하기도 한다. 아울러서 어머니 자체는 의자와 합성되어 있어서 심리학적으로 특이한 상황을 연출하고 있으며, 신화적인 의미와 결부되어 있기도 하며, 그 아이가 지니고 있는 격정과 함께, 이중적인 상황으로 애매성이 강조되고 있다. 아울러 아이를 부친으로부터 격리시켜 보호하려고 하는 것인지, 아니면 기쁨으로 들떠 있는 것인지 분명히 알 수 없지만, 금속의 꺼칠꺼칠한 물질성이 대단히 브랑쿠시의 작품과는 대조적이다. 여기서는 서민적이며, 소탈한 정서가 내재되어 있다.

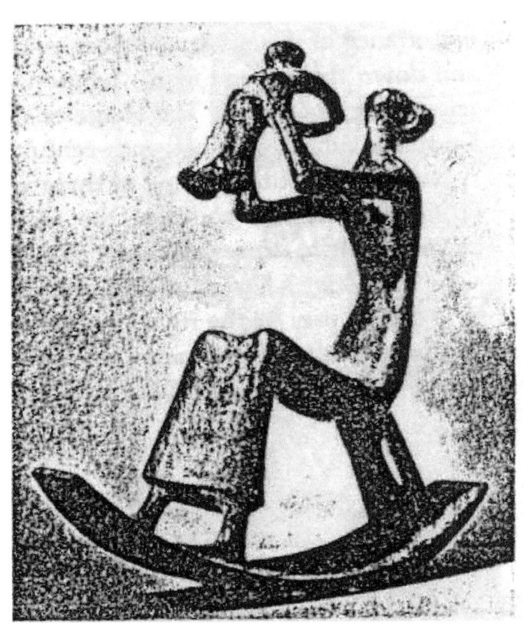

〈그림 56〉 헨리 무어(Henry Moore),
Rocking Chair #1, 1950

ⓒ 해석학적 측면에서의 형질변환의 개념

이 단락의 해석학적 측면에서의 개념은 리차드 팔머의 <해석학이란 무엇인가>와 로버트 숄즈의 <기호학과 해석> 등을 중심으로 해석학적인 측면에서 금속이 지니고 있는 의미가 무엇인지를 앞 단락에서 고찰해 보았다.

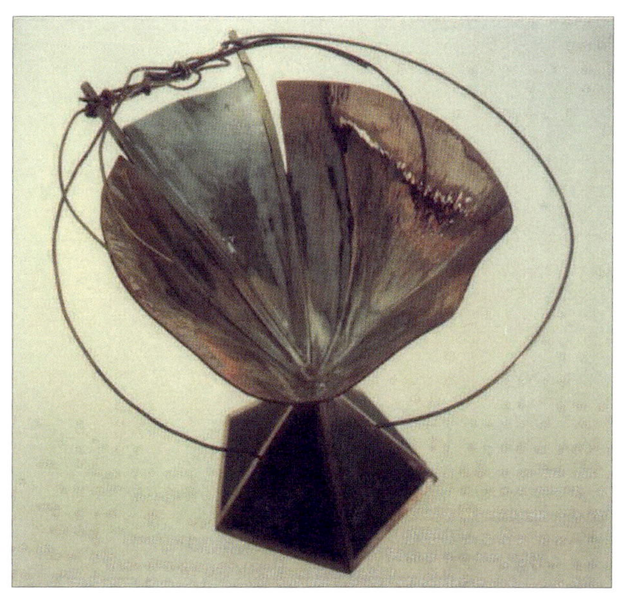

<그림 57> Tangled Garden, 1988, Sterling, Gold, Copper,
width 5"

하나의 작품에서 드러나는 의미작용을 추적하기 위해서 몇 가지 측면에서 고찰되어야 할지를 살펴본다는 것은 쉬운 일이 아니다. 특히, 기호학적인 분석이 이루어져야 하고 해석의 바탕이 되는 기본 자료의 신빙성이 있어야 한다. 또한, 작가가 의도하는 의미와 작품에서 드러나는 내용을 접하는 관객의 입장은 대단히 다를 수 있다.

하나의 상관관계가 설정될 때, 그 상관관계의 기초를 이루는 요인들이 차연화되어 있기 때문에 기의가 표류하고 있다고 한다. 자크 데리다(Jacques Derrida)는 이러한 의미를 연기로서 해석하여 오류를 피하려 한다. 똑같은 작품이라도 그 작품이 탄생하게 된 시대적인 배경과 지역적인 구분이 대단히 중요하다. 의미와 이러한 주변 요건을 충실하게 조사하고 탐색하는 정도에 따라서 오류는 줄어들 수 있다(<그림 57>).

또 한 가지는 표현되어 있는 내용이 시각언어로 이루어져 있는데 이것을 비시각언어로 옮기는 행위를 해석이라고 할 때, 시각언어와 대조를 이룰 수 있는 충분한 어휘가 언어의 구성체로 선행되어 있어야 한다는 것이다. 어휘의 불충분은 비해석 혹은 미해석으로 전락할 수도 있기 때문이다. 이러한 견지를 근거로 하여 가급적이면 객관적인 견지에서 작품의 의미작용의 실제성이 무엇인지를 규명하는 것이 연구자가 노력하여 도달하고자 하는 범위이다. 해석학이란 성서의 해석에서부터 근대에 있어서 필요한 다양한 이론들이 다종(多種)을 이루고 있겠지만, 성서의 해석에 있어서 필요한 논리와 이에 상응하는 역사적 사료들이 어떠한 타당한 근거를 취하고 있는가일 것이다. 금속에 있어서 필요한 텍스트들을 검토할 때 있어서도 이와 같은 타당성은 반드시 입증되어야 할 필요성이 있는 것이다.

그러나 작품의 의미에 있어서 이러한 고정성이 항상 객관적인 해석에 쉽게 도달되는 것은 아니다. 검증된 상태와 그렇지 못한 경우에 대한 여러 방향에 대한 탐색이 결부될 경우 야기될 추상성에 대한 차연성에 대하여 작가는 책임을 지니게 되며, 여기서 작품의 의미의 연기가 필연적으로 이루어져 기호학적인 해체가 이루어지게 되며, 하나의 작품에서의 표현과 실재성의 非일치를 맞이하게 될 뿐만 아니라, 그것은 데리다의 해체적인 작품으로 분류되기에 이른다.

해석학적 관점에서의 명증성은 여기에 달려 있으며, 하나의 의미에 있어서 여러 가지의 관점에 개관적인 상황의 입증 자료로 채택될 수 있을 때까지 유보적인 상황에 있게 된다.

ⓒ 금속조형에서의 형질변환의 개념

이 단락에서는 현대의 금속조형에서의 형질변환에 관한 상황을 간략하게 다루어 보려 한다. 금속조형에서의 현질변환은 금속이 지니고 있는 원래의 원형적인 속성과 더불어 계획되는 것으로서 금속이 평상시에 지니고 있는 모습의 일상적인 틀을 깨고 튀어나오는 다양한 물성과 색채, 형태 등이 고려 대상이 되어 그것을 금속조형의 특수한 기법으로 승화시키는 방식을 의미한다.

이러한 변환을 통해서 금속조형의 기술이 무한히 발전할 수 있는 가능성을 가지게 된다. 따라서 이러한 연구는 금속조형의 장르를 최대한 높이게 되며, 연구의 진척에 따라 다양한 금속을 사용하는 장인들이나 예술가들에게 좋은 선행연구가 될 수 있으리라 본다. <그림 58>은 이러한 형질변환을 이룩한 작품으로서 멜리사 허프(Melissa Huff)가 이룩한 형질변환의 사례이다. 이 작품에서는 동과 은을 사용하여 다양한 문양을 보여 주고 있으며, 동양의 전통적인 문양인 만다라를 표현하고 있는 것이다.

작품의 내용과 색채는 마치 세포 속의 절편화(切片化)된 물관의 모습을 하고 있으며, 미시적인 우주의 모습을 담고 있는 것이기도 하다.

이 작품은 채색의 방식이나 금속의 사용 자체에 있어서 고도의 합금과 채색 및 다양한 기법이 혼재되어 있으나, 형질변환의 사례에 해당하며, 생명현상의 단면이 은유적으로 드러나 있다.

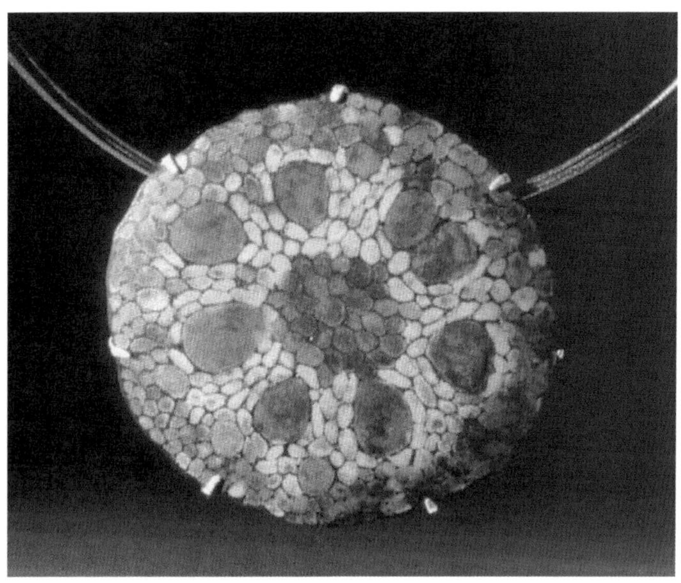

〈그림 58〉 Melissa Huff, Iris Root Mandala(Brooch/Pendant), 1998,
에나멜, Copper, Fine Silver, 1.3×2×0.15"

2. 조형어휘의 구축방식

2 - 1. 행위와 흔적, 시간의 상관성 구축

해체론자들은 예술작품이 텍스트화할 수 있음을 주장하였고, 특히 작가의 행위는 이러한 text의 기의를 좌우할 수 있는 흔적으로 남을 수 있다고 주장했으며, 이러한 흔적은 시간 되기로, 시간은 흔적 되기로 설명될 수 있다고 하였다. 그래서 작가가 행한 한 번의 붓질이나 망치질이 흔적화(痕迹化)할 수 있다고 여겼다. 또한 더 나아가서 어떠한 형태나 형상, 이미지, 숫자들이 하나의 흔적으로 전환할 수 있다는 설명이다.[110]

그래서 이러한 흔적은 질료가 갖는 특수한 의미와 결합되고 흔적으로서의 시간성과 결합되며, 이 흔적은 여러 가지의 의미와도 결합될 수 있다. 그래서 하나의 흔적이 흔적을 낳고, 그 흔적은 본래의 흔적의 의미를 상징화하여 흔적의 흔적화를 통해서 무한히 표류하게 된다. 그러므로 모더니즘의 하나의 기호에서 하나의 기의로 해석 가능했던 것을 해체하여, 그 의미의 다중화를 꾀할 수 있으며, 흔적의 차연화가 이루어지게 된다고 데리다는 주장한다.[111]

> 신체성과 작가의 개입의 여부에 따라, 작품에 드러난 표상의 작용이 인과관계에 놓이게 되는데, 즉 채택되어 화면에 도입된 질료, 오브제 매체 등과 그려진 이미지와 흔적 등이 하나의 타블로 안에서 결합하면서, 흔적 자체가 지니고 있는 의미와 흔적이 은유하거나 상징하는 의미가 서로 다를 수 있고, 흔적이 지향하는 관점과 흔적이 드러내는 연상 작용이 다를 수 있기 때문에 하나의 흔적이나 표상에서 여러 가지의 의미가 복수적으로 결합할 수 있는 방법이 해체적 특성을 보여 주려는 방식으로 개척되기에 이르렀다.[112]

---

110) 해체되어야 할 것 그것은 형이상학적 문헌을 일정한 방식으로 조직하고 재생산하는 원리들이다. 행간에 담긴 말소의 흔적이 다시 가시적 형태를 띠고 나타나기 때문이다. 해체론적 '옮김'을 통하여 가시화된 그 말소의 흔적은 형이상학적 담론을 한계 짓는 '울타리(Clôture)'가 된다. 김상환, 현대 비평과 이론, 탈현대 사조의 공과 1997, 봄여름 통권 13호, pp.34 - 35.

111) 사유의 현전적 자기 동일성 혹은 그 고유성의 규정 가능성에 개입하는 타자들은 현전적으로 존재하지 않고, 그런 의미에서 부재한다. 그러나 이 부재하는 타자는 '무'가 아니다. 그것은 현전적 사물의 현전성 자체를 조건 짓기 위해서 적극적으로 개입하는 요소, 어떤 말소 불가능한 요소이기 때문이다. 데리다는 그것을 "흔적"이라 불렀다. 있으면서 없고 없으면서 있는 것, 그것은 흔적이다. 위의 책, p.58 참조.

112) 박기웅, 박사학위 청구논문, 20세기 후기 회화에 있어서 해체적 방법- Frank Stella와 Anselm Kiefer를 중심으로, 1999, p.22.

그래서 하나의 타블로에서 이루어진 표상은 각기 특정한 내용을 담고 있는데 관찰하려는 의지와 상상력에 따라서 대단히 다를 수 있음을 발견하게 된다. 고대에서부터 현대에 이르기까지 이러한 표현법이 적용되어 온 것은 기정사실로서 다만 현대에 이르러 더욱 두드러진 현상으로 여겨지며, 특히 현대의 금속조형에서 사용되는 특징적인 기법에 의해서 다양한 문양과 새겨진 행위의 흔적에서 다층적인 시간의 흔적이 새겨져 있고, 여러 가지의 매체가 혼용되고, 그 물질이 지니고 있는 시간성 즉, 그러한 물질이 가장 융성하게 사용되었거나 어떠한 문명을 상징하는 경우에는 그 흔적화되어 있던 이미지들이 유기적인 기능을 발휘하게 된다.

따라서 하나의 조형물에서 비록 현대에 제작되었다곤 하나 새겨져 있는 이미지나 형상의 기능성이 하나의 흔적이나 원형을 암시하는 경우를 고찰의 대상으로 삼을 수 있을 것이다. 그래서 현대의 금속이 하나의 복합적인 문명을 모두 포괄하고 있으므로 하나의 작품에서의 이러한 관련성은 추적하는 의지에 따라서 효과적으로 고찰의 대상이 될 수 있다. 문명이 발생되어 있는 경우에는 대다수 그 시대에 필요 적절한 도구와 무기 장신구들이 반드시 존재했으며, 그것은 그 당시의 삶의 패턴에 대단한 영향을 주었음을 부인할 수 없다. 또한 그것이 단순한 삶의 일상적인 도구성을 가지고 있을 때는 장식적인 기능이 쇠퇴하고 도구성이 강하게 강조되었기 때문에, 그다지 흔적이 될 만한 문양이나, 형상이 내재해 있지 않을 수 있다.

그러할 뿐만 아니라, 하나의 작품을 이루는 일면에는 그 작품과 연관이 있거나 연관이 없을 경우에도 의사 연관성이 반드시 존재하게 된다.

2-2. 기능성 - 도구성의 해체

예술의 기능 중에서 가장 중요한 것은 미적(美的) 특성과 언어적 기능, 장식적 기능 등 관객의 욕구를 충족시켜 주는 부분이 차지할 가능성은 기타 요인들보다는 크다고 본다.

그러나 요즈음의 예술은 이런 특성에 구애받지 않으려는 움직임이 아주 강하며, 작가의 의도가 단순히 어떤 기능적 특성의 충족에 안주하려 하지 않는다. 그래서 하나의 작품이 드러낼 수 있는 가장 중심적인 특질의 설정에 대단히 고심하게 되며, 그러한 특질은 시대와 장소의 여러 가지 여건에 따라서 변모를 거듭하고 있으며, 그것이 곧 작가의 성격을 규정하는 핵심적인 요소로 보아도 무방할 것이다.

그리고 공예나 조각의 특성이 3차원의 공간에서 사유하는 영역으로서 3차원 예술의 특성을 지니고 있는데, 만들어지는 대상물(對象物)의 모양이나, 색채, 질감의 특질에 따라서 일련의 의미작용이나 상징언어로 작용하게 됨을 알게 되는데, 특히 추상적인 작품일 경우에는 후자의 규칙을 따르고 있다고 볼 수 있다.

> 예를 들면, 하나의 작품에서 두드러진 형태의 조건과 색채, 사용된 물질언어, 기호, 문자,
> 터치, 이항 대립관계, 크기, 방향성 등이 고려될 수 있고, 해석학적인 측면에서의 6가지의
> 문제, 즉 성서적, 문헌학적, 학문적, 정신과학적, 실존론적, 문화적 측면에서 관찰될 수 있
> 는 문제들을 재고해야 될 것이다.[113]

또한 여기서 새롭게 성서적 이론, 일반적인 문헌학적 방법론 …… 신화나 상징의 배후에 있는 의미에 도달하기 위해서 사용되는 제반 문제들이 고려되어야 한다.[114] 성서 주석에 관한 제목이 처음 사용된 경우는 1654년 J. C. 단 하우어에 의해 출판된 <성서 주석의 방법으로서의 성서해석학(Hermenentica sacra sive methodus exponendarum sacrarum litterarum)>이다. 해석의 과제와 이해의 의미는 '대상'과의 관련보다는 작품과의 관련에서 볼 때—보다 난해하고 역사적이라는 점에서— 서로 구별된다. 하나의 '작품'은 항상 인간적인 특징과 관계를 갖고 있다. 작품이라는 말 자체는 이를 암시하고 있다. 왜냐하면 작품이란 항상 인간(혹은 신)의 작품이기 때문이다.

해체적인 작가들은 수집된 기억의 이미 알려진 이미지들을 해체하는데, 이러한 이미지들의 구조를 해체하거나 변조하며 그들의 투명성 안에서, 그것들의 파편화된 결합체 안에서, 그것들을 드러내며, 마치 그는 그림자들에서 살과 뼈를 부여하려 노력하는 것과 같다.

---

113) 리차드 팔머, 이한우 역, 해석학이란 무엇인가, 문예출판사, 1993, pp.26 - 32.
114) 위의 책, pp.64 - 68 참조.

포스트모더니즘의 예술가들은 이미 존재하는 예술가의 생각을 해체하며, 그는 해체적으로 생각하며, 또 다른 변조를 생각하면서, 그 생각을 변조하는 데 성공하기 위해 해체를 생각한다. 이러한 여정에서 끝도 없이 사람의 주변에 따라다니는 물질들을 사용하는데, 논리와 비이성과, 리얼리즘, 직관, 지혜 및 감동으로, 작가는 방청자로서의 물질을, 유혹자로서의 물질을 사용한다. 이러한 내용은 물질을 바라보는 식견이 모더니즘 이전의 작가들과는 대단히 다른 경우에 해당된다.

작품의 내부에 담겨 있는 하나의 물질이 있다면 그것은 그 예술을 구성하는 기본 단위가 된다.—그 물질은 일단 그 예술의 바탕이 될 수 있으며, 그 물질이 지니고 있는 고유 색채나 질감은 그 어휘를 구축하는 기본 단위이다.— 그래서 그 색채의 상징성과 은유성을 해석의 단서로 여기게 된다. 또한 이러한 물질의 외형에서 드러나는 상징성도 있다. 그래서 현상적인 문제에서의 상징성과, 물질의 고유의 상징성이 서로 그 우선순위를 다투는 입장이 된다. 그래서 본서에서는 이러한 현상적인 측면을 극복하고 작가가 표현하고자 하는 방향으로 형질변환을 꾀하는 경우의 두 가지를 연구하려는 것이다. 그래서 두 가지가 사용되어 각 작품에 끼치는 영향력이 그 물질의 언어를 이해하는 판단의 근거가 된다.

물질을 인식하는 인간의 감각은 그래서 완벽할 수 없으며, 조건 반사적이며, 순간의 포착 능력도 대단히 불완전한 상황에 인간이 처해져 있다. 인간이 구분할 수 있는 이러한 한계를 동물의 감각을 통해서 보충하려는 시도도 종종 있어 왔다.

어떤 현상이나, 한계를 직감한다는 것은 인간의 완벽하지 못한 속성이 되며, 일반적인 오감의 모든 요소에서 후진적이라고 볼 수 있다. 그러므로 시계의 한계를 보완하기 위해서 각종의 도구와 연장이 연구 개발되고 있으며, 타 감각도 여타의 타 동물의 기능에 비해 현저히 낮은 과제가 있으며, 이를 위해서 인간은 매우 노력하여 이러한 부족한 일면을 보충하려 애쓰게 된다. 이렇게 극복하기 어려운 한계를 인간은 지니고 태어난다.

다만, 이러한 경우에 있어서, 인간의 지각능력은 대단히 저급하나, 훈련된 지각을 지니게 되면, 시각을 통해서 주어지는 물질의 정보량을 인식하여 여러 가지의 경우를 계산해 내는 것을 알 수 있다. 인간은 때때로 은유와 상징, 흔적 등을 통해서 이야기하려 한다. 이러한 어휘들은 전달의 능력에 있어서 간접적인 범주에 해당된다. 그러나 이러한 간접적인 범주의 메시지는 그 전달이 여러 갈래로 나누어질 수 있는 가변성을 지니기 때문에 난해한 매력과 非전달 등의 모호성의 문제를 해결해야 할 필요성이 있게 된다.

인간이 이러한 복잡한 커뮤니케이션을 행하고 있을 때 인간의 가치가 부각되는 것으로 생각할 수 있다. 따라서 물질에 마력을 불어넣고 이러한 전달의 가능성을 극대화하고 좀 더 객관화될 수 없는지를 살피려는 것이 물질언어를 이해하는 기초적인 방식에 해당된다고 볼 수 있다.

이러한 물질의 태를 규정하는 경우는 그 도구성에 있다. 물질의 태란 물질이 현상적으로 드러나서, 하나의 물체로서 거듭날 수 있고, 또는 해체되어 다른 유형의 물질에 도달해 있을 수 있다. 이러한 인식은 매우 중요한 직감에 의존하게 되고, 이러한 직감은 하나의 사물에서 기초적인 물질의 비중과 2차, 3차 추가적으로 연구하는 과정에서 많은 것의 기초적인 연구의 값이 될 것이며, 그것은 항시성을 누려야 하는 시간에서 이탈되어 있는 경우로서, 순간성을 생명으로 이해하는 것과 유사하다.

2-3. 물체의 인식 경로에 특수 의미 체계 구축

물체를 지각하는 경로에 있어서 해석의 필요조건은 관찰자의 상태이다. 이러한 물체가 자연물이거나, 어떤 의미의 주체가 되지 않을 경우에는 고찰의 대상이 될 수 없지만, 의미의 주체가 될 수 있고 어떤 정신작용이 결부되어 있을 때 필연적으로 요구되는 것은 그것의 정확한 해석이라고 볼 수 있다. 즉 명확한 주체와 비명확한 주체에 관한 구별의 필요성에 대해 분석하고자 한다.

저자는 조형예술의 범주에 속해 있는 사물 혹은 레디메이드 물질 혹은 질료물체 등에 관심을 지니고 있다. 이러한 물체 가운데에서 금속을 소재로 하여 제작의 과정을 거친 여타의 작품 가운데에서 주관적인 해석이 필연적인 예술작품에 대해 연구의 흥미를 지니고 있으며, 특히 상징성이나 물질이 지니고 있는 특수한 의미체계에 대하여 논하고자 한다.

이러한 물체가 이러한 조건을 지니고 있는 예술작품일 경우에는 필연적으로 작가를 주시하게 되겠으나, 익명성을 지니고 있고 작가 미상일 경우에는 그 해석이 객관에 의존한 주관의 도움을 받게 된다.

그런 경우에 해석을 객관적인 해석이라곤 하지만 작가의 심리상태나 주변 여건의 인과관계를 규명하기 힘들기 때문에 어려운 경로를 거쳐서 해석의 과정에 돌입하게 된다.

어떤 의미를 지닌 즉 관찰자의 심리적인 지각의 상태는 그 해석에 있어서 대단히 영향을 미친다. 심리상태의 조건에 대하여서는 흄의 연구를 예로 들어 설명할 수 있다.

> 소리와 맛과 향은 그것들의 분명한 원천을 추적함으로써 표현될 수 있다. 관찰자는 어떤 단순한 인과적 상호 연관을 만들기 시작하는데 그것은 사물이 존재하는 방식의 윤곽을 그에게 마련해 준다. 그의 인상들 중 대부분은 이 도식에 적합하지만 일부는 그렇지 않다. 자의식(self‑consciousness)은 시각적·촉각적 연속체를 표시(signs)의 원천이라는 점에서 핵심적인 몸을 닮은 것으로 간주함으로써 생겨난다.
> 이 표시의 대부분은 관찰자의 경험의 주요부 분을 확증하는 것으로 해석될 수 있으나, 일부는 그럴 수 없다. 시각적 연속체와 촉각적 연속체가 지각되지 않을 때에도 시간상으로 존재할 가능성은 그것들이 존재해야 한다는 것까지도 그것들이 존재하기 위한 필요조건이 아니라는 점에까지 확장된다. 또한 이 이론은 대상이 그 자체 내에서의 물리적인 변화 이외에는 지각 가능한 성질을 바꾸지 않는다는 것을 요구하기 때문에 이 대상은 상이한 관찰자들이 그것에 대해 갖는 변동적인 인상과는 대조된다.115)

이러한 의미에 관한 관찰자의 심리적 요건의 인과성은 객관이 존재하지 않는다는 것을 의미하기도 한다. 따라서 조형예술에서의 해석의 범주에서 드러나는 이러한 주관적 감성론은 현대의 예술이 대단히 주관적일 수밖에 없는 결과를 가져온 것이라고 생각된다.

지각의 이러한 조건에 종속적인 해석의 하위성은 하나의 작품의 성질은 물론이고 그 시대의 미의식과 직결되며, 지역적이며, 시간적인 집단의식과도 연관을 지니고 있다. 하나의 예술품의 성립에 있어서 그 형식의 선정은 이러한 조건에 지배되며, 그것은 당시의 양식에 결정적인 영향을 주게 된다. 그래서 역사적으로 수많은 양식이 생겨난 것이며, 이러한 양식은 작가가 살고 있는 주변 요건에 필연적인 인과관계에 놓이게 되어 하나의 작품을 해석하는 단서가 될 수 있다.

---

115) Ayer, A. J., 서정선 역, 흄의 철학, 3. 물체와 자아, 서광사, 1987. p.79.

2-4. 예술가의 정신작용 구축

이와 같이 물체를 인식함에 있어서 그 내용을 흔적의 이야기나 신화적인 의미로 관찰할 수 있음을 알 수 있으며, 해석에 있어서 중요한 포인트가 됨을 알 수 있다.

> 물질은 마력(Charm)의 피조체이다. 마력(Charm)은 토니 크랙을 그녀의 번역가로 선택했다. matter를 촉진하기 위하여 그녀의 전략으로서 물질을 사용한다. 그것들은 미끼가 되어 냄새로 유혹하는 함정이 되기도 하며, 인어의 노래가 되어, 예술가를 현혹시켜서 그 과정 속에 포함시키려 한다. 마력은 예술가를 위한 비전을 창출하기 위하여 물질을 사용하는데, 그의 정신을 빼앗을 뿐만 아니라 그의 존재하는 모든 비물질화된 영역까지도 빼앗는다.
> 종종 마력은 물질들의 바로 그 자체의 상관관계 속에 숨어 있는데, 그녀는 하나의 물질의 탄성(elasticity) 혹은 다형현상(多形現像, polymorphism)의 형상을 취할 뿐만 아니라 ……116)

예술가의 특별한 정신작용은 물질에 있어서 특이한 정신작용을 불어넣는 힘을 지니고 있다. 이러한 정신 작용은 물질을 특이한 현상으로 바라보는 힘을 지니게 한다. 이러한 마력은 예술가만의 고유 영역으로서 매우 난해하고 설명하기 어려운 부분으로 보인다. 그러나 이러한 정신작용이란 그 자체로 예술가가 행하는 정신작용의 생산과정에서 생겨난 것이다. 예술가가 정신작용을 불어넣는 행위는 마르셀 뒤샹이 소변기를 예술의 영역에 끌어넣음으로써 비롯된다. 마르셀 뒤샹은 소변기라고 하는 특정한 물체에 자신의 정신 활동을 결부시키며, 기성품(ready-made)이 지니고 있는 기존의 기능성을 해체시키며, 기능성의 전복 내지는 은유성을 역으로 끌어낸다. 소변기가 지니고 있는 기능성은 인간의 배설물을 받아 내는 성질을 지니고 있다. 그러나 이러한 특수한 기능이 전시장에서는 바라보는 대상으로서의 변모를 시도한 것이다. 즉, 단순히 바라보는 것이 아니라, 미적 대상과의 겨루기에 들어간 것이다.

소변기가 지니고 있는 형태의 매끄러움과 움푹 파인 모양과 그 자체가 원래 지니고 있었던 기능으로서의 상징성, 항상 배설물을 받아 내야 했던 운명적인 오브제의 원래의 모습을 관객들은 상상하게 된다. 하나의 물질이나 사물이 지니

---

116) 위의 책, p.9.

고 있었던 원래의 기능이 전복된 것이다. 이런 면에서는 신데렐라 신분의 변신과 같은 것이다.

신데렐라의 신분의 급격한 변환은 일종의 변신의 차원을 넘어선 해체와 같다. 하나의 사물이 지니고 있던 원래의 가치의 전복을 통해서 또 다른 기능성으로의 변신을 가능하게 하는 것이 예술가의 몫으로 남게 되었다.

이러한 기능성의 전복은 고대의 연금술사들이 행했던 연금술과도 비교된다. 연금술사들은 자신이 지니고 있는 특별한 초자연적인 능력을 통해서 기초금속을 가지고 가장 가치가 높은 금이나 은으로 변환시키는 능력을 소유했던 사람을 지칭하는 것으로서, 현대의 예술가들이 자신의 특수한 정신 작용을 통해서, 저가치의 물질을 고가치의 물질로 전환시키는 힘을 지니는 예술가와 비교될 수 있다.

기존의 예술 대상이 형이상학이라고 하는 범주 안에서 항상 숭고해야 하며, 항상 거룩해야 하며, 형이상학의 기준의 안쪽에 있어야 하는 상식을 뒤엎은 것을 말한다. 예술가는 이러한 정신작용을 가능하게 하는 엄청난 범주의 존재가 되게 한 것이다.

평범한 사물에서 평범하지 않은 기능성을 부여하고 그 자체에 자신의 생각을 담으며, 그 자신이 지니고 있는 독특한 내적인 힘을 통해서 사물의 언어를 끄집어내어 전달시키는 힘을 마력(Charm)이라고 불러도 좋을 것이다.

이러한 힘이 예술가의 자체의 특권이기도 하며 기술이기도 하며, 독특한 권리에 속하는 영역이 되기 때문에, 상징언어와 물질언어와 예술가의 마력이 결합되어 하나의 작품이 되게 한다.

여기에서는 기존의 추(醜)의 영역에 머물러 있었던 기능이 해체되고 전복되며, 무의미에서 의미에로 변환되며, 싸구려 물질이 값비싼 물질로 변환될 수 있게 된다.

> 마력의 또 다른 특징 중의 하나는 흔한 물질들에 거하기를 좋아한다는 것이다. 그는 자연이 거부한 것을 사랑하며, 거리에 흩어져 있는 것이나, 창고 주변이나, 쓰레기장 주변이나, 공장 주변에 흩어져 있는 것이나 잡동사니가 남아 있는 곳을 사랑한다. 이러한 매치의 결과는 첫째로 그리고 무엇보다도 먼저 버려진 물질을 간주하여 예술적인 주제에 힘을 불어넣기 위한 것이다. 그리고 그때 그 물질의 형질변환(metamorphosis)이 되는데 토니 크랙은 그것이 이러한 경우로서 실제로 마력과 하나가 되거나 그와 동질의 무엇이 되게 한다. 이러한 형질변경은 값싼 물질을 가치 있는 무엇으로 변경시키는 것으로서 하나의 건설적인 예술이다. 마력에 의해 선택되어 그녀의 번역가가 되어 버린 그것의 잠재력을 보여 준다.[117]

이러한 잠재력에서 금속조형을 비롯한 물질을 주로 다루는 독특한 예술의 독특한 분야의 특정한 예술로서의 성립 가능성은 더욱 확대된다. 현대에 와서 예술가들이 다루는 기술은 대단히 치밀해지고 정교해졌으며, 다분히 계산적이며, 논리적이며 특수한 기법을 연구하고 있다. 각각의 작품에서 특이한 기법을 적용하는가 하면, 자기만의 기술을 확립해서 독특한 조형언어를 산출하고, 다양한 물질의 교접 형식을 통해서 새로운 조형의 탄생을 주관한다. 이러한 과정에 의해, 자연스럽게 새로운 조형언어가 드러나게 된다. 이러한 문제에 대하여, 현대의 작가들은 대단히 민감하게 반응한다. 자신이 지니고 있는 독특한 정신작용을 염두에 두고 이러한 작품에 대한 기능성과 도구성의 문제와 상징성의 문제와 자신이 지니고 있는 내적인 상상력과 선택의 문제가 맞물려서 하나의 작품이 제작되기 때문이다.

여기서 작가는 자신의 어휘를 전달해 주는 물질을 찾게 된다. 자신이 전달해 주려는 언어로서 물질을 선택함이란, 곧 물질이 지니고 있는 내적인 에너지라고 불러도 좋을 듯하다. 내적인 에너지와 그 속에 흐르고 있는 정서를 통해서 작가가 사회에 던지고 싶은 메시지를 찾고 그것을 통해서 수많은 어휘를 찾고자 하는 것이 요즈음 예술가들의 작업방식이다.

이러한 어휘의 전달은 수많은 시간과 예술가들이 이룩해 놓은 토대 위에서 성립할 수 있는 것이기도 하며, 이따금씩은 이러한 토대 위에서 존립하지 않으려는 시도가 발견되기도 하는 특수한 상황이 항상 있기 마련이다. 저자는 이러한 특수한 상황에 대하여 주목하려 한다. 현대의 예술가들이 사용하는 조형언어에서 항시 이러한 특이한 상황이 심심치 않게 발견되는 것은 아마도 예술 분야에서 생겨나는 현상 중에 하나이다. 예술가들은 자신의 의미의 전달과 표현을 위해서 대단히 표현의 범위를 확장하려는 의무를 지니고 있다. 일단 하나의 미적인 기준이 생겨나면 어떻게 해서든지 그러한 기준보다 나은 것을 찾으려고 노력할 뿐만 아니라, 더욱더 다른 가치적인 표현법을 통해서 저급하고 외설적이며 싸구려적인 작품을 거리낌 없이 보여 주는 경우도 있다.

은유성을 추적하여 그 의미에 도달하려는 시도가 있어 왔는데, 이때 그 물질은 하나의 흔적을 소유할 수 있으며, 나아가서는 다양한 흔적을 내포할 수 있게 되기도 한다. 그래서 이러한 암시적인 단어가 물질에 있게 되며, 그러한 어휘는

---

117) 앞의 책, p.10.

곧 그 예술을 이해하는 데 대단히 큰 비중을 차지하게 된다.

실제로 추상언어를 이해하고 그것의 기초를 설정한다는 것은 조형예술의 전반에 걸쳐서 매우 중요한 사실로서 거듭 연구되어 온 것이다.

20세기의 초기의 화가들과 비평가들은 이러한 추상의 문제를 매우 다양하게 연구해 왔다.[118] 추상의 문제는 사전적인 의미로서 일반적으로 '추상한다'라고 하는 말은 "간추리고 정비해서 어떤 특성을 드러내 놓는다."는 뜻을 지니고 있으며, 대화 가운데 '추상적으로 이야기하지 말고 구체적으로 이야기……'는 비구체적인, 애매한 뜻을 지니고 있는 것으로 알려지고 있는데 여기서는 미술에서 사용하는 용어에서의 추상한다의 의미를 논하려 한다. 추상한다가 사용된 경우에 일반적으로 다음과 같은 몇 가지의 뜻을 지니고 있다.

1. 추상(抽象, Abstract)이란 말은 라틴어 abs-trahere에서 유래한다.
2. 대상의 전 구성요소 가운데서 어떤 것을 잘라 내고(Cut Out), 밖으로 끌어내고, 또는 줄이는 것(Diminish)이다.
3. 어떤 대상을 그 전체상에서 생략하고, 제거하고, 정리하는 것이다.
4. 많은 표상에서 공통되는 측면이나 성질을 뽑아내서 그것만을 독립적으로 사유(思惟)의 대상으로 삼는 정신작용이다(국어사전).
5. 어떤 속성(屬性) 또는 특성을 다른 사물 또는 경험과의 결합상태에서 분리하거나 혹은 하나의 전체로서의 경험에서 추출(抽出)하여 파악하는 심적 작용이다(국어사전).
6. 전체상에서 공통되는 특성을 요약, 발췌, 독립시키거나 정비해 가는 작용을 말한다.

따라서 추상을 기술하는 과정을 선취하여 이해한 뒤에 그것을 통해서 작품의 구조를 이해하는 것은 매우 중요한 일이다. 루이 옐름슬레브는 이러한 내용에 관하여 명시적(明示的) 의미를 모든 표현의 체계와 의사소통의 체계의 일차적인 의미복합체로 구분하여 이해하려 했으며, 의미복합체를 기표와 기의의 상관관계 혹은 언어와 메타언어 등으로 차별화하여 이해하려 했다.[119]

---

118) 20세기 전기 미술에서의 추상의 개념은 다음의 두 가지로 압축하여 볼 수 있다.
① 비구체적이고 애매모호한 것으로의 추상
② 전체상 가운데서 특수한 것을 간추려 냄으로써의 추상
이러한 구분은 칸딘스키에게 있어서, 관찰된 리얼리티를 분석하거나 단순화시키는 것을 의미한다고 볼 수 있다. 그것은 "to draw away from, to separate"를 의미하는 것이다. 만약에 우리가 열 개의 사과를 소유하고 있는데 그것을 잘라 내어 숫자를 셀 때에는 그 숫자가 추상적인 숫자가 되는 것과 마찬가지다. 이러한 추상의 용어는 르네상스시기에 수학자들이 처음으로 사용하던 것이기도 한데, 세잔느와 쇠라에 의해서 후일 사용되었으며, 그것의 진실한 발명가는 파블로 피카소이다. H. W. Jenson, The History of Art, Abstraction, Thames and Hudson, 1977, p.681.

3. 조형실험과 작품분석

현대 금속조형은 타 장르적 표현방식이 많이 채택되고 있다. 특히, 물질이 지니고 있는 어휘가 채택되어 그 의미를 주관하고 있는 경우가 아주 빈번하게 발견되고 있다.

이 장에서는 Ⅲ장의 후반에서 다루었던 내용을 실제의 작품에서 구체적으로 확인하는 절차를 수행하고자 한다. 그 기본적인 과정으로 리차드 팔머의 <해석학이란 무엇인가>와 로버트 숄즈의 <기호학과 해석> 등을 중심으로 해석학적인 측면에서 금속이 지니고 있는 의미가 무엇인지를 고찰하고자 한다.

하나의 작품에서 드러나는 의미작용을 추적하기 위해서 몇 가지의 측면에서 고찰하는 것은 쉬운 일이 아니다. 또한, 이러한 해석에 있어서의 객관성을 유지하기가 쉽지 않다.

객관적인 분석이 이루어지려면, 첫째로는 기호학적인 분석이 이루어져야 한다. 둘째로는, 해석의 바탕이 되는 기본 자료의 신빙성이 있어야 한다. 셋째로는, 작가가 의도하는 의미가 밝혀져야 하며, 그것이 작품에서 어떻게 이루어져 있는가를 살펴보아야 한다.

이러한 모든 상황에도 불구하고, 작품에서 드러나는 내용을 접하는 관객의 입장은 대단히 다를 수 있다. 따라서 그들이 접하는 의미는 전혀 새로운 것이 될 수도 있다. 그러나 이러한 오류를 피하기 위해서 전문가들이 동원되어 해석이라는 방식을 택하여 객관성을 유지하려 한다.

여기에 대한 팔머의 견해에 의하면 과학자는 자신의 자료에 대한 분석을 '해석'이라고 부른다고 하며, 문학비평가는 작품에 대한 연구를 '해석'이라 부른다. 또, 뉴스 해설자는 뉴스를 '해석한다'는 방식으로 이러한 내용에 대한 설명을 행하고 있기 때문이다.[120]

이러한 해석의 기초를 이루는 기본 자료는 다양한 방식에서 고찰될 수 있다. 작품을 이루는 제목과 주제, 소재, 채색방식, 작품에 담겨 있는 작가의 제작 당시에 이루어졌던 모든 요소와 행위의 흔적 등이 고찰의 대상이 될 수 있으며,

---

119) 베르나르 투생, 앞의 책, p.91 참조.
120) 리차드 팔머, 이한우 역, 해석학이란 무엇인가, 문예출판사, 1998, pp.27 - 28 참조.

나아가서는 제작한 내용의 이면에 간직되어 있는 다양한 이면적인 의미와 복선 등이 전면으로 부각될 경우, 이러한 해석은 다양한 국면을 이루며 난해한 상황이 된다.

이러한 경우를 구체적으로 상세하게 살펴보았을 때, 비로소 작품의 의미의 근처에 도달할 수 있게 된다. 가령 이러한 의미를 이루는 요인들이 대단히 많은 양을 차지하고 있을 때, 그러한 의미작용의 본질에 있어서 연구자가 가장 어렵게 여기는 부분은 우선순위의 설정과 관련이 있는 내용이 될 것이다. 준 쉬와르츠

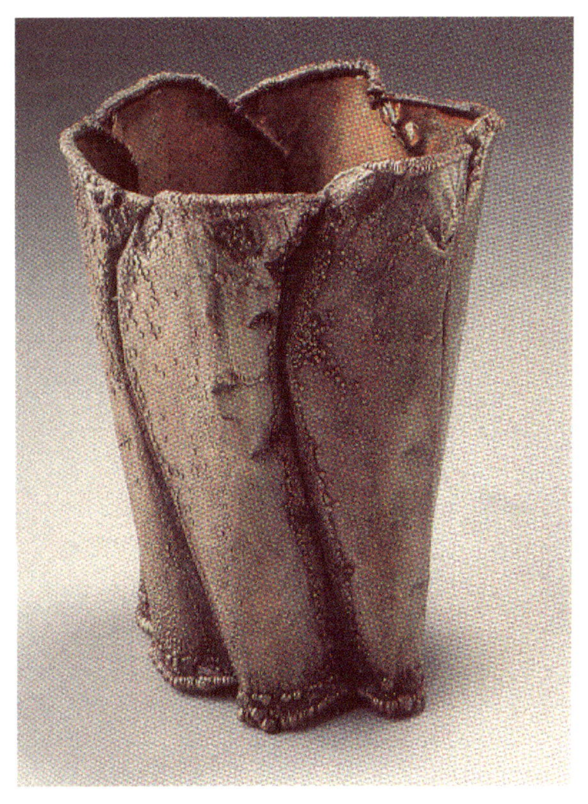

〈그림 59〉 June Schwarcz, #2141, 1999,
Enamel, Brass, Wire Bush Patina, 6½"

의(June Schwarcz)의 작품 ≪#2141, 1999≫(<그림 59>)의 경우는 에나멜과 동, 그리고 철사의 덤불과 같은 재료를 활용하여 작품을 제작한 것으로서, 표면처리는 약간의 부식기법을 활용하여 녹청이 형성되도록 하고 있다.

따라서 이 작품은 일반적인 금속조형의 특성으로 보기 힘든 상황이다. 특히, 전체적인 구성의 방식에서도 그러하며, 작품의 전반을 이루는 표면처리의 방식에서도 그러하고 처리되어 있는 색상에서도 그러하다. 작품을 구성하는 방식에 있어서, 일반적인 경우와 다른 점은 조형을 이루는 기본적인 구축방식이 확연히 다르고, 착색방식이나, 가공기술도 종래의 공예적인 차원이 아니기 때문이다. 그래서 순수한 금속조형의 기법만 사용한 것이 아니라, 조각적인 요소와 회화적인 요소를 두루 포함하고 있어서, 단순히 공예가 전통적으로 지녀 왔던 연출방식과는 대단히 차별화되어 있는 특성들이 눈에 띈다.

현대 금속조형에서 이러한 표현방식이 등장되면서, 금속조형의 표현기법과 이

에 따른 해석의 뒷받침이 강하게 요구되는 대목이라고 볼 수 있다. 해석을 이루는 조형요소를 분류하고 이에 따른 검증이 요구될 뿐만 아니라, 다양한 작품 이외의 요소들이 조사될 필요성이 제기되었기 때문이다.

이러한 기초적인 조사가 이루어진 뒤에 특정한 의미를 이루는 단위들을 나열하고 그것의 상관관계를 엮어서, 1차적인 분석의 자료로 삼아야 할 것이다. 이러한 기초자료의 설정에 있어서도 대단한 주의가 요구된다. 그러나 근래의 쉬와르츠의 작품과 같은 탈장르적인 작품들은 기초적인 요인들이 대단히 의미심장하게 뒤엉켜 있어서, 그 상관관계를 규명하는 과정이 까다롭다. 또한, 상관관계를 이루는 기초자료의 대입에 있어서도, 복수적(複數的)인 의미작용을 전제로 하여 제작되는 경우가 있다.

따라서 하나의 상관관계를 이루는 기본단위들의 조합이 여러 가지의 상황으로 해석의 난해함을 주도하게 되며, 단 하나의 의미를 목표로 제작되지 않는다. 하나의 상관관계가 설정될 때, 그 상관관계의 기초를 이루는 요인들이 차연화되어 있기 때문에 기의가 표류하고 있기 때문이다. 프랑스의 철학자인 자크 데리다는 이러한 의미를 연기로 해석하여 오류를 피하려 한다. 유사한 작품이라도 그 작품이 탄생하게 된 시대적인 배경과 지역적인 구분이 대단히 중요하다. 의미와 이러한 주변 요건을 충실하게 조사하고 탐색하는 정도에 따라서 오류는 줄어들 수 있다.

또한, 표현되어 있는 내용이 시각언어로 이루어져 있는데 이것을 비시각언어로 옮기는 행위를 해석이라고 할 때, 시각언어와 대조를 이룰 수 있는 충분한 어휘가 언어의 구성체로 선행되어 있어야 한다는 것이다.

어휘의 불충분은 비해석 혹은 미해석으로 전락할 수도 있기 때문이다. 이러한 견지를 근거로 하여 가급적이면 객관적인 견지에서 작품의 의미작용의 실제성이 무엇인지를 규명하는 것이 저자가 노력하여 도달하고자 하는 범위이다. 해석학이란 성서의 해석에서부터 근대에 있어서 필요한 다양한 이론들이 다종을 이루고 있겠지만, 성서의 해석에 있어서 필요한 논리와 이에 상응하는 역사적 사료들이 어떠한 타당한 근거를 취하고 있는가일 것이다. 금속에 있어서 필요한 텍스트들을 검토할 때 있어서도 이와 같은 타당성은 반드시 입증되어야 할 필요성이 있는 것이다.

해석학은 이와 같은 의미의 검증에 있어서, 논리를 제공해 주고 있다. 해석학은 시각언어가 베풀어 주고 있는 여러 유형의 언어를 문학적으로 승화시켜 주며, 새로운 텍스트가 되게 한다. 언어적 의미가 발생함으로써 작품의 구조적 질서를 체계적으로 이해할 수 있을 뿐만 아니라, 인식론의 범주에 있어서 필요한 재료를 체계화시킬 수 있고, 복잡할 수밖에 없는 조형언어에의 접근을 가능하게 할 것이다. 이런 점에서 금속 자체가 지니고 있는 여러 유형의 언어들이 검토의 대상이 될 수 있고, 비평을 위한 기초적인 기반을 구축할 수 있다.

따라서 이해의 작용을 위해서 필요한 상상력과 생각의 활동의 검증의 단계에서 필요한 논리를 구체적으로 제시하게 될 것이다. 초기에 검토한 자료를 해석학의 논리에 의해 구체적인 자료로서 체계를 세움으로써, 구체적이며 실질적인 자료가 될 수 있고 그것들을 통해서 결국은 하나의 작품의 객관적 타당성을 입증하게 될 것이다.

이러한 해석은 반드시 이해를 전제로 하고 있다. 예술작품에 있어서 필요한 해석적 문제는 정신과학의 범주에 속하는 것으로서 하나의 작품이 성립하려면, 그것의 양산에 참여하게 된 정신작용에 대한 검증이 이루어져야 한다. 이러한 정신작용이 해석에 있어서 가장 난해하고 어렵다. 왜냐하면 위대한 예술작품일수록 작가의 개인적인 이야기가 담겨 있는 것이 아니라 진실 그 자체에 대하여 말하고 있기 때문이다.[121] 따라서 예술작품이 개인의 문제에 국한되어 있는 경우, 자전적인 여러 취향에 대해 연구해야 하지만, 위대한 예술작품을 분석할 경우에는 그 시대의 흐름이나 조형원리를 근원적으로 파고들어야 할 필요성이 있다.

여기서 인간을 중심으로 펼쳐지는 삶의 문제를 이해해야 한다. 하나의 작품 속에 내재되어 있는 다양한 유형의 흔적들이 이러한 당시의 삶과 관련하여 생겨나고 있으며 그것은 해석학이 참여하게 되는 해석의 필수 조건이 된다. 여기서 이해의 문제를 고찰해 보면, 이해란 '체험 - 표현 - 이해'의 공식에 근거하여 수학적 문제와 같은 절차 속에 있게 되며, 결국 이해란 사람의 정신작용에 의해서 나타나는 현상이 된다. 여기서 중요한 것은 정신작용에 있어서 그 과정이다.

즉, 작가가 이러한 금속언어를 사용하여 작품의 일부로서 사용한다면, 금속 자체가 지니고 있는 이면적인 언어가 이러한 정신작용의 하나의 내용이 될 수

---

121) 앞의 책, pp.168 - 169 참조.

있다. 여기서의 정신작용은 이해를 전제로 이루어질 것이며, 해석은 이러한 정신작용을 검토하는 과정이 될 것이다. 이러한 과정을 거칠 경우 비록 대단히 주관적인 표현법이 적용되었다 하더라도 의미는 객관화될 수 있다. 왜냐하면, 작가와 작품의 완전한 통합이란 있을 수 없으며, 일단 작가의 손을 떠난 작품은 결국 독립된 개체로서 존재할 수밖에 없기 때문이다.

따라서 작품의 의미작용의 근거로서 마련된 여러 가지의 단서들이 객관적으로 입증될 수 있다면, 그러한 자료가 논리적인 검증을 통해서 하나의 이해를 가능하게 하는 해석의 과정에 참여하게 될 것이다. 해석학에서의 의미는 반드시 객관적인 검증을 필요로 한다. 그것을 의미의 읽기라고도 한다.

> 의미는 주관적이지 않다. 왜냐하면 의미는 사고가 대상에 투사된 것이 아니기 때문이다. 의미는 사고에 있어서의 주―객 분열에 선행하는 연관 내에 있는 참된 관계에 대한 자각이다. 의미를 이해한다고 하는 것은 우리 주위의 도처에서 발견되는 대상화된 '정신'의 제 형태와의 현실적인 ―상상적이지 않은― 관계 속으로 파고드는 것을 뜻한다. 의미는 개인과 객관적 정신이 해석학적 순환 속에서 상호 작용하는 문제이다.[122]

결국, 조형예술에 있어서는 고정되어 있는 피사체로서의 예술작품인 경우 이러한 고정성에 대한 다양한 해석학적 검증이 필연적으로 요구되어 일련의 객관적인 해석에 도달할 수 있게 된다. 이러한 다의적인 해석이 요구되는 금속을 이용하는 경우에는 미처 이해되지 못하는 부분이 있어서 작품의 적절한 평가가 이루어지지 못할 경우가 대부분이다.

3-1. 공간성의 해석

선정된 작품에서 드러나는 기호학적인 의미를 살펴보고, 여기서 조형의 주축을 이루는 기본단위를 살펴서 기술하며, 우선적으로 드러나는 제작방식과 관련된 여타 요인의 특성을 기술해야 할 것이다. 여기서 분석의 도구로 필요한 것은 전통적인 관점에서의 고찰이 아닌 기호학과 해석학에 관련된 추론이며, 이를 선행 연구하고 있는 논자들의 서술방식을 참고로 하여 논해야 할 것이다.

---

122) 해석학이란 무엇인가, 앞의 책, p.179.

이 책에서는 이러한 구조기술의 방식을 실험하기 위해서 특징적인 몇 가지의 작품들을 선정하여 조사하기 시작하였다. 저자가 선정한 작품들은 국내작가 3인의 경우로서 최현칠 작 ≪거울 앞에서 - 공경할 敬≫, 고승관 작 ≪Time & Space≫, 변건호 작 ≪시간여행 - 990717≫ 등이 선정되었고, 각 작품들은 매우 특징적인 재료와 조형언어를 사용하고 있는 경우이다.

이 작품들은 재료를 초극하여 색다른 이미지로 변환되게 하는 경우도 있었으며, 물질이 지니고 있는 원초적인 기호로서의 상징성을 초극하는 경우와, 작품에 따라서는 대단히 은유적인 경우도 있었기 때문에 연구의 가치 면에서 훌륭하게 여겼다.

선정된 작품들은 이 장의 서두 부분에서 고찰한 내용을 근거로 하여 예비적인 지식으로 삼고, 연구자가 필요하다고 느낀 몇 가지의 내용을 추가하여 다음과 같은 절차로 분석이 이루어졌다.

㉠ 형태에서 특징이 될 만한 부분은 어떤 것인가? 형태가 지니고 있는 특징과 관련하여 뽑어낼 수 있는 상징성과 은유성 등을 연구하고, 그것이 주는 분위기와 관련된 내용을 조사한다.123)

㉡ 전체적인 상관관계에 있어서의 구조적인 측면을 분석한다. 이러한 구조를 규명하면서 이항대립의 구조가 있는지 살펴보려 하였다. 또한 Dominance에 해당되는 형태가 무엇인지를 파악한다. 이러한 Dominance적 특성은 중심의 위치와 관련된 요인들을 찾아내려는 것이다. 또한, 형태에 있어서의 미묘한 복선이 내재되어 있는지를 살펴본다.124) 그리고 Dom을 받쳐 주는 Sub-Dom과의 상관관계를 고찰한다.

㉢ 사용되는 재료 자체가 주는 특성과 기호적인 측면에서의 원초적인 성격을 규명한다. 즉, 신화적인 속성이나, 재료가 주는 어감과 관련된 주변 요인들을 체계적으로 분석한다. 이러한 내용은 비언어학적인 기호와 관련된 요인들을 찾아내는 것이기도 하다. 즉, 숨어 있는 메타언어를 끌어올리는 작업이기도 하다. 그것은 철저히 기표를 의식하면서 기의를 추적해 들어가는 일련의 과정을 의미한다. 이러한 내용에 관해서는 롤랑 바르트의 랑그/빠롤의 이분개념과 더불어 기표 기의, 지시물에 관한 이론과 기호 이론 상징의 상관관계를 연구하는 것이기도 하다.125)

㉣ 기법적인 면에서, 특수한 형질변환이 계획되고 있는지를 살핀다. 이러한 형질의 변환은 작품의 의미를 구축하는 데 있어서 매우 중요한 요인으로 작용할 수 있다. 그래서 전체를 이루는 기법과 부분을 이루는 상하위의 구조를 역학적으로 관찰한다. 그리하여

---

123) 사또루 후지 편, 김복영 역, 미와 조형의 심리학, 조형사, 1994, pp.8 - 20 참조.
124) 쥬디스 윌리엄슨, 조병량 옮김, 광고기호론, 열린 책들, 1985, pp.54 - 60 참조.
125) 베르나르 투생, 앞의 책, p.75 - 77 참조.

기호 사각형을 구축하고 분석한다.126)

ㄸ 조형을 이루는 기본적인 단위에 해당되는 모든 요인을 차례대로 기술하기는 매우 불가
능한 것이지만, 전체적인 측면과 부분적인 측면을 모두 감안하여, 그것을 기호학적으로
분석하고, 그 작용점과 구조 및 대응관계 등을 체계적으로 기술한다.127) 이러한 몇 가
지의 자료를 근거로 하여 전체적인 작품의 구조를 기술하는 과정은 작품을 체계적이며
논리적으로 이해하는 데 매우 도움이 되며 가치 있는 사실이라는 것을 발견하게 될 것
이며, Tool이 사용되지 않은 상태와의 대단한 차별성이 드러날 수 있다. 또한 이러한
절차에 있어서 특정한 방식에 우선순위가 있는 것은 아니라고 본다. 그것은 논의하는
과정상의 절차에 한정된 부분에 불과하기 때문이다. 여기에 적용된 사례들은 기호학적
인 체계를 더욱 명료하게 하기 위해서 '해체론'에 관련된 문헌을 참고로 하여 진행하
였다.128)

가. ≪거울 앞에서 – 공경할 敬 ≫의 경우

최현칠 작품 ≪거울 앞에서 – 공경할 敬≫(<그림 60>)의 경우, 형태 면에서
살펴보면, 우선 전체를 살펴볼 때, 새의 형상에 꼬리 부분에 하트 모양을 하고
있다. 여기에서 등장되는 하트 형태는 새를 초점으로 하여 바라볼 경우는 약간
불합리하게 보인다. 그러나 새의 이미지가 아닌 장신구적인 입장에서 거울이라
는 특징을 놓고 볼 때에는 인체의 형상으로도 바라볼 수 있다. 그래서 형상이
지니는 일면이 이중화되어 있다.129) 그런 면에서 두 가지의 형상이 하나의 작품
으로 읽힐 수 있다.

전체적인 이중 구조체는 새가 지니고 있는 유연한 곡선과 하트 형상의 생략
된 이미지가 함께 부각되는 거울과 새의 형상과의 상관관계이다. 여기서 주목할
것은 거울의 하트 모양이 Dominance로 사용된 것으로서, 기능성과 더불어 형태
의 지주 역할을 수행하고 있다.

이러한 내용을 바탕으로 하여 이항대립의 구조(<표 50>)를 살펴보면 다음과
같다.

사용되는 재료는 동합금으로서, 단순히 재료가 선택되어 처리된 작품으로 보
이지는 않는다. 동이 지니고 있는 유연함과 거울이 지니고 있는 차가운 성격을

---

126) 장 마리 플로슈, 조형기호학, 한길사, 1994, pp.37 – 41 참조.
127) 장 마리 플로슈, 앞의 책, 49 – 50 참조.
128) 김상환, 해체론 시대의 철학, 문학과 지성사, 1996, 해체론 시대의 예술, 문학과 사회 36 〈1996, 겨울〉, The
New Modernism, Deconstructionist Tendencies in Art, Art & design vol.4, 3/4 – 1988 등.
129) 장 마리 플로슈, 앞의 책, p.65 참조.

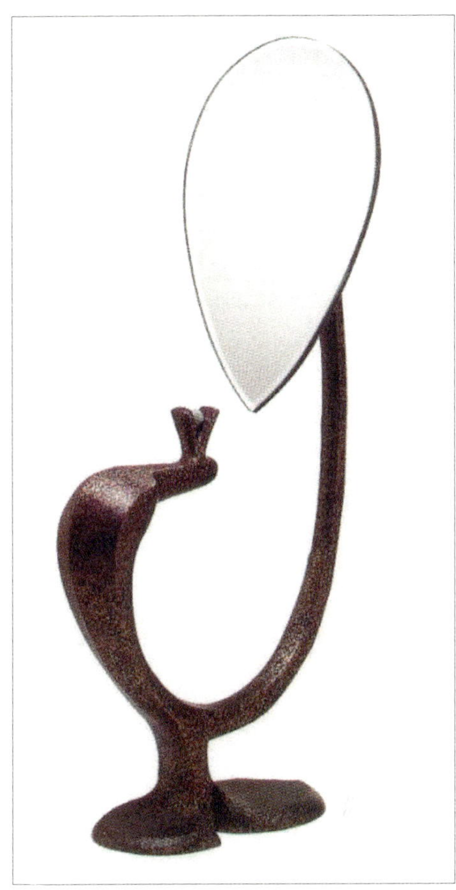

〈그림 60〉 최현칠 작, 거울 앞에서 - 공경할 敬(In front of the Mirror - Respect), Bronze, Aluminum, Steel, 24k Gold Foil, 255×310×690㎜

상반 배치적으로 설정하였기 때문에 노출되는 이미지는 대단히 아이러니컬한 일면을 엿볼 수 있다.

따라서 동을 사용하여 매우 귀한 속성으로 연출하여 형질의 변환을 꾀하고 있는 연금술적인 작품에 해당되며, 다양한 기법이 적용되진 않았으나, 정교한 표면의 처리가 돋보이는 작품이다.

또한, 새의 입에 물려 있는 악센트 역할을 수행하고 있는 구슬은 마치 화룡점정을 노리는 듯한 조형언어에 해당된다. 그것은 단순한 보석 이상의 의미를 담고 있으며, 전체적인 작품의 액세서리이다.

그것은 두드러진 기호의 절정에 해당되는 휘어 있는 형태를 지니고 있는 새의 입에 마치 여의주를 물고 있는 것과 같은 악센트를 더욱 강렬하게 부각시킨다. 이러한 구조를 통해서 상단 부위에 있는 거울과 중간 부위에 있는 거울의 유선형과 바닥 부위를 지지하고 있는 받침대의 상관관계가 대단히 미묘하면서도 특징적인 흐름을 연출하는 것이다. 하단 부위의 구조를 받치고 있는 발 부위는 대단히 투박하지만 안정감을 더해 주고 있다.

새의 입에 문 보석과 방향성은 전체적 음악적 흐름은 안정감 있고 얼굴을 지시하고 있는 형이상학적 형태 생물학적(유기적 형태) 모양을 취하고 있다.

〈표 50〉 ≪거울 앞에서 - 공경할 敬≫의 이항대립 구조

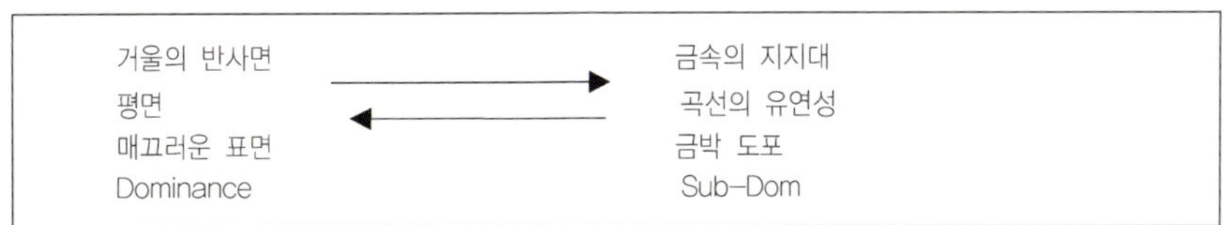

거울의 반사면	금속의 지지대
평면	곡선의 유연성
매끄러운 표면	금박 도포
Dominance	Sub—Dom

나. ≪Time & Space≫의 경우

고승관 작 ≪Time & Space≫(<그림 61>)은 삼각의 지지체를 만들어서 마치 인체가 엎드린 듯한 모습을 보여 주는 작품이다. 그것은 삼각의 지지체를 통해서 안정감을 꾀하려는 시도이기도 하다.

또한 나무의 이러한 자세는 자연으로 회귀하려는 자세처럼 보인다. 마치 안으로 향하는, 어떻게 보면 땅으로 스며드는 듯한 인상을 심어 주기 때문이다. 그리고 계획된 방식에 있어서의 스케일이나 구조 면에서 이전의 금속조형이 주는 장신구적인 입장보다는 조각적인 특성에 보다 가까운 것이 특징적인 변화이기도 하다. 그리고 대단히 정교하게 묘사하여 단순히 금속의 조형적인 특성을 이탈하고 있으며, 하이퍼 리얼리즘 조각적인 성격을 노출하고 있다.

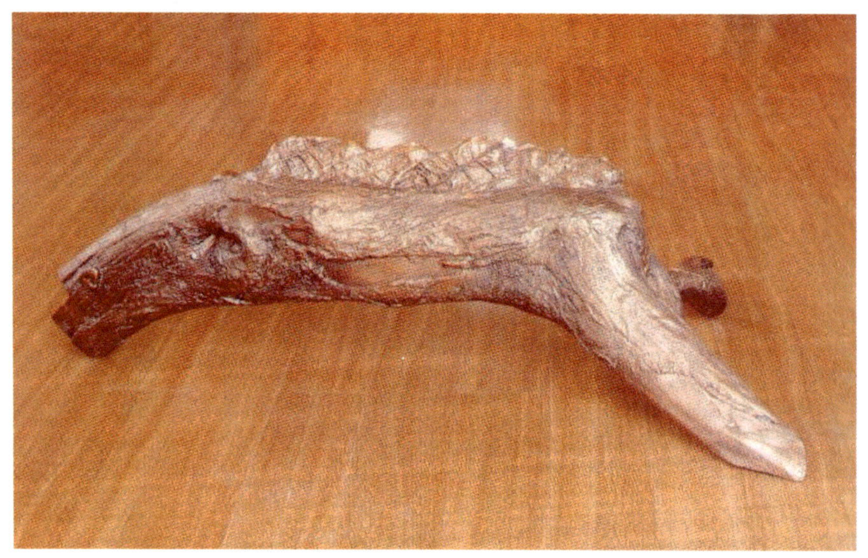

〈그림 61〉 고승관 작, Time & Space, Bronze, 700×450×350㎜

그것은 금속조형이 대단히 무디고 두루뭉술한 데 반하여 정교한 묘사를 겨냥한 것이기도 하다. 따라서 실제의 사물과의 구분을 매우 어렵게 하는 특성을 지니고 있다. 그래서 일루전을 창출하여 금속으로 고목의 질감이 나게 하여 형질 변환이 이룩된 작품이다. 작품의 이러한 특성은 깊은 통찰력에서 비롯된 것으로 보인다. 또한 이항 대립의 구조를 살펴보면 다음과 같다.

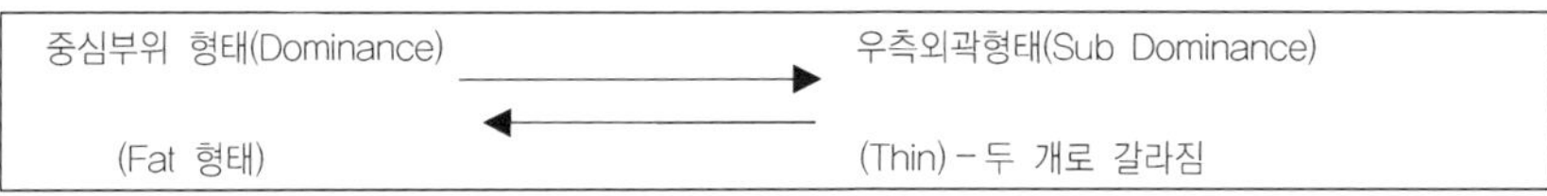

〈표 51〉 고승관 작 ≪Time & Space≫의 [형태 면] 이원구조

상단 부위에는 나뭇잎사귀가 마치 고목에 붙어 있는 것을 통해서 새끼를 등에 업고 있는 모습을 연상시킨다. 작가가 나무의 등에 심어 놓고 있는 잎사귀의 형태는 Sub-Dom의 역할을 행하기에는 매우 불충분하게 여겨진다. 따라서 내용 면에서 살펴보면 단순한 이원구조로 이루어짐을 알 수 있다.

또한 일반적인 narrative를 거세하고 구조를 생략한 채, 극렬한 사실주의적 묘사에 치우쳐 있다고도 볼 수 있으나, 전체적인 짜임새가 주는 의미가 특징적이다. 작가는 이러한 엎드린 자세를 통해서 마치 성교하는 자세를 보여 주고 있는데, 그것은 대지와의 교통을 의미하고 있다. 작가가 대지와 교통을 통해서 우리에게 주려는 메시지는 자연과의 합일을 꾀하려는 것이기도 하다. 작가는 유난히 땅에 집착하는 삶을 살고 있다. 수년째 그는 세속적인 삶을 떠나서 수십 개의 탑을 쌓고 있다. 작가가 이러한 고행을 행하는 이유는 이러한 작품에서 은연중에 드러나고 있는 것이다.

세속적인 삶에서의 덧없고 무상한 일상을 저버리고, 다시 원초적인 자연으로 회귀하려는 시도는 작품이 지니고 있는 건조한 색채와도 맥을 같이하고 있다. 작가의 고통스러운 시도와 고행을 엮어서 물질을 떠나서, 땅에로의 복귀를 노리고 있는 시도는 금속 자체가 지니고 있는 이러한 단순한 색상에서 찾을 수 있는데, 그것은 원초적인 색상이 주는 미묘한 비가공의 효과이기도 하다. 이러한 특성은 기표와 기의의 불일치를 야기하는 해체론이 적용된 기호학으로 읽을 수 있다.[130]

다. ≪시간여행-990717≫의 경우

변건호 작 ≪시간여행-990717≫(<그림 62>)은 구조체의 기능이 대단히 선명하게 이루어져 있다. 특히 상단 부위에서 하단 부위로 이어지는 기둥은 Mass를 공간으로 대치하는 세련됨을 보여 주고 있다.

---

130) Paul Crowther, Beyond Art & Philosophy, Deconstruction & Post-modern Sublime, Art & Design Vol.4 No.3/4 - 1988, The New Modernism, Deconstructionist Tendencies in Art, p.47.

이와 같은 비어 있는 공간은 둔탁한 금속조형의 한계를 뛰어넘으려는 시도처럼 보인다.

기둥으로 여겨지는 Void 공간은 그리스의 신전과 같은 선으로 이루어져 있으며, 지지체로서의 구조를 날렵하게 하여 시선을 자극하는 역할을 수행하고 있다. 따라서 제목이 주는 포스트모던한 특성을 반영하고 있다.

보이드의 상단 부위에 금속이 흘러내리는 듯한 이미지를 통해서 독특한 물성이 생겨나도록 계획되고 있다. 그것은 모래시계와도 같은 구조를 보여 주고 있으며, 시간의 흐름을 상징하고 있다.

한 가지 특징적인 것은 3가지의 계층구조를 지니고 있다는 것이며, 직선과 곡선이 하모니를 이루면서 그 속에 또 다른 공간이 계획되고 있다는 것이다.

작가의 의도는 이러한 복합적인 공간을 통해서 과거와 미래를 연결하는 통로를 만들어 보려는 의지를 엿볼 수 있다. 또한 금속의 깨끗하고 밝은 이미지와 하단 부위의 검은 지지체의 대립 구조를 통해서 강렬한 콘트라스트를 설정하려 한다.

이 작품의 구조는 서로의 긴밀한 연락관계를 이루고 있음을 알 수 있다. 그러한 이미지가 이 작품의 제목과 대단한 연관을 드러내고 있으며, 작가는 이러한 외적인 이미지와 시간과 공간과의 상관관계를 독특한 형태의 변환을 이룩하면서 금속의 액체와 같은 이미지를 만들고 그것을 통해서 자신이 드러내고자 하는 메시지를 관객들에게 선사하고 있다. 다만 수직과 수평에 의존하고 있는 점에서는 다소 모더니즘적인 구도를 보여 주고 있다. 그러나 이러한 구조는 이전의 이원구조와는 다른 삼중 구조로서 특이하다. 그것은 현재와 과거 미래를 연결 지으려는 수단과도 통하는 것이기도 하다. 작가는 이러한 구조에 대단한 역점을 두고 있으며, 구조의 복합성을 통해서 시간여행이라는 주제를 소화하려 하고 있다.

<표 52> ≪시간여행 - 990717≫ 복합 삼중 대응구조

곡선형태	⇄	하늘(구름)
↕		↕
선의 공간	⇄	현세와 내세를 연결
↕		↕
곡선형태 + 불투명체	⇄	땅을 상징

　　이러한 조화를 통해서 안정감을 취하게 되고 지면에 자연이 흘러내릴 듯한 물질언어로 인해 땅으로 스며드는 자연회귀 사상과 또한 위에서 물방울처럼 흘러내릴 듯한 형상과의 연계성을 통해서 하나의 연관성이 있는 구조체가 되게 한다. 그것은 해체론이 적용된 흔적의 연속체로 보이기도 한다.[131] 해체론은 단순하게 파괴하거나 구축하는 것이 아니다. 다만 이동을 통해서 분해하고 재구축하는 과정을 보여 주려는 것이다. 그것은 운반과도 같은 것으로서, 소통의 체계를 대단히 원활하게 하고 있다.

　　따라서 변건호의 작품은 대단히 현대적인 메시지를 담고 있다. 우선 사용되고 있는 선택된 재료의 물질언어가 그러한데, 물질이 주는 메카닉한 드라이함을 통해서 건조하고 가공된 세계를 연출하려 한다. 그것은 현대의 물질문명을 암시하고 있는 것이다. 또한 이러한 보이드 공간을 넘나드는 액체는 순환하는 과정으로서의 현상을 의미한다. 따라서 순환하는 계의 일시적인 현상으로서의 묘사는 적절하게 이루어지고 있다.

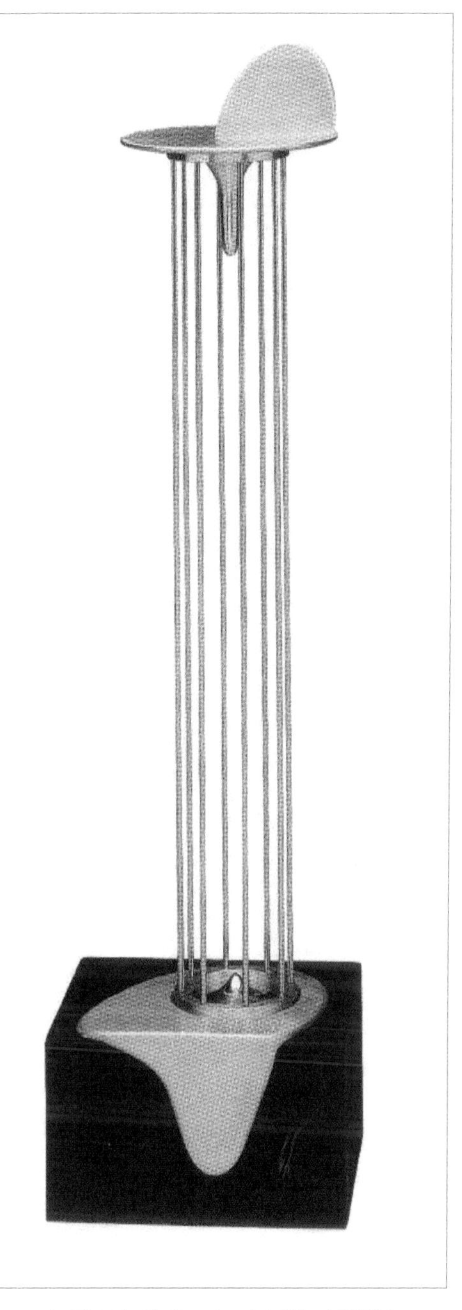

〈그림 62〉 변건호 작, 시간여행 - 990717, 두랄루민, 스테인리스 스틸, 185×150×570㎜

---

131) 김상환, 해체론 시대의 예술, 문학과 사회 36 〈1996, 겨울〉, pp.1805 - 1811 참조.

3-2. 물질성의 교란 - 준 쉬와르츠의 전해주조

현대 금속조형 작가인 준 쉬와르츠(June Schwarcz's)의 전해주조 작품의 색채 구조물들 중 몇 가지를 이러한 물질언어의 교란이 가미된 사례로서 분석하고자 한다.

하나의 작품에 채택된 물질 자체의 어휘와 이면적인 물질언어가 내재해 있어서 그러한 언어를 작가가 의도적으로 사용하고 작품을 제작할 경우에는 매우 의미작용이 복잡하여, 형질이 변환되어 다른 물질이 지니고 있는 물질언어가 오히려 작품을 이루는 기본적인 요인으로 부각되어 주객이 뒤바뀐 형국이 된다.

이러한 경우는 금속조형의 표현의 한계를 초월하여 새로운 지향점을 향하여 나아가는 경로를 통하는 것이며, 그것은 이전의 지향점에서 이탈하여 새로운 방향을 추구해 나아가는 것이 될 것이며, 물질이 지니고 있는 다양한 언어가 해체되거나 이중화되거나 복잡하게 되어 복수적인 의미작용에 관여하게 된다.

그러나 작품의 의미에 있어서 이러한 고정성이 보장되어 있다 하더라도 항상 객관적인 해석에 쉽게 도달되는 것은 아니다. 그러한데, 이러한 고정성마저 허물어져 있고, 대단히 난해한 의미해석을 전제로 하여 작품이 다의적으로 지향점을 모색하고 있을 경우는 정확한 도구가 제도적으로 보장되어 있거나, 유사한 모델을 분석한 사례가 있어야만 해석에 도달될 수 있다. 이러한 유사사례를 통해서, 작품은 그 검증의 절차를 형식화할 수 있기 때문이다. 포스트모던 조형작가들은 이러한 사례연구가 불충분하여 정확한 검증을 받지 못하는 경우도 많다.

따라서 고정적인 특성이 검증된 상태와 그렇지 못한 경우에 대한 여러 방향에 대한 탐색이 결부될 경우 야기될 추상성에 대한 차연성에 대하여 작가는 책임을 지니게 되며, 여기서 작품의 의미의 연기가 필연적으로 이루어져 기호학적인 해체가 이루어지게 되며, 하나의 작품에서의 표현과 실재성의 비일치를 맞이하게 될 뿐만 아니라, 그것은 데리다의 해체적인 작품으로 분류되기에 이른다.

현대에 와서는 이러한 금속의 가치와 기능성에 대한 내용을 뛰어넘어서 다양한 내용의 금속 조형이 이루어지고 있음을 알 수 있다. 각각의 작품 속에는 뛰어난 정신작용을 가능하게 하는 철학이 내포되어 있을 뿐만 아니라, 금속의 자연색에 만족하지 않고, 착색을 행한다거나 재질을 변환시키는 새로운 의미의 연

금술을 행하고 있다. 이러한 의미의 변환과 정신작용은 작품의 제작에 있어서
필연적인 수순으로 보인다.

현대의 금속조형이 이와 같은 난해한 경로를 보이는 것은 20세기의 후반부터
이루어진 장르 간의 해체현상과 정신성의 이입과 과학문명의 발달에 의한 가공술
의 혁신적인 발전과 함께 이루어진 것으로서 매체의 전이와 다중적인 의미작용의
결과이기도 하다. 또한 대중 친화적인 키치적인 표현법과 과거에는 그다지 주목
하지 않았던 다양한 표현 방식들이 등장하고 있으며, 이러한 표현법에서 새로운
조형작품들이 탄생하고 있다. 화가나 조각가들이 과거와는 다른 방식으로 금속을
이용하고 있으며, 그들이 사용하는 기술이 대단히 미묘하게 전개되고 있다.

해석학적 관점에서의 명증성은 여기에 달려 있으며, 하나의 의미에 있어서 여
러 가지의 관점에 객관적인 상황의 입증 자료로 채택될 수 있을 때까지 유보적
인 상황에 있게 된다. 특히, 이러한 경우는 물질언어가 교란되어 있을 경우가
대부분이다.

하나의 작품에서 필요한 해석을 행하기 위해서는 그 속에 내재되어 있는 다양
한 주변의 자료들이 체계적으로 보충되어야 할 뿐만 아니라, 이러한 표현의 방식
을 도와줄 여러 가지의 체계적인 이론이 뒤를 따르고 있다. 특히 표현주의적인
작품이나 의미가 다의적으로 전개되어 해체적인 성향을 띠고 있는 경우에는 종
잡을 수 없을 정도로 난해하여 차연(differance)[132]적인 읽기의 필요성이 제기되었
다. 이러한 해체론은 한 작품의 의미작용에 대한 새로운 견해로 보인다. 이 단락
에서는 이러한 유형의 몇 작품들을 연구하여 그 모델로 제시하고자 한다.

쉬와르츠의 작품 ≪#2138, 1999≫(<그림 63>)의 경우는 이러한 특성을 매
우 잘 설명해 줄 수 있는 경우로서, 에나멜, 녹청, 은판 등을 독특하게 연결 지
어 제작된 경우로서, 외관상으로는 마치 가죽과 같은 질감을 드러내고 있어서
물질언어가 교란된 상태에 있다.

이와 같이 하나의 작품에서 그 작품의 의미 작용이 그다지 복잡하지 않았던

---

132) 차이를 의미하는 difference라는 단어와 동음을 가지고 있는 differance는 e를 a로 바꿔 만들어 낸 데리다의
　　신조어로서 '존재'나 '기호'를 고찰하기 위해 통상적인 '차이'라는 개념의 변조가 필요했고, '존재'가 자기 자
　　신과 약간의 어긋남도 없이 자기 현전한다는 것이 있을 수 없는 일이기 때문이라고 보았기 때문이다.
　　difference라는 명사형에는 '지연시키다, 연기하다'라는 의미가 없지만 differer라는 동사형에는 포함되어 있
　　다. 이러한 의미를 담고 있는 명사형이 그가 개척한 용어 differance이다. 이광래, 해체주의란 무엇인가?, 교
　　보문고, 1993, p.378, 〈부록, 용어해설〉 재인용.

이전의 작업과는 달리 시대적인 상징성을 지니고 있는 다양한 표상이나 문자가 개입되고, 색채의 상징성과 물질적인 의미가 이면적인 의미작용에 관여하게 될 경우에 그 작품의 해석은 거의 객관적인 해석이 불가능하게 되는 일련의 퍼즐 관계에 놓이게 되기 때문이다.

현대미술에서 서구의 미술의 경향과 동양의 미술이 교차되는 것은 대단히 많이 있어 왔다. 또한 시대를 초월하거나 시간을 달리하는 이질성이 하나의 작품에 공존하는 현상이 포스트모던 양식에 그대로 반영되고 있다. 그래서 하나의 작품을 올바르게 분석하기 위해서는 여러 가지의 주변 여건을 충실히 살펴보아야 할 것이며, 의미를 나타내는 다양한 물질어휘를 이해해야 하리라 본다.

이 단락에서는 작품을 분석하는 과정에서 파생되는 다양한 조형어법을 모두 적용하여, 분석할 수 없기 때문에 물질언어의 주변 요인들에 관한 문제에 한하여 다루고자 한다. 따라서 금속조형이 표출할 수 있는 다양한 어법 가운데에서, 텍스처를 주도하고 있는 다양한 문제들을 거론하게 될 것이다.

쉬와르츠는 주로 전해주조를 사용하여 작품을 제작하는 작가이다. 표면처리에 있어서는 부식, 에나멜 산화기법, 녹청착색 등 매우 다양한 금속공예의 방식을 적용하는 작가이다. 그의 최근 몇 작품을 이와 같은 시각에서 분석하여 물질언어의 표출방식과 관련된 문제를 검토하고자 한다.

작품 ≪고대의 제단, Ancient Alter Ⅱ, 1996≫(<그림 64>)은 형태적인 측면에서 우선 솥과 같은 형상을 하고 있으며, 3개의 발이 지지체를 갖추고 있어서 대단히 안정감을 주고 있다.

이 작품은 동으로 제작된 것이지만 철과 같은 느낌이 오히려 강하고, 대단히 투박한 마무리를 통해서 고대의

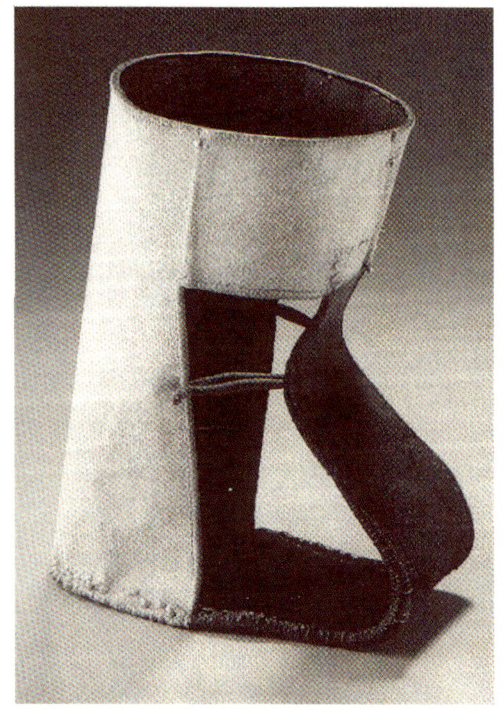

〈그림 63〉 June Schwarcz, #2138, 1999, Enamel, Black Patina, Silver Plating, 7½×5¾"

유품과 같은 특징을 보여 주고 있다. 움푹 파인 안쪽의 형상은 아래로 원추 모양으로 하강하고 있어서 땅을 향해서 찌르고 있는 듯한 느낌을 지니고 있다.

　위의 원반 형태는 대단히 원초적인 둥근 형태로서, 하늘에서 떨어지는 축복의 비를 받아 내기 위해서 입을 벌리고 있는 느낌을 제공하고 있다.

　여기서 연구와 고찰의 대상이 될 수 있는 것은 동으로 제작된 작품이 마치 철과 같은 느낌으로 변조되어 보인다는 것이다. 이러한 물질언어의 교란은 작가가 지니고 있는 독특한 전해주조 기법과, 에나멜, 산화작용 등의 방식 때문이다. 작가가 동을 사용하여 철의 느낌을 내는 구체적인 이유는 작품의 제목에서 드러나고 있는데, 고대의 제단으로서의 품격과 시간성을 표현하기 위해서이다. 그러나 직접적으로 철을 사용하지 않는 이유는 내구성을 확보하여 작품의 품격을 상승시키기 위함이다. 따라서 관객들은 작가가 드러내려는 '철'의 느낌으로 쉽게 수용하게 된다.

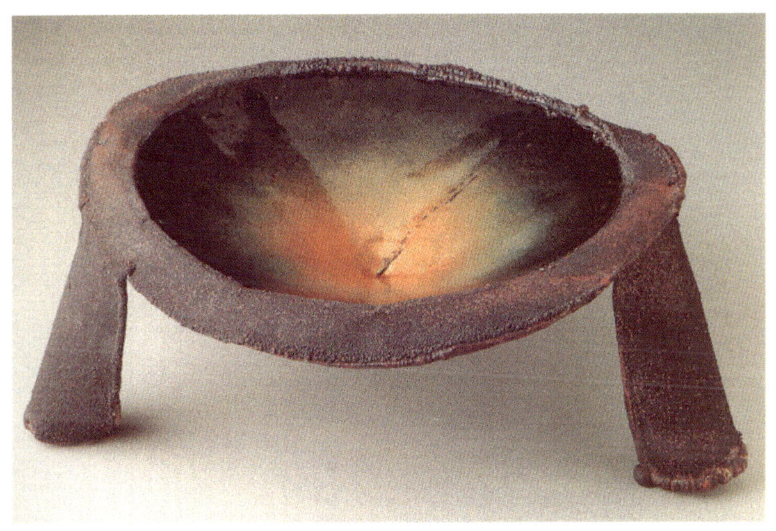

〈그림 64〉 June Schwarcz's, Ancient Alter Ⅱ, 1996,
Electroformed Copper Foil, Enameled and Oxidized, 4½×11½"

　여기서 관심을 갖고 고찰의 대상이 될 수 있는 부분은 '철'이라고 하는 물질언어의 기원이 되는 여러 가지의 내용이다.

　인간의 역사의 기원이 되거나, 종교의 근원이 되거나 원형(Apocript)이 될 수 있는 제반 요소들은 인간의 사고의 근원이 될 수 있으며, 인간의 무의식에 내재해 있을 수 있으며, 그것이 지시하는 대상을 은유적으로 상징할 수 있기 때문이다.

보통으로 이러한 신화는 예술작품의 내부에 간직될 수 있으며, 시, 문학, 회화, 조각, 공예 등의 예술의 표현방식이 될 경우도 있다. 그러나 이러한 신화는 살아 있는 동식물과 같아서, 때로는 변화하고 첨가되거나 삭제될 수도 있어서 항상 생산과 발전의 형태를 유지하게 된다.[133] 본 연구는 이러한 유동적인 내용의 신화의 이면적인 의미가 예술품의 언어에 어떻게 상관관계를 지니고 있는지를 살펴보려는 것으로서, 각국의 근원이 되는 의미의 대강을 살펴보고 그것이 적용되는 조형예술로서의 금속공예작품을 이해하여 창작의 기법과 의미작용을 연구하려 한다.

〈표 53〉 ≪Ancient Alter Ⅱ, 1996≫의 복합 대응구조 분석

원형형태	⇄	하늘(궁창)
⇕		⇕
선의 공간	⇄	현세와 내세를 연결
⇕		⇕
다리형태＋불투명체	⇄	땅을 상징

그의 작품을 단순히 금속조형의 기존 조형어법으로 해석하려는 시도는 금물이다. 작품을 하나의 텍스트로 본다고 할 때, 그 텍스트는 해체적인 조형어법이 적용되는 단계에 이르기까지 어렵고 난해해지기 때문에 단순히 해석하려는 근대적 발상은 이미 그 한계를 넘어섰다고 보고, 해체론이나 그 주변에 있는 기호학의 도움이 해석에 있어서 필수적인 상황이다. 연구자는 이러한 연구에 있어서 기초적인 해석학적 고찰을 위해 필요한 내용이다. 이러한 내용을 뒷받침하는 고증 중의 하나로서, 성서에서 등장되는 철(鐵)의 언어적 근거를 살펴보면 다음과 같다.

---

133) 선정규, 중국신화 연구, 신화의 보존과 개작, 고려원, 1996, pp.18－19 참조.

······ 임금님께서 바로 그 금으로 된 머리이십니다. 임금님 다음에는 임금님보다 못한 다른 나라가 일어나겠습니다. 그다음에는 청동으로 된 셋째 나라가 온 세상을 다스리게 됩니다. 그리고 나서 쇠처럼 강건한 넷째 나라가 생겨날 것입니다. 쇠가 모든 것을 부수고 깨드리듯이, 그렇게 으깨 버리는 쇠처럼 그 나라는 앞의 모든 나라를 부수고 깨뜨릴 것입니다. 그런데 일부는 옹기장이의 진흙으로, 일부는 쇠로 된 발과 발가락들을 임금님께서 보셨듯이, 그것은 둘로 갈라진 나라가 될 것입니다. 그러나 쇠와 옹기 진흙이 섞여 있는 것을 보셨듯이, 쇠의 강한 면은 남아 있었습니다. 그 발가락들이 일부는 쇠로, 일부는 진흙으로 된 것처럼, 그 나라도 한쪽은 강하고 다른 쪽은 깨지기가 쉬울 것입니다. 임금님께서 쇠와 옹기 진흙이 섞여 있는 것을 보셨듯이 그들은 혼인으로 맺어지기는 하지만, 쇠가 진흙과 섞여 하나가 되지 못하는 것처럼 서로 결합되지는 못할 것입니다(다니엘 2:39 – 45).

이러한 내용은 각 금속의 물질언어를 이해하지 않고서는 해석할 수 없는 내용으로서 예언자 다니엘이 그러한 내용을 해석하게 된다. 따라서 예언자 다니엘은 현대에서도 알기 힘든 다양한 상징적인 어휘의 사용에 대한 성서적인 입장을 매우 분명하게 설명하고 있다. 각 내용에서 물질과 금속은 그 시대를 상징하는 문명을 절대적으로 상징하고 있다고 설명하는 것이다.

쉬와르츠의 이러한 작품들은 전통적인 금속조형가들이 장신구나 식기, 혹은 가벼운 감상용 오브제 등 손쉽고 제작하기 쉬운 제품을 제작하던 것과는 매우 다른 유형으로서, 조각가들이 제작하는 방식이나, 아니면, 일반적인 조형예술이 아닌 유형의 물체를 제작하는 것과도 닮아 있다. 그리고 전통적인 공예의 특징을 지니고 있지도 않다. 공예는 대다수 아기자기하고, 매만지기 쉬운 소재를 다루는 것으로 알려져 있으며, 대단히 정돈된 일정한 틀 속에서 이루어지는 장르적인 특성으로 이해하고 있다.

이러한 작업방식의 특성에서, 쉬와르츠가 주안점을 두고 있는 작업의 주된 이념은 일반적인 재료가 지니고 있는 물질감이나, 표면에서 오는 뉘앙스와 형태적인 특성들을 모두 이탈하고 있다. 또한, 소재적인 특성에서 오는 물질의 언어가 왜곡되어 있거나 교란되어 있다.

이런 점에서 쉬와르츠는 전통적인 가치관에 의해서 바라볼 경우 매우 가치가 낮은 유형으로 처리될 수도 있다. 쉬와르츠는 이러한 위험성을 감수하고서, 물질성을 우위에 두는 작품을 제작하고 있는데, 그것은 이전의 작업의 기틀로 여겨 온 다양한 형식적인 틀을 이탈하여 체계를 구축하는 것으로서, 물질의 기본

적인 어휘의 레퍼토리를 주축으로 하여 작품을 제작하는 것으로서, 이전의 장신
구적인 미려함을 추구하던 방향과는 매우 다르다는 사실을 한눈으로 알 수 있
다. 이 작품의 복합대응 구조는 <표 53>과 같다.

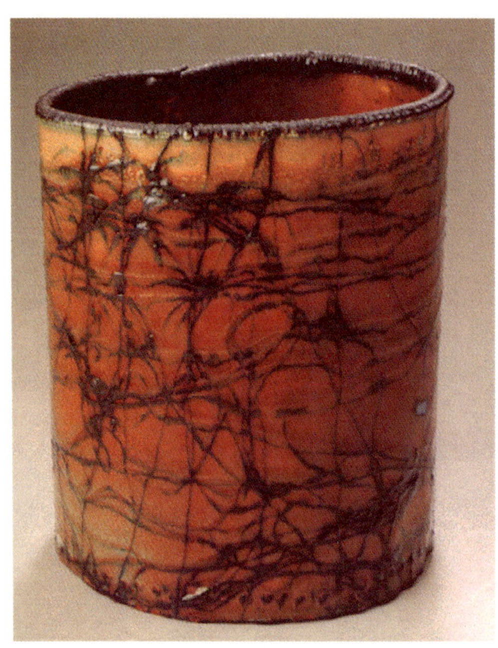

〈그림 65〉 June Schwarcz, Brittle Vessel, 1996,
Electroformed Copper Foil, Fine Wires Fused into
Enamel, 6×6×5"

≪Brittle Vessel, 1996≫(<그림 65>)은 대단히 회화적인 분위기를 연출하고 있는 경우로서, 표면의 느낌과 3차원의 공간을 연출하고 있다는 점에서 매우 특징적으로 보인다.

자넷 코폴로스(Janet Kopolos)의 설명에 의하면, 이 작품은 여타의 작품보다 색채에 역점을 두고 있으며, 혁신적인 쉬와르츠 특유의 조형성이 강조되고 있다고 보고 있다. 또한, 작품의 원기둥 형태와 뒤틀어진 형태는 기존의 작품들에서 쉽게 발견되지 않는 부분이라고 말하고 있다.[134]

전체적으로 채택된 표현방식에서 찾을 수 있는 것은 표면에서부터 발현되는 질감과 색상의 조화이다. 또한 원기둥의 형태에 있어서도 정형을 이탈하고 있으며, 작품의 외부에서 드러나는 표현의 방식이 칠기나 염색 등에서 느껴지는 조형적인 효과를 자아내고 있다. 미묘한 뉘앙스를 동반하고 있는 표면의 광택 효과는 마치 바니쉬를 바른 듯한 착각을 자아내고 있어서 독특한 일면이 기법으로 채택되고 있음을 알 수 있다. 따라서 기존의 금속조형이 추구해 왔던 방향과는 다른 대단히 파격적인 일면을 지니고 있다.

철사를 용해시켜서 표면처리를 행하여 드러난 질감 위에 전체적으로 에나멜을 착색해 놓은 색상은 마치 화선지에 먹을 그어 놓은 듯한 인상을 지울 수 없다. 그리고 이러한 느낌은 현대회화의 수직과 수평을 구가하던 신조형주의 회화를

---

134) Janet Kopolos, June Schwarcz' Color Structures, Metalsmith, Vol.19 #3, Summer 1999, p.14 참조.

발전시켜 독특한 건축적인 드로잉으로 회화작품을 이끌어 가고 있는 리차드 디벤콘(Richard Dibenkorn)[135]의 작품에서 찾을 수 있는 것이기도 하다. 또한 거대한 색면 추상회화를 구가해 오던 마크 로드코(Mark Rothko)[136]의 작품에서 찾을 수 있는 특징을 아울러 지니고 있다.

쉬와르츠의 작품은 단순한 모더니스트들이 구가해 오던 미니멀리즘적인 모노크롬의 방식을 훨씬 다른 방향으로 전개시켜 나아가고 있다.

≪Vessel with Dark Band, 1996≫(<그림 67>)은 얼핏 보면 가죽과 같은 느낌을 주고 있다. 실제로 쉬와르츠의 작품들은 80~90년대에 이르면서 질감을 변이시키는 물질언어의 교란에 역점을 두고 행해진 것들이 다수 제작되고 있다.

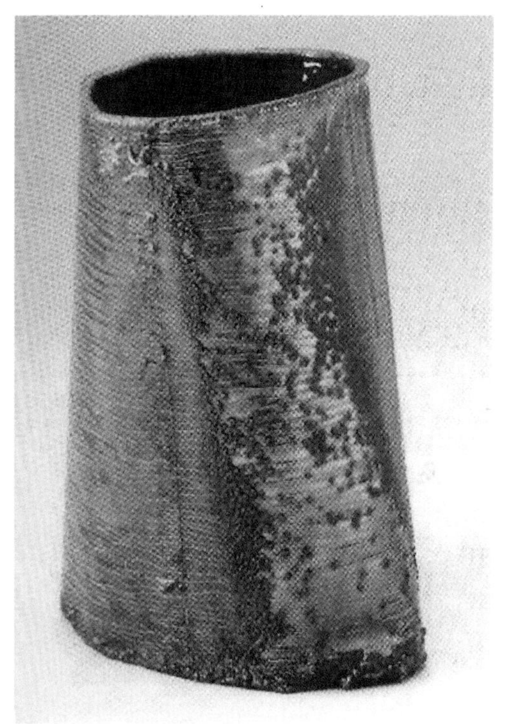

〈그림 66〉 June Schwarcz, Vessel with Horizontal Lines #2, 1994, Electroformed Copper Foil and Lines, Lines, Enameled, 9¼×7×7"

---

135) 리차드 디벤콘은 1922년 오리건 주 포틀랜드에서 출생하였다. 스탠포드 대학과 버클리 대학 캘리포니아 미술대학에서 수학하였다. 1966년경에는 로스앤젤레스의 캘리포니아 대학의 교수로 봉사하기도 했다. 그의 화가로서의 이력은 1940년대부터 출발된다. 초기에는 추상표현주의적인 작품을 제작하기도 했으며, 클리포드 스틸의 영향을 받아서, 추상화풍의 장르에 관심을 갖게 되었다.
그의 본격적인 화풍은 형식주의적 기하학적인 선분과 이것에 대응하는 면을 활용하는 추상회화의 양식을 구축하면서 비롯되었다. 그의 회화에 도입되고 있는 채색방식은 완벽하게 색면을 만드는 것이 아니라, 초벌 채색의 거침 없는 붓질을 그대로 활용하는 것이었다. 이러한 양식적인 특징은 형상성이 배제되고, 주제의 구분이나, 장식적인 요소를 전혀 배제한 상태에서의 패턴화된 선분과 분할된 색면에서 그 주요 성격이 드러나고 있다.
136) 마크 로드코(Mark Rothko)는 1903년 러시아 태생으로서 그가 10세 되던 해인 1913년에 미국으로 이주하게 되었다 1921년에서 1923년 사이에는 예일대학에서 수학하기도 했으며, 막스 웨버(Max Weber)의 드로잉 교실에 참여하기도 했다. 그리고 1953년에는 후기 큐비즘에 반발하는 10명의 미국 추상표현주의 그룹의 일원이 되기도 했다. 전쟁 이전에는 황량한 도시의 인간상을 그리기도 했다.
또한, 1940년대에는 동시대의 화가들과 마찬가지로 자동미술법을 연구하였고, 융스타일의 생물학적 스타일(Biomorphism)을 연구하기도 했다. 그는 인간상, 식물, 동물, 어류들의 합성체를 구성하는 양식을 개척하기도 했다. 1947년에 이르러서는 점차적으로 형상들을 제거하기 시작하면서, 색채의 얼룩을 상징하는 방향으로 진행되어 나아갔다. 결과적으로는 2, 3개의 삼각형의 형상들이 겹치게 되는 형식을 이루면서 하나의 위에 또 다른 하나가 쌓이는 형식으로 나아갔던 것이다. 그리고 점차적으로 그 규모 또한 확장되어 거대한기념비적인 대작스케일로 나아갔던 것이다. Anthony Everritt, Chapter #6, Abstract Expressionism, Modern Art, Thames and Hudson, p.271.

쉬와르츠의 작품이 지니고 있는 작품 중에서 가장 특색이 있는 작품은 ≪Vessel with Horizontal Lines #2, 1994≫(<그림 66>)이다. 이 작품은 표면에 독특한 알갱이가 맺혀 있는 기법이 채택되고 있는데, 그것은 전해주조를 통해서 생겨날 수 있는 최대한의 효과를 자아내기 위한 수단으로 보인다. 이러한 유형의 작품들은 천의 질감으로 변조시키는 시리즈들 중에서 발견되는 특징이 드러나고 있으며, 천을 가공하여 제품화하는 과정 중에서 발견되는 미묘한 뉘앙스들을 작품에 도입시키는 과정 중에서 생겨난 기법이기도 하다.

작품을 주도하고 있는 실린더 형태는 아랫면과 윗면을 엇갈린 타원형으로 구조화하고, 그것을 통해서 새로운 중심점을 구축하게 된다. 표면에 그어진 수평선의 흔적과 작은 금속의 알갱이는 서로의 연락관계를 공고히 하며, 새로운 환경을 조성하고 있다.

작품 ≪Vessel with Dark Band, 1996≫(<그림 67>)과 ≪Vessel with Horizontal Lines #2, 1994≫의 두드러진 차이점은 유사한 방식을 사용하였음에도 불구하고 각기 다른 질감으로 제작되고 있다는 점이다. 전자의 경우는 천이

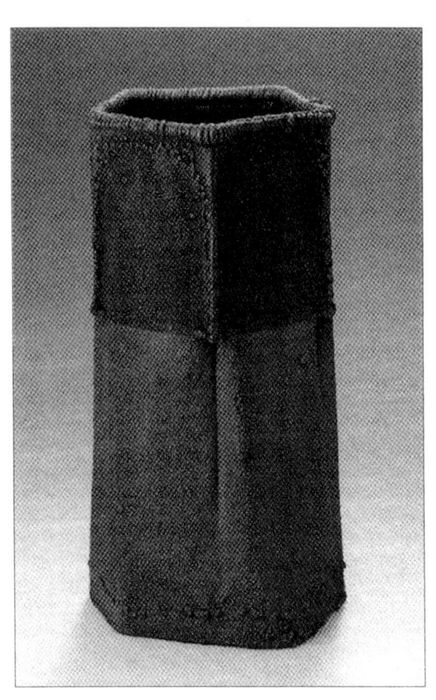

〈그림 67〉 June Schwarcz, Vessel with Dark Band, 1996, Electroformed Copper Foil, Enameled Interior, 8×4¼"

나 가죽 등에서 흔히 발견되는 촉각적인 느낌이 매우 강조되고 있으며, 접히는 특성을 포함하여 위아래의 모양이 자유스럽게 각기 다른 방향으로 제작되고 있다는 점에서 대단한 기법을 구가하고 있음을 알 수 있다.

후자의 경우와 차별화되는 두드러진 이유가 여기 있다. 전자의 작품은 전혀 광택이 나지 않을 뿐만 아니라, 가죽이 오래 사용된 뒤에 생겨나는 갈라지는 듯한 흔적들까지도 표현하고 있다는 점이다. 그래서 가죽이라는 일루전이 분명하게 표현되고 있는데, 후자의 경우는 대단한 기교를 연출하고는 있으나, 질감의 전이의 문제에 있어서는 두드러진 효과를 자아내지 못하

고 있다.

따라서 본서의 주안점으로 본다면, 전자의 특징이 오히려 두드러진 상황이라는 것을 알 수 있다.

쉬와르츠가 1980년대 후반부터 실시해 오던 이러한 실험은 자신의 주특기인 전해주조의 그릇 성형을 위한 독특한 조형언어로 천에 의해서 이룩되는 복식의 구축방식에서부터, 고대의 건축술, 가죽공예 등의 여러 가지의 묘사방식을 응용하여 작품의 기법을 <그림 67>, <그림 68>과 같이 활용해 오고 있음을 알 수 있다.

형태에 있어서는 추상적인 표현법과 재현적인 표현이 해체적인 형상과 어우러져 있기도 하고, 추상표현주의의 색면추상에서 사용되는 색채와 함께 두드러진 조형을 이룩하여 특이한 그릇의 유형으로 승화시키고 있다.

그의 작품의 양식적 특징을 살펴보면, 원생적인 상징성이 이질적인 문화와 결부되고 있어서, 프리미티비즘에서부터 중세의 장식적인 일면, 근대의 미니멀한 특성과 포스트모던 양식의 카오스적인 일면들까지 혼재해 있다.

이러한 과정에서 그의 작품이 주는 물질언어는 결국 해체되어 무한히 표류하고 있으며, 차연적인 무한성에로 귀결되고 있다. 그가 다루는 금속은 다양한 기법과 연계되고, 원형적으로 새겨져 있는 물질언어는 그 존재가 숨어 있다.

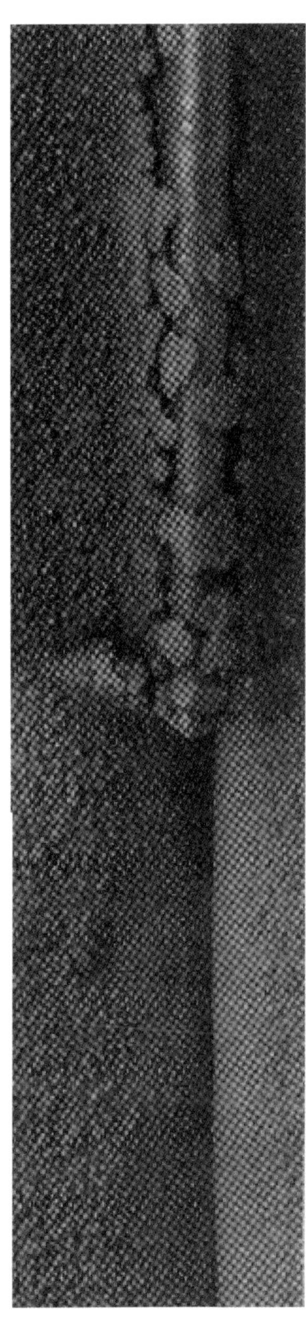

〈그림 68〉 June Schwarcz,
Vessel with Dark Band, 1996,
Electroformed Copper Foil,
Enameled Interior, 8×4¼"
<부분도>

3-3. 형질변환 - 셜크 헬렌의 생물학적 작품들

셜크 헬렌(Shirk Helen)[137]은 일반적인 금속조형물들이 장신구로 치우치는 경향에 대하여 반발하여, 기능성이 거세된 조형작품을 제작하는 여류작가이다. 초기에는 아르데코 양식의 영향을 받아서, 그릇을 주된 모티브로 제작하였다. 특히, 1983년 이후에는 형태가 강조되는 작품을 보여 주기 시작하였다.

김홍자는 헬렌의 작품에 대하여, 이 당시에는 검은색을 바탕으로 한 접시에 금도금을 하고 프리즈마 컬러 연필을 이용하여 채색하는 유형의 작품을 주로 제작하였던 것으로 알려져 있다. 이 당시의 뚜렷한 특징 가운데 하나는 이중적인 그릇을 제작하는 기법을 창안하여 작품에 적용한 것으로서, 접시를 제작할 경우, 대칭적인 구도와 형태가 기초로 구축되어 있는 상태에서, 부드러운 곡선이 강조되는 특징을 보여 준 바 있다고 설명한다.[138]

1990년대 이후에는 이러한 특성에서 이탈하여, 독특한 정서가 내재되어 있는 작품을 제작하기 시작하였다. 작품 ≪인고의 정신, 1995≫ 시리즈에서는 이러한 유형을 직접적으로 보여 주는 것으로서, <그림 69> ≪인고의 정신, Sustaining Spirit ⅩⅢ, BV104≫의 경우는 마치 모자를 뒤집어 둔 것과 같은 형태를 지니고 있는데, 어떻게 보면, 나팔꽃 같기도 한 애매한 형상을 이루고 있다. 이러한 작품들에서 작가는 특수한 조형의 방식을 금속조형 분야에 적용하는 실험을 보여 준다.

작가는 동합금을 통해서 특수한 형태를 제작하는 유형을 이 당시부터 보여 주기 시작한다. 그녀는 주로 생물학적인 형태를 선호한다. 주로 사용하는 색채는 원색조이나, 보라색과 적색, 청색, 노랑 녹색들로서 대단히 화려한 특성을 지니고 있다.

---

137) 셜크 헬렌은 1942년 뉴욕에서 출생하여, 뉴욕의 스키드 모어 칼리지(Skid more College)를 졸업하고, 1969년 인디아나 대학(Indiana University)에서 석사학위를 받았다. 뉴욕의 미국공예박물관(American Craft Museum) 오클랜드미술관(Oakland Museum of Art), 렌윅갤러리(Renwick Gallery) 등 미국 전역과 독일, 일본 등에 작품이 소장되어 있으며 1999년 11월에는 한국 예술의 전당에서 서울국제금속조형작가초대전에 출품된 바 있다. 현재는 미국 샌디에고 주립대학 교수로 있다.

138) 초기에는 아르데코 유형의 그릇 작품을 제작하기도 하였는데, 대단히 섬세하게 세공되어 있으며, 형태는 조각적인 특성이 강하게 내재되어 있는 것이 특색이라 할 수 있다. 김홍자, 미국 몽고메리 대학교수, Nouvel Object, Shirk Helen, 디자인 하우스, 1997, p.170 참조.

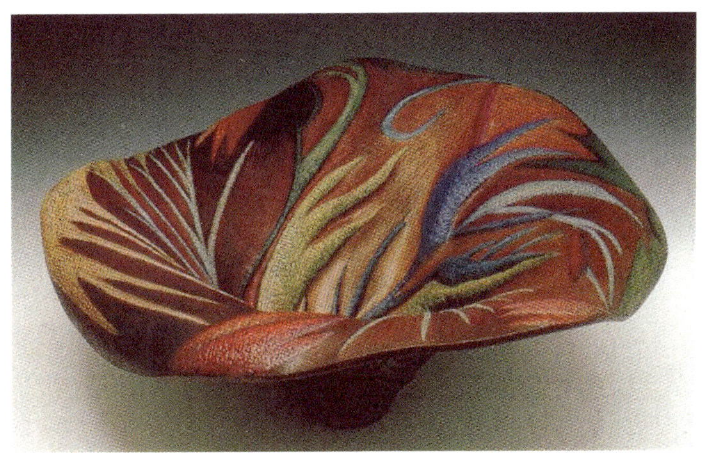

〈그림 69〉 셜크 헬렌, 인고의 정신(Sustaining Spirit ⅩⅢ, BV104), 1995,
Brass, Copper, Patina, Prisma Color, 51×51×17.8㎝

그녀가 주로 사용하는 표면처리의 방식은 Patina와 Prisma Color로서 독특한 취향을 지니고 있다. 작품이 주는 외양은 대단히 포근하고 친근감을 지니고 있어서, 일반인들이 선호하는 대중취향을 따르고 있다. 또한, 그녀가 보여 주려는 이러한 이미지들은 동이 보여 주는 부드러운 합금방식과 금속의 성질을 표면의 장식성으로 대치하고 있어서 매우 호사스러운 느낌을 피할 수 없다.

그리고 그녀가 취하고 있는 이러한 유기적인 곡선과 이미지들은 매우 낙천적인 모습을 하고 있으며, 공간의 장식적 특성을 배가시키고 있다. 그러나 이러한 유형에 대하여 김홍자는 다음과 같은 설명을 하고 있다.

> ≪인고의 정신≫ 시리즈의 작품에 대하여 대단한 주목을 하였는데, 그것은 이전에 보여 주었던 작품으로부터 극적으로 탈출한 작품이며, 자신의 경험을 개인적으로 기록해 놓은 것이기도 하다. 사람들은 이 시리이즈의 복합적인 색채와 비대칭성에 감명을 받았다. 소용돌이치는 물결과 같은 표면과, 주름 잡힌 꽃잎 같은 곡선 형태, 직물 같은 독특한 질감을 지닌 이 그릇들은 푸르게 우거진 열대의 화산지역의 풍경을 연상시키기에 충분했다.[139]

이 단락에서는 이러한 특수한 형질변환에 의존하여 작품을 제작하고 있는 헬렌의 작품들을 분석하여 그 사례로 삼고자 한다.

≪인고의 정신≫ 시리즈를 연구자가 형질변환의 사례로 분류하는 이유는 김홍

---

139) 김홍자, 앞의 책, p.170 참조.

자의 설명을 참고로 한 바 있다. 특히, 가장 두드러진 이유는 금속이 지니고 있
는 특성이 전혀 다른 유형으로 왜곡되고 있다는 점에서 그러하다. 실제로 이 작
품들에서 등장되는 색채와 표면의 효과는 동합금으로 보기에는 너무 다른 지향
점을 보여 주고 있기 때문이다. <그림 70>의 작품 ≪인고의 정신 11 Sustaining
Spirit   CV102≫와 <그림 71>의 ≪인고의 정신 11 Sustaining Spirit ⅩⅣ
CV105≫의 경우는 대단히 회화적인 일면이 강조되어 있으며, 표면의 느낌 또한,
가죽 혹은 천과 같이 형질이 왜곡되어 있다.

　이 작품들은 실제로 그릇이라는 일반적인 속성마저도 해체시켜 놓았고, 안정
성에 대해서도 그다지 고려하지 않고 있을 뿐만 아니라, 기능성을 포함한 전통
적인 그릇의 외관을 해체시켜 놓고 있다.

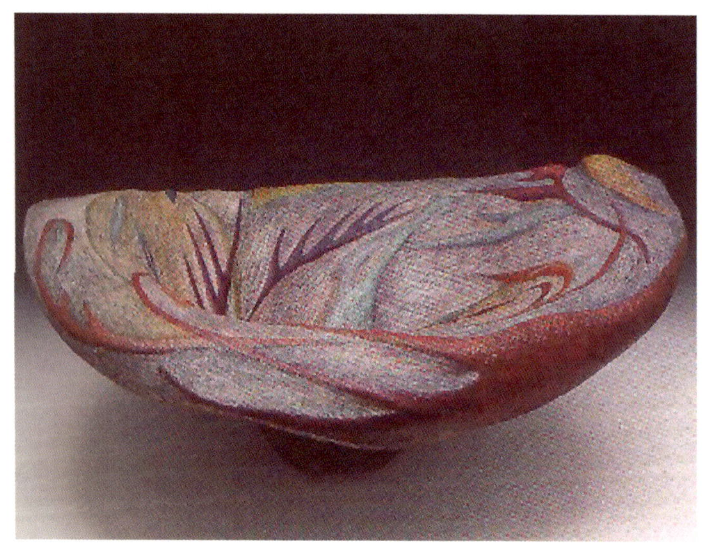

〈그림 70〉 인고의 정신 11(Sustaining Spirit   , CV102)

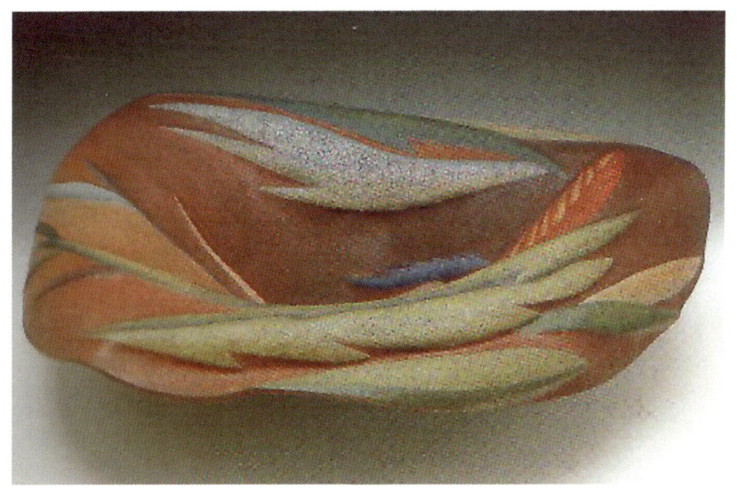

〈그림 71〉 인고의 정신 11(Sustaining Spirit ⅩⅣ CV105), 1995

　헬렌의 유일한 관심사는 유려한 표면효과의 특성을 포함하여 미적인 특성이 가장 선행조건으로 보인다. 뿐만 아니라, 표면을 장식하고 있는 착색방식은 얼핏 보기에도 문양과 터치가 강조되어 있어서, 목칠공예나 의류직물적인 표현기법이 차용되어 있음을 알 수 있다. 그러나 이러한 모든 요인들은 단순히 관찰에 의해서 이룩되는 외적인 설명적 요인이며, 근원적으로는 이 작품이 금속을 바탕으로 하고 있다는 것이다. 그래서 관객들은 다시 한 번 의문을 지니게 된다.

　일반적으로 작품이 지니게 되는 형태는 금속성에 바탕을 두고 이를 합금하거나 정련하는 과정에서의 문제를 의식하는 것이 대부분이다. 또한, 금속이 지니고 있는 질감과 표면처리를 강조하는 것이 전통적인 양식적 특징이었다. 실제로 그렇게 행하는 것이 금속조형의 주된 가치관이었다. 그러나 헬렌의 경우는 이러한 전통적인 가치관을 넘어서서, 새로운 표현의 지평을 구가하려는 실험을 감행하는데, 그 특성이 존재한다고 볼 수 있다.

　헬렌의 작품 ≪Commemorative Cup, 1999≫(<그림 72>)의 경우, 우선 형태면에서 살펴보면, 열대의 꽃과 같은 이미지가 새겨져 있어서 금속이 주는 표면의 느낌은 찾아볼 수 없다. 이 작품에서 드러나는 상징적인 변환은 동이 지니는 금속의 물성을 최대한 살리고 있는 것으로 확인되고 있다.

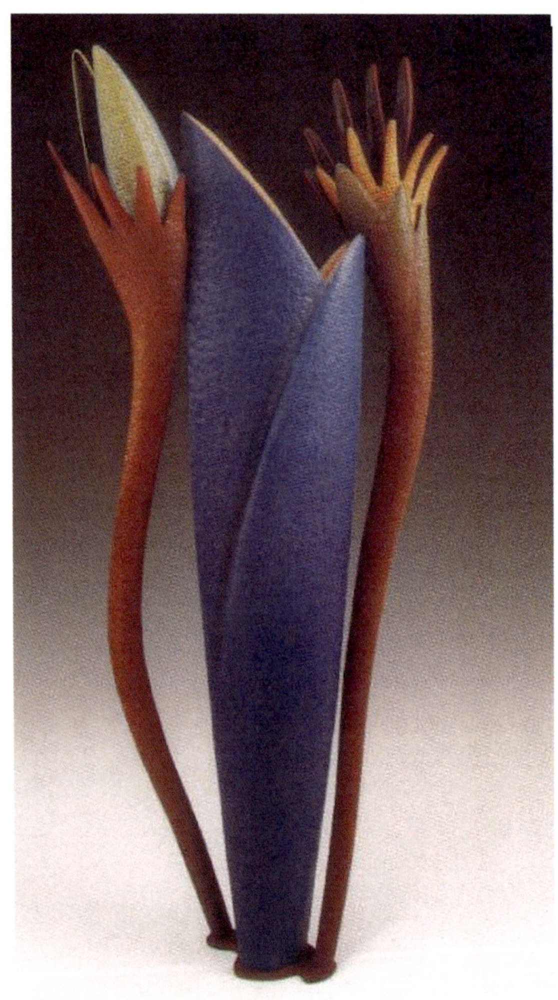

<그림 72> 셜크 헬렌 작, Commemorative Cup, 1999,
Copper, 177×431×76㎜

그녀는 자신의 작품에 대해서 다음과 같은 설명을 하고 있다.

······ 나의 이러한 작품은 최근 14년 동안에 이루어졌던 내용을 담고 있다. 이러한 작품
들에서 나는 역사에 대한 경외심과 기능적인 특성을 드러내려는 의도를 지니고 있을 뿐만
아니라 나의 생에 간직되어 있었던 내용들과 내가 평소에 영감을 받아 왔던 내용들이 복
합적으로 얽혀 있는 것들이라고 볼 수 있다.140)

---

140) Helen Shirk, Metal Smith, Vol.20, Number 4, 2000, p.45.

그리고 그녀는 이러한 작품을 가능하게 하는 기술적인 문제에 대하여 다음과 같은 설명을 추가한다.

나는 금속이 지니는 물성을 통해서 특수한 기법을 연구하는 모험을 행하지만 여기에 더불어 색채가 복합적으로 역할을 하게 한다.[141]

그녀의 작품에서 드러나는 이러한 특성은 동이 드러낼 수 있는 형질변환의 한계를 넘어선 것으로 평가할 수 있다. 왜냐하면, 그녀는 적극적으로 착색의 특수함을 살려내고 있으며, 작품의 표면을 처리하는 방식에서 표면처리가 지니는 특수한 방식을 계속적으로 폭넓게 하기 때문이다. 왜냐하면, 이러한 기법에서 착색의 묘미를 매우 잘 살려내고 있으며, 작품이 지니는 유려한 상징성을 잘 소화시켜 주고 있기 때문이다.

그녀는 자신이 원하는 방향으로 금속의 성질을 변환시켜 나아가는 특수한 기법을 터득하여 보다 더 고차원적인 작품으로 승화시켜 나아가고 있는 연금술을 구가하고 있는 것이다.

특히, 그녀가 사용하는 연금술의 일부는 착색의 표현에서 절정에 달한다고 볼 수 있는데, 그녀가 사용하는 프리즘채색(Prisma Color)의 방식은 프리즘에서 드러나는 색상을 골고루 채색하는 원색적인 취향이 특색이며, 대단히 화려하고 선명한 자연의 색상을 그대로 재현하는 데 성공하고 있다. 그녀는 작품을 통해서 자연적인 미를 인위적인 조형으로 회귀시켜 주는 전이자로서의 작가의 역할을 두드러지게 하고 있다.

표면의 질감은 동(銅)이 지니고 있는 일반적인 질감에 대해서 추월하고 있음을 알 수 있는데, 그녀의 작품에서 전반적으로 생겨나고 있는 효과는 식물에서 느껴지는 표면을 드러내는 변환에 초점을 맞추고 있기 때문에 몹시 현실적이다.

그래서 쉽게 이러한 특성을 관찰해 내는 접근 방식을 파악해 내기 힘들다. 뿐만 아니라, 일반적인 금속 조형의 기법이 잘 드러나지 않는다. 그래서 작품이 지니고 있는 물성과 색채, 질감에서의 혼연일체를 통해서 이 작품이 지니는 참된 효과를 파악할 수 있게 된다.

---

141) Helen Shirk, 위의 책, p.45.

이 작품의 이항대립 구조(<표 54>)를 살펴보면 다음과 같다.

〈표 54〉 ≪Commemorative Cup≫의 기호학적 분석을 통한 이항대립 구조

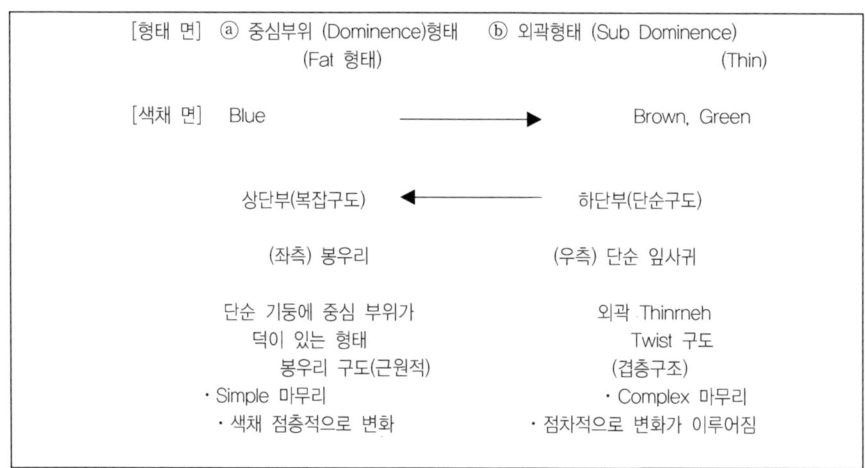

셜크 헬렌의 작품은 대단히 미려하다. 형태에 있어서나 구조체의 변화에 있어서도 매우 섬세하게 계획된 것이 특징이다. 그러나 착색으로 인해 그 금속이 지니고 있는 맛이 매우 감소되어 물질언어를 쉽게 식별하기 힘들다는 것이다. 이런 면에서는 금속공예로서의 맛이 매우 떨어지는 것처럼 보이기도 한다.

헬렌의 작품이 이렇게 편중된 것처럼 보이는 작품을 제작하면서도 두드러진 특성을 보이는 이유에 대하여, 김홍자는 보석과는 다르게 착용자와의 상관관계를 고려하지 않아도 되는 그릇을 제작하면서도, 두드러진 형상에 그 이유가 있는 것으로 설명하고 있다. 또한 제작 방식에 있어서도 금도금을 행하고, 프리즈마 컬러 연필 등을 활용하여 착색의 다양성을 확보하고 있으며, 이중 그릇과 같은 절묘한 형태감에서 그 특징을 살펴볼 수 있다는 것이다.[142] 또한 헬렌 자신은 이러한 작품의 특징이 속이 빈 그릇의 유형을 지니고 있는 것으로서, 컵을 변형시킨 것이라고 말하고 있다. 또한, 작품의 제목에서 밝혀 주고 있듯이 이 작품은 기념 컵으로 제작된 것이다. <그림 73>의 ≪Commemorative Cup Ⅲ (Vessel), 1999≫의 경우에서도 이와 같은 특징이 발견되고 있으나, 형태 면에서 매우 구조적으로 복합되어 있음을 알 수 있다. 전체를 이루는 측면에서는 복합

---

142) 김홍자, 앞의 책, p.170 참조.

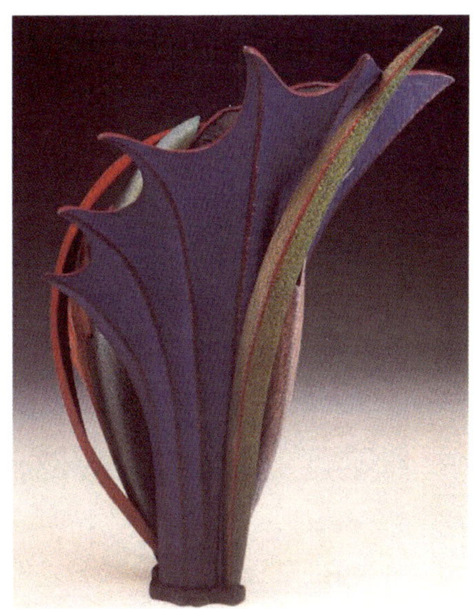

〈그림 73〉 셀크 헬렌 작, Commemorative Cup
Ⅲ(Vessel), 1999, Copper, Patina, Prisma
Color, 16×12×6"

적인 공간들이 서로 얽혀 있으며, 각각의 색상도 다르고 처리되어 있는 표면의 느낌 또한 매우 다르다. <그림 72>의 ≪Commemorative Cup≫이 단순한 이원구조라고 한다면, 이 작품은(<그림 73>) 다중구조를 이루고 있다. 그것은 열대의 생태계의 일부를 리얼리티를 강조하면서 재현한 것으로도 볼 수 있으나, 헬렌 자신이 대단히 풍부한 상상력으로 단순한 재현이 아닌, 복합구조로 얽히도록 연출된 것으로 확인할 수 있다. 그림의 좌측에 드리워져 있는 붉은색의 반원형 잎사귀와 물갈퀴 혹은 갈고리 모양의 주부를 이루고 있는 푸른색의 꼴과 그 우측에 놓여 있는 바나나 형태의 초록색 꽃대롱 그리고 뒤를 이루고 있는 꽃의 순이 각각 다른 형태를 이루고 있으나, 우측을 지향점으로 하여 반원형으로 휘어져 있어서 통일감을 강조하고 있다. 헬렌이 이러한 작품에서 우선적으로 강조하고 있는 것은 구조이다.

그리고 전체적으로 짜임새 있는 균형감을 유지하기 위해서 독특한 배치를 계획한 것이다.

≪Commemorative Cup≫(<그림 72>)의 경우는 중앙 부위에 보라색의 꽃을 묘사하고 있고 좌우에는 방금 솟아오르고 있는 꽃봉오리를 구조적으로 설정하고 있는 작품으로서, 단단한 지주를 둘러싸고 있는 중심 부위에 이것을 호위하듯 감싸고 있는 두 개의 휘어진 형상이

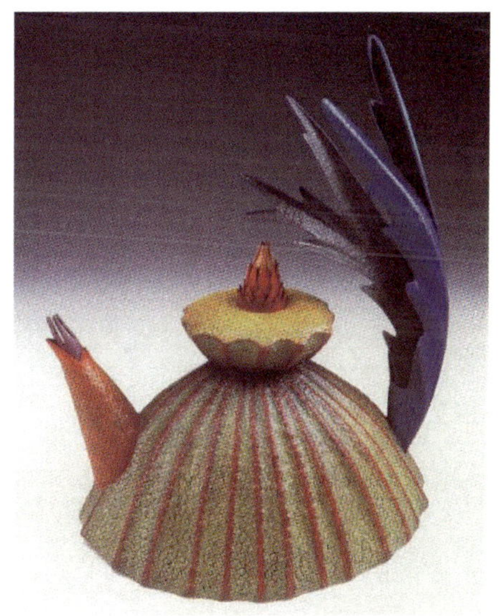

〈그림 74〉 셀크 헬렌 작, Blue Frond Teapot,
1999, Copper, Patina, Prisma Color,
10×9×6½"

대조를 이루는 특이한 구조를 살펴볼 수 있다.

색채 면에서도 좌우를 이루는 꽃봉오리의 색상은 적색계열을 이루고 있으며, 가변적인 반면에 중앙 부위에는 견고하게 단색으로 이루어져 있는 것이 특징적이다.

그리고 이 작품을 더욱 돋보이게 하는 요소는 풍만한 형태와 가냘픈 형태가 대조를 이루고 있는 것이다. 또한 좌우에 배치된 꽃봉오리는 시간성을 지니고 있는데, 좌측에는 약간의 꽃봉오리가 생겨나고 있으나, 우측에는 아직 꽃봉오리가 피어오르고 있지 않다. 이러한 측면에서 이 작품의 이항대립 구조를 살펴보면 다음과 같다(<표 54, 55, 56, 57>).

〈표 55〉 셜크 헬렌 작 ≪Commemorative Cup Ⅱ≫의 [형태 면]의 이항대립 구조

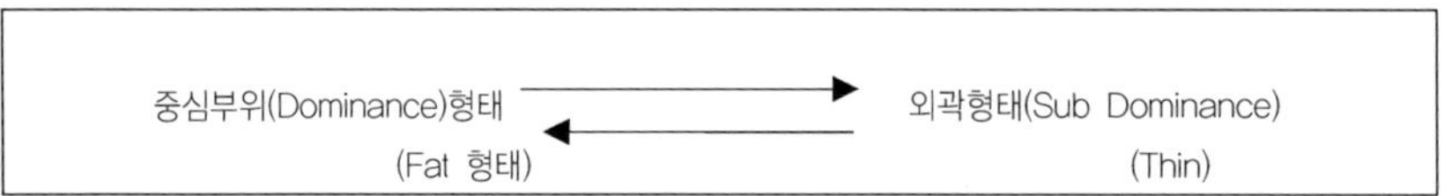

〈표 56〉 셜크 헬렌 작 ≪Commemorative Cup Ⅱ≫의 [색채 면]의 이항대립 구조

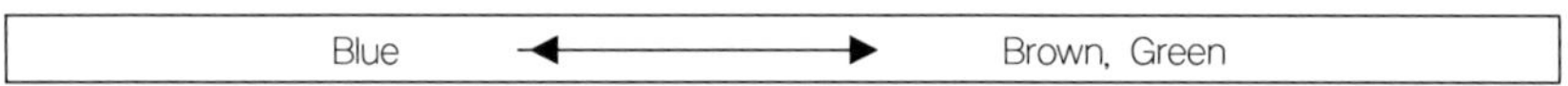

〈표 57〉 셜크 헬렌 작 ≪Commemorative Cup Ⅱ≫의 [전체 구성 면]의 이항대립 구조

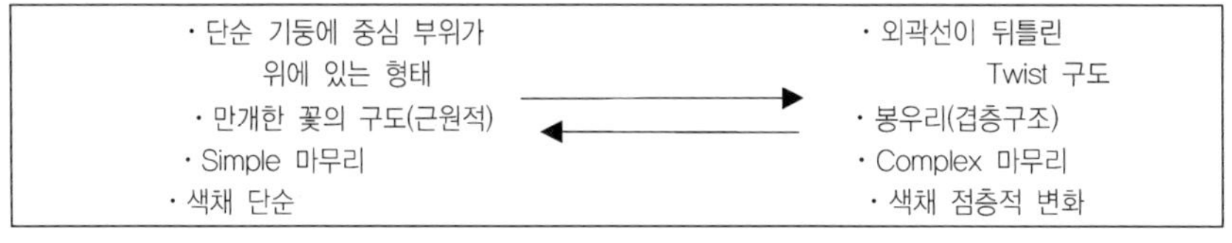

셜크 헬렌의 작품은 전술한 바와 같이 몇 개의 특징적인 변화를 계획하고 있다. 그리고 하단 부위보다는 상단 부위를 다소 크게 묘사하여 과분수적인 형상을 지니고 있으나, 중심의 설정의 명료성으로 인해서 안정감을 해치지는 않고 있다. 그것은 중앙을 감싸고 있는 부속기둥들이 주는 보조 역할의 구조체가 주는 효과이기도 하다.[143]

전술한 모든 내용을 감안해 볼 때, 형태에 있어서나 구조체의 변화에 있어서

도 매우 섬세하게 계획된 것이 특징이다. 그러나 채색으로 인해 그 금속이 지니고 있는 맛이 매우 감소되어 물질언어를 쉽게 식별하기 힘들다는 것이다. 이런 면에서는 금속조형으로서의 맛이 매우 떨어지는 것처럼 보이기도 한다.

구조의 문제를 가장 독창적으로 해결하고 있는 <그림 74>의 ≪Blue Frond Teapot, 1999≫로 볼 수 있다.

이 작품은 기념배로 불리는 주전자 형식의 작품을 제작한 것이기는 하지만 일상적인 주전자와는 매우 다른 특성을 지니고 있다. 전체적인 형태는 주전자이지만, 주전자를 이루는 각각의 부위들이 다른 정체성을 지니고 있기 때문에 마치, 조합에 의한 게임을 전제로 한 작품과 같은 유머를 간직하고 있다.

주부를 이루는 몸체는 호박과 같은 채소를 반쯤 절개해 놓은 형상을 지니고 있으며, 그 위의 상층 부위에 놓여 있는 뚜껑은 이러한 절편을 거꾸로 올려놓은 형태를 지니고 있으며, 뚜껑의 손잡이는 반쯤 개화된 꽃봉오리와 같은 모습을 지니고 있으며, 물이 나오는 주둥이의 모습은 특정한 꽃봉오리의 일부처럼 보이며, 손잡이를 이루는 우측의 형태는 열대의 우림에서 발견될 듯한 식물의 일부처럼 되어 있다. 그런데 중요한 것은 이러한 형태들이 어떠한 통일감을 이루기는 하지만, 어떻게 보면 동일한 식물을 이루는 각 부위의 유형처럼 보이지는 않는다는 것이다. 즉, 이질적인 식물들이 짜깁기 형식으로 조합되어 있다는 것이다. 그렇지만, 이러한 형태들이 조합되면서 미묘한 조화를 이루어 통일감을 이루며, 하나의 작품으로 제작되는 특성이 미묘하게 보인다.

다루어지는 색상에 있어서도 <그림 72>의 ≪Commemorative Cup≫에서 사용된 착색과 유사하다. 그러나 이 작품에서는 보다 형상이 강조되어 있기 때문에, 색채우위의 이전의 작품보다 더욱 구조우위를 이루고 있는 것을 확인할 수 있다. 또한, 이러한 작품들에서 두드러진 것은 사용되어 있는 주된 금속의 질감이 감추어져 있다는 것과, 독특한 조형어법의 사용으로 인해서, 기본적인 물질의 어휘가 뒤로 후퇴하게 된다.

즉, 형질변환으로 인하여, 주된 금속의 특징은 다른 물질이 지니고 있는 유형으로 변환이 이루어진다는 것을 의미한다. 그것은 연구자가 Ⅳ장에서 다룬 형질변환의 방식과 통하는 것으로서, 헬렌의 작품이 보여 주는 양식적인 특성을 뒷받

---

143) 장 마리 플로슈, 앞의 책 p.53 참조.

침해 줄 수 있는 근거가 되기에 충분한 것이다. 헬렌은 동을 사용하는 방식을 단지 잘 구부러지고, 내구성이 강하며, 무게를 가볍게 하는 물성을 활용할 뿐, 금속 자체가 지니고 있는 물질어휘를 전혀 고려하고 있지 않다고 할 수 있다.

3-4. 융합기법을 활용한 형질변환 - 마르네 란의 장신구들

융합기법(Fusing)을 설명하기 위해서는 여러 가지의 방식이 있겠으나, 물질 위에 2차적인 물질을 용해시켜서 하나의 물질로 융합되어 독특한 새로운 물질처럼 변환되는 형식이라고 할 수 있다. 즉, 판 위에 두 개의 작은 물방울이 놓여 있는데, 그것이 특수한 환경의 변화에 의해 하나로 합쳐지는 것과 같은 경우라 할 수 있다. 말하자면, 이 두 개의 물방울과 같은 금속의 용해물이 토치에 의해 가열되어 두 개의 개체가 하나의 물방울로 합쳐지게 되는 경우와 같은 것이다. 이러한 방식을 응용한 것이 퓨징 기법이다.

하나의 금속 용융체가 근접하여 용융점에 다다르게 되면, 표면은 액체의 상태가 된다. 이때를 이용하여 합체가 되게 하는 것이 기본적인 방식인데, 이것을 더욱 발전시키면, 특수한 물질처럼 보이게 하는 형질변환의 방식이 될 수 있다.

용접을 행하는 방식은 타 방식보다는 좀 더 쉽게 이루어질 수 있는데, 왜냐하면 산화되어 있는 표면은 어떤 형성이 이루어질 경우에는 합체가 이루어지기 매우 힘들다. 따라서 금이나 은처럼 쉽게 용해되는 경우에는 매우 쉽게 용해해서 합체를 만들 수 있다. 기초금속인 황동과 청동의 경우에는 이러한 작업이 용이하지 않아서 특별한 준비를 갖춘 경우에만 가능하다.

솔더링이 가능하게 되려면 표면을 깨끗하게 처리해야 할 필요성이 있다. 또한 합체가 되는 양쪽의 융점이 동일해야 할 필요가 있다. 퓨징의 기법은 흠집을 남기는 기법과 리티큘레션 기법과 함께 사용될 수 있으며, 표면 광택효과의 기법과 동시에 사용 가능하다. 다만 퓨징 기법의 단점은 표면이 거칠어지거나 불규칙적으로 이루어질 수 있으며 예기치 않은 형태가 가능하다. 다만 우연의 효과를 기대하려는 작업을 행하고 싶은 경우에는 이 기법은 대단히 유용하다.[144]

---

144) Yim McCreight Jewerly Fundamentals of Metalsmithing, Hand Books Press, Maidison, Wisconsin, 1997, pp.32-33 참조.

이러한 특수 기법을 연구하는 작가는 마르네 란(Marne Ryan)으로서, 그는 원래의 잠재력을 해체하고 그것을 새로운 패턴이나 형태로 뒤바꾸는 작업을 행한다. 이러한 작품들은 금과 은을 새로운 선의 느낌으로 再구축하는 것으로서, 정신적인 쇼크와 같은 느낌을 미적으로 승화시키는 형질변환을 행한다.

작가는 도예 작품을 만드는 기법을 통해서 연구하기도 했으며, 순수회화 및 다양한 매체를 사용하는 기법을 통해서 특수한 매체와 같은 외견적인 특성이 드러나게 하는 형질변환의 방식을 연구하였다.

1970년 초두에는, 란은 유럽풍의 메시지와 리얼라인먼트 테크닉을 연구했으며, 그런 뒤에는 약 7년 동안 프로작가로 활약하기도 했다. 그는 요가와, 무술 등과 해부학을 연구하기도 했다.[145]

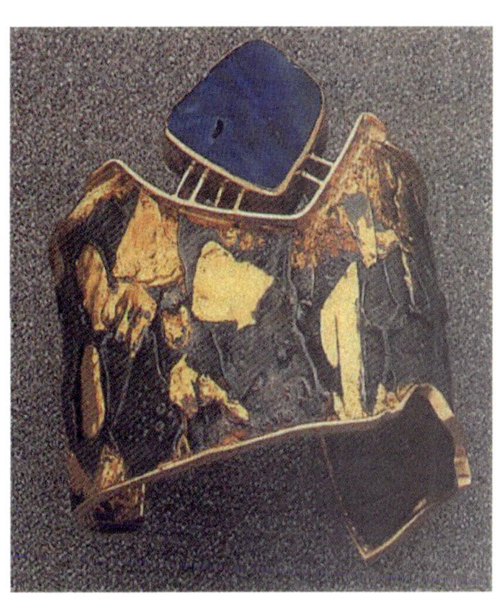

〈그림 75〉 Marne Ryan 작, CUFF of Boulder Opal, Eighteen and Twenty-two karat Gold, Sterling Silver

이러한 특성을 적극적으로 금속을 합금하는 연구의 방식으로 활용했으며, 금속과 보석질감의 대비를 연계하는 기법을 연구했다.

≪CUFF of Boulder Opal≫(〈그림 75〉)의 경우는 금과 은을 Fusing 기법을 활용하여 다른 유형의 물질로 형질변환을 꾀한 작품이다.

이 작품은 꼴라지의 유형으로서, 파편화된 금속을 용접이 아닌 열처리에 의해서 접착하는 방식으로서 미치 돌과 같은 질감이 드러나게 하는 특수한 기법이다.

란이 밝힌 바에 의하면 자신의 작품은 지구의 땅이나 달의 표면과도 같은 유형의 질감을 구가하는 것이 자신이 목표이며, 그것은 대단히 거친 유형의 작품을 제작하기를 원했던 의도를 말해 주는 것이기도 하다.[146] 이 작품의 경우에 있어서도 표면의 느낌은 대단히 거칠게 마감되어 있으며, 타다 남은 용암과 같은 모습을 보여 주고 있다. 따라서 란이 평

---

145) Cathleen McCarthy, Marne Ryan, Divine Providence, Ornament 16(4), 1993, p.36.
146) 란이 어린 시절에 살았던 동서 펜실베이니아 주는 대단히 건설의 붐이 일었던 곳으로서, 그녀는 수많은 지층이 형성되어 있는 땅을 개간하는 것을 목격한 적이 있다고 토로한 바 있다. 마르네 란, 앞의 책, p.34 참조.

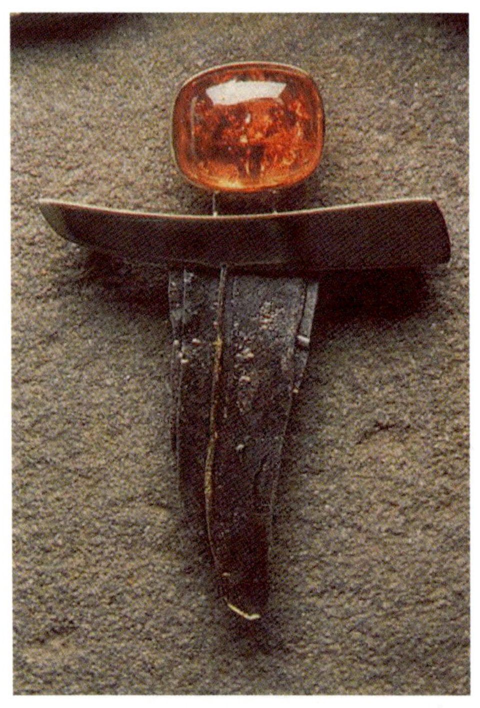

<그림 76> 마르네 란 작, Brooch of Topaz,
18k 금, 스털링 실버

상시에 관심을 두고 있었던 표현 방식을 대변하고 있다.

사실 땅은 대단히 폭발적인 힘이 작용하여 이룩된 것으로서, 그것으로부터 파생된 모든 것은 생명의 힘을 지니고 있는 것을 알 수 있다. 그리고 현미경을 통해서 금속을 살펴보면 그 자체로 살아 있다는 것을 알 수 있으며, 분자들이 이리저리 움직이고 있는 것을 볼 수 있다고 덧붙이기도 했다.[147]

란이 이 작품을 통해서 연구하려 시도하였던 것은 실재하고 있는 이러한 질서를 해체하고 다시 그것에 생명력을 부과시키는 것이었다. 또한, 금과 은에 주름을 형성하는 과정에서 출발되는 작가의 방식은 시작되고 있다. 그것은 금속의 외적인 충격을 주는 방식 자체를 미적으로 전환시키는 수단이기도 하였다. 그리고 이러한 방식은 특정한 강도의 한계에서 출발하며, 금속이 이러한 통로를 거친다 하더라도 미적인 힘이 약화되는 것은 아니라는 판단 때문이었다.

퓨징의 방식에 의해서 이룩되는 표현방식은 일반적인 금속의 상태를 이탈하여 마치 용해된 상태에로 되돌려지는 것과 같다고 설명한다. 뿐만 아니라, 이 작품은 마치 용암이 녹아 있는 상태와도 비교될 수 있는 기법을 연구하는 것으로서, 솔더링 기법을 사용하여 주름진 금속의 표면에 금(金)을 가장자리에 처리하고 있다.

≪Brooch of Topaz≫(<그림 76>)는 가죽의 느낌을 각각 연출하려는 작가의 '마력'이 느껴지게 된다. 금을 사용하여 이러한 느낌을 연출하기는 매우 힘들다.

이러한 형질변환은 공예의 표현성을 대단히 증진시키는 역할을 수행하며, 미

---

147) Cathleen McCarthy, 앞의 책, p.34 참조.

적인 품격을 격상시켜 주는 기능을 한다. 이러한 기법을 연구하려는 시도는 현대 금속공예의 기법을 대단히 폭넓게 만들고 있다.

형태는 마치 은장도를 연상시켜 주며, 브로치의 품격이 격상되기 위해서고 질감의 대비를 주기 위해서도 그러한데, 칼집을 이루는 하단 부위의 색상은 대단히 독특하고 거칠게 마감되어 마치 연마하지 않은 상태처럼 느껴지게 하고 있다. 또한, 가죽 혹은 고무와 같은 소재가 겹층을 이루는 것처럼 보이게 하는 형태는 대단히 자연스럽게 느껴져서 유연한 탄력을 느끼게 한다.

그래서 란이 계획하고 있는 이 작품은 금속을 통해서 전연성의 탄력이 있는 물질처럼 변환시키는 데 성공하고 있다.

Ⅴ. 저자의 연구동합금
형질변환실험과 작품분석

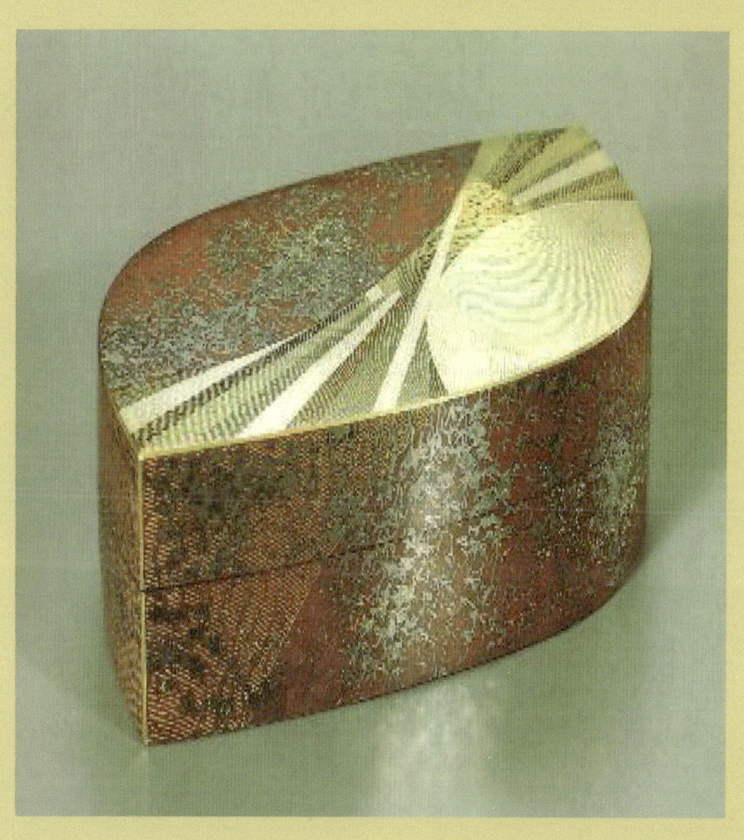

이 장의 서두에서는 저자가 연구해 온 동합금의 재료와 표현기법의 실험에 관하여 다루고자 한다. 또한 구체적인 방법으로 저자의 형질변환기법용 동합금의 특성과 용접성에 관하여 다루고자 한다.

저자는 망상조직기법과 전해주조기법의 실험분석을 주로 행하였으며 이 결과에 대하여 1절에서 다루고자 한다. 또한 저자는 1980년대 이후 금속공예의 장르를 확장하는 실험을 해 왔다.

그 결과로서, 2절에서는 모색기로서 1980년대 ≪태초의 공간≫ 시리즈에 대하여 다루고, 3절에는 실험의 완성에 해당되는 1990년대 ≪진화의 꽃≫ 시리즈에 대하여 다루고, 가장 위대한 생명체 인간 '진화의 꽃', 상반된 이미지의 충돌 '계단'과 '덩어리'의 '態', 물질의 間 '대화', 성적(性的) 통로 및 의사소통의 상징 '입술' 등에 대하여 다루고자 한다. 4절에서는 연구 작품의 의의와 향후 전개과정에 대한 간단한 예측을 행하고자 한다.

1. 동합금의 재료와 표현기법 실험

1-1. 형질변환 실험과 기법

저자가 P사 소재기술연구소에서 개발은 되었지만 아직 국내에 시판되고 있지 않은 동합금판 중에서 국내 처음으로 금속조형용으로서 매우 우수하다고 보이는 동합금판재 4종류(<표 58>, <그림 77>)를 선정하여 금속조형에 관한 형질변환기법 재료로서 적합한 재료인지를 시중에서 시판되는 타 회사(<표 59>)

재료와 비교하여 실험하고 분석하였다. 특히 본서에서 분석하고자 하는 금속조형해석론에 따른 기법실험을 중심으로 분석하였으며 또한 2001년 3월에 경인미술관에서 전시한 작품 10여 점도 P사에서 개발한 4종류 동합금만을 사용하여 작품 제작을 하였다.

<표 58> P사 개발 동합금판 실험용 4종류 - 1999. 4월 현재

순번	합금계	합금종류	주요성분(%)	용융점($\degree$C)
1	황동 Cu-Zn계	C2200	Cu-10Zn	1,100~1,150
2	스프링용인청동 Cu-Sn-P계	C5210	Cu-8Sn-0.2P	1,100~1,150
3	스프링용 양백 Cu-Ni-Zn계	C7701	Cu-18Ni-26Zn	1,150~1,250
4	백동 Cu-Ni계	C8113	Cu-25Ni	1,350~1,450

<표 59> 국내시판용 동합금판 실험용 4종류

순번	합금계	합금종류	주요성분(%)	용융점($\degree$C)
1	황동 Cu-Zn계	C2680	Cu-35Zn	950~1,000
2	적동 Cu계	C1220	Cu	1,050~1,100
3	양백 Cu-Ni-Zn계	C7451	Cu-10Ni-25Zn	1,100~1,150
4	백동 Cu-Ni계	C7060	Cu-10Ni-1.5Fe-0.5Mn	1,300~1,450

이 실험용 동합금판의 특징 및 용도는 다음과 같다.

· C2200: 색상이 미려하여 건축용, 외관장식용, 장신구, 화장품케이스, 가구, 드로잉가공용으로 적합하다.
· C5210: 스프링성이 우수하며 전자·전기계측기용 스위치, 커넥터 릴레이 제작용, 공예품 주물용으로 적합하다.
· C7701: 스프링성이 우수하며 전자계측기용 스위치, 커넥터 릴레이, 수정진동자용, 공예품용으로 적합하다.
· C8113: 내해수성, 내마모성이 우수하며 고온강도가 높고 열교환기 및 복수 기관용 부품, 소전용으로 매우 우수하다.

<C2200> 황동 Cu-Zn계

ALLOY No.			C 2 2 0 0							
品 名			단동							
成 分	Cu	Zn	Ni	Sn	Al	Pb	Fe	P	Mn	Si
	89-91	Rem				≤0.05	≤0.05			

物 理 的 性 質	質 別	T.S(N/㎟)	EL(%)	硬度(Hv)	
	0	≥230	≥35		
	1/4H	260-340	≥25		
	1/2H	290-370	≥20		
	H	≥340			

色 象	Reddish
用 途	전자부품, 장식품, 탄피 등

特 性	導電律	耐蝕性	Spring性	內磨耗性	鍛造性	
					冷間	熱間
	○	○	△	△	◎	○
	Bending性	Press性	Drawing性	鎔接性	鍍金性	
	◎	○	○	◎	◎	

(備考 ◎: 優秀, ○: 良好, △: 不良好)

ALLOY No.	C 5 2 1 0								
品　名	Spring용 인청동								
成　分	Cu	Zn	Ni	Sn	Al	Pb	Fe	P	Mn	Si
	91.85			8				0.15		

物 理 的性　質	質　別	T.S(N/㎟)	EL(%)	硬度(Hv)	
	0	400~430	65~70	45	
	1/4H	441~460	50~60	65~145	
	1/2H	517~540	32~44	73~180	
	H	619~640	10~28	78~206	

色　象	Reddish
用　途	特히 Spring性 優秀, 電子·電氣計測用 Switch, Connector, Relay

特　性	導電律	耐蝕性	Spring性	內磨耗性	鍛造性	
					冷間	熱間
	○	◎	◎	◎	◎	△
	Bending性	Press性	Drawing性	鎔接性	鍍金性	
	◎	○	○	◎	◎	

(備考 ◎: 優秀, ○: 良好, △: 不良好)

ALLOY No.	C 7 7 0 1								
品　名	스프링용 양백								
成　分	Cu	Zn	Ni	Sn	Al	Pb	Fe	P	Mn	Si
	54 - 58	Rem	16.5 - 19.5	-	-	≤0.1	≤0.25	-	≤0.5

物 理 的 性 質	質　別	T.S(N/㎟)	EL(%)	硬度(Hv)
	1/4H			
	1/2H	550 - 670	≥ 8%	150 - 210
	H	640 - 750	〉4%	180 - 240

色　象	
用　途	

特　性	導電律	耐蝕性	Spring性	内磨耗性	鍛造性	
					冷間	熱間
	△	◎	◎	○	◎	△
	Bending性	Press性	Drawing性	鎔接性	鍍金性	
	○	○	○	○	◎	

(備考 ◎: 優秀, ○: 良好, △: 不良好)

ALLOY No.	C 8 1 1 3								
品　名	백동 2 종								
成　分	Cu	Zn	Ni	Sn	Al	Pb	Fe	P	Mn	Si
	75		25							

物 理 的 性　質	質　別	T.S(N/㎟)	EL(%)	硬度(Hv)	
	F	329～385	38～47	79～81	*F:fabrication
	1/4H	–	–	–	
	1/2H	–	–	–	
	H	–	–	–	

色　象	White
用　途	特히 内海水性, 内磨耗性 優秀, 高溫强度가良好, 熱交煥器, 素錢用

特　性	導電律	耐蝕性	Spring性	内磨耗性	鍛造性	
					冷間	熱間
	○	◎	△	△	◎	○
	Bending性	Press性	Drawing性	鎔接性	鍍金性	
	◎	○	◎	◎	○	

(備考 ◎: 優秀, ○: 良好, △: 不良好)

1 - 2. 동합금의 용접성

이 단락에서는 우선 동합금의 용접[148]에 필요한 방법을 논하고 크게 일반접합과 TIG접합에 관한 원리를 분석하였다. 이러한 용접의 원리를 발전시켜서 특수한 재질적 특성을 드러내어 금속의 물상을 전이시키는 상징적 형질변환에 관한 실험 기법 중에 크게 두 가지 즉, 국내시판 동합금과 연구자가 사용한 P사에서 개발된 동합금을 병행하여 기법을 비교하는 데 있어서 금속조형의 상징적 형질변환기법의 실험분석이 과학적으로 비교적 확실하다고 본 망상조직기법과 전해주조기법에 관한 차이점을 실험 분석하였다.

동 및 동합금의 접합방법은 다른 금속과 같이 여러 가지 방법이 사용되고 있지만 연구자의 작품제작에서는 용융 용접인 가스용접과 TIG용접을 사용하였다.

접합방법[149]의 선택, 특히 융접, 압접의 경우에는 접합되는 재료의 물리적 성질을 충분히 파악해 두는 것이 중요하다. 순동은 열전도성이 좋기 때문에 융접이 용이하다. 특히 TIG 용접을 행하는 경우에는 큰 입열 및 예열이 필요하나, 전기전도성이 좋기 때문에 용접이 매우 양호하다.

한편 황동, 청동, 백동 등의 합금은 그 성질이 동과 크게 다르며 이러한 합금 중에서도 그 성질이 다른 접합성이 크게 영향을 주기 때문에 각종 동합금의 용접을 능숙하게 행하기 위해서는 그 재료에 관한 지식을 충분히 파악할 필요가 있다.

동합금은 열전도율이 다른 금속에 비해서 높고 연성이 좋은 연철(軟鐵, Mild Steel)의 약 7배, 알루미늄의 약 2배이다. 용접은 열을 주어서 모재(母材)의 용접이 불충해지기 쉬우며 융합불량이나 잘 어울리지 않은 불량이 발생하기 쉽다. 이러한 것을 방지하기 위해서 TIG 용접에서는 입열을 올리기도 하고 예열을 하여야 한다. 이 외에 동 및 동합금의 용접에서는 블로우 홀(Blow Holl), 깨짐 등의 결함이 발생할 경우가 있으므로 많은 경험이 요구된다.

이러한 결함은 용접조건 이외에도 합금의 종류, 용접방법에 의해서 크게 영향

---

148) 박종우, 용접공학, 일진사, 1987, pp.336 - 346; 최선철, 용접해설, 성안당, 1978, pp.270 - 291; 한국산업인력관리공단, 용접일반이론, 1993, pp.183 - 187; 한국산업인력관리공단, TIG용접실기, 1993, pp.1 - 60; 홍승남, 용접과 절단, 예경, 1997, pp.76 - 93.
149) 村上陽太郎, 앞의 책, pp.257 - 382.

을 받기 때문에 결함방지를 위하여 용접 이전에 이러한 것의 검토를 충분히 실험을 할 필요가 있다. 다음으로 연구자가 실험한 합금의 용접성을 가장 광범위하게 사용한 TIG 용접을 중심으로 서술한다.

순동의 용접은 열전도성이 좋기 때문에 충분한 용융지금(鎔融池金)을 형성시키기 위해서는 부판을 빼고 예열이 필요하다.

산소량이 0.008% 이하일 때 비교적 적은 탈산동과 무산소동은 용가재(溶加材)를 함유한 것을 사용함에 따라 양호한 접합을 할 수가 있다. 그러나 산소를 0.01에서 0.07%를 함유하는 정련동은 용접 중에 내부에 존재하는 Cu_2O가 수소와 반응해서 물을 생성한다.

이 물은 고상(固相)의 동에 대해서 전혀 용해하지 않기 때문에 블로우홀 발생 없이 매우 양호한 용접부를 얻는 것은 어렵다. 순동은 동합금에 비해서 잘 깨지지 않지만, Pb, Bi, P, As 등이 합금되면 고온에서 깨지는 감수성이 높았다. Pb, Bi를 0.05% 이상을 포함한 합금은 깨짐이 발생한다.

동합금의 용접에 대하여 논하고자 한다. 황동의 경우 용접상의 문제는 용접열에 따라서 아연이 발열하고 용접 상황을 충분히 관찰할 수 없게 되며 산화한 아연이 용접부 앞쪽에 부착해서 용접 작업성의 저하나 용접결함을 발생시키는 것이다. 용접결함으로서 블로우 홀을 만들기 쉽다.

황동은 황동 2㎜ 이하의 박판(薄板)에서는 교류 TIG 용접법이 좋으며 그 이상에서는 직류 정극성 TIG 용접법으로 용접하였다.

용접에 의한 잔류 응력이 응력부식을 깨짐을 옮길 수 있는 경우에는 응력 제거 열처리를 250～300도에서 행한다.

인청동은 일반적으로 Sn을 2～9%, P를 0.03～0.4% 정도 포함하고 있다. 이러한 인청동은 Sn의 함유량이 증가함에 따라 응고 온도 범위가 광범위해졌으며 용접 후 냉각 시에 분열이 생기기 쉬워진다. 인청동의 열분열 방지에는 TIG 용접의 용접속도를 빠르게 해서 용융지(溶融池)를 작게 한다. 예열 온도는 200도로 하는 것이 좋다.

백동의 경우 동－니켈의 합금은 10～30%의 니켈을 포함하며 완전히 고용(固溶)해서 단상(單相)이 된다. 이 때문에 결정입(結晶粒)도 크게 되기 쉬우며 구속이 강한 경우 미량의 Pb, P, S라도 분열 감수성이 높아진다. 열 사이의 분열을 방지하기 위해서는 0.01% Pb, 0.02% P, 0.01% S까지가 한계이다.

백동은 블로우 홀의 원인이 되는 산소, 수소를 흡수하기 쉽지만, 블로우 홀을 방지하기 위해서는 탈산제를 포함한 용가재의 사용이 유효하다. 이와 같은 점에 주의하면 백동은 땜에 있어서 물 흐름이 좋고, 동합금 중에서는 가장 용접하기 양호한 합금 중의 하나이다.

양백의 경우 니켈을 첨가한 황동으로 볼 수 있으며, 그 용접성도 황동과 아주 비슷하다. 아연의 증기가 문제가 되는 경우 용가재에 알루미늄 합금용 청동을 사용하여 용접한다. 또한 Pb, Bi, S 등의 불순물이 포함되어 있다면 열 사이의 분열이 일어나기 쉽다.

가. TIG 접합

본서의 작품은 TIG 용접을 주로 사용하였으며 가스용접과 병행하였다. TIG(Tungsten Inert Gas Arc) 용접의 원리는 <그림 78>과 같이 모재와 텅스텐 전극 사이에 용접 전원과 아크(Arc)를 쉽게 발생시키기 위한 고주파 발생장치가 접속되어 있으며 모재 표면과 텅스텐 전극 선단과의 사이에서 아크가 발생한다. 텅스텐 전극 주변에는 Gas Nozzle를 통하여 불활성 가스가 분출되어 텅스텐 전극과 아크 및 용융지 등을 완전히 대기로부터 보호한다.

용가재의 공급은 아크 측면에서 수동 혹은 자동으로 일정한 속도를 유지하면서 첨가하여 용접한다. 그러나 박판의 용접에는 용가재를 첨가하지 않고 아크열로 모재 자체를 녹여서 용접한다. 전극으로 사용하는 텅스텐봉은 용융점이 약 3,400℃로 고온에 견디는 성질을 가지고 있으며 TIG 용접에서는 이 성질을 이용하여 텅스텐봉으로 아크를 발생시키기 위해 전극으로 사용하고 있다. 또한 TIG 용접에 사용하는 불활성 가스는 아르곤(Argon), 헬륨(Helium) 등을 말하며 다른 어떤 물질과도 반응하지 않는 성질을 가지고 있다. 이 성질을 이용하여 용접 중의 용융금속이 주변의 공기와 반응하지 않도록 아크의 용융금속을 불활성 가스로 완전히 차단하여 용접하는 방식이다. TIG 용접의 특징은 다음과 같다.

1) 알루미늄, 마그네슘, 스테인리스, 연강, 탄소강은 합금, 규소, 청동, 동, 니켈 등을 포함한 거의 모든 비철금속을 용접할 수 있으며 용접결과도 우수하다.

2) 용접 시에는 용접상태를 명확히 볼 수 있다.

3) 아크의 흐름을 타고 이동하는 용융금속이 없으므로 용접 스패터(Spatter)가 전혀 없다.

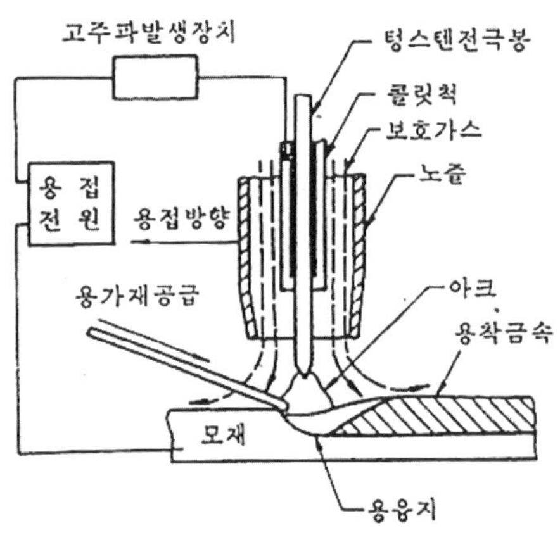

〈그림 78〉 TIG 용접원리

4) 모재의 두께에 구애 없이 극히 얇은 박판부터 후판에 이르기까지 용접할 수 있다.

5) 땜봉은 모재를 절단하여 사용하므로 땜 부분의 색상이 모재와 동일하며 표면처리 홍도 전혀 땜 부분의 층을 식별할 수 없어 표면이 미려하다.

TIG 용접의 방법은 다음과 같다. 동의 용접성을 볼 때 순동의 열전도율은 강의 8배 이상, 알루미늄의 2배 정도로 용접열을 급속히 모재가 흡수하므로 쉽게 용융이 되지 않기 때문에 용융부족 현상이 생기기 쉽다. 그러므로 동의 용접에는 고온의 예열온도가 필요하다. 그러나 동합금은 그 열전도율이 합금성분에 따라 달라지므로 예열온도도 이를 감안하여 조절해야 한다.

동 및 동합금의 용융온도는 약 900~1,100℃이지만 열전도도가 높아 다른 금속에 비해 가열시간이 오래 걸린다. 또한 용융금속이 응고될 때는 수소, 산소, 아황산가스(SO_2) 등이 발생되어 가공이 쉽게 용접금속 내에 나타난다. 특히 인(P)이나 규소(Si), 알루미늄(Al) 등의 탈산제가 함유된 동합금 용접에는 더욱 심하므로 용접 시 주의를 요한다.

동 및 동합금 용접에서는 재질의 종류에 따라 사용하는 전류, 전극봉, 보호가스와 용접방법이 다르므로 <표 60>를 참고하여 적당한 용접조건을 선택하여 용접한다.

〈표 60〉 동 및 동합금 용접조건

모 계	(AWS등급) 용 가 재	전 류	전 극 봉	보호가스	비 고
순 동 (Cu)	RCu	직류정극성 (DCSP)	토륨 2% 텅스텐전극	아르곤 또는 아르곤 + 헬륨	후판일 때는 높은 예열온도가 필요
황 동 (Cu - Zn)	RCu Zn - B RCu Zn - C RCu Zn - D	직류정극성 (DCSP)	토륨 1% 텅스텐전극	아르곤 또는 아르곤 + 헬륨	예열 필요 납이 섞인 것은 불필요
인청동 (Cu - Sn)	RCu Sn - A RCu Sn - C RCu Sn - D	직류정극성 (DCSP) 교류고주파 (ACHF)	토륨 2% 텅스텐전극	아르곤 또는 아르곤 + 헬륨	용접속도를 빠르게 해야 한다. 예열 불필요
알루미늄청동 (Cu - Al)	RCu Al - A₂ RCu Al - B	교류고주파 (ACHF)	토륨 1% 텅스텐전극	아르곤, 헬륨 또는 아르곤 + 헬륨	비교적 용접이 쉽다.
규소청동 (Cu - Si)	RCu Si - A	직류정극성 (DCSP)	토륨 1% 텅스텐전극	아르곤	-
큐프로니켈 (Cu - Ni)	RCu Ni	직류정극성 (DCSP)	토륨 1% 텅스텐전극	아르곤	-

동 및 동합금의 경우, 동은 TIG 용접으로 가장 우수한 용접금속을 얻을 수 있다. 열전도율이 높아 예열을 하거나 박판일 경우에는 아크열로 시작점에서 가열한 후 용융지가 형성될 때 용접해 나간다.

보호 가스는 주로 아르곤 가스를 사용하지만 아르곤 25% - 헬륨 75%로 혼합하여 사용하는 경우도 있다. 용가재는 동일한 재질의 YCu를 사용한다. 동의 TIG 용접 조건을 <그림 79>에 나타내었다.

황동 TIG 용접은 선박 기계류의 보수용접에 많이 이용된다. 용가재는 아연 성분이 적은 황동의 용접에는 YCuSn - A와 YCuSi를 사용하고 아연 성분이 많은 황동 용접에는 YCuAl이 사용된다. 예열온도는 200℃ 정도로 한다. 납이 0.5% 이상 함유된 황동용접은 유해한 가스가 발생되어 기공의 원인이 되므로 주의한다.

규소 청동의 경우 용가재는 YCuSi - A 또는 YCuSi - B를 사용하고 예열은 필요하지 않으며 잔류는 교류 또는 직류 정극성을 사용한다.

두께(mm)	개선형상	층수	용접순서	전극봉(mm)	전류(Amp)	전압(v)	가스유량 (ℓ/min)
0.8~2.4	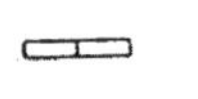	2	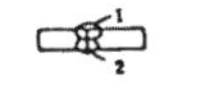	3.2	180 220	22 24	10
3.2~5.6	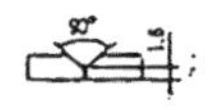	2	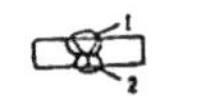	4.8	240 280	22 24	10
6.4~9.6	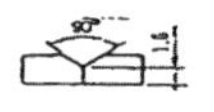	2	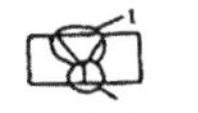	4.8	380 440	24 26	12
127	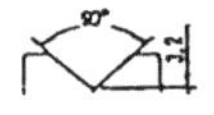	3	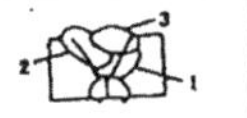	4.8	480 520	24 26	12
16.0~19.1	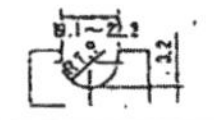	5	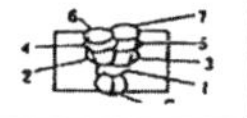	4.8	480 520	24 26	12
22.2~31.8	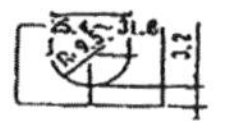	6~8	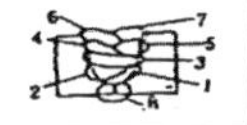	4.8	480 520	24 26	12

〈그림 79〉 동의 TIG 용접조건

　인청동 TIG 용접은 주로 주물의 보수용접에 많이 이용된다. 용접 전 200℃로 예열한 후 신속하게 용접해야 한다. 용접 후 열간 피닝을 해 주면 용접금속이 치밀해지고 잔유응력이 감소된다. 용가재는 YCuSn A와 YCuSn B를 사용하고 보호 가스는 아르곤 또는 아르곤 25% - 헬륨 75%를 혼합하여 사용한다.

　알루미늄 청동의 용접(<표 62>)은 비교적 기공이 적게 발생되며 완전한 용접부가 얻어지고 외관이 아름답다. 용가재는 YCuAl계를 사용하며 전류는 교류 고주파(ACHF)가 적합하다. 보호 가스는 순수 아르곤 가스보다 아르곤 25% + 헬륨 75%의 혼합가스가 좋다.

〈표 61〉 용가재 지름에 따른 전류 및 전압치

용가재 지름(mm)	용접전류(A)	전압(V)
2.6	60~70	25~30
3.2	70~100	25~30
4.0	110~140	25~30
5.0	150~180	28~35

〈표 62〉 알루미늄 청동의 TIG 용접조건

판두께 (mm)	이 음		가 스 유 량		층 수	전류 (ACHF)
	형식	형상	(㎥/h)	(ℓ/min)		
6	맞대기	90° V형	0.48	8~10	2	200
10	맞대기	90° V형	0.48	8~10	3	250
12	맞대기	90° V형6	0.48	8~10	4	260

1-3. 망상조직기법의 실험분석

망상조직기법(Reticulation)의 실험분석에 따른 불의 온도에 의한 색 변화를 살펴보면 다음과 같다.

산소와 혼합가스(LPG)를 1:1로 혼합하여 연소시키면 그로부터 생성되는 불꽃은 다음의 3부분으로 구성된다.

① 불꽃심(백심, Flame Core)의 부분은 팁에서 나오는 혼합가스가 연소 화합하여 일산화탄소 그 분자 수소 1분자를 형성하여 환원성의 백색불꽃이 된다.

② 속불꽃(내염, Inner Flame)의 경우 백심 부분에서 생성된 일산화탄소와 수소가 공기 중의 산소와 결합 연소되어 고열(2,500~2,300℃)을 발생하는 부분으로 무색에 가깝고 약간의 환원성을 띠게 된다. 따라서 열은 이 부분에서 주로 공급된다.

③ 겉불꽃(외형, Outer Flame)은 연소가스가 다시 주위 공기의 산소와 결합하여 완전 연소되는 부분으로 불꽃의 가장자리를 이루며 약 2,000℃의 열을 내게 된다.

본서의 과정 중에서 P사 개발 동합금과 시중동합금에 관한 온도에 의한 색의 변화를 살펴본 결과는 다음과 같다. 본 연구과정은 속불꽃(약 2,500~2,300℃)으로 모재의 상단부분을 순간적으로 지나가면서 불의 온도에 따라 변색되는 과정을 실험하는 연구로서 모재의 상단부분은 약 900℃ 정도와, 모재의 하단부분은 100℃ 정도의 온도를 느낄 수 있다.

모재의 종류는 연구동합금 4종류와 시중동합금 4종류를 <그림 80>에서 50mm×70mm로 절단하여 시편(試片)으로 사용하였다.

분석동합금 실험결과 단동(C2200)의 경우 800℃ - 진한 밤색, 600℃ - 청색, 400℃ - 보라색, 200℃ - 노란색 등의 변화를 감지하였다.

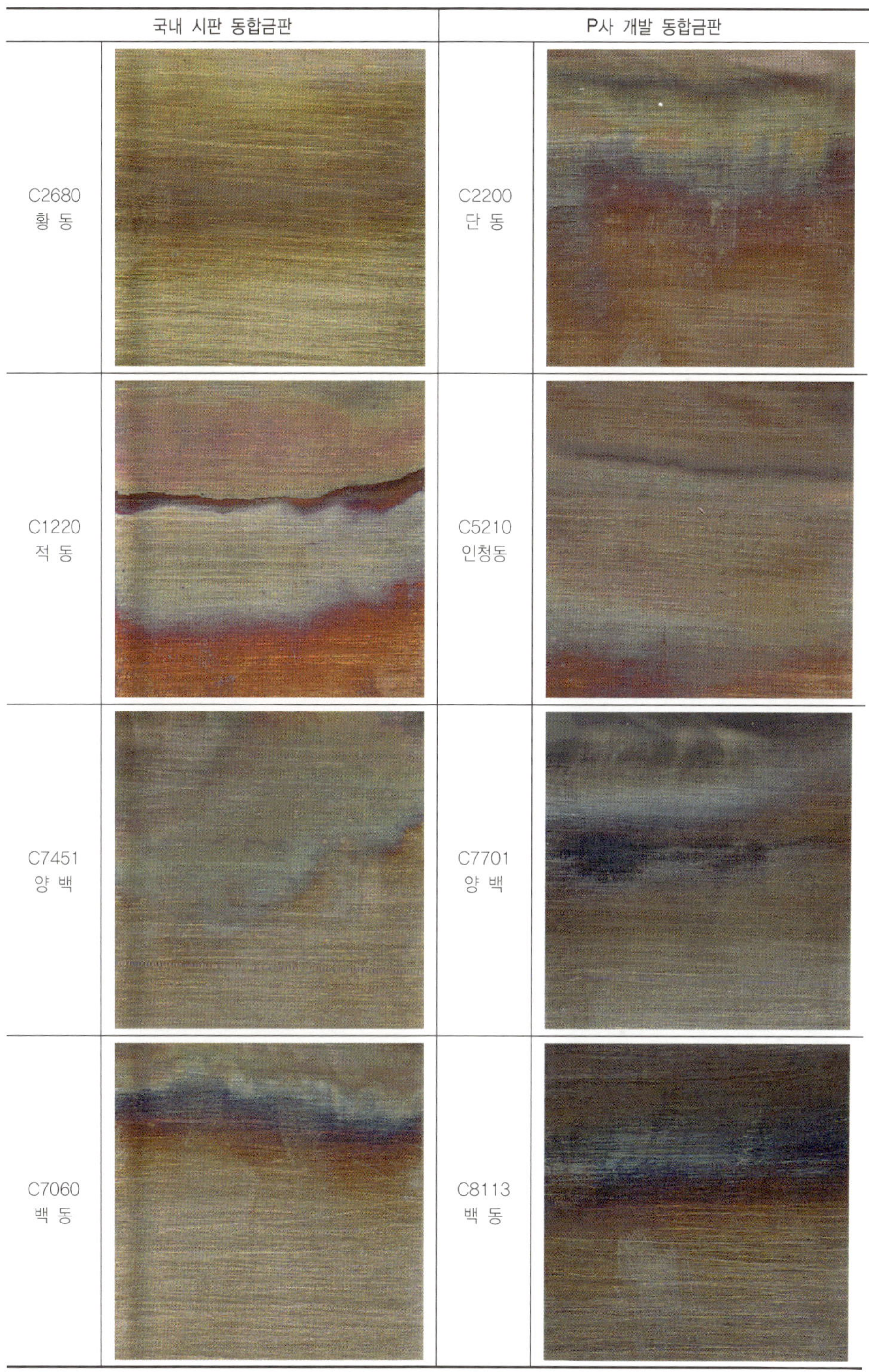

〈그림 80〉 온도에 따른 조직변화와 색상 실험결과

ⓛ 인청동(C5210)

800℃ – 진한 밤색, 600℃ – 청록색, 400℃ – 감청색, 200℃ – 보랏빛 빨간색

ⓒ 양백(C7701)

800℃ – 청색에 가까운 흑색, 600℃ – 감(노랑)색, 400℃ – 청색, 200℃ – 보라색

ⓡ 백동(C8113)

800℃ – 청흑색, 600℃ – 감청색, 400℃ – 보라색, 200℃ – 노란색

③ 시판용 동합금 실험결과

ⓖ 황동(C2680)

800℃ – 황동색, 600℃ – 진한 밤색, 400℃ – 보랏빛 감청색, 200℃ – 노란색

ⓛ 인탈산동(C1220)

800℃ – 감청색, 600℃ – 아이보리색, 400℃ – 보랏빛 빨간색, 200℃ – 빨간색

ⓒ 양백(C7451)

800℃ – 초록빛 나는 감청색, 600℃ – 감청색, 400℃ – 청색, 200℃ – 노란색

ⓡ 백동(C7060)

800℃ – 보랏빛 검정색, 600℃ – 감청색, 400℃ – 보라색, 200℃ – 노란색

위와 같은 다양한 색상을 발견할 수 있으나 대부분의 변화는 감청색에서 빨간빛 보라색으로 변환하여 200℃에는 노란색으로 변화되는 것을 느낄 수 있다.

시편에서 본 바와 같이 다양한 색의 변화를 볼 수 있으며 특히 연구동합금은 시중동합금보다 대체적으로 열전도율이 빠른 것을 알 수 있었다.

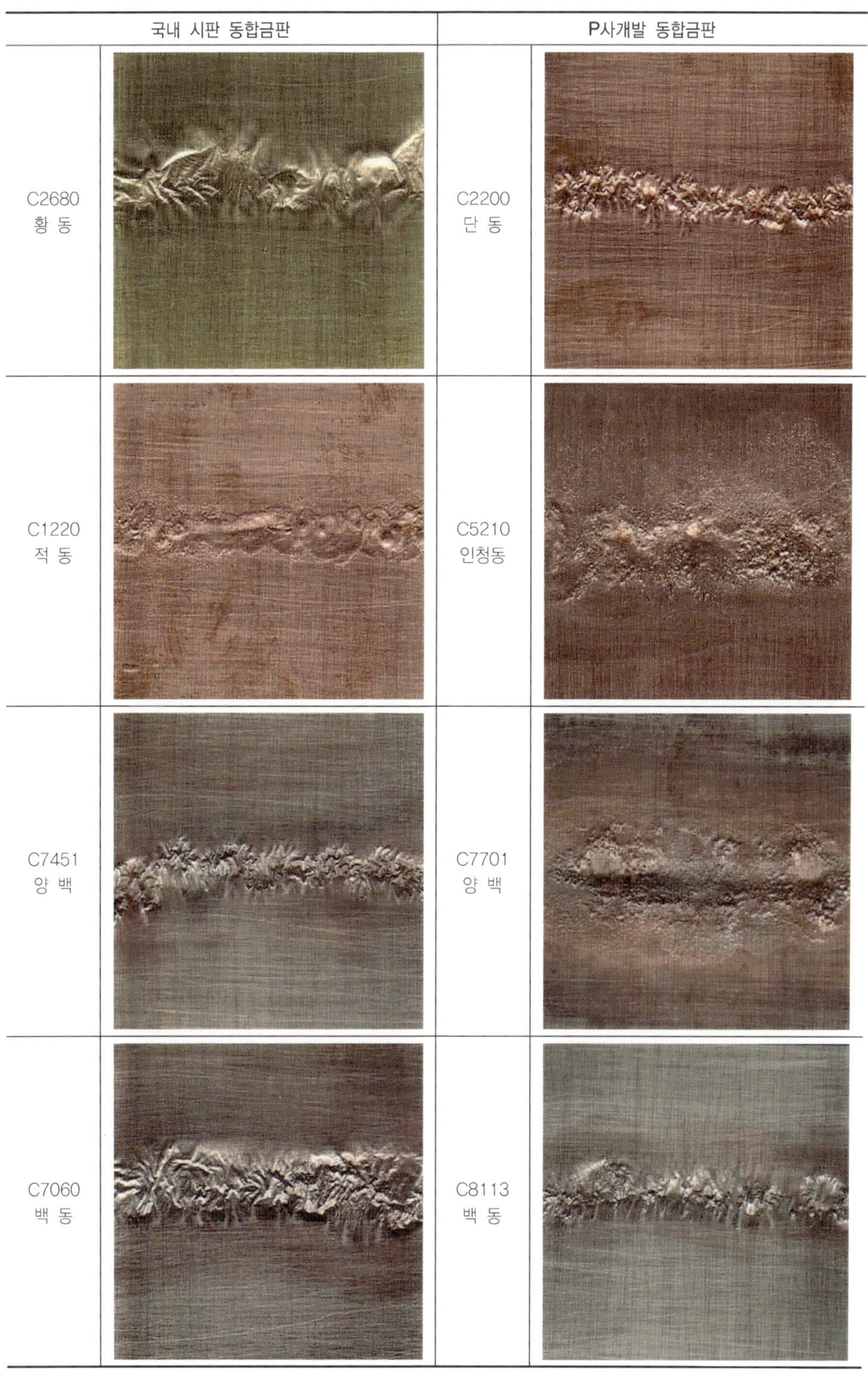

〈그림 81〉 망상조직기법 실험에 따른 실험결과

이 결과에 나타난 망상조직기법은 금속의 표면을 융점에 가깝게 가열하였다가 다시 냉각시키는 과정을 통해서 특이한 주름이 형성되도록 하는 방법으로 아름다운 조직을 만들기 위해서는 모재의 재료에 따라 토치의 온도를 융점에 적절하게 맞추어 사용해야 하며 매우 정교하게 이루어야 하는 기법이다.

본 작업 과정은 연구동 합금 4종류와 시중 동합금 4종류를 <그림 81>과 같이 실험하는 과정으로 산소 토치를 고열(2,500℃∼2,300℃)로 유지하면서 모재의 중앙 부분을 융점에 가깝게 조직이 형성되도록 토치가 지나갔을 때의 상태를 비교 분석하였다.

- 단동(Cu‒Zn계: C2200) 아연의 합금으로 인하여 망상조직이 비교적 아름다운 선보다는 뭉치는 모습이다.
- 인청동(Cu‒Sn‒P계: C5210) 인(隣) 성분이 녹아서 뭉치거나 타 버리는 경우로 미세한 구멍이 나는 경우가 많다.
- 양백(Cu‒Ni‒Zn계: C7701)에서는 화산이 폭발하여 용암이 되는 것처럼 기포를 많이 내고 뭉쳐 있다. 동성분과 아연이나 니켈이 온도에 적응하지 못하고 타 버리는 현상을 볼 수 있다.
- 백동(Cu‒Ni: C8113) 같은 경우는 비교적 양호한 망상조직이 형성되나 백동의 단단한 특성 때문에 갈라지는 현상을 볼 수 있다.

실험 결과를 보면 연구동합금은 색의 변화에 따른 실험에서 열전도율이 빠른 결과를 볼 수 있었다. 망상조직기법에서도 시중동합금보다는 연구동합금이 열을 빨리 받고 여러 형태로 변화하는 모습을 느낄 수 있다. 시중동합금에서는 대체적으로 아름다운 문양을 볼 수 있었으나 연구동 합금에서는 10% 이상의 합금들로 구성이 되어 있어 망상조직이 흐트러져 녹아나는 것을 느낄 수 있다. 결과로 보아 연구동 합금으로 망상조직기법을 응용하고자 할 때는 많은 실험을 통하여 융점을 적절하게 조절해야만 많은 효과를 기대할 수 있다.

1-4. 전해주조기법의 실험분석

전해주조 시에 사용되는 암페어(A)와 시간을 살펴보면, 전기적으로 분해된 전기분해 생성물이 전해주조(電解鑄造)를 하고자 하는 기물에 결합되는 데에는 전해주조액의 농도가 일정한 조건일 경우 암페어(A＝전기량)와 시간에 따라 두께와 입자의 크기 등의 차이를 보이게 되므로, 이 두 가지가 대단히 중요한 역할을 하게 된다.

일반적으로 전해주조 작업 시 사용되는 암페어는 1.2A에서 2.0A까지를 주로 사용하는데 이 범위 안의 암페어에서 약 이틀 정도 전해주조기 안에 기물을 담가 놓으면 알맞은 입자와 두께를 가진 결과물을 얻어 낼 수 있다.

여기에서 암페어를 1.0A보다 낮게 조절하게 되면 전기분해된 금속이온의 입자가 천천히 기물에 달라붙게 되어 고운 입자를 가진 결과물을 얻어 낼 수 있게 되지만 그 두께가 매우 얇기 때문에 적당한 두께를 지니기까지 오랜 시간이 (0.7A 이하일 경우 약 3～5일 정도) 걸린다는 단점이 있다. 이렇게 얇게 전해주조가 된 경우에는 마무리(Finishing) 과정에서 기물에 달라붙은 전해주조가 된 금속입자가 떨어져 나갈 수 있다.

마찬가지로 암페어를 높게 조절하면 시간이 단축(3.0A～4.0A 사이에서는 약 하루 정도)되기는 하지만 기물에 전해주조가 된 금속입자가 너무 크고 거칠기 때문에 세밀한 작업을 요하는 경우에는 되도록 피하는 것이 좋다.

또한 한 번에 너무 많은 기물을 전해주조기 안에 집어넣는 것은 암페어와 관계없이 전해주조 속도를 저하시키는 원인이 된다.

연구 작업 과정의 결과는 다음과 같다.

㈀ 연구동합금 4종류와 시중동합금 4종류를 전해주조 작업용 시편으로 종류당 각각 6개씩 총 48개를 같은 크기로 준비하였다.

㈁ 전해주조기의 음극에 연결될 동선을 시편에 땜해 준다(전해주조가 되고자 하는 기물(시편)은 전해주조기의 음극에 연결되며 양극 쪽에서 기물에 전해주조가 될 전기분해 생성물의 모체가 고정 연결되어 있게 된다).

㈂ 시편을 전해주조액에 침지(浸漬)했을 때 전해주조액과 닿는 부분에만 전기가 통해 전해주조가 일어나므로 전해주조가 일어나지 않게 하고자 하는

부분은 부도체를 이용하여 칠해 준다(전기가 통하지 않게 칠해 주는 부도체로는 래커(락카)나 매니큐어 등이 적당하며 래커를 사용할 경우에는 금색이나 은색 등의 래커는 피한다. 금색이나 은색 래커는 전해주조액 속에 장시간 침지되었을 시 떨어져 나가는 경우가 종종 있다. 일반적으로 가장 많이 사용되는 래커는 노란색인데 전해주조 작업이 끝나고 이를 제거할 때 다른 색 래커에 비해 수월하게 제거되는 경향이 있다.).

(ㄹ) 시편이 준비되면 연구동합금 한 종류와 시중동합금 한 종류를 택해 각각 두 개씩 전해주조기의 음극에 연결하여 전해주조액 속에 침지시킨다.

(ㅁ) 전해주조기의 암페어를 1.0A로 맞춘 뒤 12시간이 지난 후에 각각 하나씩을 꺼낸다. 그리고 같은 암페어(1.0A)에서 24시간이 지난 후에 나머지 하나씩을 꺼낸다.

(ㅂ) 마찬가지 방법으로 연구동합금 4종류와 시중동합금 4종류를 모두 1.0A와 4.0A에서 12시간, 24시간 동안 침지한 뒤 꺼낸다.

(ㅅ) 시편에 도장되어 있는 부도체(래커)를 제거한다.

(ㅇ) 산세한 후 세척한다.

연구동합금과 시중동합금의 전해주조 결과는 다음과 같다.

(ㄱ) 높은 암페어(3.0A)에서 12시간 동안 침지한 경우는 연구동합금이나 시중동합금 모두 전기분해생성물의 입자가 크고 거칠게 전해주조가 되었음을 알 수 있었다(<그림 82~89>) 또한 24시간 동안 침지한 경우에는 입자가 더욱 크고 거칠어진 것을 확인할 수 있었다.

(ㄴ) 낮은 암페어(1.0A)에서 12시간 동안 침지한 경우는 암페어에 비해 시간이 짧았기 때문에 연구동합금이나 시중동합금 모두 얇게 전해주조가 되어 두 금속을 비교함에 어려움이 있었다.

(ㄷ) 낮은 암페어(1.0A)에서 24시간 침지한 경우 연구동합금과 시중동합금이 약간 다른 차이를 보였는데, 연구동합금은 전해주조 시에 시중동합금에 전해주조가 된 것보다 조금 고른 분포로 전해주조가 되는 것을 확인할 수 있었다. 이로 인해 세밀한 작업을 요할 때에는 암페어를 낮추어서 입자가 고르게 분포되는 연구동합금을 사용하여 작업하는 것이 유리하였다.

전해주조 기법 실험분석결과

국내시판 동합금판 및 P사 개발 동합금판

〈그림 82~89〉

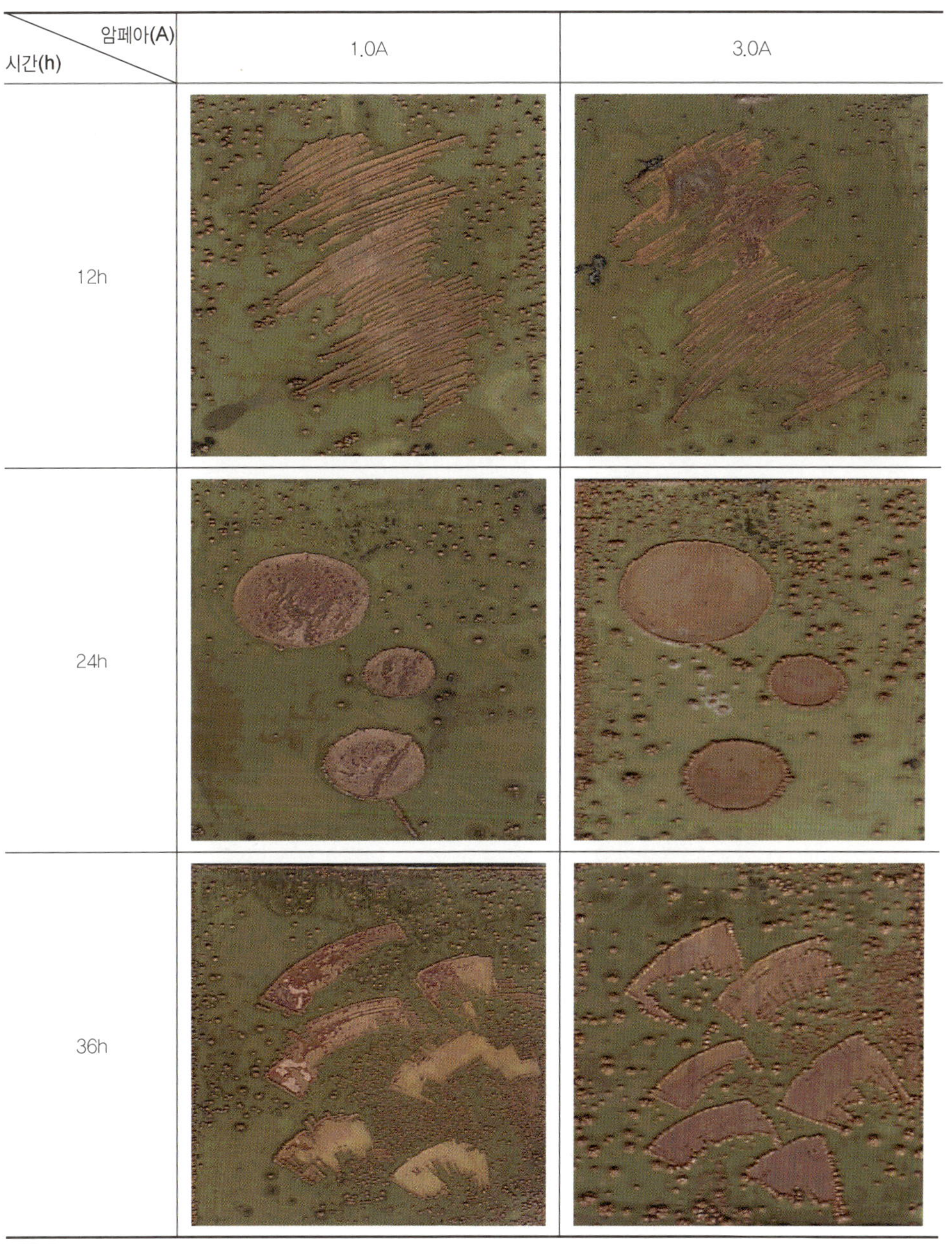

시간(h) \ 암페아(A)	1.0A	3.0A
12h		
24h		
36h		

〈그림 82〉 국내시판 동합금판   C1220(국내 시중동합금판 적동)

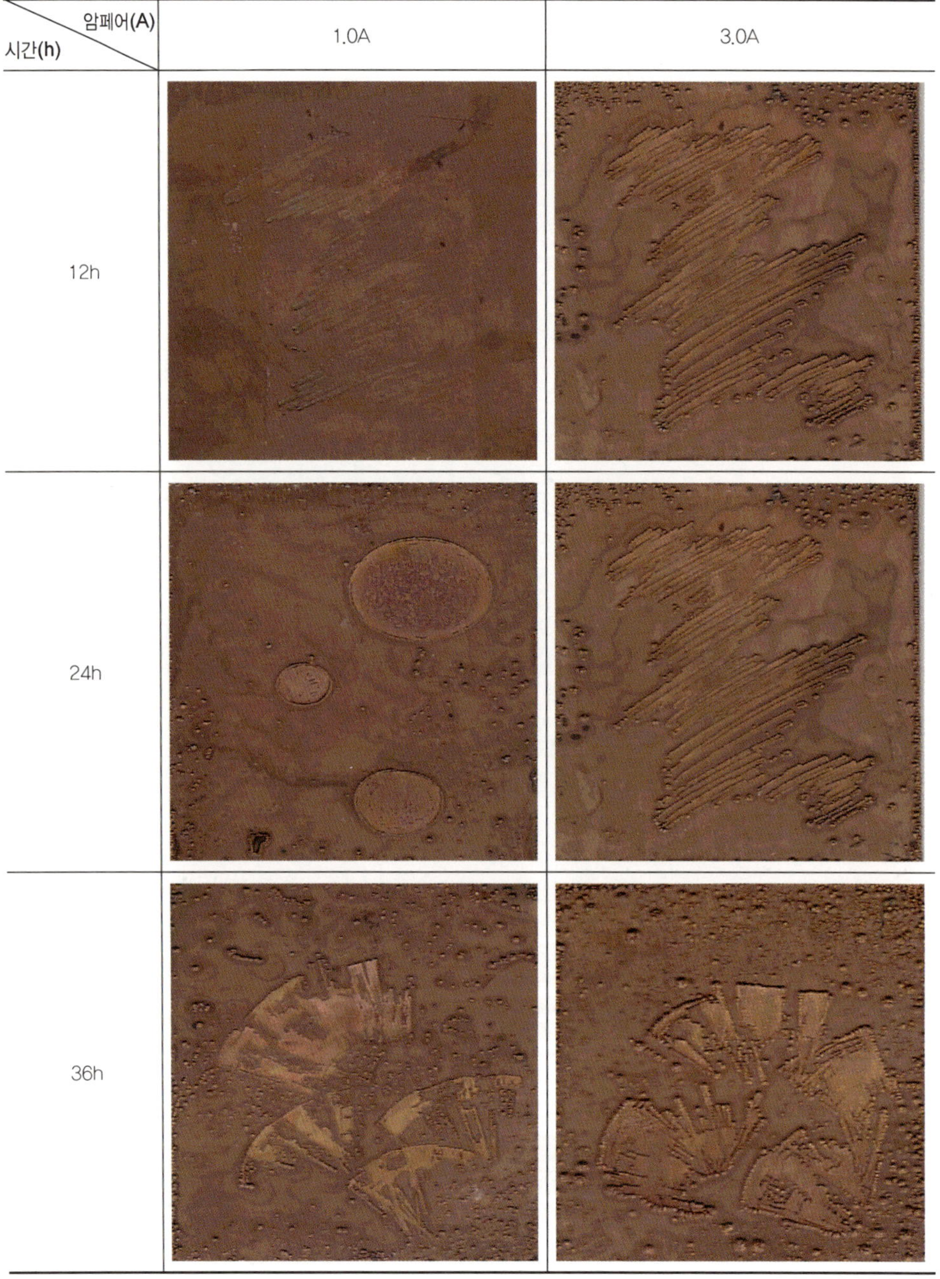

시간(h) ＼ 암페어(A)	1.0A	3.0A
12h		
24h		
36h		

〈그림 83〉 국내시판 동합금판　　　　C2680(국내시판 동합금판 황동)

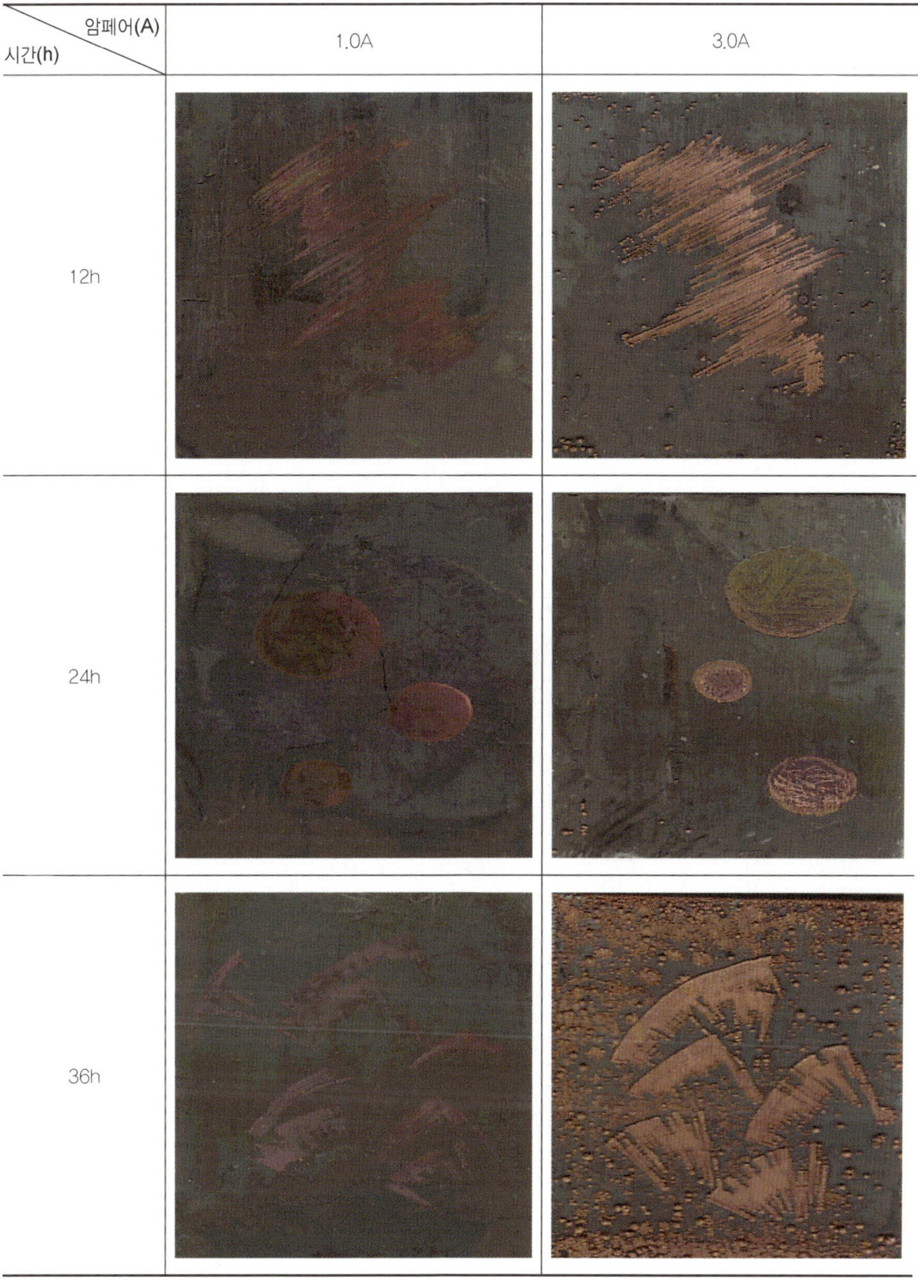

〈그림 84〉 국내시판 동합금판　　　　　C7451(국내 시중동합금판 양백)

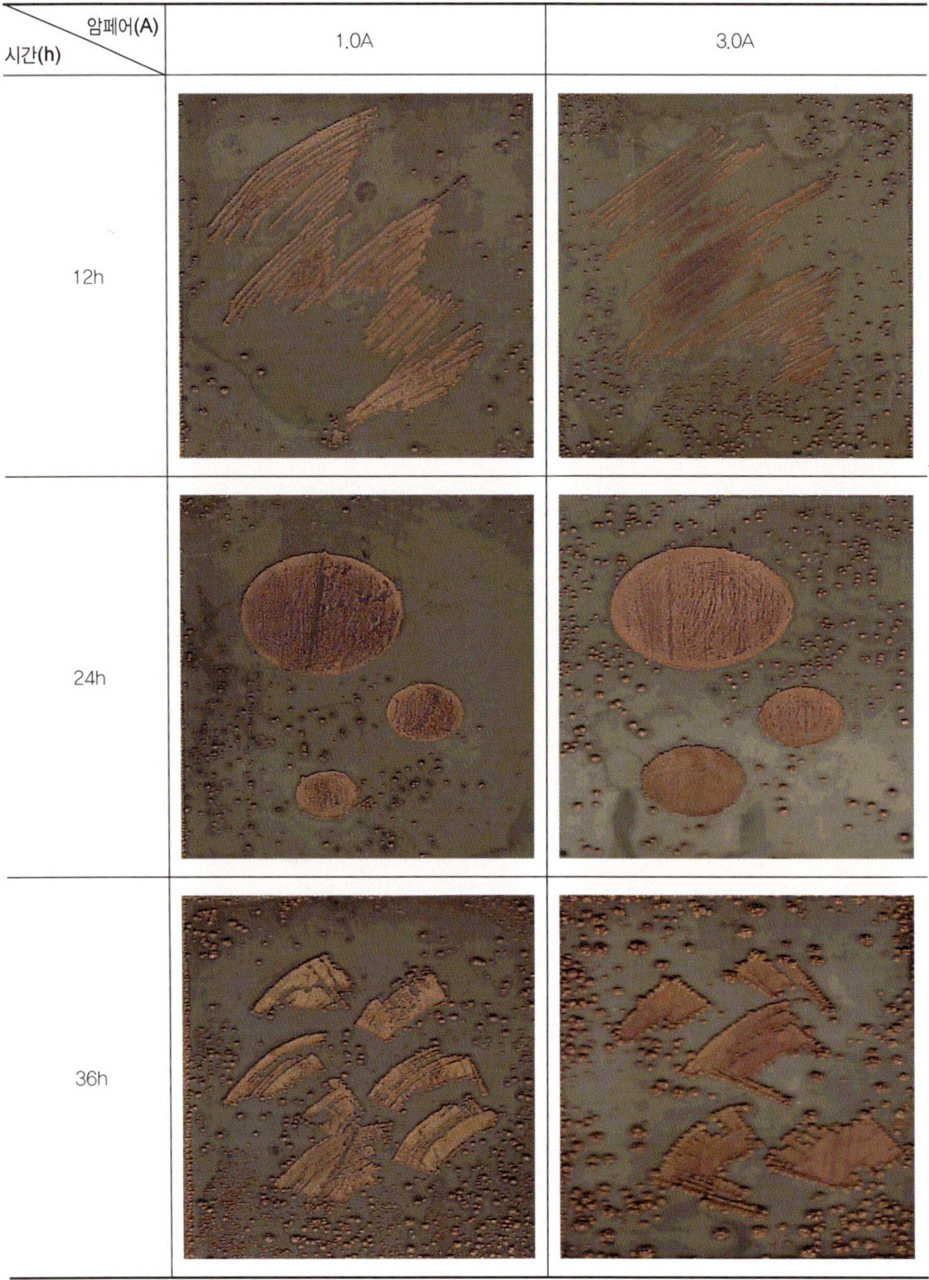

〈그림 85〉 국내시판 동합금판   C7060(국내 시중동합금판 백동)

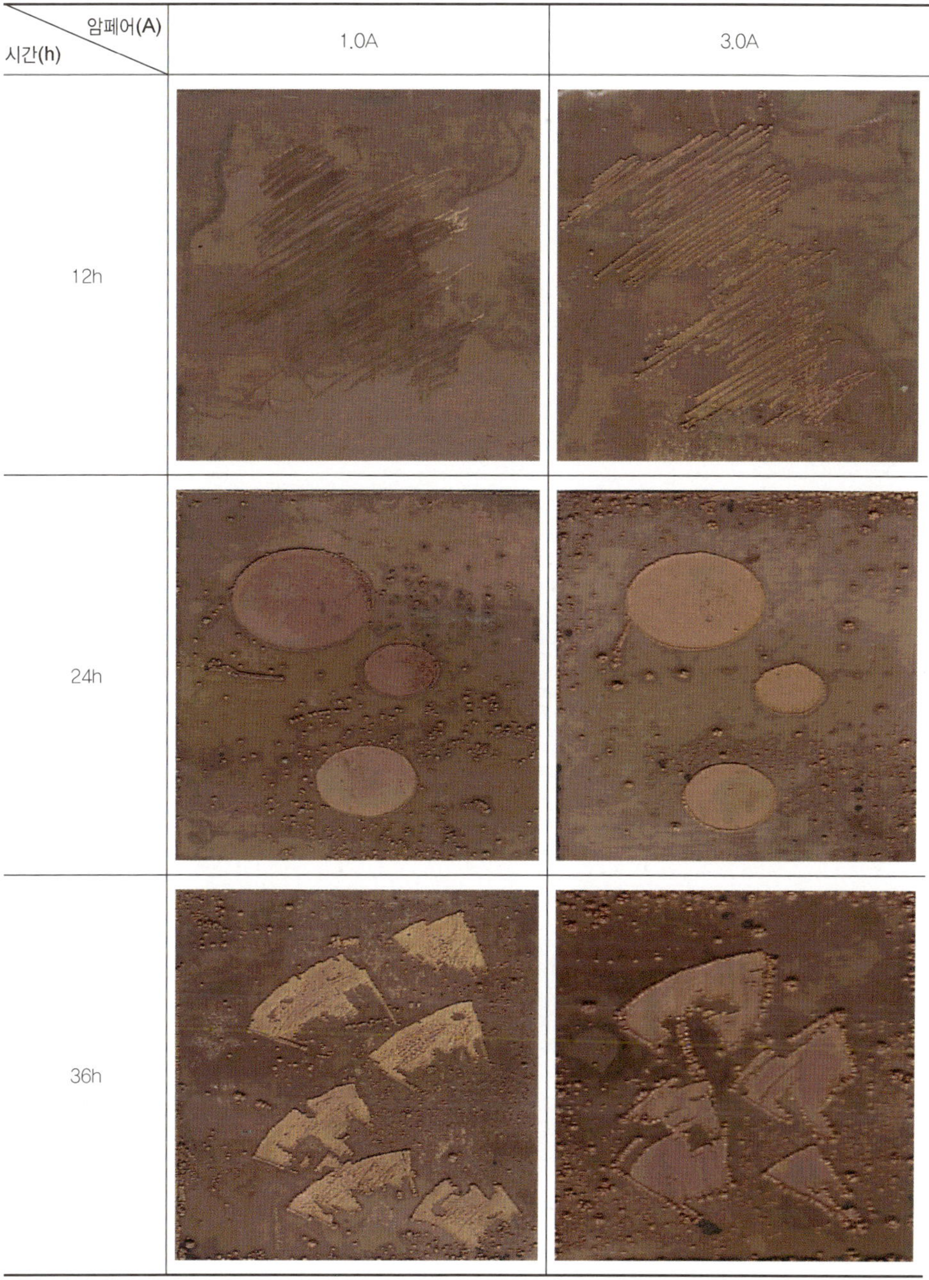

〈그림 86〉 P사 개발 동합금판   C2200(연구동합금판 단동)

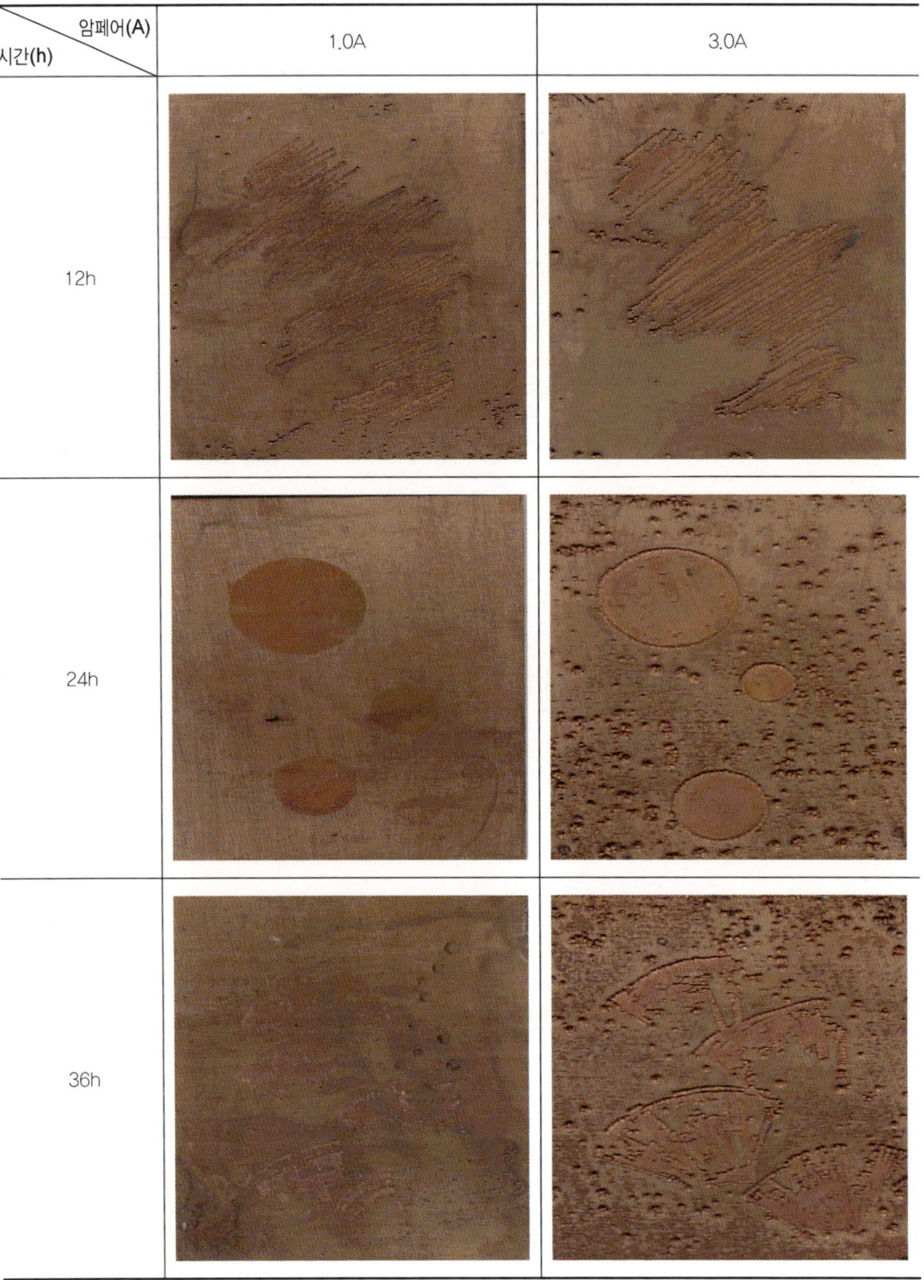

| | 〈그림 87〉 P사 개발 동합금판 | C5210(연구동합금판 인청동) |

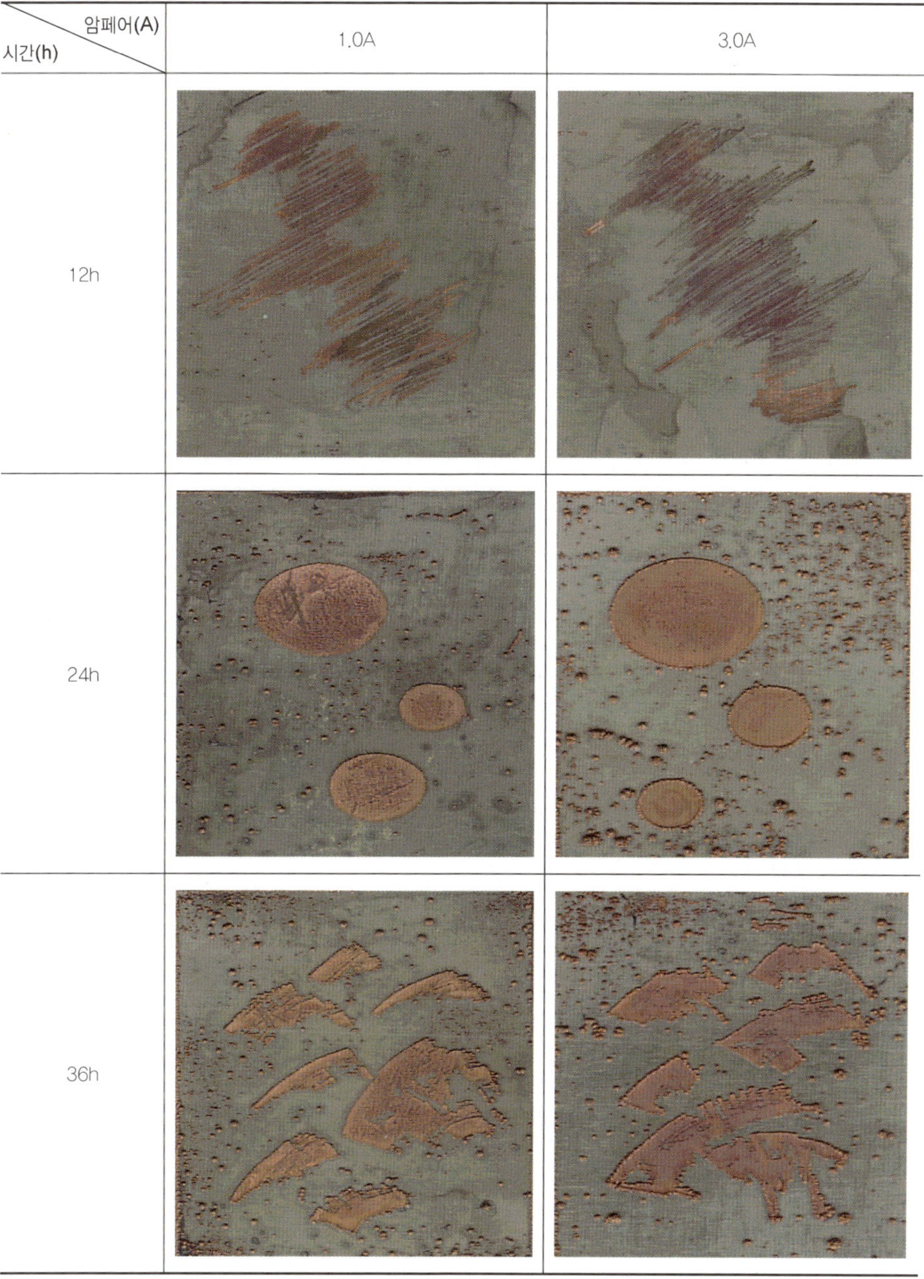

〈그림 88〉 P사 개발 동합금판   C7701(연구동합금판 양백)

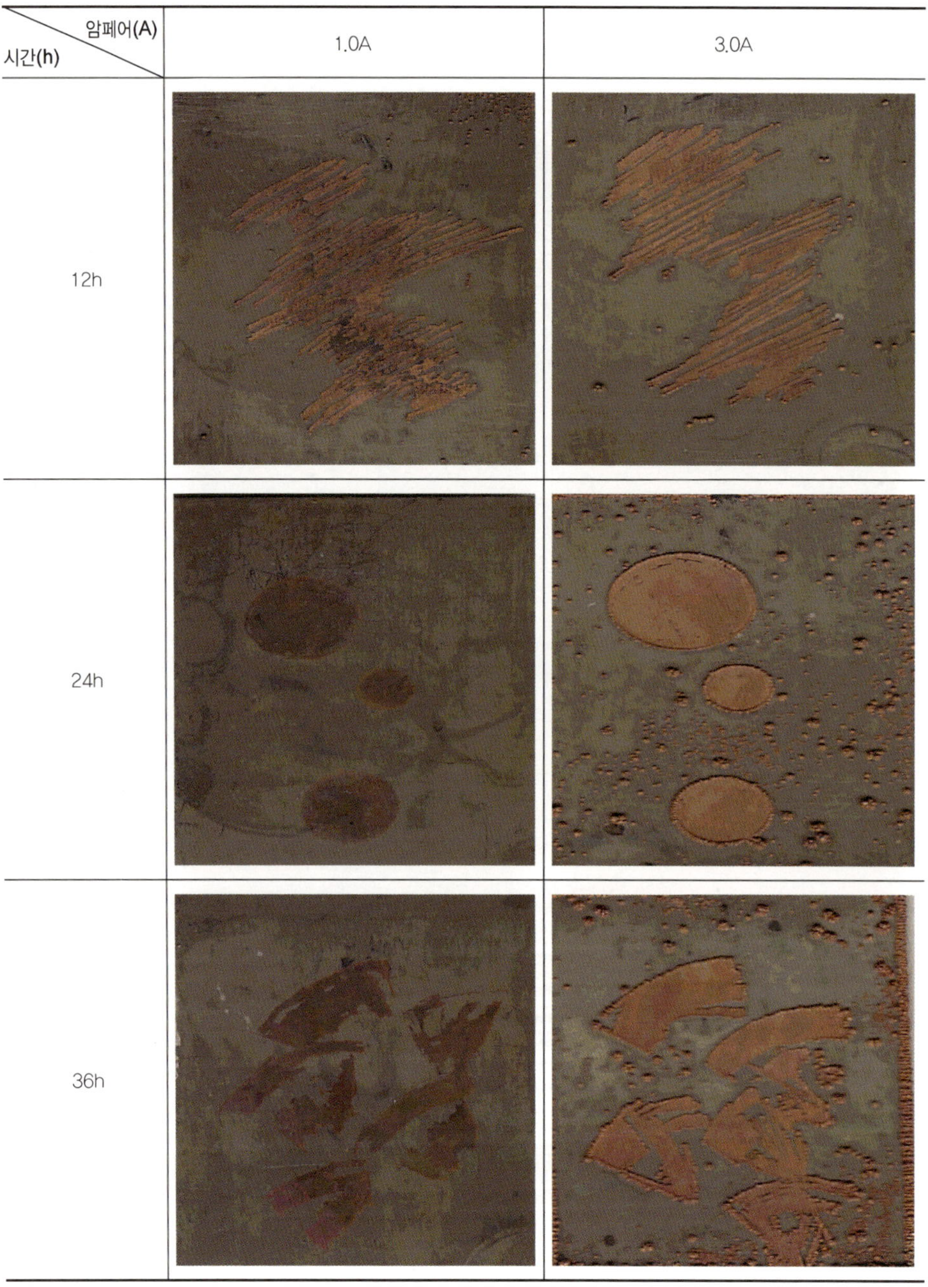

〈그림 89〉 P사 개발 동합금판   C8113(연구동합금판 백동)

2. 저자 작품의 모색기와 실험의 확장

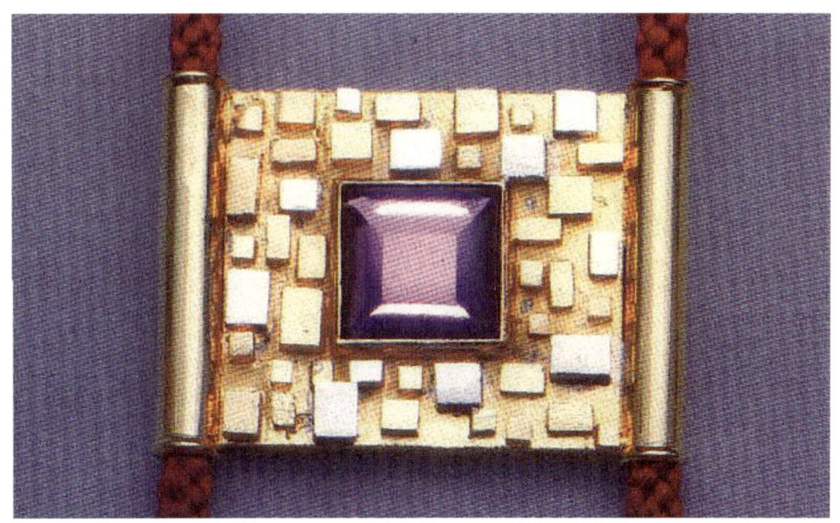

〈그림 90〉 Tie Tack, 1984, 14k, 18k, 은, 자수정, 58×42㎜

이 단락은 작품연구에 대한 내용으로서, 1980년대 이후 지속해 왔던 동합금
의 재료적인 특성을 활용하여 금속공예의 차원을 넘어 금속조형을 환경예술품
의 차원으로 끌어올리려는 일환으로 저자가 지속적으로 연구해 온 내용을 기술
하고자 한다. 특히, 1980년대부터 1990년대 초반에 이르기까지는 구체적인 실
험의 방향을 정하기 위한 모색의 시간이었다. 이 시기에는 저자가 일본에 체류
하면서 일본의 현대적인 금속조형의 양식적 특성을 연구하였고, 그것을 통해서
한국에서 새로운 동합금을 통한 조형의 가능성을 타진할 수 있었다. 또한 연구
과정에서 저자는 구체적인 실험을 행할 수 있는 토대를 만들었다 할 수 있다.

저자는 이러한 동의 재질감과 물성에 대하여 통계적인 분석을 행하였는데, 동
합금을 구성하는 구체적인 data를 만들어서 정교한 실험을 행할 수 있었다. 이
러한 실험은 1990년대 후반에 이르기까지 지속되었다. 구체적으로는, 다양한 표
현의 가능성을 ≪태초의 공간≫ 시리즈라는 명제하에 실험해 왔다. 그리고 이
러한 실험은 저자가 고민하고 있는 재료적인 특성과 기법의 연구를 의미하는
것이기도 하다. 저자는 여기에 만족하지 않고, 금속조형기법과 스케일을 확장하

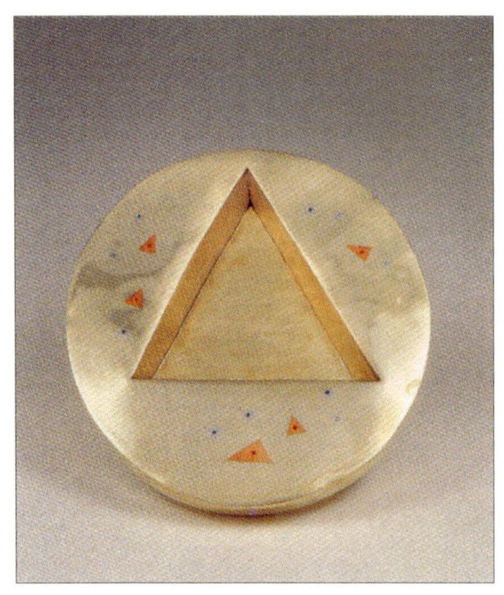

〈그림 91〉 器, 1985, 황동, 백동, 루비,
210×210×45㎜

여 기능성과 도구성을 해체하는 방식에 대하여 연구하였다. 그 결과 저자의 작품은 장신구적인 차원이 아니라 환경친화적 옥내·외 조형물로 확대하고 싶은 열망을 지니게 되었다. 이러한 열망은 점차적으로 무르익어, 금속공예의 차원을 조금 넘어선 연구를 할 수 있었다.

이러한 연구·실험 내용을 기초로 하여 그 이후부터 현재에 이르기까지에 ≪진화의 꽃≫ 시리즈라는 새로운 명제를 가지고 지속적으로 연구와 실험 그리고 여러 가지 유형의 전시를

통해서 발표해 오고 있다.

2 - 1. 모색기 - 1980년대

본 저자는 1980년대의 동경체류 시절에는 공간미가 주류를 이루는 작품을 주로 제작하였는데, 기능성과 형태미를 골고루 갖추는 작품을 제작하기 위해서 노력하던 시절이었다. 이 당시의 연구는 동과 유리의 각기 다른 재질을 이용하여 독특한 물성과 형식을 드러내는 작품이 주류를 이루었다. 당시의 작품에 대하여 동경예대 교수인 야마시다쯔네오(山下恒雄) 교수는 다음과 같이 설명하고 있다.

임 선생의 작품관은 기능미와 형태미의 복합을 목표로 하고 있음이 고찰되며 금후에도 그 목표를 주된 테마로 활동할 것으로 생각된다. 또한 항상 금속색상에 관하여 자주 의견을 나누는 등 적극적으로 일본의 전통공예기법을 연구하려는 노력과 ……150)

---

150) 山下恒雄, 동경대학교 공예과 교수, 임옥수 금속공예전 서문, 1990. 10.

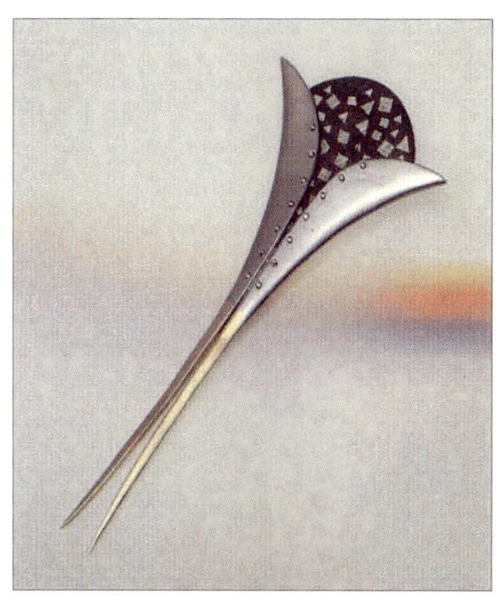

〈그림 93〉 Hairpin & Brooch, 1987, 백금,
14k, 철, 정은, 63×168×16㎜, 포목상감

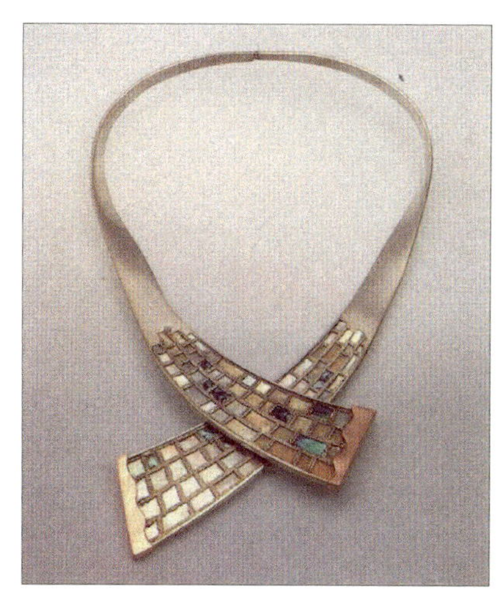

〈그림 92〉 Necklace, 1987, 정은, 18k,
자개, 145×248×24㎜, 전해주조기법,

이러한 내용은 저자의 작품이 아직 금속공예의 차원에 머물러 있음을 드러낸
것으로서, 장신구 혹은 장식적인 목적을 위해서 제작해 왔음을 보여 주는 대목
이기도 하다.

1984년부터 제작된 작품 ≪Tie Tack, 1984≫의 경우는 전체적으로 사각형의
틀을 사용하지만, 늘어져 있는 장신구적 특성이 그대로 드러나 있는 작품이다.

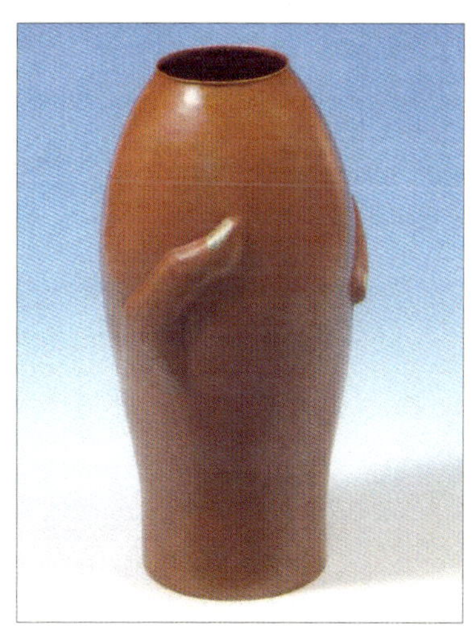

〈그림 94〉 우주의 신비, 1990, 적동,
24k, 금박, 150×150×350㎜

그러나 일반적인 장신구라기보다는 재질감을
실험하기 위한 효과를 엿볼 수 있는데, 여러
가지 유형의 도드라진 표면의 느낌이 매우
오밀조밀하게 이루어져 있으며, 중앙에 박혀
있는 보석이 매우 돋보이는 중앙집중 형식을
이루고 있다.

그렇지만, 저자가 관심을 지니고 있는 특성
은 금속 자체가 용해되거나 응고되는 과정에
서 열에 의해 침식당하고 형태가 일그러지거
나, 특이한 특성을 갖추는 등 다양한 시각언
어를 표출하는 데 관심을 지니고 있었다. 그
래서 작품의 전면이 대체적으로 융기와 돌기

가 많이 형성되어 있는 것이 특징이다. 특히, ≪만추, 1991≫는 유리의 재질적인 특성에서 녹아내리는 듯하거나, 방울이 맺히는 듯한 특성이 살아나도록 제작한 작품이다.

특히 이 작품은 적동과 황동, 유리, 은 등의 재료를 적절하게 이용하여 두드러진 특성을 강조하기 위한 의도가 저변에 깔려 있는 것이기도 하다. 유리는 녹아내리면서, 전체적인 시선을 모으는 역할을 하고, 하단 부위에 받치고 있는 몸체는 둔·중하면서도 곡선적 형태를 강조하고 있는 유선형을 이루고 있다. 그것은 일종의 대조적인 형태를 드러내어 질감의 대비를 이루고 이질성이 서로 타협점을 모색하고 있는 듯한 미묘한 긴장을 야기하는 것이기도 하다. 이러한 작품들에서 저자는 장신구와 금속공예의 구분에 모호하다는 것을 알게 되었다. 그리고 금속공예라는 작은 경계는 몹시 위태롭다는 생각을 하게 되었다. 그리고 향후 연구되어야 할 내용들은 대중들에게 친밀감을 주면서도 시대적인 미적 특성을 가지고 있는 조각과 Site-specific 양식에서 찾고자 하였다.

그래서 1990년대에 이르기까지는 동과 동합금이 지니고 있는 여타의 본질적인 문제들에 대한 실험을 단행하였다. 그래서 표상과 상징성을 동원할 수 있는 다양한 형태와 조형상의 문제점들을 개선하고자 하였다. 작품 ≪우주의 신비, 1990≫의 경우는 동과 금을 합성하여 제작한 꽃병과 같은 외형을 하고 있으나, 사람의 손이 쥐고 있는 듯한 흔적과 같은 단서들이 보이고 있다. 그리고 이러한 흔적은 그 근원으로부터 매우 멀리 이탈되어 있기 때문에 저자의 의도는 여러 가지의 유형 가운데에서 필요한 부분을 차용하기 시작한 일환을 구체적으로 실행에 옮기기 위한 것이었으며 또한 양식은 당시에는 보편적인 경향이었다 할 수 있다.

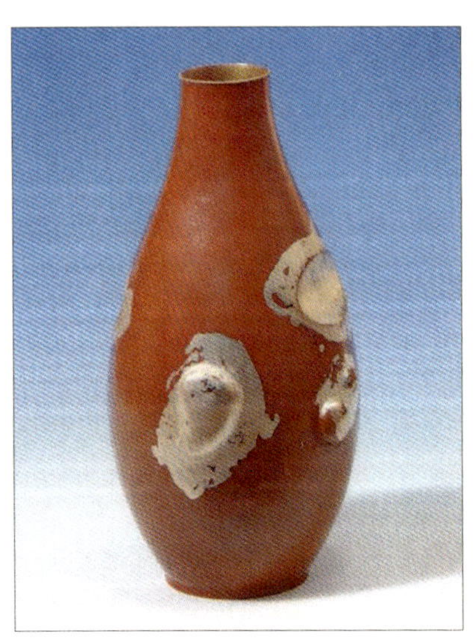

〈그림 95〉 아! 신라, **1990**, 적동, 금, 은, 금채, **160×160×330㎜**

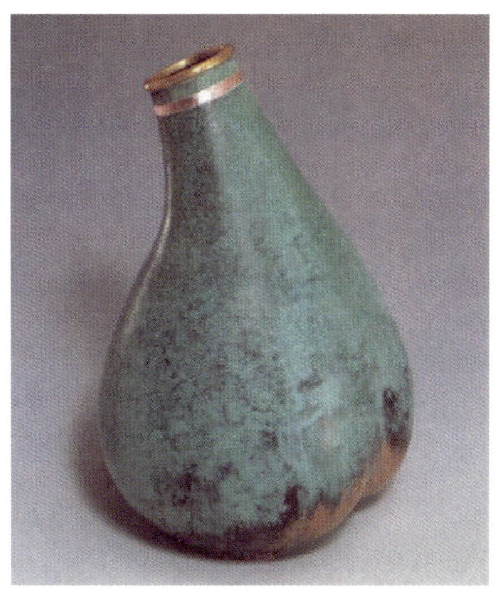

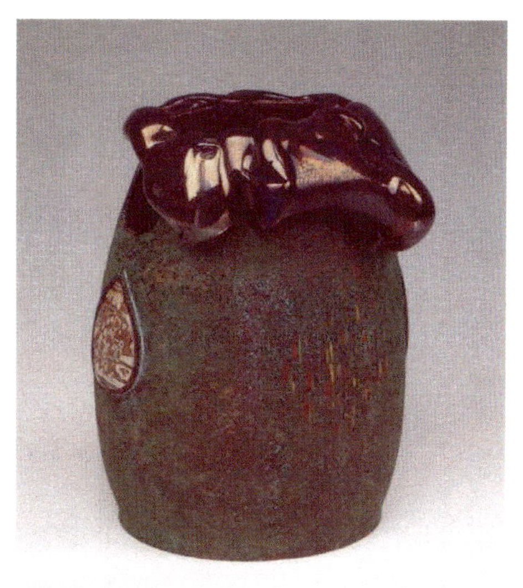

〈그림 96〉 비상, 1990, 적동, 금, 금박, 금채,
220×180×330㎜

〈그림 97〉 만추, 1991, 적동, 황동, 유리, 은,
120×100×21㎜

　　이러한 장신구에서 벗어나기 위한 시도에서부터 시작된 실험은 금속 자체가
지니고 있는 물성을 이탈하기 시작하여 형태 및 색채에 있어서의 변화로 이어
졌으며, 결국은 기물 자체의 기능성과 도구성마저 점차적으로 해체될 조짐을 보
였던 것이다.

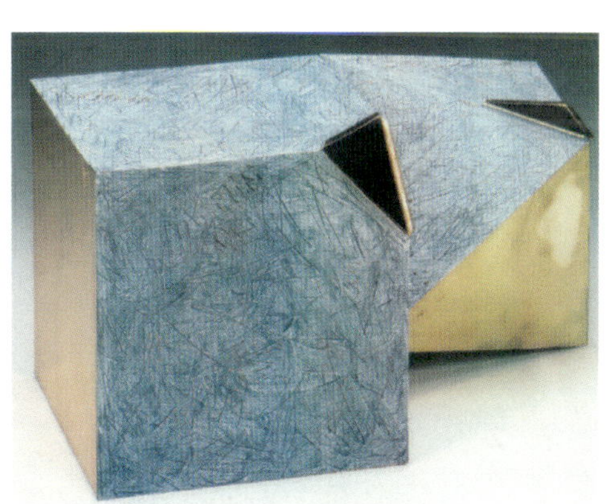

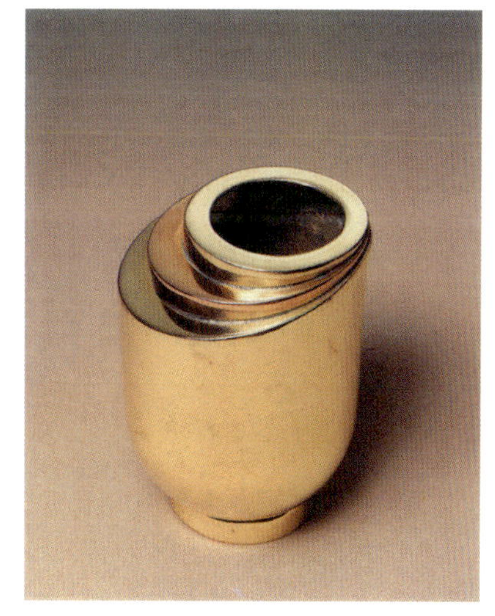

〈그림 98〉 시공, 1988, 적동, 황동,
620×320×280㎜

〈그림 99〉 율, 1989, 황동, 적동,
90×90×150㎜

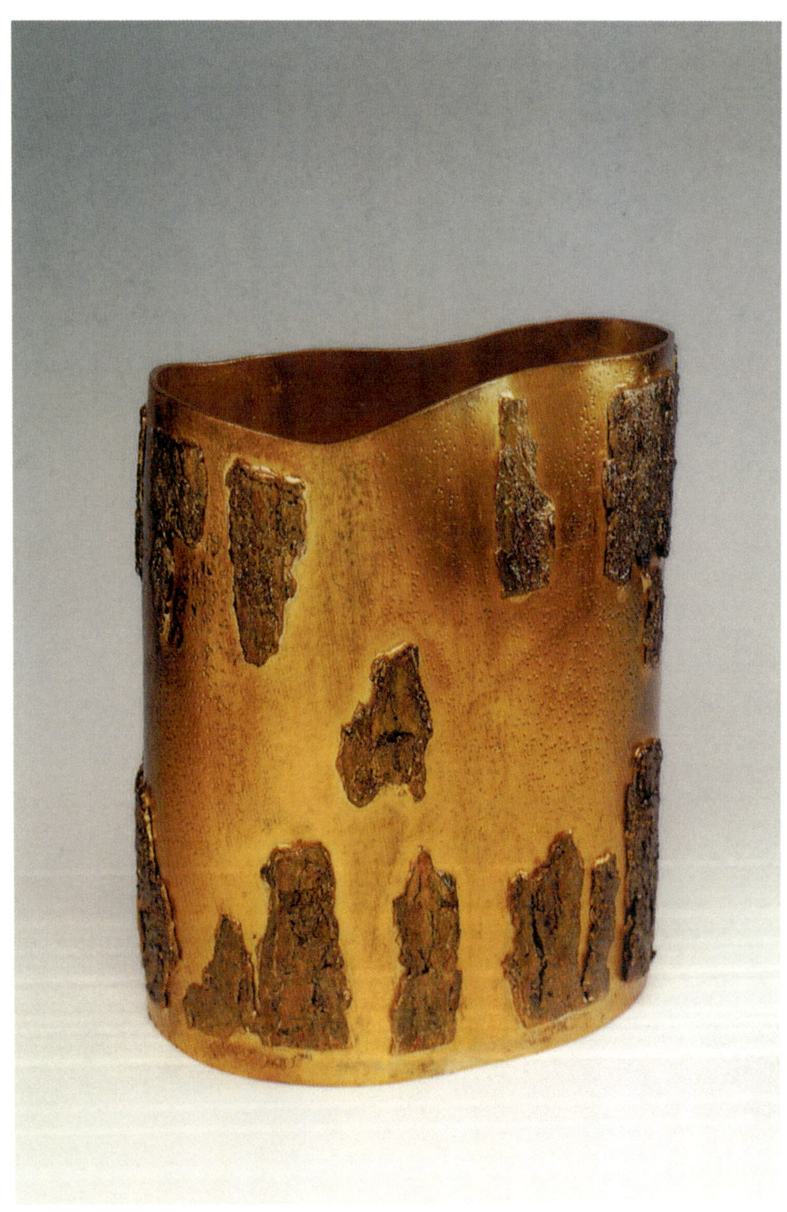

〈그림 100〉 만추, 1991, 적동, 황동, 은, 270×210×310㎜

2-2. 실험의 확장 - 1990년대
≪태초의 공간 시리즈≫

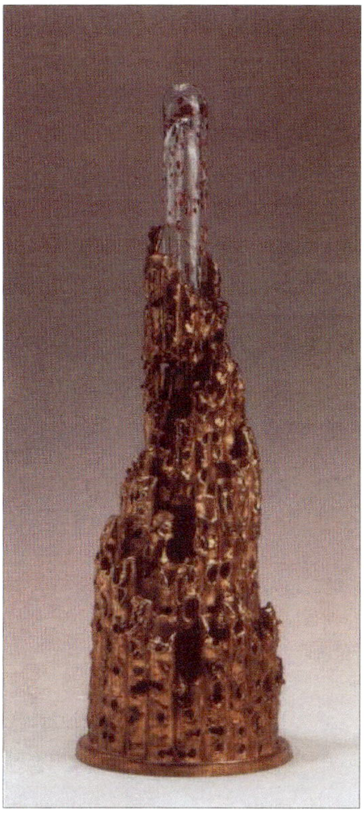

　1990년대 초반에 이르기까지 ≪태초의 공간≫이라는 명제하에 작품을 해 왔다.

　이 시기에 저자는 우주론에 근거한 양식적 특징을 바탕으로 하여 동합금에 있어서 형질변환의 작품의 가능성을 지속적으로 실험해 왔다. 이러한 실험은 주로 ≪태초의 공간≫을 주제로 사용하여 이루어졌으며, 원초적인 상징성을 바탕으로 하여 제작하였다.

2-3. 물질성의 충돌: 타 장르의 기법 접목

　≪태초의 공간, 1991≫처럼 실제적으로 유리와 동이 만나서 조화를 이룩한다는 것은 매우 실험성이 강한 것이며 어쩌면 무모한 도전처럼 보일 수도 있다. 그러나 저자는 유리의 가변적인 형태와 금속의 가변적인 형태를 이용하여 새로운 메시지를 수용할 수 있는 태를 구축하려는 의도를 지니고 있었다. ≪태초의 공간≫은 이러한 무모한 시도의 출발점을 암시하는 것이기도 하였다.

　1991년에 제작한 ≪태초의 공간, 1991≫의 경우 동과 유리의 물성을 여러 가지 유형의 실험 끝에 제작된 작품인데, 전체적으로는 남근상 혹은 작은

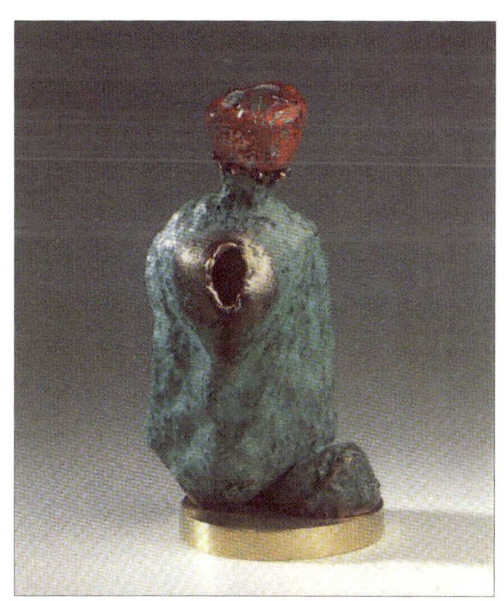

〈그림 101〉 태초의 공간, 1991, 적동, 황동, 유리, 170×170×780㎜

〈그림 102〉 태초의 공간, 1992, 적동, 황동, 유리, 은, 130×130×360㎜

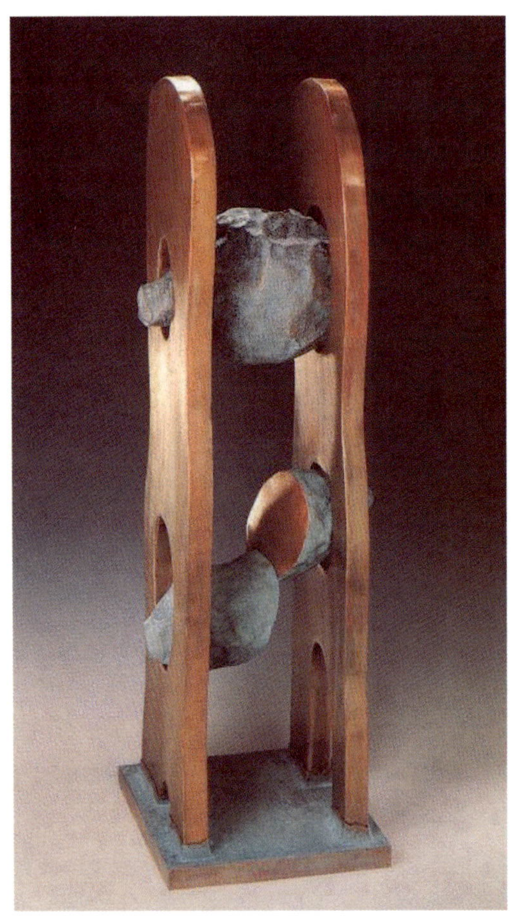

탑과 같은 모습을 하고 있다. 이 작품이 지니는 중요한 특징은 대단히 이글거리는 표면효과로 인해서 표현주의적인 정서를 반영한다는 것이다. 특히, 하단부에는 나선형의 돌기를 주축으로 하여 회전하는 특성이 있으며, 동에 열을 가하여 일그러진 형상을 만들어 내는 것이었다. 이러한 특성은 가우디(Gaudi)의 건축에서 드러나는 표면 효과와 유사하다 할 수 있을 뿐만 아니라, 앵포르멜이나, 아상블라주 미술 등에서 발견되는 다양한 감성적 측면을 차용한 것이기도 하다.

2-4. 도구성의 해체: 금속조형으로의 영역확장

현대의 금속조형가들은 다양한 금속과 조화를 이룰 수 있다고 여겨지는 물질들에 대하여 대단한 관심을 지니고 있다. 특히, 이러한 타 장르의 영역을 넘나들기 때문에, 벽에 걸게 되어 있는 경우 회화적인 조형어법을 차용하기도 하고 필요에 따라서는 금속 자체의 색채를 넘어서 회화적인 채색방법을 구축해 나아가기도 한다. 또한, 나아가서는 세울 수 있는 작품의 경우에는 3차원적인 환조의 형식과 혼선을 일으킬 정도로 장르의 구분이 어려운 작품을 제작해 오고 있다.

저자의 작품 ≪태초의 공간, 1994≫의 경우도 이러한 정서를 반영한 시도라 할 수 있다. 특히, 작품의 전체적인 구조체는 이전의 금속조형의 기능성이나 도구성을 전혀 염두에 두고 있지 않으며, 이미지의 설정에 있어서도, 이전의 방식과는 매우 다른 차이점을 남겨 두고 있다.

이러한 연구를 토대로 하여 진행된 ≪태초의 공간≫ 시리즈의 작품들을 통해서, 조각이나 회화 건축 등에서 사용하는 조형어법을 어떻게 금속조형에 접목시킬 수 있는지를 실험하였다.

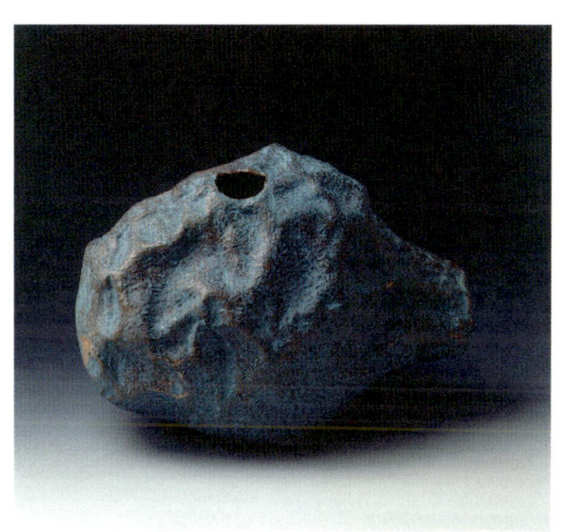

〈그림 104〉 태초의 공간, 1994,
적동, 370×480×420㎜

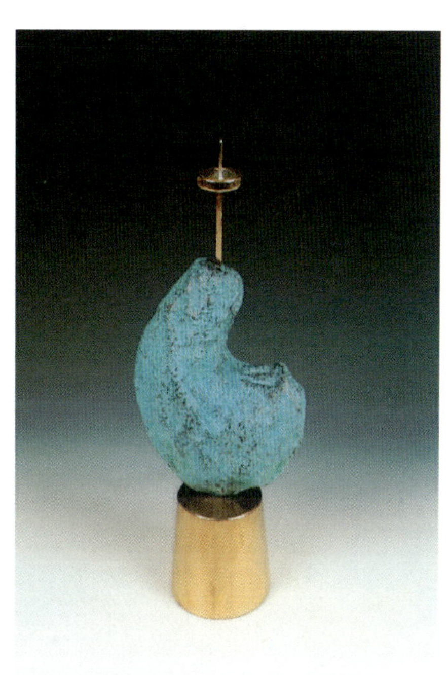

〈그림 105〉 태초의 공간, 1995,
적동, 황동, 220×140×450㎜

3. 실험의 완성 - 2000년대 ≪진화의 꽃≫ 시리즈

≪진화의 꽃≫ 시리즈는 동합금을 통한 물질언어의 상징과 형질변환에 관한 연구 작품이다.

작품제작에 이용되는 기법으로는 적층기법(積層技法, Lamination), 망상조직기법(網狀組織技法, Reticulation), 융합기법(融合技法, Fusing), 전해주조기법(電解鑄造技法, Electroforming) 등이 다양하게 합성되어 실험적으로 사용되고 있다. 이러한 혼합기법 방법은 아직까지 국내에 많이 소개된 적이 없는 새로운 방식에 해당되는 것으로, 향후 많은 연구와 실험을 통한 신작이 가능하다.

특히 앞으로 연구되는 이번의 전시에 출품하는 작품들은 대체적으로 금속공예의 차원을 넘어서 금속조형에 가까운 것이다. 그래서 이러한 유형은 금속공예와 조각의 사이에 머물러 있다고 볼 수 있다.

금속조형이 전통적으로 장식성에 치중되어 있으며, 인체를 치장하는 장신구적 속성의 한계를 해체하여 새로운 조형의 지평을 넓혀, 단순히 공예의 차원을 넘어서 예술의 차원 또한 환경 친화적인 작품으로 나아가게 하고자 하는 것이 저자의 희망이자 바람이다.

저자의 작품 ≪진화의 꽃≫ 시리즈에 대한 몇 가지 특징을 다음과 같이 간략히 정리하고자 한다.

3-1. 가장 위대한 생명체 인간: ≪진화의 꽃≫

신의 섭리로 여겨 왔으며, 과거부터 현재에 이르기까지 수없이 많은 논의가 있었던 문제 중의 하나는, 인간을 비롯한 '생명체의 기원'에 관한 문제이다. 이러한 논의는 인간의 근원으로 거슬러 올라가서 선사시대를 이해해야 하고, 인간의 탄생을 설명해 주고 있는 다양한 학설을 검증해야 하는 것으로서, 신과 인간의 관계 혹은 우주의 근원에 관한 문제 등으로 거슬러 올라가서 사고의 한계를 타진해 보아야 하는 질문이기도 하다. 그래서 영원히 오리무중에 있으며, 영원히 해결되지 않는 수수께끼로서, 풀리지 않는 숙제 중의 하나이다.

그러한 논의 가운데에서, '자연발생설'과 '진화론'을 가설로 제기했던 학자들은 과학적인 검증을 거쳐서 우리에게 어떤 특수한 진리로 향하게 하는 설득력을 얻고자 했다. 그리고 수많은 논의가 되풀이되었다. 그러나 내게 있어서 중요한 것은 그러한 복잡한 논의가 아니라, 단지 현재 우리가 살아 있다는 것과 그 중에 제일 위대한 생명체로서 인간이 존재한다는 결과로서의 사실 자체이다.

그리고 '진화론'이 현재로서는 설득력을 어느 정도 얻고 있을 뿐이다. 또한, 중요한 것은 우리가 피조물이라는 사실과 그리고 생명현상의 출발점이 언제인가는 시작되었다는 사실이다. 그리고 '진화의 꽃'이란 이렇게 설명되고 있는 인간의 본원적인 문제를 설명하기 위한 어휘로서 단순히 도입한 신조어라는 것이다.

이와 같이 '진화의 꽃'은 대단히 은유적인 상징성을 지니고 있는 것으로서, 대단히 역설적이기도 하다. 우리가 단순히 단세포에서 비롯되었다고 하는 것, 그리고 원숭이에서 비롯되었다고 하는 것, 이러한 논의는 하찮은 것으로서 부질없어 보인다는 것을 역설적으로 강조하고 있기 때문이다.

《진화의 꽃》에 이용되는 복합적인 형질변환에 의해 표현된 물질의 덩어리가 지니고 있는 특수한 태의 분위기를 연출함으로써 인간을 비롯한 생명현상의 신비를 다소나마 보여 주려 한다. 이렇게 하여 태초의 단순 물질의 변이현상을 드러내고 그것을 확장시켜 나아가는 과정에서 태초의 신의 손길을 보여 줄 수 있으며, 그것의 정점에는 인간의 기원이 존재할 수 있다는 것을 보여 주려는 것이다.

3-2. 《진화의 꽃》 기호학적 분석

임옥수 작 《진화의 꽃》(<그림 106>)은 형태 면에서 대단히 노골적으로 읽힐 수 있다. 그것은 두 개의 남근을 쥐고 있는 손 같기도 하고, 단순한 꽃과 같은 미묘한 형상을 지니고 있다. 그리고 배경 면에 위치하고 있는 정액 같은 물방울 또한 이러한 암시성을 더하고 있다. 또한, 제목과 작품이 주는 이미지와의 연결고리의 설정이 쉽지 않다. 즉, 작품에서 부각되는 이미지와 진화의 꽃에 해당되는 인간의 연결고리를 찾기 쉽지 않다는 것이다.

Dominance로 설정된 두 개의 돌출 부위에는 붉은색의 반점이 찍혀 있으며,

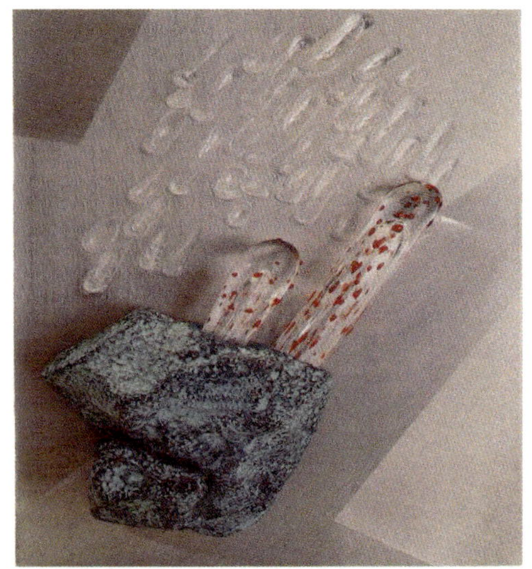

〈그림 106〉 임옥수, 진화의 꽃(Evolutional Flower),
1999, Copper, Aluminum, Glass, 430×680×160㎜

그것은 꽃가루처럼 보이기도 하고, 혈액처럼 보이기도 한다. 그것은 충혈된 남근을 연상시키는 또 다른 요인처럼 등장되고 있다. 하단 부위에 마치 투박한 장갑처럼 묘사되어 있는 부위는 투명한 Dominance를 더욱 명료하게 뒷받침하고 있다.

〈표 63〉 ≪진화의 꽃≫의 이원구조와 **dominance**

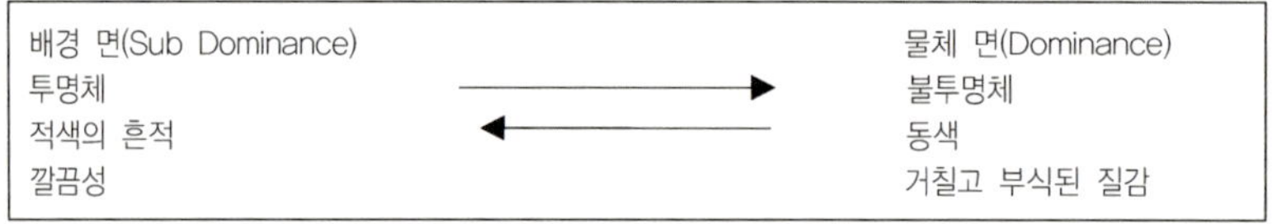

배경 면(Sub Dominance)	물체 면(Dominance)
투명체	불투명체
적색의 흔적	동색
깔끔성	거칠고 부식된 질감

이렇듯 형태 및 질감에서의 두 개의 상관관계를 지니고 있는 특징을 보여 주며 특히 질감과 물성의 차이에 대단히 역점을 두고 있다. 이러한 작품을 통해서 현대의 금속공예의 다양한 변환을 계획하는 것이다. 첫째로는 유리와 금속의 충돌이며, 각각의 물질이 지니고 있는 물질언어가 충돌하며, 그 상징성과 은유하는 메시지가 이원적으로 대립하고 있어서 대단히 이질적인 혼합이기도 한다.

그래서 포스트모던 양식의 흐름과 맥을 같이하고 이러한 이항대립적인 충돌에서 새로운 기법과 가능성이 있는 조형의 실험이 계획될 수 있다.[151]

---

151) M. Gottidiener, Postmodern Semiotics, Material Culture and the Forms of Postmodern Life, Blackwell, Oxford & Cambridge, USA, pp.14-15 참조.

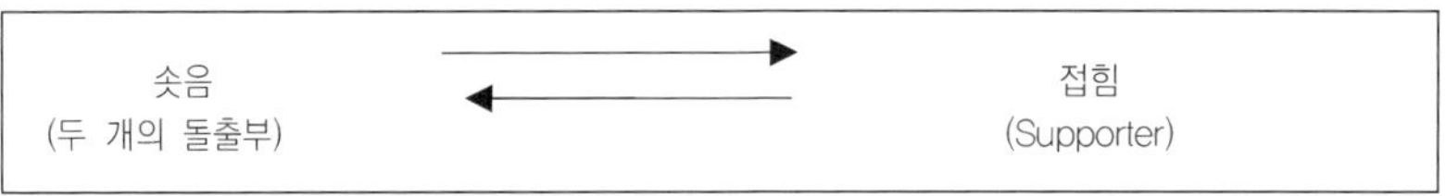

이 작품은 서로 전술한 바와 이항대립의 구조(<표 63>, <표 64>)를 통해서, 물성과 상징성이 교차하여 새로운 물질처럼 변조되는 특징을 지니고 있다. 전체적으로 사선구조를 이루고 있는 것은 대단한 변화와 속도를 보여 주려는 것이며, 그것은 신조형주의자들이 논쟁을 거듭하였던 수직과 수평에 대한 도전과도 같은 것이다. 즉, 신조형주의적인 취향에 대하여 도전적인 사선을 취하여, 미래주의자들이 지향했던 다이내미즘적인 태도를 계승하려는 것이기도 하다.

≪진화의 꽃≫이 주는 의미는 이러한 속도와 관련된 인간의 문명을 더욱 날카롭게 풍자하고 있다. 원초적인 형상과 색채가 대조적인 물질의 이원구조를 통해서 우리에게 주는 근원적인 메시지는 진화의 최고점에 이르고 있는 인간의 존엄성의 회복인 것이다.

3-3. ≪진화의 꽃≫ 시리즈 작품 해석

≪진화의 꽃≫의 조형성은 유기적인 이미지와 비유기적인 이미지의 충돌로서의 '기하학적인 형상'과 '물질의 덩어리'를 연출해 놓은 것에 있다. 전자는 규격화되어 있거나, 정형화되고 정돈된 엄격성을 수용하고 있는 사각형이나 기하학적인 형상들로 이루어져 있고, 후자의 경우는 마치 용암이 흐르는 듯한 이미지들로서 이러한 이미지의 상반성을 충돌시켜서 표현하려는 것이다.

상호 '이질적인 덩어리'들이 충돌하여, 말초적인 감수성과 지극히 이성적인 두뇌작용을 동시에 유도하며 그것을 통해서 지적인 감수성과 동물적인 감수성을 동시에 자극하고 있다. 그것은 인간이 지니고 있는 감각의 통로를 새롭게 하는 시각적인 충돌과 대비로서, 사물이 지니고 있는 특수한 이미지가 인간의 쾌를 지배하는 신경조직의 특수한 연상 작용을 유도하도록 계획된 것이기도 하다.

이러한 기하학적인 형상 중의 하나는 '계단'이다. 그것은 진화의 과정을 연출

하는 생명현상이 어떠한 질서와 계통을 지니고 이루어졌음을 암시하는 것이기
도 하다. 한편으로는 물질의 탈물질화 과정을 상징하기도 한다.

또한 본 저자가 관심을 두고 있는 것은 물질의 '態'이다. 그것은 생명현상의
시작으로서의 다양한 연출을 통해서 이룩되는 것으로서, 상당한 시간의 경과를
보여 주는 것이기도 하다.

이러한 '態'의 연출 기법은 합금과 물질의 혼용에서 비롯될 수 있는 특수한
조건에서 가능한 것으로서, 인간이 지니고 있는 원형적(元型的)인 이미지와 생
각과 상념의 과정 속에서 가능할 수 있는 비유기적인 형태를 이미지의 변환의
과정으로 드러내고자 한 것이다.

또한, 여러 가지의 합금의 기법으로 이룩되어 제작된 덩어리의 유기적인 특성
과 기하학의 특성을 그대로 지니고 있는 비유기적인 '계단'이 만나게 하여 하나
의 작품에서 이질적으로 서로 대립하고 있는 것은 몇 가지의 의미가 담겨 있는
부분이다.

20세기 초기의 추상예술은 기하학의 극치를 이룩한 것으로서, 절대미의 숭고
함을 내세우는 가치관을 바탕으로 하고 있다. 그러나 그것이 자연스럽다고 생각
한 사람들은 별로 없었다. 지극히 형이상학적이어서 계산적이고 자기 한정적이
며, 논리적인 산물이라고 여겼다. 그러나 20세기 말의 시점에서는 이러한 논리
보다는 비논리와 상징성을 되찾고자 하는 방향으로 나아가고 있으며, 이전의 형
이상학보다는 탈형이상학 혹은 형이하학적인 방향으로 나아가고 있다. 그래서
서로의 단절을 운운하고 있다.

그러나 저자는 이러한 형이상학과 형이하학은 대단히 극단적인 양극관계에
놓여 있어서 도저히 뒤섞일 수 없는 부분이라고 보지만, 하나의 텍스트에서 충
돌시켜서 그 속에서 피어나는 불협화음을 연출하려는 독특한 실험에 몰두해 왔
다. 이러한 표현의 방식이 상반된 이미지들의 불협화음으로서 덩어리와 '계단'
의 충돌 혹은 덩어리와 기하학적인 '門'의 이미지들이다.

어떤 작품에서는 유리와 동이 만나서 서로의 '대화'를 이룩하고 있다. 이러한
대화는 가상적인 공간에서 펼쳐지는 4차원의 은유성을 이입시키고, 언어와 그것
을 소유하고 있는 인간의 독특한 특이성을 드러내어, 인간이 만물의 영장이 될
수 있는 표현요소의 발견을 강조하려는 것이기도 하다. 이러한 대화의 공간은

입술이 지니고 있는 표현으로서 구체화된다.

이러한 이질적인 충돌과 '대화'는 서로 연관성을 지닌 것으로, 대화의 상황성을 표출하기 위한 시도이다. 그래서 이미지를 변환시키는 과정이 매우 난해하고, 이질성이 강화되어 시각적인 연상 작용이나 쾌를 불러일으키는 과정이 매우 까다롭다.

동합금에 간헐적으로 사용하는 유리는 특수한 조화를 꾀하기 위함이다. 그런, 일견으로는 조화라기보다는 불협화음에 가깝다. 왜냐하면, 동과 유리의 매치가 이루어지려면, 이미지의 연속체의 일부가 되거나, 악센트로서 사용되어야 하지만, 연구자는 이러한 특성보다는 이질적으로 서로 밀쳐 내는 역할을 수행하도록 충돌시키기 때문이다.

이러한 유리와 동의 충돌은 어떻게 보면 병치되어 있어서 대비를 이루며 상호 간의 역할을 분할하고 다양한 서술성을 꾀하기 위함이다. 또한, 단순한 장식성을 피하려는 의도에서도 그러하며, 장신구나 공예에서 심미적으로 사용하는 물질이 아니라, 선이 굵은 조형성을 드러내고자 하는 것이다. 또한, 실험성을 증폭시켜 물질언어를 살려 내기 위한 의도가 깔려 있다.

동이 지니는 광택이나 색채와 유리가 지니고 있는 날렵하고 청아한 느낌이 서로 조화를 누리기 위한 시도이기도 하다. 극히 설명하기 힘들지만, 투명체와 불투명체의 상호 이질성을 통해 오히려 동질성의 회복을 노리는 경우이다. 또한, 인간이 지니고 있는 현재의 환경상태를 은유적으로 드러낼 수도 있다.

그것은 둘 다 썩지 않고 영구적이긴 하지만, 인간이 매우 다양한 방식으로 제련하고 수공 혹은 기계적인 방식으로 사용하여 다양한 산업에 사용하고 있기 때문인데, 우리의 주변 환경에서 흔히 볼 수 있는 제품이나, 주거공간에 이용되는 용도를 이탈해 있음을 보여 주고, 인간이 이룬 산업의 태에 고정되어 있는 형상이 아니라, 자연 상태로의 본질을 회복시켜 주려는 의도가 있기 때문이다. 그래서 항시적으로 접하는 물질의 이미지를 이탈하여 또 다른 일면이 드러날 수 있다는 것을 보여 주려는 것이다. 즉, 물질 자체가 지니는 구속을 넘어서 자유로운 상태를 회복시켜 주려는 것이기도 하다.

인간의 가장 고결한 부분으로서의 입술은 의사소통을 주도하며, 美를 전달하며 영양분을 제공받는 창구이기도 하다. 즉, 신진대사의 시작으로서 혹은 상징성으로서의 입술을 의미하는 것이다.

신이 피조물로서 우리를 창조했을 때, 인간이 또 다른 물질을 섭취하면서 살아가도록 했다. 모든 생명체가 동일한 범주에 있어서, 다른 물질이나 유기체를 섭취하지 않고서 생명을 부지한다는 경우는 매우 찾아보기 힘들며 거의 전무하다고 보아도 과언이 아니다. 우리는 이러한 공전(空轉)하는 계(系)에 갇혀 있으며, 그것은 생명의 순환 현상 가운데에서도 우리가 별로 주목하지 않는 것으로 인식되지만 생소한 것이 아니다.

또한 인간이 개체를 번식하거나, 자유로운 성(性)의 공간으로서의 에로틱한 이미지를 연출하는 기관으로서의 입술의 기능도 존재한다. 인간의 입술은 이와 같이 매우 다양한 일면을 지니고 있는 것이다.

그러한 이미지의 상징성을 통해서 우리가 가장 높은 수준의 생명력을 지니고 있으며, 인간의 존엄성을 다시 한 번 되새기고, 그로 인한 의무감도 환기시켜 주려 한다. 그리고 가장 중요한 일면은 자연에서 인공으로 전환하는 통로를 보여 주는 과정으로서의 입술을 연출하는 것이다. 또한, 문명 현상과 비문명, 즉 원시성과의 조화를 꾀하려 하였던 것과 비유기적인 무생명에서 유기

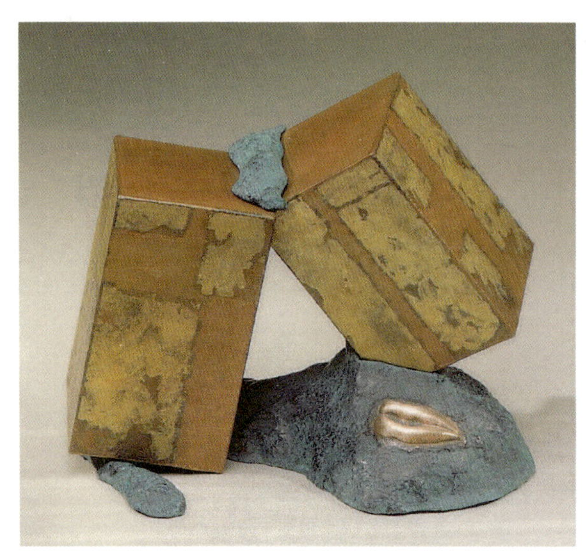

〈그림 107〉 Evolutional Flower－A, 2001,
인탈산동, 은, 460×320×370㎜

적인 생명현상의 정점(頂点)을 보여 주려는 악센트가 되게 하려는 것이다.

≪진화의 꽃－A, 2001≫의 경우, 융합기법을 적용한 작품으로서 얇은 은판을 인청동 판에 땜을 사용하지 않은 상태에서 산소용접을 통한 가열작용을 통해서 융합을 시킨 경우이다.

변형된 입방체 형태와 자연스런 유기적 형태의 조화를 통해서 형태와 재질감의 변화를 모색하여 시각적인 단조로움을 이탈하려 하였고, 유기적인 형태에는

악센트의 의미로서 입술형태를 가미하였다.

또한 색채에 있어서도 황색 톤과 청색 톤의 교차를 통해서 자연스러운 배색의 느낌이 살아나도록 하였다. 이렇게 처리하는 의도는 동일한 재료를 사용하였지만 다른 질감과 배색을 통해서 마치 다른 물질로 제작되어 있다는 것을 강조하기 위함이다. 입방체는 서로를 비스듬하게 기대어 있으며 그것은 작품을 미묘하게 모으는 구도를 형성하기 위함이다. 서로 머리를 맞대고 속삭이는 모습 혹은 서로에게 기대어 의지하는 모습을 보여 주는 것이기도 하다. 이러한 구도는 '사람 − 人'의 형상을 응용한 것이기도 하다. 또한, 기하학적인 덩어리를 연결시켜 주는 부위는 하단 부위에 적용한 질감을 사용하였는데 이것은 이질성을 극대화하는 것이지만, 하단 부분과의 연결 관계를 표현하고자 함이다. 이러한 구도는 하단 부위에 놓여 있는 덩어리와 함께 삼각구도를 형성하고 있다.

이렇게 순환하는 서로의 유기적인 연결 관계를 조성함으로써 시선을 집중시키고 자연스레 중앙의 보이드가 살아나도록 하였다.

하나의 작품 속에서 이러한 불협화음을 추구한다는 것은 어떻게 보면 부담스러운 것이기도 하다. 특히, 이미지를 충돌시켜 나아가는 과정에서 비롯될 수 있는 시각적인 거부감을 최소화해 나아가기가 매우 힘들다. 그러나 이번 전시에서 드러내고자 하는 것은 금속공예의 한계를 조금 이탈해서 금속의 조형의 범주에 이르더라도 물질이 지닐 수 있는 형질의 변환을 실험하고자 한 것이다.

≪진화의 꽃 − B, 2001≫은 적층기법을 적용한 경우이다. 상단에 계단식으로 제작된 인청동 판의 형태감을 강조하기 위해서 색상과 질감의 변화를 모색하였을 뿐만 아니라, 단순히 유기적인 형태와 금속의 덩어리와 같은 느낌을 회피하기 위해서 사용된 방식이기도 하다.

그리고 제단과 같은, 혹은 산봉우리와 같은 형태의 정상부를 향해 나아가는 계단은 작품이 지니고 있는 소박성과 유희성을 강조하기 위함이다. 그것은 아동들이 흙장난을 하거나 놀이를 하는 심적으로 제작된 것이기 때문이다. 아동들은 어떤 논리에 의해서 형상을 제작하지 않는다. 다만, 자신이 지니고 있는 작은 상상력과 유희정신을 발동시켜 어떤 이미지를 구가하고 그것에 만족하기 때문이다.

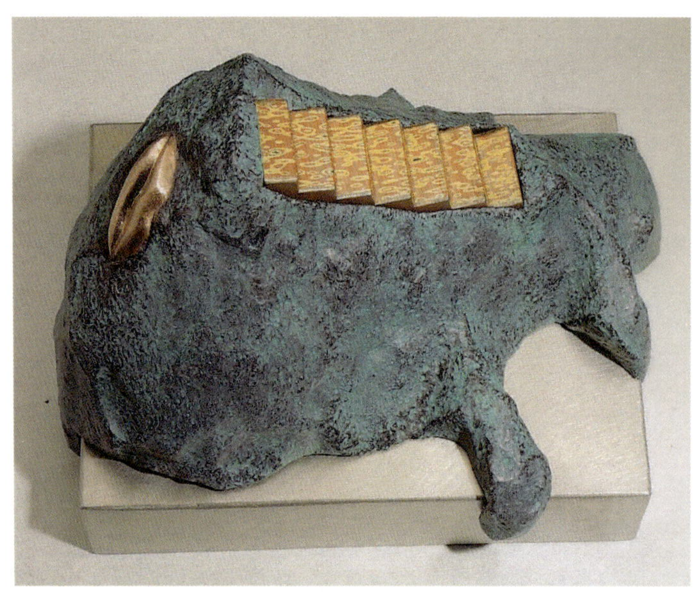

〈그림 108〉 Evolutional Flower-B, 2001, 인청동, 백동, 금, 은,
480×280×320㎜

　따라서 이러한 매스의 덩어리적인 형상성과 연구자 자신의 놀이에서 지니게 되었던 추억과도 같은 산책로의 계단과 같은 이미지를 제작한 것이다. 이러한 계단을 접합하고 또, 그 형상을 강조하기 위해서 저자는 이 작품의 주요 이미지에 적층기법을 사용한 것이다.

　《진화의 꽃-C, 2001》의 경우는 유기적인 물질의 덩어리에서 마치 기하학적인 건물의 솟아오르는 운동감을 강조한 것이기도 하다.

　그래서 작품의 모티브가 되는 물질성과 색상의 처리에 있어서 이원화되는 특징을 함께 사용하고 있다. 즉, 발아하는 식물의 꽃봉오리 혹은 식물의 줄기에서 드러나는 형상성에 비중을 두고 제작한 것이다.

　건물과 같은 기하학적인 부분은 모더니즘의 양식적 특성의 탄생을 의미하는 것이기도 하다. 그러나 덩어리는 유기적인 자연스러운 속성이 내재되어 있기 때문에 기하학적인 측면과 함께 두드러진다. 이러한 이질성을 여러 가지의 예측하기 어려운 변화를 가미하려는 추상충동과 일루전을 대비시키는 효과를 자아내는 것이기도 하다.

　이 작품은 전해주조 기법을 적용한 경우로서 작품의 표면을 마치 비눗방울처럼 처리하였다. 그것은 새롭게 솟아오르는 생명 현상을 찬양하는 모습을 담고 있는 것이기도 하다.

≪진화의 꽃-D, 2001≫의 경우, 상단 부위 좌우측의 세 군데에 걸쳐서 망상조직 기법을 사용하여 제작한 경우로서, 특수한 느낌이 드러나도록 제작하였다. 저자의 작품의 주안점은 물질성과 이미지의 충돌을 강조하는 것이다. 매스의 강렬함과 편편함을 강조하던 특성에서 다소 이탈하여, 기하학적인 이미지에서 다시 유기적인 이미지 혹은 원초적인 덩어리를 다시 흘러내리도록 하는 특성을 제공하였기 때문이다.

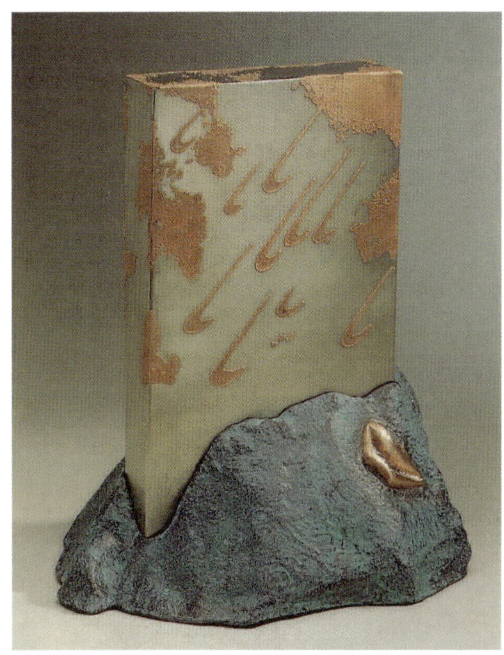

〈그림 109〉 Evolutional Flower-C, 2001, 인탈산동, 백동, 440×400×470㎜

이러한 과정에서 기하학적인 형상의 표면 위에 단조로움을 이탈하는 엇대기 형식으로서 동판의 부착을 시도한 경우이기 때문이다.

자세히 들여다보면 이 작품은 죄인이 칼을 차고 있는 고통스런 모습이 묘사되어 있다. 죄인은 얼굴을 들지 못하고 바닥을 응시하고 있다. 그리고 고통의 어려움에서 벗어나려 하기보다는 차라리 수용하려는 듯이 체념의 빛이 역력하기도 하다. 하단 부위의 가슴을 드러내는 공간에는 두 손을 모으고 기도하는 듯한 뉘앙스가 드러나 있다. 저자는 이 작품을 통해서 회개와 참회를 보여 주려 하였다.

≪진화의 꽃≫ 시리즈는 일반적으로 부분을 통해서 전체가 이루어지며, 전체 속에서 부분이 이룩되는 양면적인 특성이 드러나 있다. 따라서 어떤 경우에는 부분이 우위를 두기도 하고 어떤 경우는 전체가 우위를 두어 서로의 조화를 강조점으로 삼고 있다.

이러한 양면성은 서로의 팽팽한 줄다리기를 정점으로 하여 이중적인 읽기와 커뮤니케이션의 조화를 이룩하기 위한 것으로, 실험의 강도를 높여 무리함을 반복해야 하는 고통을 수반하면서 지속적으로 이루어진 것이었다. 마침내, 이러한 실험이 지속되어 유리가 지니고 있는 성분과 동이 지닌 특성이 복합적으로 충돌하면서, 새로운 표현이 가능할 수 있다는 확신을 지니게 되었다. 여러 면에서 계속적인 실험이 이루어져, 새로운 기법에 의한 작품을 연구하여 금속조형의 가능성과 환경조형 작품으로서의 가능성을 개척하고, 나아가서는 새로운 양식이 정착될 것으로 확신한다.

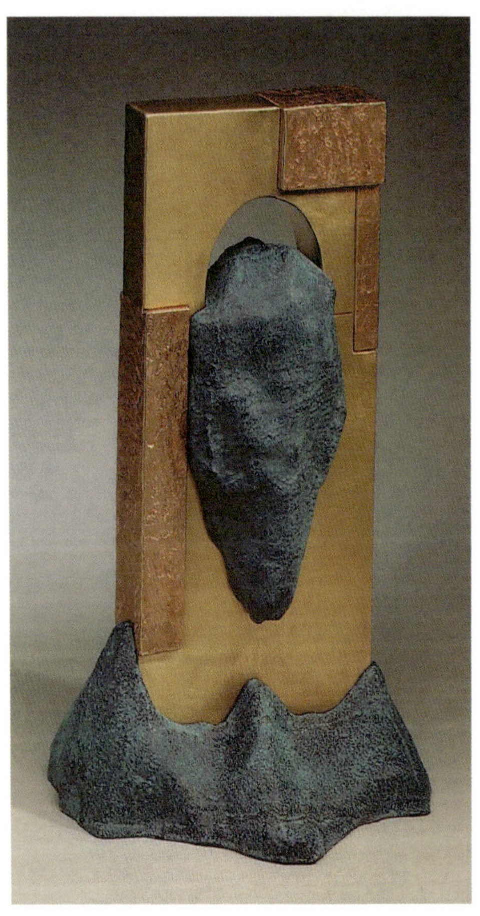

〈그림 110〉 Evolutional Flower - D, 2001,
단동, 인탈산동, 550×380×670㎜

4. 금속작품의 의의와 향후 전개

21세기에 들어와서 급변하는 세계정세와 우주시대의 변화를 알리는 여러 가지의 징후들이 나타나고 있으며, 세계에는 변방이 사라지고 지식과 정보를 교류하는 시기에로 다가서고 있다.

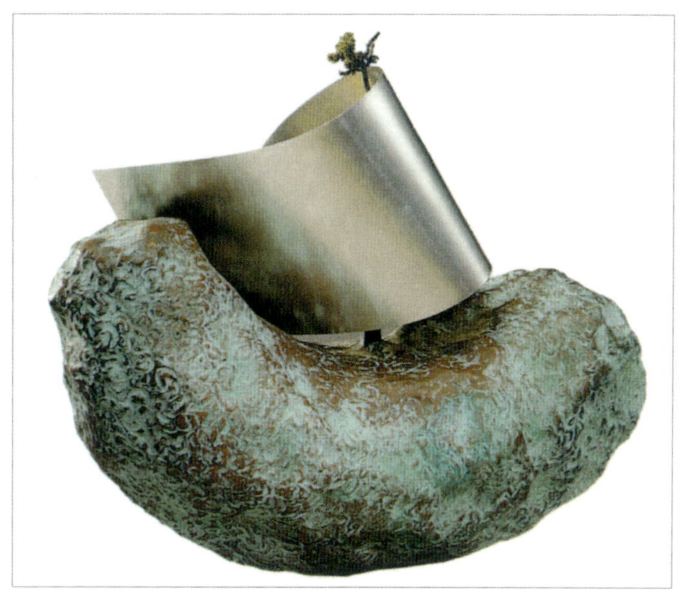

〈그림 111〉 진화의 꽃, 2002, 적동, 알루미늄, 260×130×310㎜

예술에 있어서도 예외는 아니어서 첨단과학과 테크놀로지의 지배권을 이탈하기 힘들다. 기존의 양식을 대체하는 역량이 오리지널리티의 문제에 대한 새로운 시각을 제공하기도 하였으며, 인식상의 변화를 야기하는 것이기도 하다. 1995년 이후에 디지털시대가 본격적으로 무대에 오르면서, 상호 텍스트성을 바탕으로 한 새로운 기술적인 측면이 부각되기 시작하였다. 이러한 수준은 테크놀로지를 통해서, 오리지널의 특성을 이용하여 특정한 이미지의 원형을 추출해 낸 뒤에 그 원형이 곧바로 다른 유형으로 변조되어 이전의 특성을 전혀 드러내지 않는 또 다른 원형을 창출해 낼 수 있는 가능성을 의미하는 것이었다.

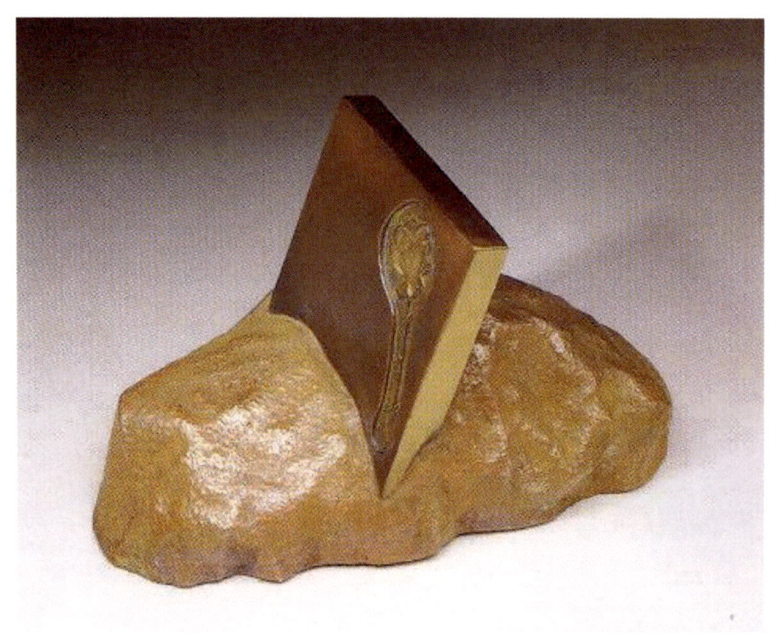

<그림 112> 진화의 꽃, 2002, 적동, 금, 480×280×310㎜

저자의 작품은 21세기적 변화를 염두에 두고 제작된 것으로서, 첨단 과학에 걸맞은 위상을 금속조형디자인 분야에서 찾고자 하는 일환으로 단순히 금속공예의 장르적 한계 속에 머물러 있지 않고 환경 친화적인 21세기의 시대적인 변화와 맥을 같이하고자 하는 염원을 담고 있다.

이를 위해서 저자는 몇 가지의 실험을 완성단계에 이르게 하였다. 왜냐하면, 공예라고 하는 일정한 틀을 유지하되 조형어법상에 있어서는 순수예술 분야의 다양한 문제들을 다루고자 하는 실험을 감행했기 때문이다. 이에 따라서 연구자의 작품은 포스트모던적인 특성을 새겨 두기 위해서 성(性)과 속(俗)의 이중적인 속성을 새겨 넣기 위해서 노력하였으며 작품의 틀은 미니어처로서, 작품을 확대하였을 때 환경조형물로서의 가능성을 모색하고 있다.

기하학적인 이미지와 유기적인 이미지가 서로 이질적으로 대조를 이루거나, 상반되는 특성을 지니고 있으나, 양자 상호 간의 조화를 이루고자 하는 표현성은 모더니즘과 포스트모더니즘의 화해를 연구자의 작품 속에서 시도해 보고자 하는 것이기도 하다.

저자가 고민하고 있는 또 다른 문제는 이러한 특성 가운데에서 새로운 조형의 가능성을 배가시키는 것이다. 그리고 향후 전개될 양식적인 특성이 매우 다각도로 변화될 수 있기 때문에 금속조형의 한계를 확장하기 위한 실험의 결과에 단순히 만족할 수 없기 때문이다. 저자는 현재 동합금을 위주로 한 작품의 세계를 개척하기 위한 금속공예와 환경조형물(<그림 116>)로서의 유기적인 가능성에 최선을 다하고 있다. 또한 가까운 장래에 현대적인 금속이 출현하여 이 모든 가능성을 뛰어넘는 문명이 도래할 것이라는 것과, 그 시기가 바로 21세기일 것이며, 그것은 예술분야와 테크놀로지의 새로운 조화를 엮어 내어 새로운 가치관이 형성될 것을 의미하는 것이기 때문이다. 이 책에서는 현대 금속조형에서 동합금을 통해서 개척 가능한 여타의 영역에 대하여 고찰하였다. 특히, 본 연구에서 가장 중점을 둔 것은 III장과 V장으로 본다.

III장은 동합금의 표본선정과 재료실험에 대한 내용으로서, 그에 대한 표본선정과 그 개관에 대하여 살펴보았다. 특히, 동과 동합금과의 관계를 통해서, 실용 시판동의 종류에 대하여 살펴보았으며, 동의 여러 유형을 체계적으로 분석하였다. 이 과정에서 황동과 양백, 청동, 백동 및 전자재료용 동이 시중에서 발견될 수 있는 재료였다.

또한 동합금의 재료시장에 관하여 살펴보았는데, 국내에 시판되는 다양한 동의 유형에 대하여 조사하였으며, 특히 국내의 D산업과 P사의 시장분석을 하였다. 또한, 국내에서 시판되는 동판의 특징에 대하여 살펴보았다.

특히, 동합금의 재료적인 특성을 구체적으로 확인하기 위해서 동합금의 용접 시에 생기는 여러 가지의 양상에 대하여 연구하였으며, 동합금의 접합 시에 드러나는 특성을 분석하였다. 특히, 망상조직 기법과 전해주조 기법에 대한 연구를 통해서 온도와 색채와의 상호관계와 연구작업 과정에서 두드러지게 드러나는 특징에 대하여 조사하였다.

서두 부분에서는 동합금의 특성과 전통기법에 대하여 주로 다루었는데, 전통적인 기법 가운데 두드러진 특성인 성형기법과 세공기법에 대하여 조사하였고, 동양 3국의 선행 연구적 사례에 대하여 조사하였는데, 한국의 경우는 한국의 전통적인 동합금의 사례에 대하여 분석하였으며, 특히, 한국의 중요 무형문화재 보유자가 행하는 전통합금의 방식에 대하여 조사하였다. 이때 특징적인 사실은 우선 금속공예의 전통기법에서 어떠한 선행연구가 이루어졌는지를 확인하였는데 그 결과는 다음과 같다.

한국에서 범종제작으로서 역사가 오래된 충북 진천군 덕산면 합목리 소재 성종사에서 범종을 제작하고 있는 원광식 사장은 국내에서 가장 많은 범종을 제작하고 있음을 확인하였다.

원광식은 범종 제작 시에 주조합금비율은 범종의 크기에 따라 약간씩 차이는 있으나 일반적으로 동(Cu 83%), 주석(Sn 17%)을 기본합금으로 하고 있었다.

합금 시에는 동을 먼저 1200℃로 용해한 후 인동(P)을 첨가하여 탈산 처리를 하고 그 후에 주석을 첨가하고 있음을 확인하였다. 이때 인동을 첨가하는 것은 동이 용해 시에 발생되는 산소를 인과 반응시켜 제거함으로써 산소로 인하여 발생되는 산화를 방지하는 연구가 진행되고 있음을 확인하였다.

일반적으로 불상이나 향로 등 소리와 관계가 없는 청동주물은 표면을 미려하게 하기 위해 아연을 첨가하나 범종의 경우에는 아연이 함유되면 소리가 둔탁해지기 때문에 오직 동과 주석만으로 합금된 금속을 용해시켜 제작하고 있다. 동은 상동이라 불리는 구리선을 사용하며 주석은 국내에서 생산이 되지 않는 관계로 말레이시아산을 수입해 사용하고 있고 인동은 영국산을 사용하고 있었다.

일본의 경우는 시부이치와 샤구도우의 역사적 배경과 의의에 대하여 살펴보았으며, 일본의 전통 자입착색법에 대하여 주목하였다. 이러한 전통에 준하여 현대의 금속공예에 대하여 니야마에이로(新山榮郎)와 이또히로토시(伊藤廣利) 동경예대 교수의 금속합금에 대하여 조사하였다.

중국의 경우는 고대의 청동합금기술과 동의 세공 및 동기의 제작 유형을 조사하였다.

특히, 동의 재료적인 특성이 드러날 수 있는 시각언어 즉, 물질언어의 어휘에 대하여 분석하였으며, 이러한 물질언어를 적극적으로 활용하여 작품에 적용할 경우 발생되는 형질변환적 사례에 대하여 조사하였다. 이러한 형질변환은 정신분석학적 및 해석학적 차원에서 분석하였다.

그 뒤, 형질변환의 구축방식에 대하여 논하였는데, 행위와 흔적 시간의 상관성에 대하여 조사하였고, 나아가서 형태와 무의식적인 상징성과의 관계에 대하여 조사하였으며, 그 결과 현대의 동합금의 표현방식에서는 기능성과 도구성의 해체가 진행되고 있음을 알게 되었다. 따라서 이러한 해체적 특성으로 인하여 동합금의 제작방식의 변질이 이루어져 작품을 감상하는 사람들의 인식경로에 특수한 의미체계를 구축할 수 있다는 사실을 확인할 수 있었다. 그 결과 예술가의 특별한 정신작용으로 인해서 특수한 의미체계를 구축할 수 있으며, 그것은 형질변환으로 드러난다는 사실을 확인할 수 있었다.

따라서 형질변환은 현대의 금속조형에 있어서 반드시 염두에 두어야 할 기법으로 보인다.

그리고 이러한 특수한 연구결과를 바탕으로 하여 조형적인 해결을 위해서 어떤 기법이 구체적으로 적용되고 있는지를 논하였다. 그 결과 적층기법, 망상조직기법, 융합기법, 전해주조기법 등이 적용되고 있음을 확인하였으며, 그 외에 이러한 기법들을 복합적으로 활용하는 특수한 경우가 있음을 아울러 확인하였다. 또한 이러한 기법이 적용되었을 경우 작품을 어떻게 분석할 수 있는지 연구하였는데, 구체적으로는 작품 분석을 위해 기본적인 도구를 설정하고 기호학과 해석학을 활용하였다.

일반적인 조형의 원리를 객관화하는 방식을 통해서 구조기술을 행하는 사례의 분석을 위해서 선정한 도구는 기호학과 해석학인데, 그것을 적용하기 위해서 연구자가 설정한 절차는 다음과 같다.

1) 형태에서 특징이 될 만한 부분은 어떤 것인가. 그것이 주는 분위기와 관련된 내용을 조사하였다.

2) 전체적인 상관관계에 있어서의 구조적인 측면을 분석한다. 이러한 구조를 규명하면서 이항대립의 구조가 있는지 살펴보았다. 또한 주부에 해당되는 형태가 무엇인지를 파악한다. 그리고 주부를 받쳐 주는 보조부와의 상관관계를 고찰하였다.

3) 사용되는 재료 자체가 주는 특성과 기호적인 측면에서의 원초적인 성격을 규명하였다.

4) 기법적인 면에서, 특수한 형질변환이 계획되고 있는지를 살핀 다음 전체를 이루는 기법과 부분을 이루는 상하위의 구조를 역학적으로 관찰하였다.

5) 조형을 이루는 기본적인 단위에 해당되는 모든 요인을 차례대로 기술하되 전체적인 측면과 부분적인 측면을 모두 감안하여, 그것을 기호학적으로 분석하고, 그 작용점과 구조 및 대응관계 등을 체계적으로 기술하였다.

이러한 몇 가지의 절차를 근거로 하여 전체적인 작품의 구조를 기술하는 과정은 작품을 체계적이며 논리적으로 이해하는 데 매우 도움이 되며 가치 있는 사실이라는 것을 발견하게 되었으며, 기호학적 도구가 사용되지 않은 상태에서의 단순한 문장 기술과의 분명한 차별성이 드러날 수 있음이 밝혀지고 있다.

이러한 도구를 이용하는 경우에 있어서도, 해석학적인 부분이 미흡하여 작품의 적절한 평가가 이루어지지 못할 수도 있다. 나아가서, 하나의 작품에 채택된 물질 자체의 어휘와 이면적인 물질언어가 내재해 있어서 그러한 언어를 작가가 의도적으로 사용하고 작품을 제작할 경우에는 매우 의미작용이 복잡하여, 형질이 변환되어 다른 물질이 지니고 있는 특성과 교란된다. 또한, 물질이 지니고 있는 다양한 언어가 해체되거나 이중화되거나 복잡하게 되어 복수적인 의미작용에 관여하는 경우도 있다. 즉, 기표와 기의의 불일치성이 존재하는 작품이 현대의 금속조형에 등장하고 있다.

그러나 기호학적인 도구를 사용하여, 이러한 작업의 내용을 읽을 수 있는 방식의 경로에 대해서 몇 가지의 정리를 하고자 하였다. 특히, 현대 금속조형에서 이룩하고자 하는 이러한 다양한 기법의 연출은 타 장르에서 사용하는 다양한 해체적 방법과 함께 연구되어 매우 독특한 조형언어가 되고 있기 때문이다.

저자는 이러한 기법을 기호학적으로 분석하는 사례를 통해서 현대 금속조형의 해석을 가능하게 할 수 있다는 가능성을 발견하게 되었다. 이러한 분석결과 다음과 같은 결론을 얻을 수 있었다.

서두부분에서의 이러한 재료적인 연구결과가 일반 동합금의 재료로 사용되었을 때 어떤 변화가 있을 수 있는가를 분석하기 위해서, 이러한 선행 연구적 사례와 실험을 토대로 하여 현대 금속조형가들의 연구를 작품의 분석을 통해서 분석하였다.

그 결과 동합금의 물질성을 교묘히 활용하여 타 물질과 같은 특성을 유발하는 준 쉬와르츠의 몇 작품을 조사하여 분석하였으며, 착색의 방식을 통해서 형질의 변환을 구가해 나아가는 셜크 헬렌의 작품에 대하여 분석하였고, 퓨징 기법을 숙련되게 연출하는 마르네 란의 경우에 대하여 분석할 수 있었다.

첫째, 현대미술에서 서구의 미술의 경향과 동양의 미술이 교차되어 드러나는 특성은 대단히 많이 있다. 또한 시대를 초월하거나 시간을 달리하는 이질성이 하나의 작품에 공존하는 현상이 포스트모던 양식에 그대로 반영되고 있다. 그래서 하나의 작품을 올바르게 분석하기 위해서는 여러 가지의 주변 여건을 충실히 살펴보아야 할 것이며, 의미를 나타내는 다양한 물질어휘를 이해해야 한다. 특히 금속에는 고대에부터 현재에 이르기까지 불변하는 고정관념이 내재되어 있다.

둘째, 이러한 고정관념을 읽고 충실히 작품을 분석해야 하는 것이 필요하며, 한 작가가 여러 물질을 복합적으로 교차시키며 작업을 행할 경우, 반드시 여기에서 사용되고 있는 조형언어를 숙지하여 그러한 조형언어의 이면적인 의미와 실재적인 의미를 이해하고 상용하는 방식을 취하고 있어서, 하나의 작품이 이룩되기 위한 미적 특성과 의미를 매우 설득력 있게 표출할 수 있어야 한다.

셋째, 일반적으로 사용된 금속조형의 물질들은 주로 귀금속이나 진귀한 물질들이 대부분이었으나, 현대에서 사용되는 물질은 그다지 귀하지 않은 일상의 물질들이 사용되는데 유리나, 철, 알루미늄 등이 그것이다. 또한 하나의 금속에서 다양한 금속의 병치에 이르기까지 복잡하게 작품을 유도하려 하며, 합금이 이루어질 경우에 있어서 원형적인 물질언어가 해체됨을 알 수 있었다.

그러나 이러한 물질의 사용에 그치지 않고 사용되는 어휘나 형태의 특수함에 있어서도 대단히 차별적이며, 형태의 추상화도 그러하며, 규모나 형식에 있어서도 회화나 조각에서 사용하는 어휘도 과감하게 사용하고 있다.

넷째, 형태에 있어서는 해체적인 형상과 상징성이 결부되고 있으며, 다원주의적인 일면으로서 여러 나라의 이질적인 문화와 결부되고 있으며, 프리미티비즘에서부터 중세의 장식적인 일면에서부터 미니멀한 특성과 현대에 와서는 카오스적인 일면들까지 혼재해 있다. 또한 추상적인 표현법과 재현적인 표현법이 하나의 작품에서 이질적으로 혼재하는 경우도 있다.

다섯째, 전체적으로는 사용된 기법과 물질언어가 특이하게 혼재해 있는 경우도 있다. 작품을 구성하는 이러한 요인들은 금속의 고유의 의미와 직·간접적으로 연결되고 있으나, 그 원형적인 의미는 형질의 변환이 이루어져 해체되어 있다.

끝으로, 표현기법의 확장을 위한 연구자의 재료실험과 작품연구에 관한 내용으로, 이러한 특성 가운데 연구자가 스스로 개발한 연구동합금의 재료적인 특성과 시중동합금의 차이점에 대하여 논하였으며, 연구동합금과 시중동합금과의 차이점을 도출할 수 있었다. 그 결과 다음과 같은 세 가지의 결론에 도달하였다.

첫째, 높은 암페어(3.0A)에서 12시간 동안 침지한 경우는 연구동합금이나 시중동합금 모두 전기분해 생성물의 입자가 크고 거칠게 전해주조가 되었음을 알 수 있었다. 또한 24시간 동안 침지한 경우에는 입자가 더욱 크고 거칠어진 것을 확인할 수 있었다.

둘째, 낮은 암페어(1.0A)에서 12시간 동안 침지한 경우는 암페어에 비해 시간이 짧았기 때문에 연구동합금이나 시중동합금 모두 얇게 전해주조가 되어 두 금속을 비교함에 어려움이 있었다.

셋째, 낮은 암페어(1.0A)에서 24시간 침지한 경우 연구동합금과 시중동합금이 약간 다른 차이를 보였는데 연구동합금과 전해주조가 시중동합금에 전해주조가 된 것보다 조금 고른 분포를 가지고 전해주조가 되는 것을 확인할 수 있었다.

이로 인해 세밀한 작업을 요할 때에는 암페어를 낮추어서 입자가 고르게 분포되는 연구동합금을 사용하여 작업하는 것이 유리하다는 것을 알 수 있게 되었다. 특히, 재료적인 특성을 고찰하여 그것이 금속조형에서 필요에 따라 적용 가능한 몇 가지의 실험을 수행하였으며, 이에 따른 재료와 금속조형과의 상관관계에 대하여 논하였다. 그리고 재료가 지니는 많은 특성이 실제의 작품에 어떻게 적용될 수 있는지를 고찰하여 소재적인 측면에서의 동의 여러 가지의 특성을 고찰하였다.

이를 위하여 저자가 1990년대 이후에 지속적으로 연구해 오고 있는 연구작품론의 1980년대 이후의 모색기를 거쳐 실험기, 완성기 등에 대하여, 구체적으로는 ≪태초의 공간≫, ≪진화의 꽃≫ 시리즈에 대하여 연구 결과를 보고 형식으로 기술하였다. 연구자는 여러 가지의 기법을 통합적으로 사용하여 동합금의 재질적인 특성을 활용하는 여타의 표현 가능성을 실험을 통해서 보여 주었다.

연구자는 이러한 연구를 통해서 이러한 구체적인 사실을 확인하여 동합금의 가능성을 확인할 수 있었던 것은 향후 작가로서 창작활동을 위해서 필요한 것이었으며, 앞으로 전개될 금속조형디자인의 발전에 작은 기여를 한 것으로 생각하고 있다.

국내 및 외국작품 도판

적층기법, 망상조직기법, 융합기법, 전해주조기법, 기타기법

1. 적층기법 작품(積層技法作品, Ramination)

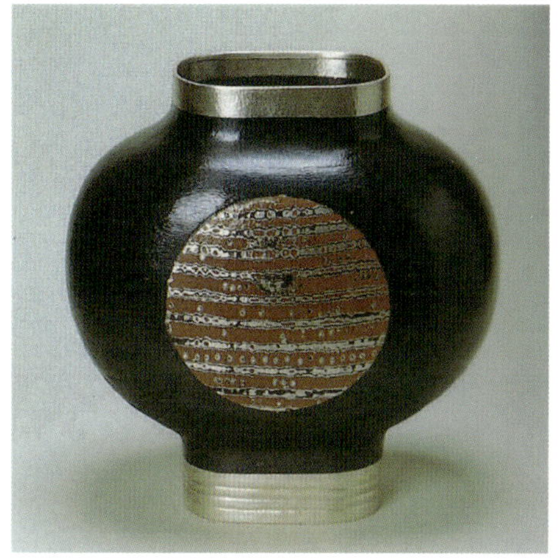

〈그림 113〉 千貝 弘 作

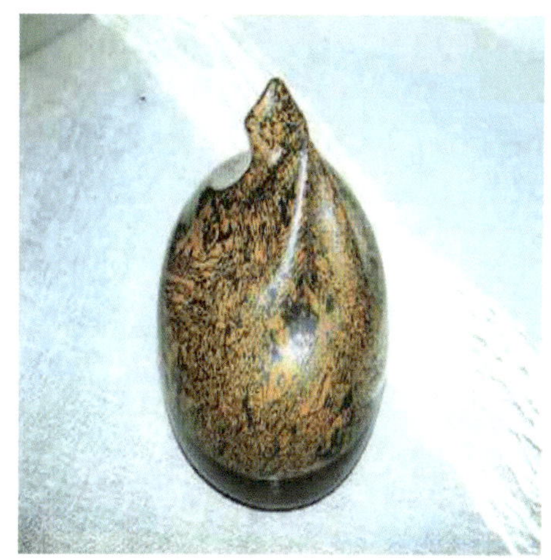

〈그림 114〉 박수련 作

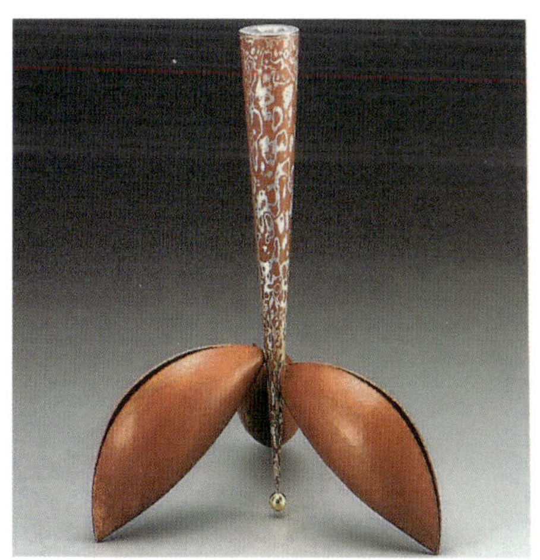

〈그림 115〉 진영섭 作

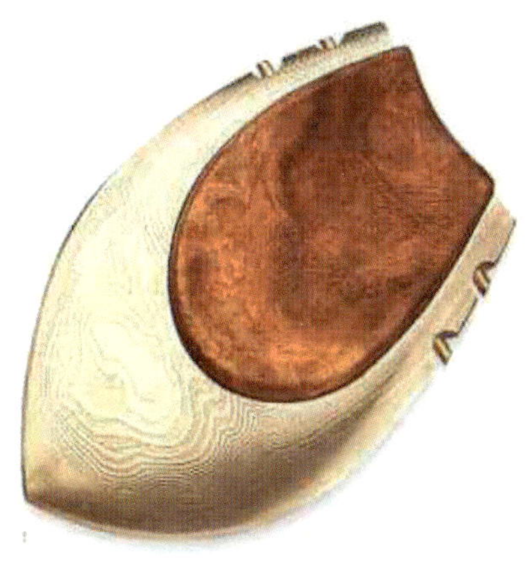

〈그림 116〉 Michael Crofe 作(Strata: 지층기법)

2. 망상조직기법 작품(網狀組織技法作品, Reticulation)

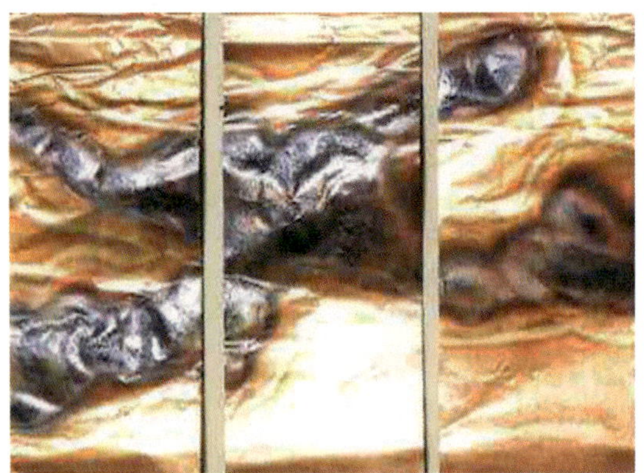

〈그림 117〉 Vivian Kline 作

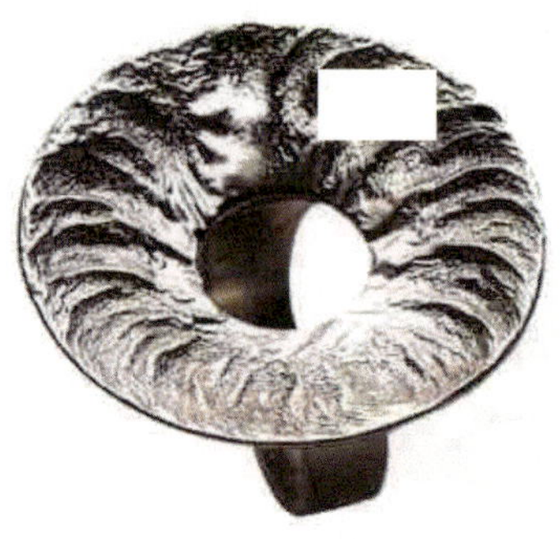

〈그림 118〉 Sbiné 作

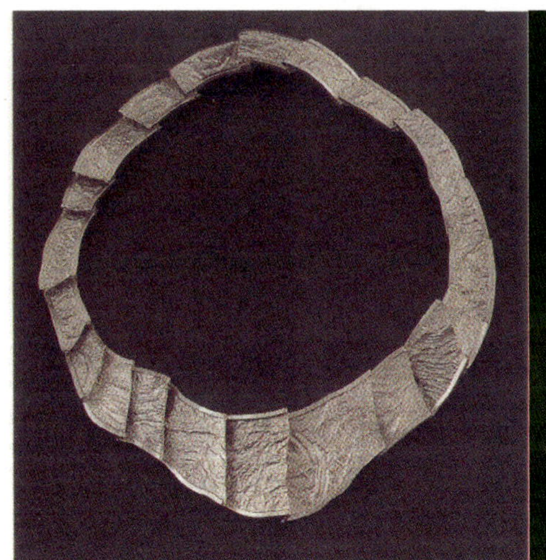

〈그림 119〉 Julie M. Gauthier 作

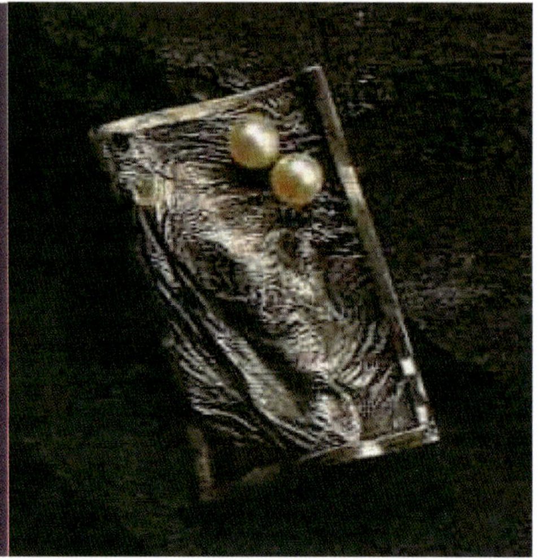

〈그림 120〉 이은 作

3. 융합기법 작품(融合技法作品, Fusing)

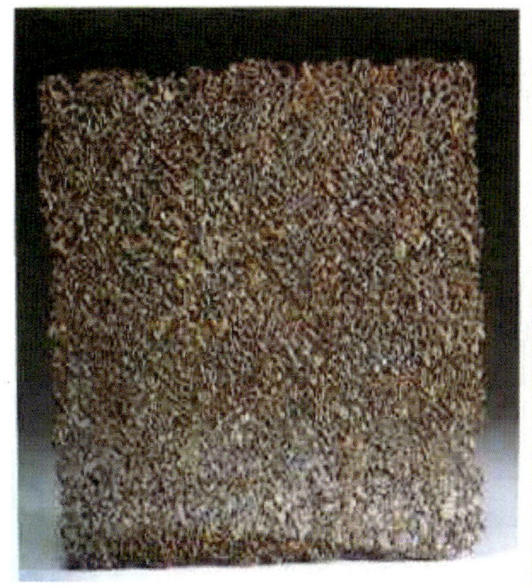

〈그림 121〉 변건호 作

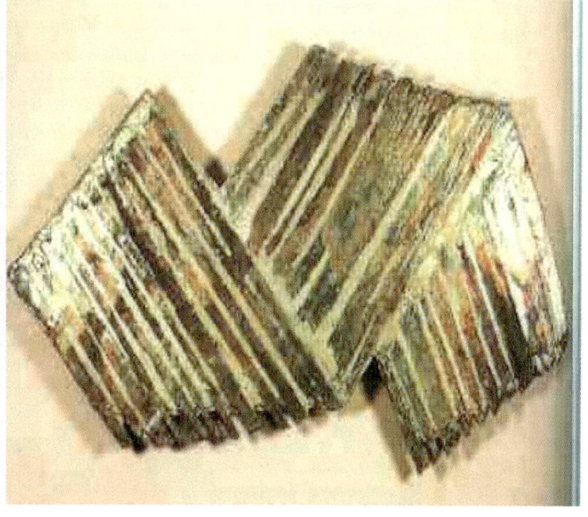

〈그림 122〉 Barbara Brotherton 作

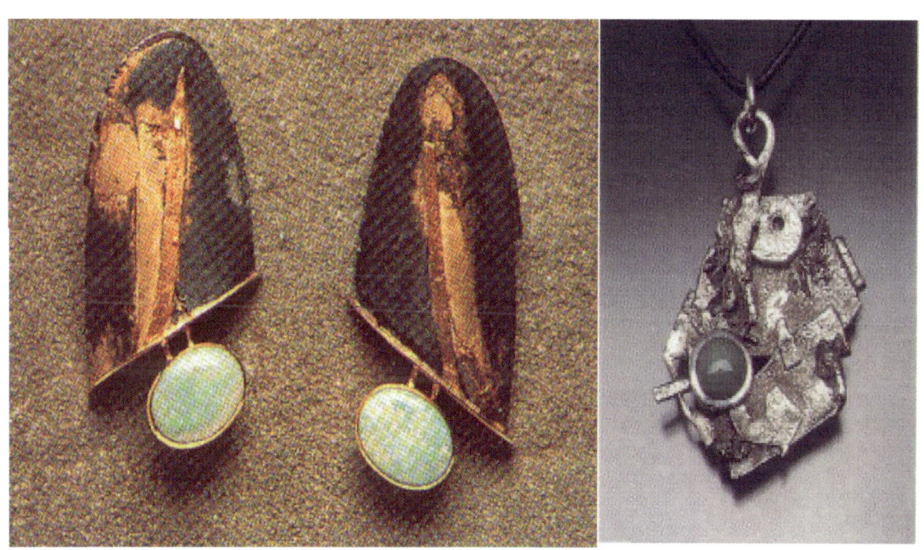

〈그림 123〉 Marne Ryan 作   〈그림 124〉 Jenpher Burton 作

4. 전해주조기법 작품(電解鑄造技法作品, Electroforming)

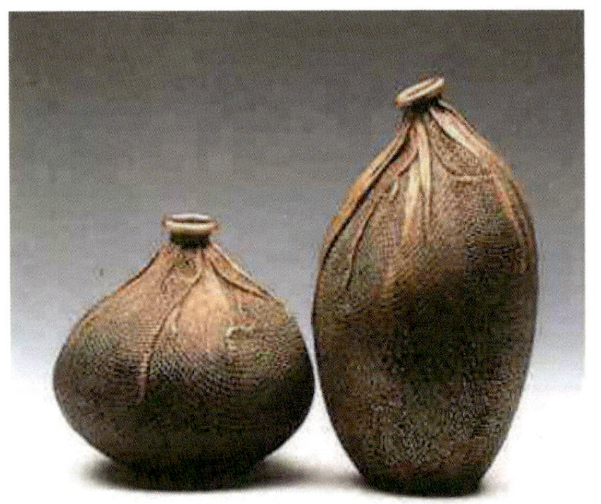

〈그림 125〉 서동옥 作

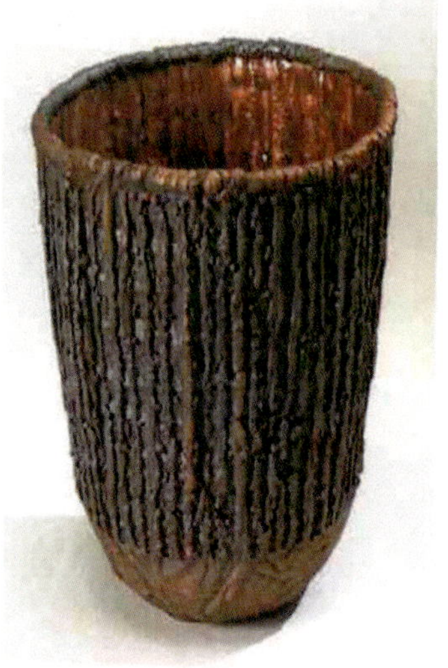

〈그림 126〉 June Schwarcz 作

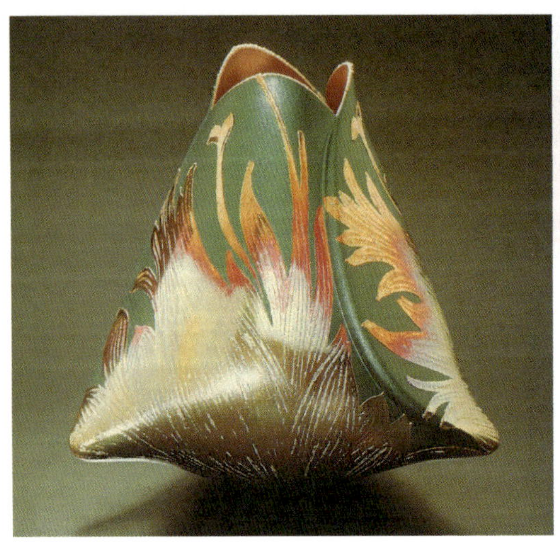

〈그림 127〉 주정희 作

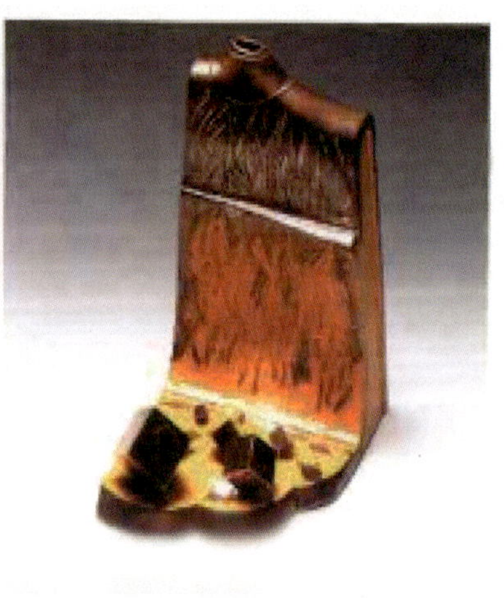

〈그림 128〉 오융경 作

5. 기타기법 작품(其他技法作品, Metal Works)

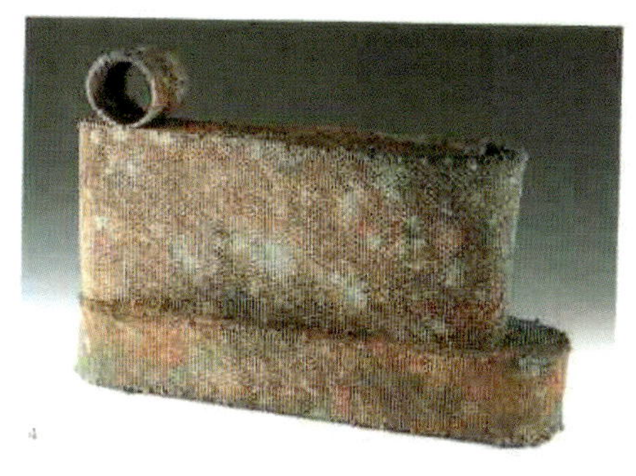

〈그림 129〉 Billie Jean Theide 作
(브론즈: 파티나처리)

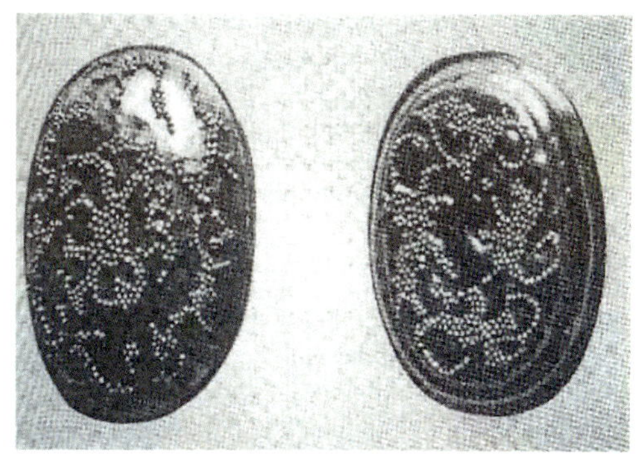

〈그림 130〉 Ruth Coblassa 作
(누금세공기법)

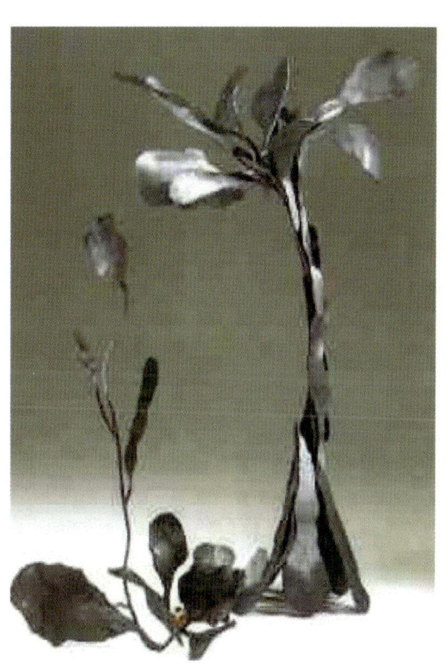

〈그림 131〉 陰里壽朗 作
(단금기법: 철, 동)

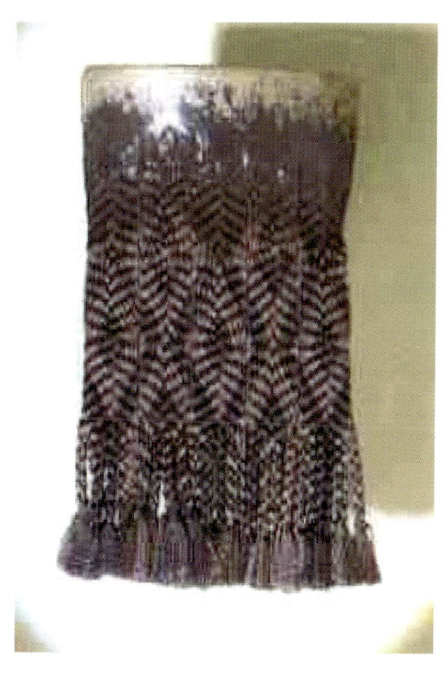

〈그림 132〉 中山 あや 作
(은선짜임기법: 은, 포리우레탄, 칠, 견(絹))

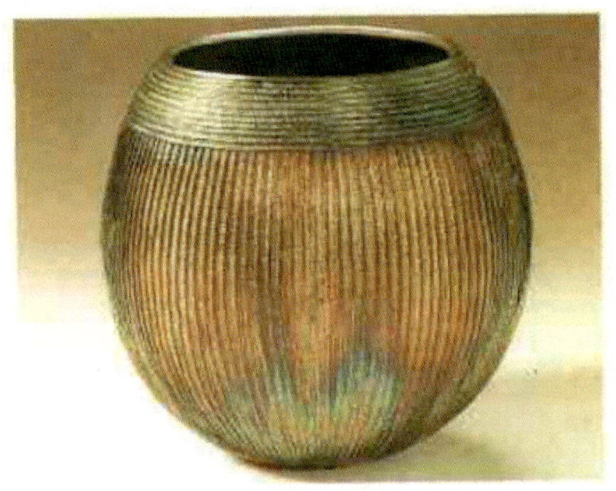

〈그림 133〉신권희 作
(인동선 융착기법)

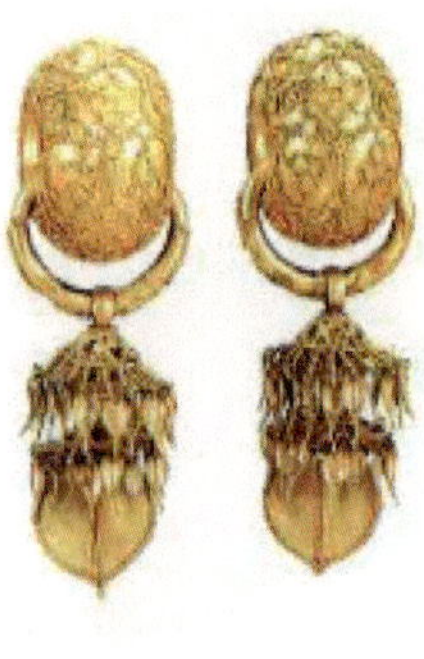

〈그림 134〉금제태환이식(신라시대)
(누금세공기법)

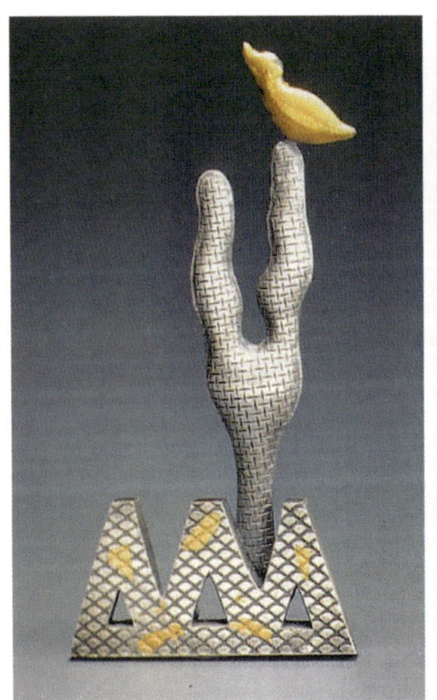

〈그림 135〉서라영 作
(롤프린팅기법)

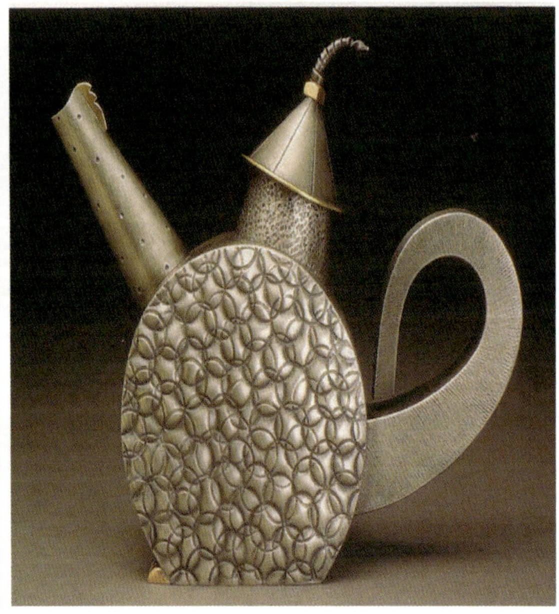

〈그림 136〉Jon Michael Route 作
(스템핑, 롤프린팅기법)

저자작품 및 도판

(1994년~2009년)

(그림 1~6 태초의 공간 시리즈)

(그림 7~14 진화의 꽃 시리즈)

※본 작품은 저자가 행한 1994년부터의 전시 작품과 2001년 P사의 연구개발 재료동판을 사용하여 금속의 형질전환기법인 적층기법, 망상조직기법, 융합기법, 전해주조기법을 중심으로 혼합 조형작품의 작업론 결과를 수록한 것으로서 우주론에 관한 태초의 공간, 진화의 꽃 시리즈 연작을 토대로 진행한 것임.

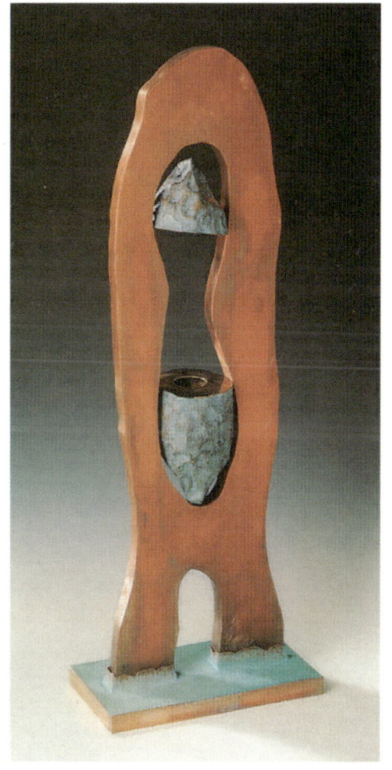

〈그림 137〉 태초의 공간,
1994, 적동, 470×270×1180㎜

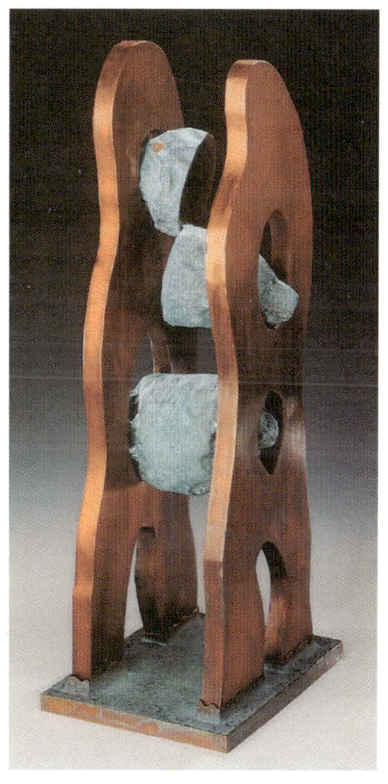

〈그림 138〉 태초의 공간,
1994, 적동, 500×400×1200㎜

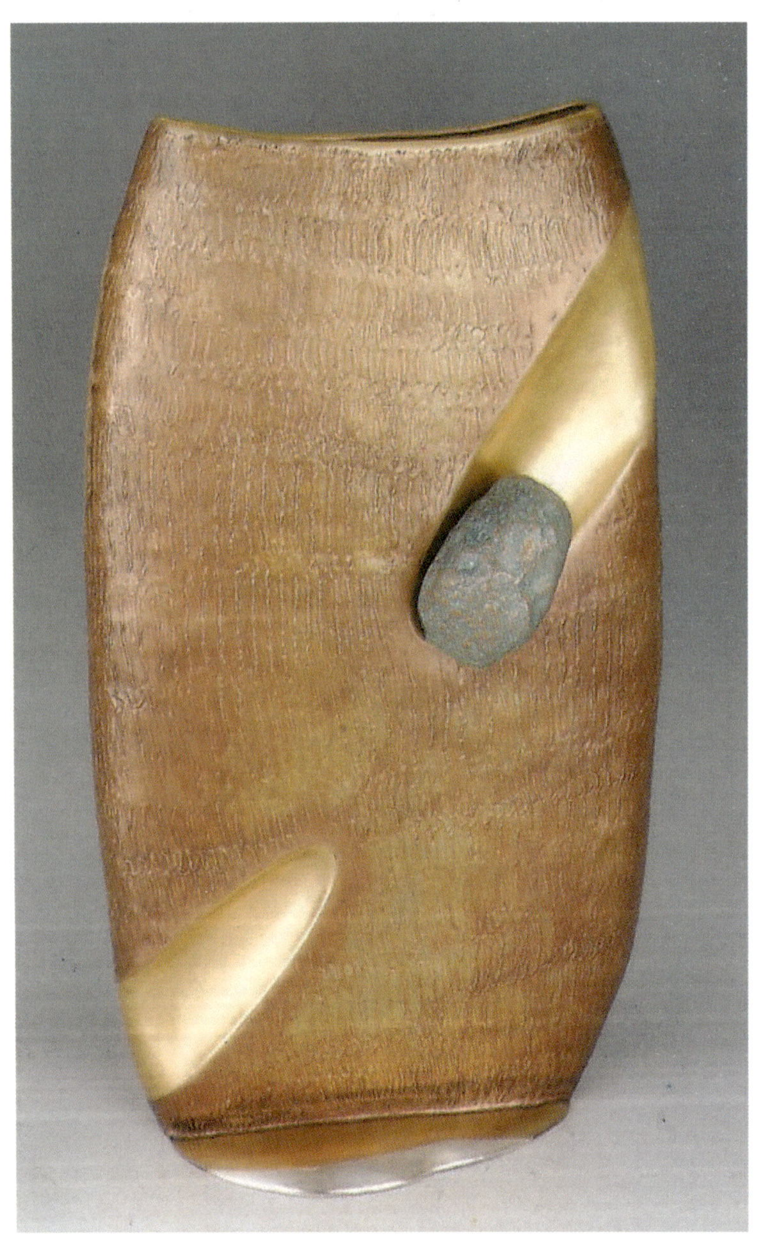

〈그림 139〉 태초의 공간, 1995, 적동, 백동, 황동,
450×260×1100㎜

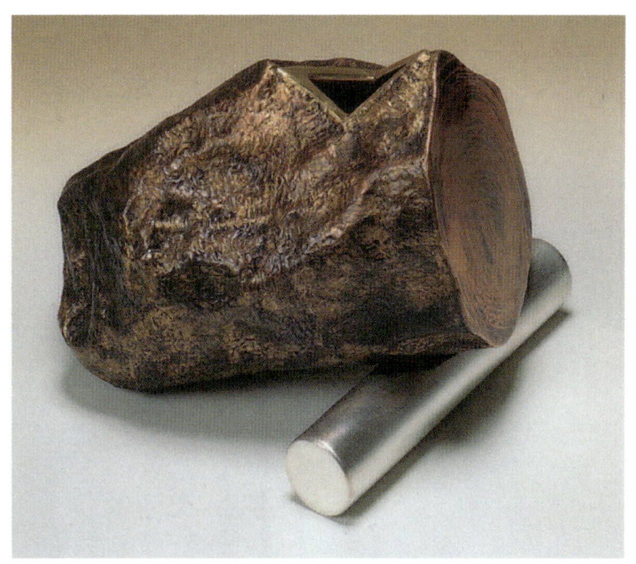

〈그림 140〉 태초의 공간, 1996,
적동, 백동,
450×260×310㎜

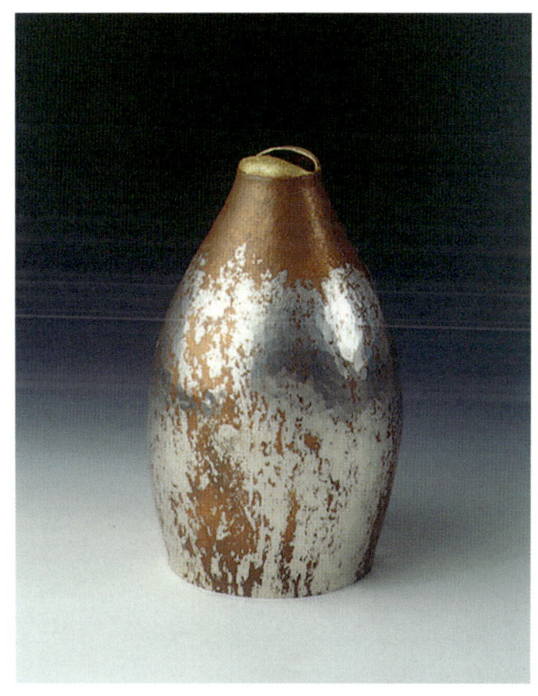

〈그림 141〉 태초의 공간, 1996,
적동, 금박, 은,
140×140×260㎜

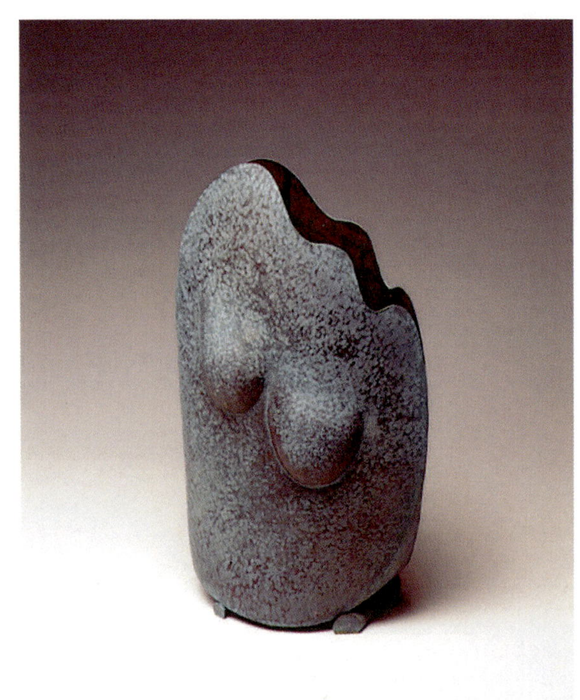

〈그림 142〉 태초의 공간, 1997,
적동, 금박,
470×190×270㎜

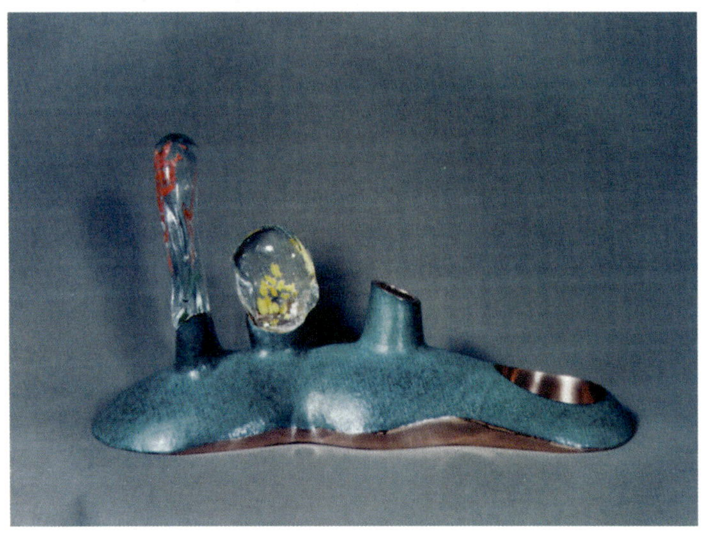

〈그림 143〉 태초의 공간, 1997,
적동, 유리,
270×160×380㎜

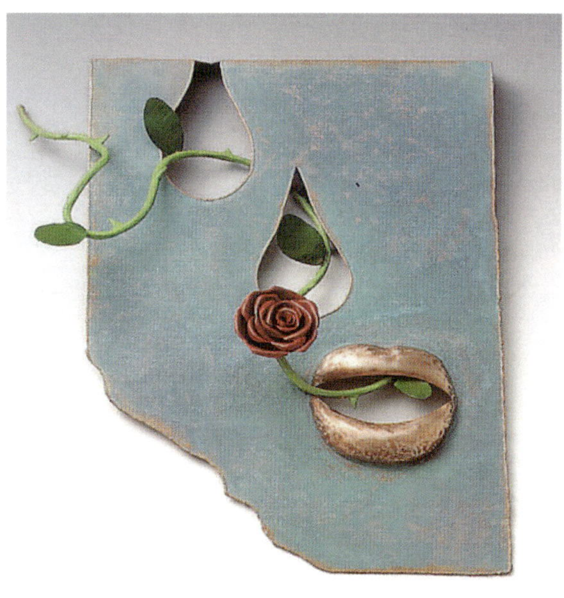

〈그림 144〉 태초의 공간, 1998, 적동,
270×395×50㎜

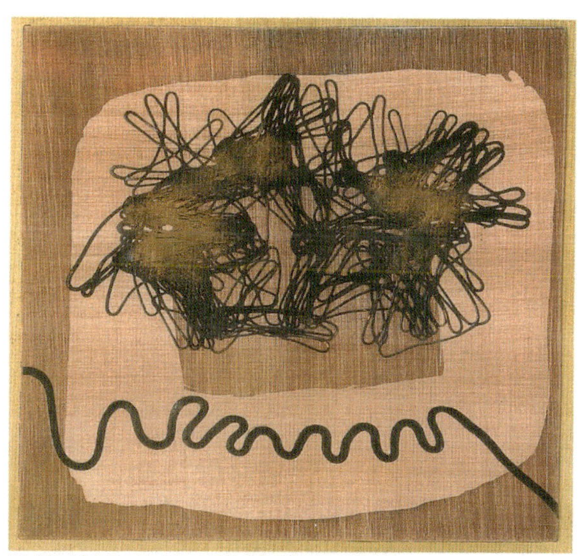

〈그림 145〉 태초의 공간, 1998,
적동, 황동, 정은,
170×170×20㎜

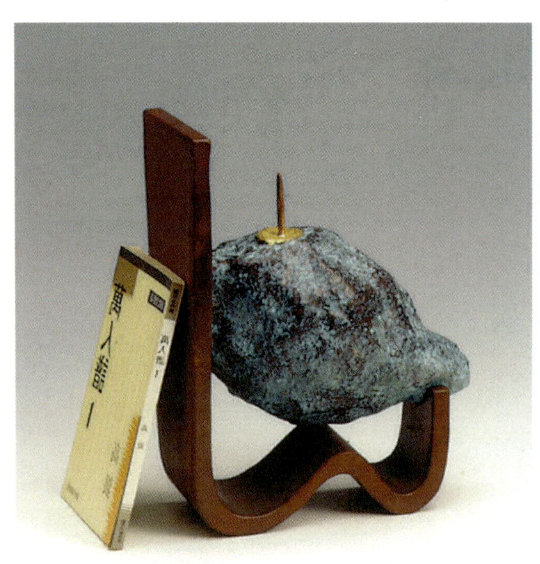

〈그림 146〉 진화의 꽃, 1999,
적동, 금박,
240×160×320㎜

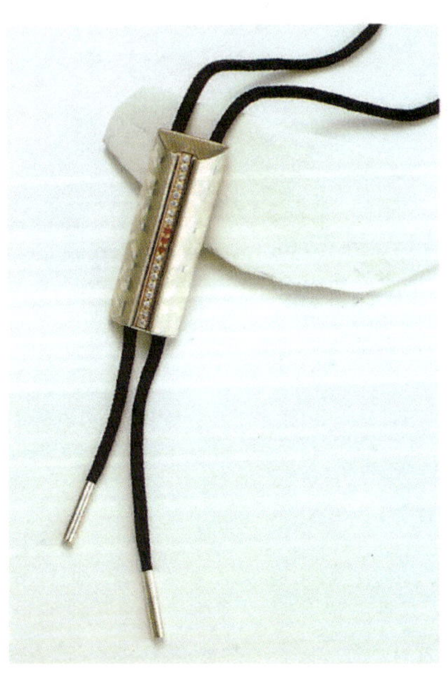

〈그림 147〉 진화의 꽃, 1999,
금18K, 은, 루비, 다이아몬드
28×76×16㎜

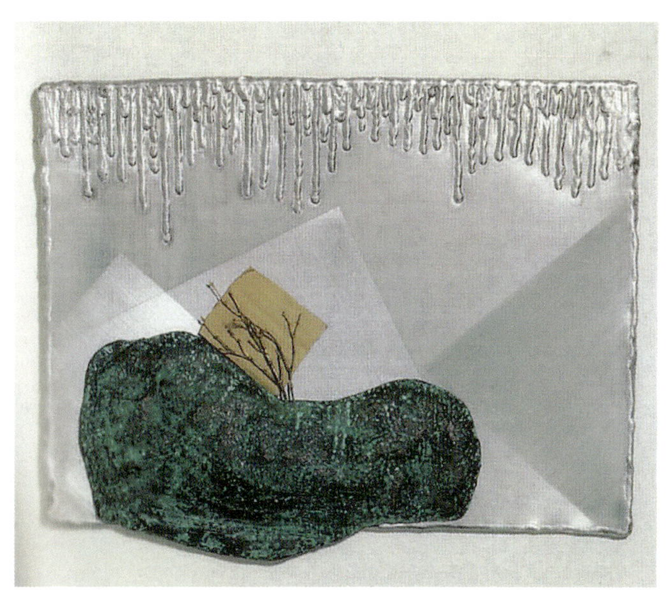

〈그림 148〉 진화의 꽃, 2000,
적동, 황동, 알루미늄,
470×420×120㎜

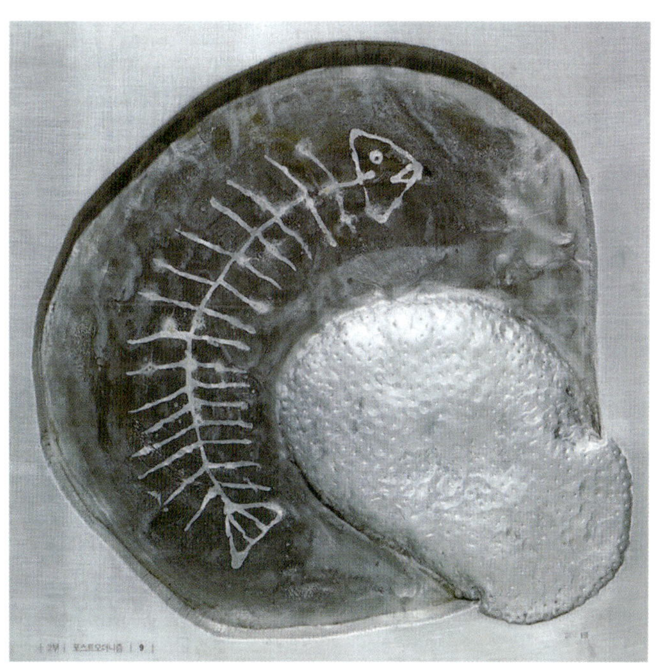

〈그림 149〉 진화의 꽃, 2000,
알루미늄,
440×440×30㎜

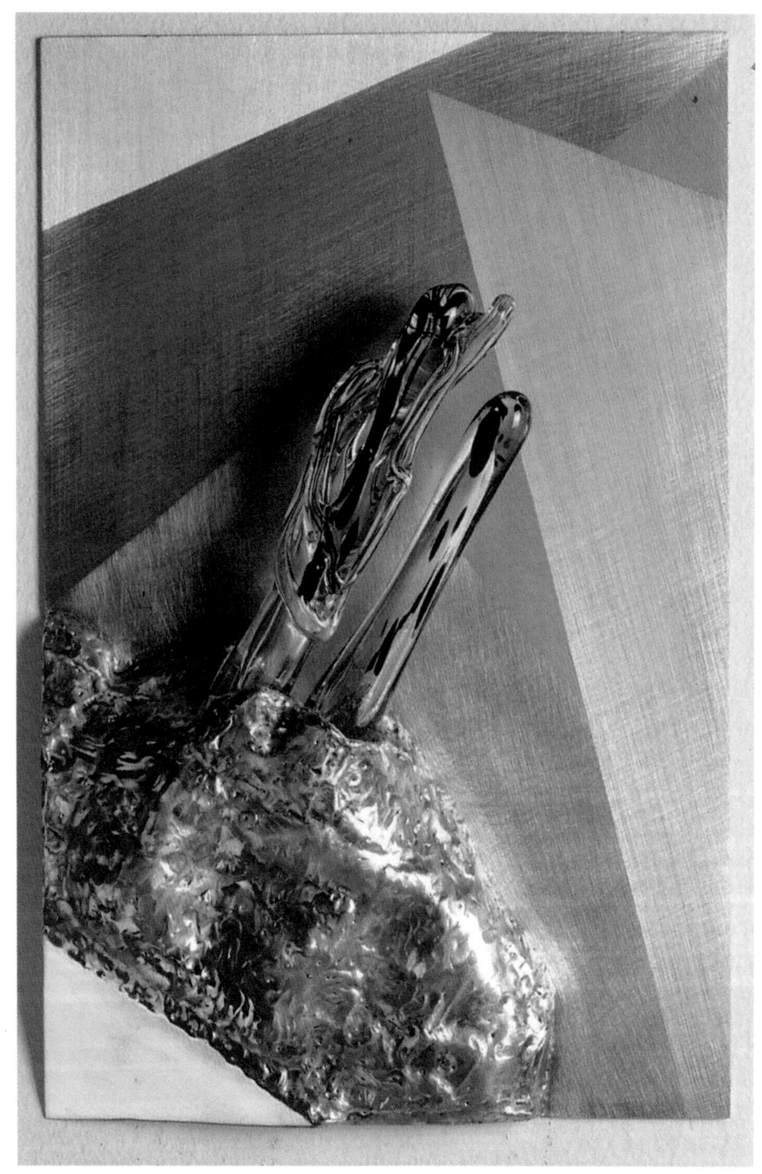

〈그림 150〉 진화의 꽃, 2001, 알루미늄, 유리, 430×670×160㎜

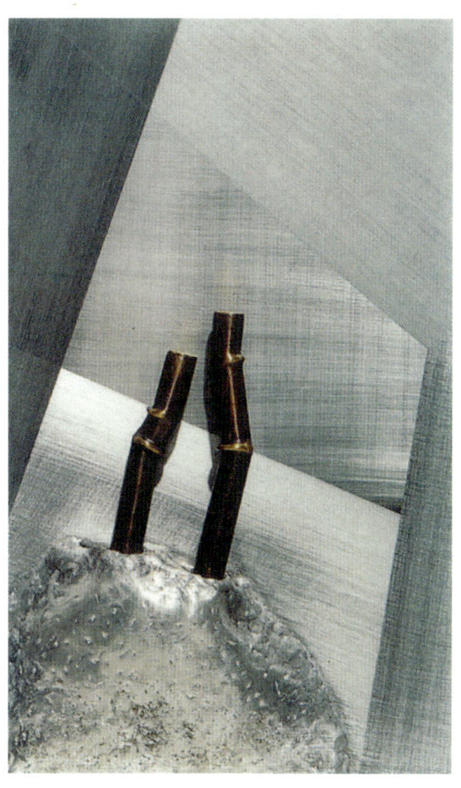

〈그림 151〉 진화의 꽃, 2001,
알루미늄, 적동
350×380×50㎜

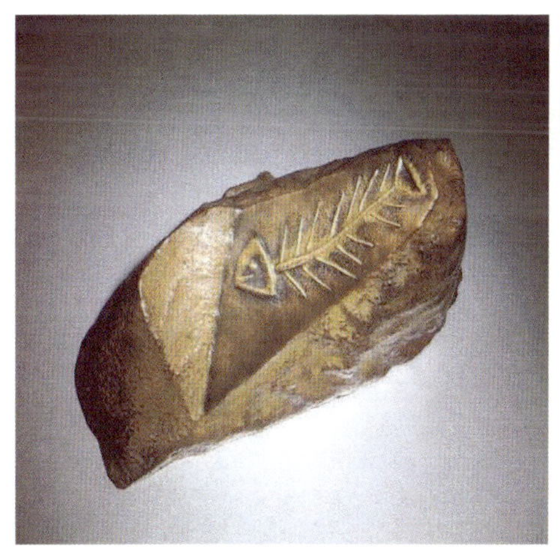

〈그림 152〉 진화의 꽃, 2002, 적동, 금,
490×280×220㎜

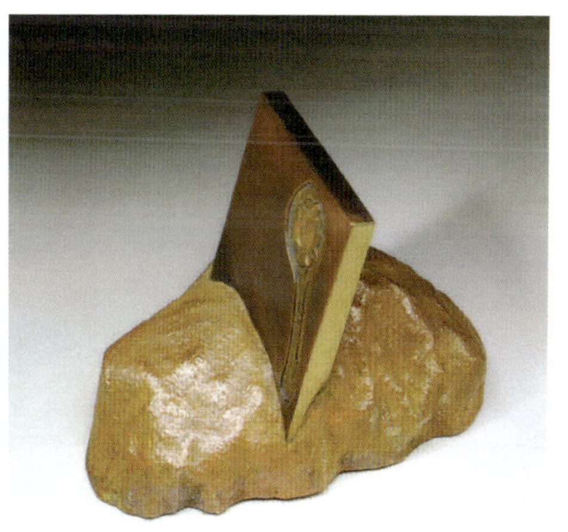

〈그림 153〉 진화의 꽃, 2002, 적동, 금,
480×280×310㎜

실험 작품 동합금 분석 및 작품

P사 개발 동합금판 실험동판 4종류 사용

저자가 실험 작품에 사용한 동합금은 주)풍산금속 소재기술연구소 이동우 박사가 연구 지원한 4가지 동합금, 즉 단동, 스프링용 인청동, 스프링용 양백, 백동을 연구자가 처음 사용하여 작품제작을 하였으며 사용기법은 논문에서 제시한 적층기법, 망상조직기법, 융합기법, 전해주조기법을 작품에 따라서 통합 또는 부분적으로 적용시켜 완성하였다.

<표 65> 연구자 작품 사용 동합금재료 종류 및 주요성분

합급계	명칭	종류	주요성분	용융점(℃)
Cu – Zn계	단동(황동)	C2200	Cu – 10Zn	1,100 ~ 1,150
Cu – Sn – P계	스프링용 인청동	C5210	Cu – 8Sn – 0.2P	1,100 ~ 1,150
Cu – Ni – Zn계	스프링용 양백	C7701	Cu – 18Ni – 26Zn	1,150 ~ 1,250
Cu – Ni계	백동	C8113	Cu – 25Ni	1,350 ~ 1,450

- **C2200(황동, 단동)**: 90Cu – 10Zn 합금(Commercial Bronze)으로서 단동(丹銅)의 대표적인 것이며, Deep Drawing용 메달, 배지(Badge) 등에 사용된다.

용접상의 문제는 용접열에 따라서 아연이 발열하고 용접 상황을 충분히 관찰할 수 없게 되며 산화한 아연이 용접부 앞쪽에 부착해서 용접작업성의 저하나 용접결함을 발생시키는 것이다. 용접결함으로서 블로우 홀(Blow Hole)을 만들기 쉽다.

황동은 황동 2mm 이하의 박판(薄板)에서는 교류 TIG 용접법이 좋으며 그 이상에서는 직류 정극성 TIG 용접법으로 용접하였다.

용접에 의한 잔류 응력부식을 깨짐을 옮길 수 있는 경우에는 제거 열처리를 250~300도에서 행한다.

- **C5210(적동, 스프링용 인청동)**: Cu – 8Sn – 0.2P 합금(Deoxidiged Copper)으로서 용해 시에 흡수한 O를 P로 탈산하여 O는 0.01% 이하가 되고 잔류 P량

이 0.02% 정도의 것이다. 따라서 인청동은 고온의 환원성기(還元性氣) 중에서도 수소(水素) 취성이 없고 고온에서 O를 흡수하지 않으며 또 경화(輕化) 온도도 약간 높으므로 용접용으로 매우 적합하다. 인청동은 일반적으로 Sn을 2~9%, P를 0.03~0.4% 정도 포함하고 있다. 이러한 인청동은 Sn의 함유량이 증가함에 따라 응고 온도 범위가 광범위해졌으며 용접 후의 냉각 시에 열 사이에 분열이 생기기 쉬워진다. 인청동의 열분열 방지에는 TIG용접의 용접속도를 빠르게 해서 용융지(溶融池)를 작게 한다. 예열온도는 200도로 하는 것이 좋다. 인청동은 스프링성이 우수하여 전자, 전기계측기용, 스위치, 커넥터, 릴레이 제작용, 공예품 주물용으로 적합하다.

- **C7701(양백, 스프링용 양백)**: Cu－18Ni－26Zn 합금(Nickel Silver)으로서 스프링성이 우수하고 탄성, 내식성이 좋아서 전자 계측기용, 스위치, 커넥터, 릴레이, 수정진동자 등 탄성재료, 화학기계용 재료에 사용된다.

조성범위가 10~20% Ni, 15~30% Zn의 것이 많이 사용된다. 약 30% Zn 이상이 되면($\alpha+\beta$) 조직이 되어 점성이 낮아지고 냉간 가공성은 저하하나 열간 가공성은 좋으므로 열간 가공재로 이용된다. 양백은 또한 전기저항이 높고 내열, 내식성이 좋으므로 일반 전기 저항체로서 이용된다.

양백은 주로 가공재로 사용되나 주물로서는 밸브, 콕, 장식품, 악기, 광택기계 부품 제작에 좋다.

양백은 니켈을 첨가한 황동으로 볼 수 있으며, 그 용접성도 황동과 아주 비슷하다. 아연의 증기가 문제가 되는 경우 용가재에 알루미늄 청동을 사용하여 용접한다. 또한 Pb, Bi, S 등의 불순물이 포함되어 있다면 열 사이의 분열이 일어나기 쉽다.

- **C8113(백동)**: Cu－25Ni 합금으로서 내해수성, 내마모성이 우수하며 고온 강도가 높다. 열교환기 및 복수기관용 부품으로 사용된다. 백동은 동, 니켈의 합금으로서 10~30% 니켈을 포함하며 완전히 고용(固溶)해서 단상(單相)이 된다. 이 때문에 결정입(結晶粒)도 크게 되기 쉬우며, 구속이 강한 경우 미량의 Pb, P, S라는 분열 감수성이 높아진다. 열 사이의 분열을 방지하기 위해서는 0.01%

Pb, 0.02% P, 0.01% S까지가 한계이다.

백동은 블로우 홀의 원인이 되는 산소, 수소를 흡수하기 쉽지만, 블로우 홀을 방지하기 위해서는 탈산제를 포함한 용가재의 사용이 유효하다. 이와 같은 점에 유의하면 백동은 물 흐름도 좋고 동합금 중에서는 가장 용접하기 쉬운 합금 중의 하나이다.

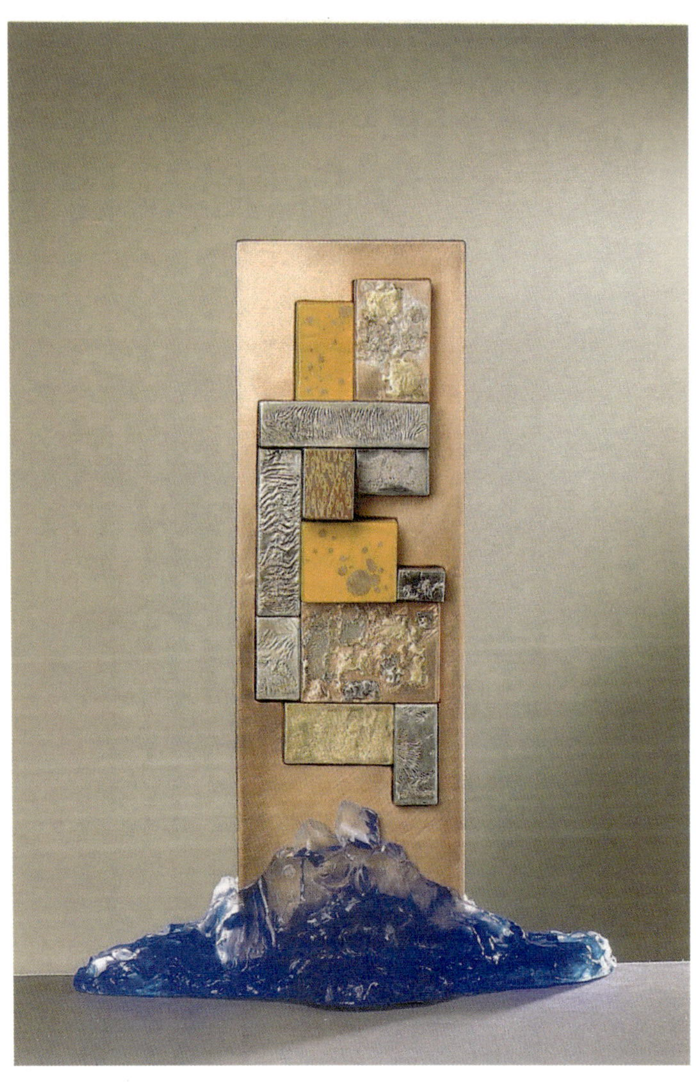

〈그림 154〉 진화의 꽃, 2001, 유리, 단동, 양백, 인청동, 백동, 금, 은, 600×400×760㎜, 적층기법, 망상조직기법, 전해주조기법, 융합기법

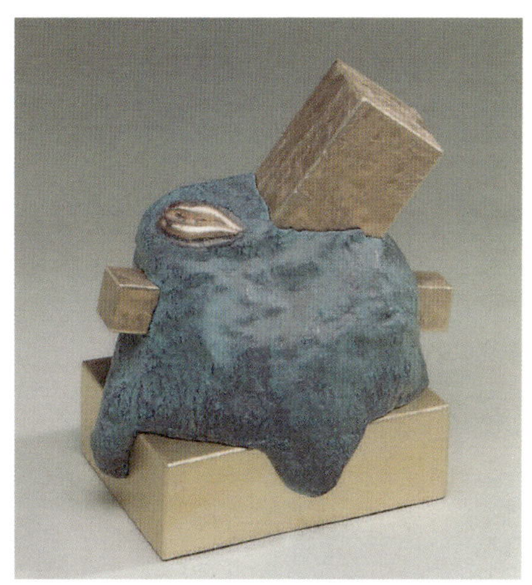

〈그림 155〉 진화의 꽃, 2001,
인청동, 단동,
380×270×390㎜,
망상조직기법, 융합기법

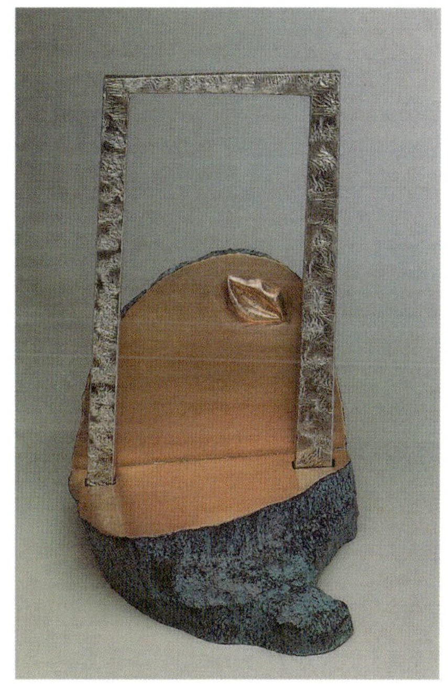

〈그림 156〉 진화의 꽃, 2001,
양백, 인청동,
360×400×550㎜,
망상조직기법, 융합기법

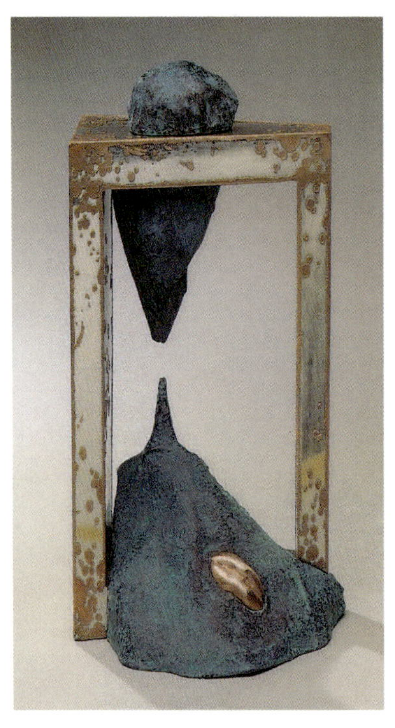

〈그림 157〉 진화의 꽃, 2001,
양백, 인청동,
360×350×540㎜
전해주조기법, 융합기법

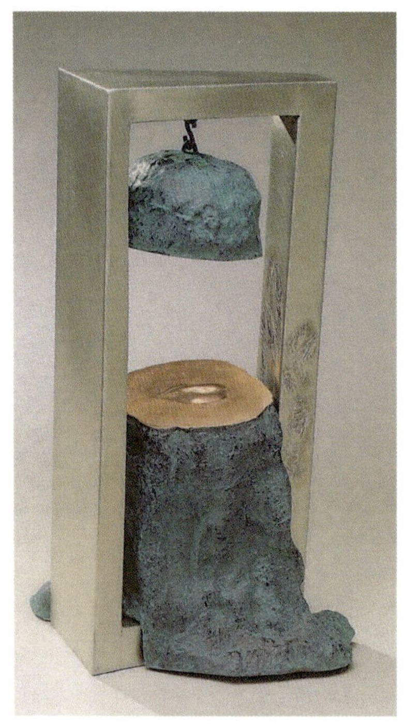

〈그림 158〉 진화의 꽃, 2001,
인청동, 양백,
300×270×570㎜,
망상조직기법, 융합기법

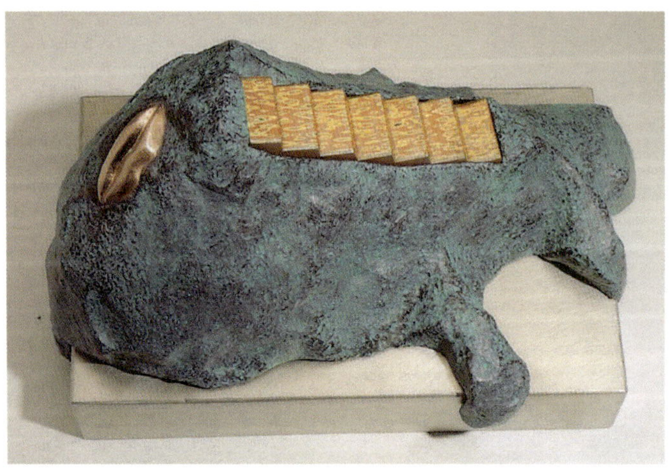

〈그림 159〉 진화의 꽃, 2001,
인청동, 백동, 금, 은,
480×280×320㎜,
적층기법, 융합기법

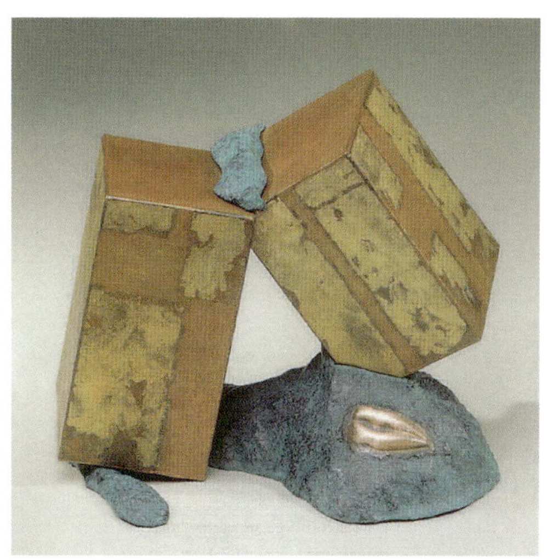

〈그림 160〉 진화의 꽃, 2001, 인청동, 은,
460×320×370㎜,
망상조직기법,
은부융착기법, 융합기법

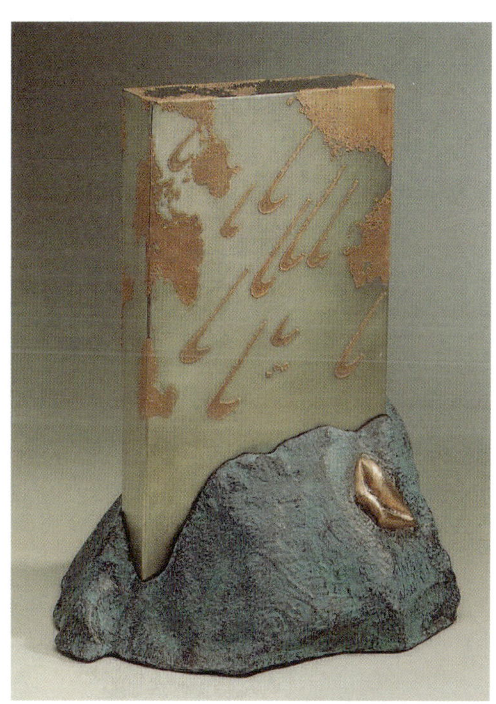

〈그림 161〉 진화의 꽃, 2001, 인청동, 백동,
440×400×470㎜,
전해주조기법, 융합기법

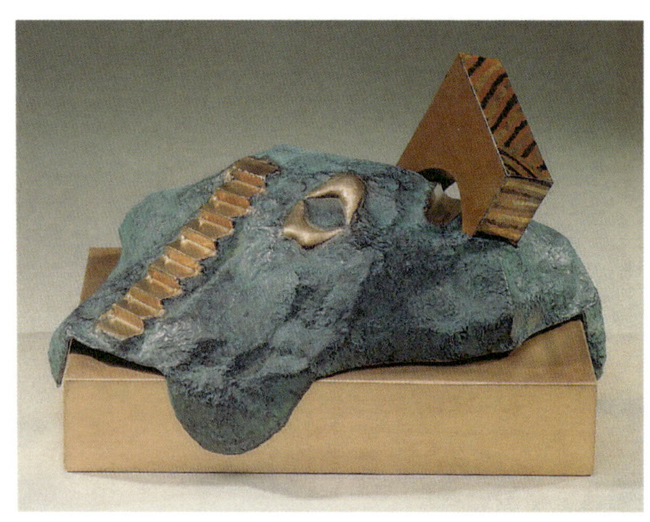

〈그림 162〉 진화의 꽃, 2001, 인청동, 금, 은,
470×360×300㎜,
적층기법, 오버레잉기법, 융합기법

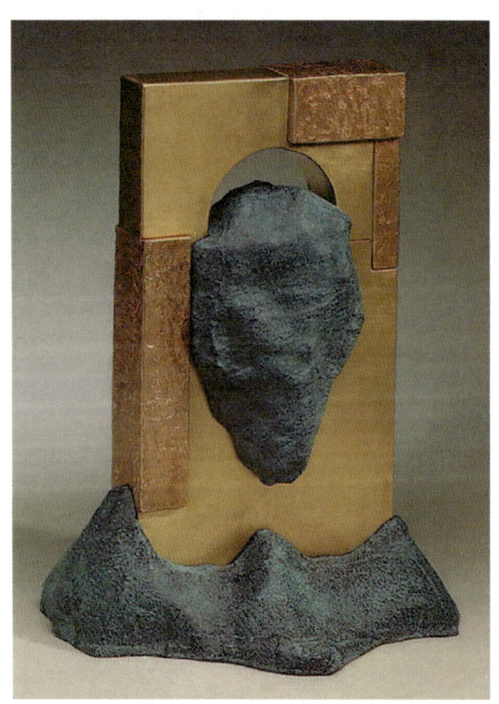

〈그림 163〉 진화의 꽃, 2001,
단동, 인청동,
550×380×670㎜,
망상조직기법, 융합기법

2002년 이후 연구 작품

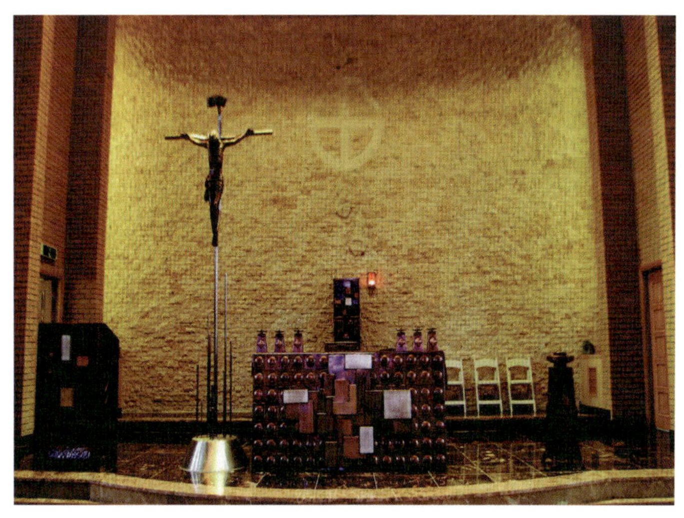

〈그림 164〉 서곶성당 제대성물, 2003, 적동, 백동, 황동

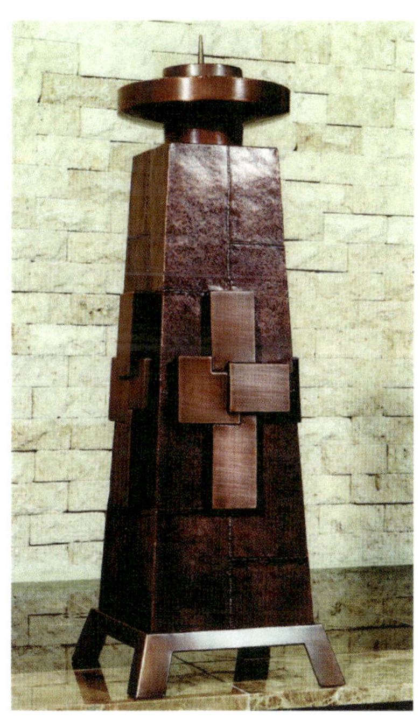

〈그림 165〉 부활 촛대, 2003, 적동, 황동

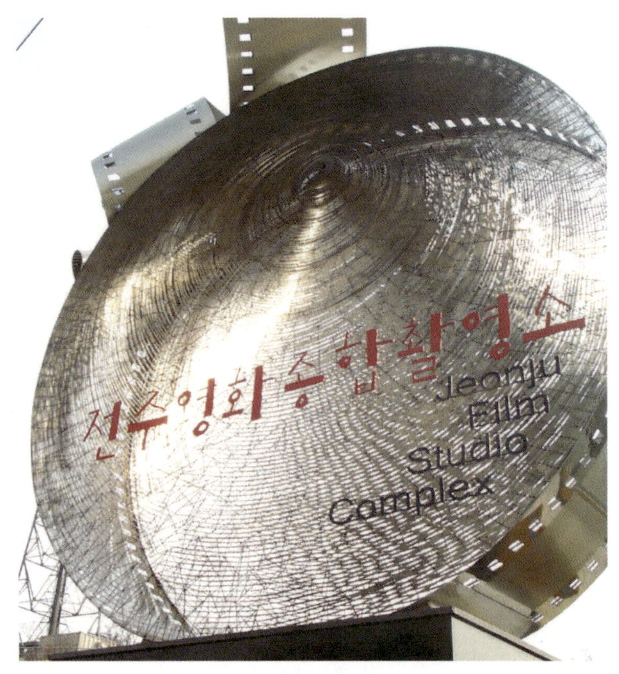

〈그림 166〉 전주영화종합촬영소 조형물, 2007, 스테인리스 스틸

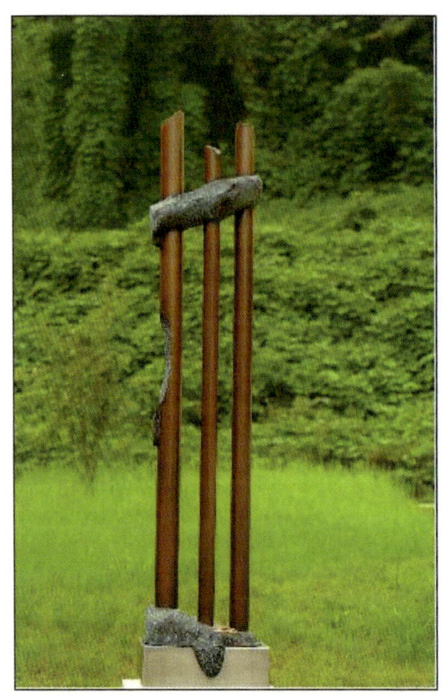

〈그림 167〉 청주국제공예비엔날레, 2007,
적동, 백동, 금

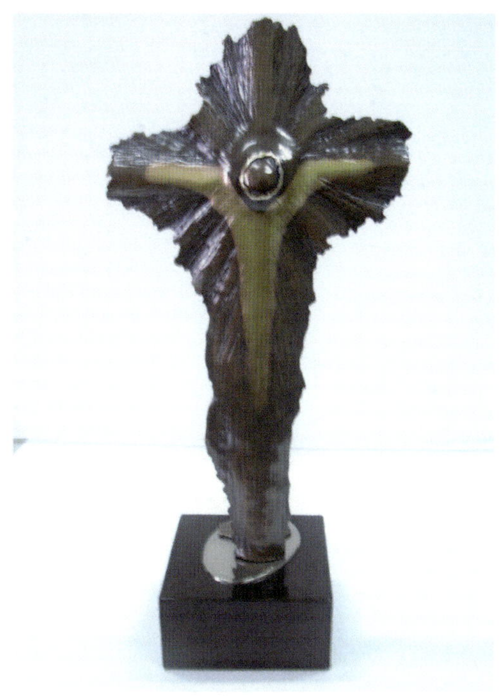

〈그림 168〉 인헌동 성당 제대고상, 2008,
적동, 백동, 금

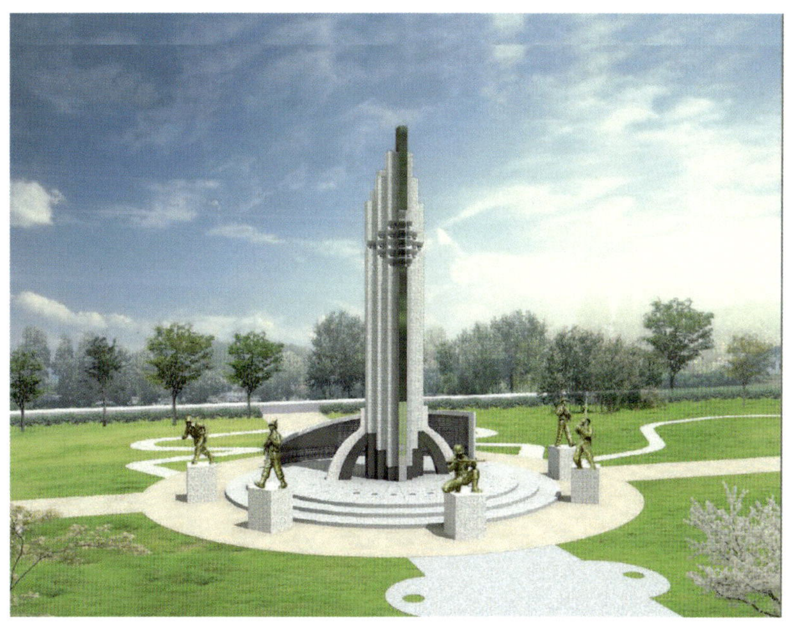

〈그림 169〉 월남참전기념비, 2008, 화강암, 오석, 브론즈, 스테인리스 스틸

참고문헌

〈금속조형디자인〉

홍정실, 유기, 대원사, 1990.

전용일, 금속공예기법, 디자인 하우스, 2000.

한국동기술연구센터, 제4회 동기술연구세미나, 성균관대학교, 2000.

산업자원부기술표준원, 제5회 동기술세미나, 자원부기술표준원, 2000.

한국동기술연구센터, 동기술연구세미나, 안산중소기업진흥공단, 1999.

동 및 동합금연구회, 제6회 동기술세미나, 성균관대학교, 2001.

한국동공업협동조합, 동기술연구회지, Vol.14 No.1, 2000.

_________________, 동기술연구회지, Vol.15 No.1, 2000.

_________________, 동기술연구회지, Vol.16 No.1, 2001.

양훈영, 신금속 재료학, 문운당, 2000.

이동우, 양백, 풍산금속소재기술연구소, 2000.

이난영, 고려시대의 금속공예, 호암미술관, 1995.

이호관, 한국의 금속공예, 문예출판사, 1997.

문화재청, 2000년 중요문화재 작품집, 2000.

임옥수, 중요무형문화재지정 조사보고서, 문화재청, 2000.

　　　　백동연죽장, 민속원, 2007.

박용진, 신편기계 금속재료, 성안당, 1979.

이종남, 주조공학, 문운당, 1982.

염희택, 신편주조공학, 문운당, 1983.

엄준상, 금속공예, 미진사, 1984.

이난영, 한국고대금속공예연구, 일지사, 1992.

황수영, 고려청동은입사 향완의 연구, 동국대불교문화연구소, 1963.

이난영, 한국 고대의 금속공예, 서울대학교 출판부, 2000.

송응성·최주역, 천공개물, 전통문화사, 1997.

박종우, 용접공학, 일진사, 1987.
노태천, 한국고대야금기술사연구, 학연문화사, 2000.
최선철, 용접해설, 성안당, 1978.
한국산업인력관리공단, 용접일반이론, 1993.
한국산업인력관리공단, TIG용접실기, 1993.
한국공예가회, 금속분과 '83 워크샵 세미나, 서울대학교 미술대학 금속공예실,
        1983.7.14 - 15.
홍승남, 용접과 절단, 예경, 1997.
임옥수, 현대 금속공예에서의 형질변환에 관한 연구, 한국디자인학회, 2000.
______, 복식에서의 장신구 역할 및 미적 기능성에 관한 연구, 한국공예학회, 2000.
______, 현대금속공예에 있어서 물질언어의 해석학적 분석연구, 한국디자인학회,
        2001.
______, 현대금속공예작품의 기호학적 분석 연구, 한국공예학회, 2001.
______, 동양 3국의 전통동합금에 관한 비교연구, 한국디자인학회, 2003.
______, 전라북도의 전통금속공예연구, 한국공예학회, 2005.
______, 성서에 있어서 금속의 상징성에 관한 연구, 2008.

〈신화 & 설화〉

김무조, 한국신화의 원형, 신지서원, 1996.
박용순, 역사속에 숨겨진 우리 옛이야기, 박우사, 1999.
벌빈치(Thomas Bulfinch), 김창수 역, 그리이스 로마신화, 삼성당, 1974.
불트만, 유동식 역, 예수그리스도와 신화론, 세종출판공사, 1974.
선정규, 중국신화 연구, 고려원, 1996.
이은봉, 단군신화 연구, 온누리, 1994.
이종섭, 페르시아 신화, 글사랑, 1995.
진성기, 탐라의 신화, 평범사, 1980.

〈일반〉

김상환, 현대비평과 이론, 탈현대사조의공과, 1997, 봄여름통권 13호.
김수현, 미술과 정신분석학, 미술, 진리, 과학 내, 재원, 1996.
박영원, 박사학위청구논문, 시각적 유머의 생산과 의미작용에 관한 연구, 홍익대학교

대학원, 2001.

박기웅, 박사학위청구논문, <u>20세기 후기 회화에 있어서 해체적 방법</u>, 홍익대학교 대학원, 1999.

이영희, 박사학위청구논문, <u>고신라 금속공예의 누금세공기법 연구</u>, 이화여자대학교 대학원, 1997.

이춘섭, 박사학위청구논문, <u>20세기 후기 실내디자인의 표현적 특성에   관한 연구</u>, 홍익대학교 대학원, 1988.

손연석, 박사학위청구논문, <u>한국 산업 도자에 있어서 모듈변화의 실측 연구</u>, 홍익대학교 대학원, 2000.

추원교, 박사학위청구논문, <u>한국여성장신구의 형성과정과 조형성연구</u>, 한양대학교 대학원, 1989, 12.

정신우, <u>비철금속의 적층기법을 이용한 목리문의 표현 연구</u>, 홍익대학교 석사논문, 1988.

이재언. <u>공예작품의 언어적 측면과 해석의 문제</u>, 월간공예, 1988, 11월호

<u>이우환</u>, Tokyo Gallery, Gallery de Paris, Gallery M, Hyundai Gallery, etc Cataogue, Tokyo, Paris, Korea, 1985.

임영방·<u>이우환,</u> 국립현대미술관, 1994.

유재길, <u>서양미술사</u>, 조형사, 1996.

<u>월간공예</u>, 디자인 하우스, 1988/6월호.

이광래, <u>해체주의란 무엇인가?</u> 교보문고, 1993.

베르나르 투생, 윤학로 역, <u>기호학이란 무엇인가</u>, 청하출판사, 1987.

쟝마리 플로슈, 박인철 역, <u>조형기초학</u>, 한길사, 1994.

사도후지, 김복영 역, <u>미와 조형의 심리학</u>, 조형사, 1994.

쥬디스 윌리엄슨, 조병량 역, <u>광고기호론</u>, 열린책들, 1985.

김상환, <u>해체론 시대의 철학</u>, 문학과지성사, 1996.

______, <u>해체론 시대의 예술</u>, 문화와사회, 1996.

김광명, <u>삶의 해석과 미학, 해석과 해체</u>, 문화사랑, 1996.

리차드 팔머, 이한우 역, 해석학이란 무엇인가, 문예출판사, 1993.

지그문트 프로이트, 정장진 역, 예술, 문학, 정신분석, 열린책들, 1996.

로버트 그린, 강미경 역, 유혹의기술, 이마고, 2002.

윤익명, 도상해석과 조형분석, 재원, 1998.

루돌프 아른하임, 정용도 역, 중심의 힘, 눈빛, 1995.

지그문트 프로이트, 김인순 역, 꿈의 해석, 열린책들, 1996.

〈외국서적 및 역서〉

別技筆彦, <u>服裝の 地理</u> 玉川大學出版部, 1975.

海野弘, <u>宝飾の 文化史</u> 筑摩書房, 1993.

原田叔人, <u>古代人の 化粧と 裝身具</u>, (株)刀水書房, 1987.

新山榮郎外, <u>古文化財の 科學</u>, 30-33号, 日本文化財科學研究會, 1985-1988.

村上陽太郎, <u>銅および 銅合金の 基礎と 工業技術</u>, 日本伸銅協會, 1988.

中谷昭子, <u>黑色銅合金の 色調について</u>, 文化女子大學 論文 第20集.

水野淸一, <u>考古學辭典</u>, 東京創元社, 1974.

田長澈, <u>中國金屬技術史</u>, 四川科學出版, 1988.

馬承源, <u>中國靑銅器</u>, 上海古籍出版社, 1992.

材上隆, <u>金屬文化財の色と材質に關する研究</u>, 東京藝術大學 保存科學科 博 士 論 文, 1988.

新山榮郎, <u>彫金, 鍛金の 技法</u>, 日本金工作家會編, 1978.

진크스 맥그레이스/최승욱 옮김, <u>장신구 제작기법</u>, 예경, 2001.

伊藏廣利, <u>국제금속공예 워크샵 및 세미나</u>, 원광대학교, 1995.

宮下考雄編, <u>新版 デザインハンドブック</u>, 朝倉書店, 1996.

<u>日本新工藝展圖錄 15回-19回</u>, 社)日本新工藝家聯盟, 京都書院, 1993-1997.

David Watkins, <u>The Best in Contemporary Jewellery</u>, Rotovision, 1993.

Faulkner, Trevor, <u>Direct Metal Sculpture</u>, Thames and Hudson, London, 1978.

Kronquist Emil F. <u>Metalwork for Craftmen,</u> A Step by Step Guide with 55 Projects, Dover Publications, Inc., Newyork, 1972.

Loyen, Frances, <u>Silversmithing</u>, Thames and Hudson, London, 1980.

McCreight, Tim, <u>Jewelry</u>, Fundamentals of Metalsmithing, Hand Books Press, Madison, Wisconsin, 1997.

Metal Smith, a publication of SNAG, <u>the Organization for jewelers, designers and metalsmiths,</u> volume 19-20, 999-2000.

Scott, Peter, <u>Metalworking</u>, The Thames and Hudson Manuals, General Editor: W. S. Taylor, London, 1978.

Smith, Edward Lucie, <u>The Story of Craft,</u> Phaidon Press Limited, Oxford, 1981.

Somani, Luisa & Cerritelli Claudio, <u>Jewelry by Artist in Italy</u> 1945-1955, Electa/Gingko, 1995.

Untracht Oppi, <u>Jewelry Concepts and Technology,</u> Doubleday & Company, Inc., Garden City, New York, 1982.

Adams, Laurie Schneider, <u>Art and Psychoanalysis,</u> Library of Congress Cataloging -in Publication Data, New York, 1993.

Ayer, A. J., 서정선 역, <u>흄의 철학</u>, 서광사, 1987.

Chaney, David, <u>the Cultural turn</u>, Scene－setting Essays on contemporary Cultural History, Routledge, London and Newtork, 1994.

Coelho, Paulo, 염동하 옮김, <u>연금술사</u>, 고려원, 1993.

Coudert, Allison, 박진희 옮김, <u>Alchemy: The Philosopher's Stone</u>(연금술 이야기), 민음사, 1995.

Featherstone, Mike, <u>Undoing Culture</u>, Globalization, Postmodernism and Identity, SAGE Publications, London, 1997.

Harten, Doreet LeVitte, <u>Anselm Kiefer</u>, Lilith, Canticle for a God Unknown, Marian Goodman Gallery, 24 West 57th Street, New York, 1991.

Hayes, Chalton J. H, 김종순 역, <u>물질주의 세대(1871－1900)</u>, 덕성 여대출판부, 1982.

Hughes, Henry Meric ,<u>Tony Cragg</u>, XLⅢ, Biennale Di Venezia, 26 June－25 September 1988 British council,

Jump, John D. <u>Primitivism</u>, the Critical Idiom, Methuen & Co Ltd 11 New Fetter Lane, London EC4, 1972.

Meyer, Eva, <u>Joseph Kosuth</u>(Eine Grammatische Bemerkung/A Grammatical Remark), Edition Cantz, The Proposition of the Picture, 1992.

Palmer, Richard E, 이한우 역, <u>해석학이란 무엇인가</u>, 문예출판사, 1993. <u>Schmuck magazine</u>, classic. Art. Design Jan, 2000.

Smith, Edward Lucie, 이대일 역, <u>상징주의 미술(Symbolist Art)</u>, 열화당, 1996.

Wingert, Paul S. <u>Primitive Art</u>, Its Tradition and styles, New American Library, New York, 1974.

Maxwell－Hyslop, <u>Western Asiatic Jewellery</u>, London, 1971.

<u>Metal Smith</u> Vo.20, No.2, Spring, 2000.

Webster, <u>New world Dictionalry of the American Language</u>, Koreaone Press, 1992.

<u>Nouvel Object</u>, 디자인 하우스, 1997－2001.

Tim McCreight, <u>Jewelry, Fundamentals of Metalsmithing</u>, Hand Books Press, 1997.

Peter Dormer＋Ralph Turner, <u>The New Jewelry, Trends＋Traditions</u>, Thames and Hudson, 1994.

Möbel Schmuck und Gerät Keramik, <u>Zeitgen ssisches deutsches Kunsthandwerk, 5.Triennale 1990/1991</u>, Prestel－Verlag, 1990.

Davira S. Taragin, <u>Contemporary Crafts and the Saxe Collection</u>, Hudson Hills, New York · The Toledo Museum of Art, 1993.

Peter Scott, <u>Manual of Metalworking,</u> Thames and Hudson, 1984.

Luisa Somani & Claudio Cerritelli, <u>Jewelry by Artists in Italy 1945 – 1995,</u> Electa/Gingko, 1995.

Hermann Schadt, <u>Gold smiths' Art, 5000 Years of Jewerlry Hollowware,</u> Arnoldsche, 1996.

Sharr Choate, <u>Creative Casting, Jewelry · Silverware · Sculpture, Crown Publishers,</u> Inc., New York, 1986.

Philip Morton, <u>Contemporary Jewerlry,</u> Holt, Rinehart and Winton/New York, 1979.

Trevor Faulkner, <u>Direct Metal Sculpture,</u> Thames and Hudson, 1978.

Frances Loyen, <u>Silversmithing,</u> Thames and Hudson, 1980.

Marcia E. Vetrocq, Knot, Glitter and Funk(Linda Benglis), <u>Art in America,</u> Dec. 1991.

Joseph James Akston, <u>Robert Ryman, Arts magazine, march 1971 Volume 45, No.5,</u> p.98, Jonathan Fineberg, <u>Art since</u> 1940, <u>Laurence King,</u> 2000.

Ayer, A. J., 서정선 역, <u>흄의 철학, 3. 물체와 자아,</u> 서광사, 1987.

Janet Kopolos, <u>June schwarcz'color structures,</u> Metalsmith, vol.19 #3m summer 1999.

김홍자, <u>Nouvel Shirk Helen,</u> 디자인하우스, 1997.

Helen Shirk, <u>Metal Smith, vol.20,</u> Number 4, 2000.

Cathleen Mccarthy, <u>Marne Ryan, Divine providence, ornament 16(4),</u> 1993.

<u>Metal Smith,</u> 2000, April.

Dona Meilach, <u>Iron work, N. Y. Crown Pub,</u> Inc, 1970.

Oppi Untracht, <u>Jewelry concept & Technology,</u> Noy, Doubleday & Co.Inc, 1982.

<u>Metal Smith, vol.20,</u> No.2, Spring, 2000.

M. Gottidiener, <u>Postmodern Semiotics, Oxford & Cambrielge</u> U.S.A, 1995.

Paul Crowther, <u>Beyond Art & Philosophy, Art & Design</u> vol.4, No.3/4, 1988.

<부록> 금속기술용어 해설

결정입도(結晶粒度, Grain Size)

결정이란 원자가 규칙적으로 배열된 다면체로서 금속은 이 같은 결정의 집합체로서 되어 있다(일반적으로 다결정체로 부른다.). 결정의 크기가 0.1㎜ 정도이면 육안으로 볼 수 있으나(Macro 조직), 결정이 0.1~0.001㎜의 것은 현미경이 아니면 볼 수 없다(Macro 조직). 이처럼 하나의 결정의 크기를 ㎜로 표시한 것이 결정입도이다. 이 결정입도는 금속재료의 강도, 방향성, 성형성, 외관 등에 크게 영향을 미친다.

경수(硬水, Hard Water)

Ca 염류 및 Mg 염류를 비교적 다량 함유한 천연수를 말한다(반대로 적게 함유한 물은 연수(軟水 Soft Water)라 한다.). 수중에 용해된 $CaSo_4$, $Ca(HCO_3)2$, $MgSO_4$, $Mg(HCO_3)2$가 많을수록 수중의 Mg, Ca 이온은 많게 된다. 물 100cc 중에 함유한 CaO 1㎎을 1도로 하며 MgO는 $1.4MgO = 1CaO$의 비율로 환산하여 이 합을 물의 경도로 하여 10도 이하를 연수(軟水), 20도 이상을 경수(硬水)라 한다. 구미에는 경수가 많고 한국은 연수가 많다. 경도가 높으면 배관 계통에서 Scale 발생의 원인이 되며 부식을 촉진한다.

광휘소둔(光輝燒鈍, Bright Annealing)

금속을 보호분위기(환원성 또는 불활성 분위기) 또는 진공 중에서 소둔하는 것으로 표면의 산화와 탈성분을 방지하여 표면 광택을 유지하는 열처리를 말한다.

궤식(潰蝕, Erosion)

유동하는 환경물질(물, 토사 등)에 의하여 금속이 물리적으로 마모되는 것. 이 것에 의하여 표면에 보호 피막이 파괴되면 부식 속도가 급격히 증대한다. Erosion에 의하여 가속된 부식을 Erosion Corrosion이라 한다.

납땜(Soldering)

납땜은 납땜재의 용융온도에 따라 2종으로 대별된다.

1) 연납땜(Soft Soldering 또는 Soldering)

450℃ 보다 낮은 용융점을 갖는 납땜재를 사용하여 모재를 용융시키지 않고 접합하는 것으로 Pb – Sn, Pb – Sn – Sb, Pb – Sn – Cd, Zn – Cd 등의 납땜 Solder 가 있다. 가장 일반적인 것은 Pb – Sn으로 KS 규격에서는 95Sn에서 2Sn까지 15 종류가 있다. 용제로는 $ZnCl_2$, NH_4Cl 등의 산성수용액, 또는 그러한 약품과 송 진의 혼합물 등을 사용한다. 다음 표는 Pb와 Sn의 비율에 따른 용융점이다.

2) 경납땜(Hard Soldering 또는 Brazing)

450℃ 이상의 용융점을 갖는 납땜재를 사용하여 모재를 용융시키지 않고 접 합하는 것으로 동납, 은납, 황동납, 니켈납 등이 있다.

Pb%	Sn%	고상선온도 ℃	액상선온도 ℃
70	30	183	258
60	40	183	238
50	50	183	215
40	60	183	190

녹청(綠靑, Patina, Verdigris)

동 및 동합금에 생기는 녹색의 산화 생성물로서 전면에 균일하게 발생하면 보 호 피막이 되지만 점상(點狀)이면 공식(公式, Pitting Corrosion)의 원인이 된다. 염 기성초산동 $Cu(CH_3CO_2) \cdot CuO \cdot 6H_2O$, 염기성유산동 $CuSO_4 \cdot 3Cu(OH)_2$, 염기성 탄산동 $CuCO_3 \cdot Cu(OH)_2$, 염기성염화동 $CuCl_2 \cdot 3Cu(OH)_2$ 등이 알려져 있다.

지금까지 녹청은 유해한 것으로 알려져 있으나 최근에 녹청은 불용성으로 독 성이 없는 것으로 입증되었다.

드로잉(Drawing)

판재의 Press 성형가공의 하나로서 Cup, 통상(筒狀)의 제품을 만드는 데 이용된다.

방향성(方向性, Orientation Property)

금속의 특정 방향에 따라 물리적, 기계적 성질 등이 다른 상태로 이방성(異方性, Anisotropy) 상태의 것을 말하며, 드로잉가공 시 Earing이 발생한다.

부식(腐蝕, Corrosion)

주위 환경 물질에 따라서 화학적 또는 전기화학적으로 침식되는 현상

블로우 홀(Blow Hole)

주조 시에 응고과정에서 방출된 가스가 완전히 빠져나가지 못하고 주물에 남아 있는 기포, 이것의 작은 것은 Pin Hole이라 부른다.

블리스터(Blister)

주조 시에 포함된 가스가 압연, 인발 등에서 압축된 후 소둔공정에서 팽창하여 표면에 부풀어 올라온 현상. 또한, 압출공구에 부착된 기름이 제품 내에 권입한 후 가스화하여 표면을 부풀게 하는 것도 있다.

석출경화(析出硬化, Precipitation Hardening)

과포화 고용체에서 어떤 원소와 금속 간 화합물 등의 다른 상이 석출함으로써 일어나는 경화 현상

선택부식(選擇腐蝕, Selective Corrosion)

합금 성분이 선택적으로 부식되는 현상. 또한, 금속조직의 불균일에 의하여 어떤 부분이 선택적으로 부식되는 것.

황동의 탈아연, 알루미늄황동의 탈알루미늄 등.

소둔(燒鈍, Annealing)

압연, 단조, 인발, 성형 등의 가공을 상온에서 계속하면 가공경화에 의하여 더 이상 가공이 어렵게 된다. 이같이 가공 경화된 상태를 적당한 온도로 가열함으로써 가공 전의 상태로 회복시키는 열처리를 소둔이라 한다. 소둔처리는 목적에 따라 냉간 가공성의 개선, 경도저하, 결정입의 조정, 내부응력의 제거 등 기계적, 물리적 성질을 개선할 수 있다.

소성가공(塑性加工, Plastic Working)

하중을 가하여 탄성한도를 초과하여 변형시키면, 하중을 제거하여도 그 변형의 일부는 그대로 남는다. 이 성질을 이용하여 필요한 형상과 치수를 얻기 위하여 행하는 가공을 말한다. 특히 재결정온도 이상의 고온에서 행할 경우 열간 가공(Hot Working)이라 하며, 상온에서 행하는(재결정온도 이하) 가공을 냉간가공(Cold Working)이라 한다.

수소취화(水素臭化, Hydrogen Embrittlement)

Tough pitch 동처럼 90ppm 이상의 산소를 함유한 동은 환원성 분위기에서 400℃ 이상으로 가열하면 Cu 중에 미량으로 존재하는 Cu_2O가 환원되어 아래 반응식과 같이 수증기가 발생되어 이 수증기의 증기압에 의하여 Cu의 입자가 확대되어 균열을 일으켜 Cu가 취화한다.

$$Cu_2O + H_2 \rightarrow 2Cu + H_2O$$

스킨패스(Skin Pass)

극히 적은 압연율로 가공하는 압연을 말하며, 제품의 표면 광택을 증대하기 위하여 사용된다.

시효(時效, Aging)

급냉 또는 냉간가공 후 시간의 경과에 수반하여 성질이 변하는 현상. 실온에서 진행할 경우 자연시효(Natural Aging)라 하며, 실온 이상의 적당한 온도에 가열할 경우 인공시효(Artificial Aging)라 한다.

시효경화(Age Hardening)는 금속이 시효로 경화하는 현상이다.

IACS(International Annealed Copper Standard)

표준연동을 100으로 하여 각 재료의 전기전도도를 백분율로 나타낸 것을 말한다. 표준연동은 비중 8.89, 길이 1m, 단면적 1㎟의 전기저항이 20℃에서 0.017241Ω㎟/m인 것을 기준으로 한다. 도전율은 온도와 함께 변화한다.

온도와 도전율의 변화(TCu의 예)

온도℃	-200	-100	20	100	200	400
도전율%	809	196	100	78	60	40

AI - Brass

Cu 76-79%, Al 1.8~2.5%, 나머지 Zn의 합금. 가공성이 양호하며, 값싸고 내식성이 크므로 Condenser관, 열교환기 등에 사용되고 있다.

알파상(α相, αPhase)

합금에서 성분과 온도가 변하면 각각 다른 성질을 나타내는 상(相)이 나타난다. 예를 들면, Cu-Zn 이원계에서 Zn이 약 38% 이하면 Zn이 약 45% 이상의 합금에서는 전혀 다른 성질을 나타내며, 이처럼 다른 상을 각각 α, β, γ, …… 등으로 나타낸다. Cu-Zn 합금에서 가장 많이 이용되는 α상(α Brass)은 열간 가공성은 다소 떨어지지만 냉간 가공성은 대단히 우수하다. β상(β Brass)은 열간 가공성은 대단히 우수하지만 냉간에는 가공성이 나쁘다. 따라서 β 단상 Brass는 신동재로 이용되지 않는다. 중간의 α+β Brass는 α Brass의 전연성과 β상의 강인성을 겸한 성분을 갖고 있다.

어드미랄티 Brass(Admiralty Brass)

Sn을 함유한 70/30 Brass로서 해수, 염수에 대하여 내식성이 우수하여 복수기관, 증발기관, 냉동기관에 사용된다.

에릭슨 시험(Erichsen Cupping Test)

판의 드로잉성 시험의 하나로서 직경 20mm의 Punch로 압입하여 Crack이 발생한 시점에서 Punch 선단의 거리(mm)로서 나타낸다.

SCR 법(Southwire Continuous Rod Process)

종래는 Tough Pitch 동을 열간 압연하여 황인동선(荒引銅線)을 제조해 왔으나, Southwire사가 연속주조압연으로 황인동선 제조법을 개발했다. 이 제조법의 특징은 대형 Coil이 가능하며, Tough Pitch 동이지만 선재 중의 Cu_2O 입자가 미세하고 분포가 균일한 것이다.

제조공정은 Shaft 용해로 → Holding로 → 연주기 → Tandem 열간연속압연기 → 산세 → 권취기로 일괄작업으로 되어 있다.

영율(Young's Modulus)

인장 또는 압축력을 받을 경우 비례 한도 내에서는 응력과 변형의 비율은 일정하며, 이때의 응력을 변형으로 나눈 값을 말한다.

오렌지 필(Orange Peel)

결정입이 조대한 재료를 냉간가공하면 재료 표면이 오렌지 껍질처럼 거친 현상이 나타난다. 이 거친 정도는 결정입도에 비례하는바, 0.05mm 이하의 것을 사용하는 것이 좋다.

위스커(Whisker)

용액, 증기, 고상 등에서 성장하는 직경 수 미크론, 길이 수밀리미터의 침상 또는 모발상의 단결정으로 완전결정의 이론적 강도에 가까워 주목되고 있지만, 실용화에는 많은 문제가 있다. 주석 도금한 부품을 장기 보관하면 위스커가 발생되어 전자기기 부분 등에서 회로 단락을 일으키기도 한다.

유도가열(誘導加熱, Ineuction Heating)

변압기와 같은 원리로서 금속을 가열하는 것으로 유도 Coil을 1차 측으로 하고, 가열하는 금속을 2차 측으로 하여 1차 측에 전류를 통하면 2차 측 금속 표면에 유도전류가 생겨 금속이 가열된다. 그 속의 용해, 열처리, 납땜 등의 가열에 이용되며, 사용 주파수로 구별하면 다음과 같다.

저주파: 50, 60㎐
중주파: 150∼180㎐
고주파: 1,000∼500,000㎐

응력부식균열(應力腐蝕龜裂, Stress Corrosion Cracking)

응력을 받은 금속이 어느 기간 부식성의 분위기에 노출되면 국부적으로 균열이 발생한다. 이것은 응력과 전기화학 부식의 상호작용에 의해서 생기는 현상으로 가장 응력 부식 균열을 일으키기 쉬운 환경은 암모니아 또는 그 유도체가 존재하는 것으로 산소, 탄산가스, 습기는 이 현상을 촉진한다. 황동의 응력부식균열의 경향은 Zn%에 따라 큰 차이를 나타내며, 30∼40% Zn에서 최대 감도를 나타낸다. 다음은 감수성이 큰 순서이다.

1. Cu 85% 이하의 황동
2. Cu 85% 이상의 단동, Al－bronze, 양백, 인청동
3. 인탈산동
4. 백동, Tough pitch 등
   방지법으로서는 응력제거 소둔(Stress Relief Annealing)처리를 행한다.

자유단조(自由鍛造, Free Forging)

금형을 사용하지 않는 단조법. Press에 의한 단련(鍛鍊)으로 소재의 주조조직(조대한 수지상정)을 파괴하여 강인한 조직(섬유상정)으로 바꾸어 주는 것을 목적으로 한다.

잔류응력(殘留應力, Residual Stress)

외력을 제거한 후에 금속 내부에 있는 응력으로서, 내부응력이라고도 한다. 잔류응력은 냉간가공 시에 불균일한 소성변형에 의하여 발생한다(판압연의 경우 표면에 압축응력, 중심부에 인장응력 발생).

재결정(再結晶, Recrystallization)

냉간가공 등에서 소성변형을 받은 결정이 적당한 고온으로 소둔하면, 내부응력이 감소하는 과정(회복)에 이어, 변형이 남아 있는 원래의 결정입에서 내부변형이 없는 새로운 결정핵이 발생하며, 이 핵은 점차 성장하여 원래의 결정입과 치환하는 현상을 재결정이라 한다. 재결정 후에도 가열을 계속하면 각 결정입자의 사이에서 성장이 일어나 평균 결정입도(Grain Size)가 증대한다. 재결정 온도는 금속 및 합금의 순도 또는 조성, 결정 내의 소성변형의 정도, 가열시간에 따라 변화한다.

전기동(電氣銅, Electrolytic Copper)

조동(粗銅)을 양극, 순동의 박판을 음극으로 하여 $CuSO_4$의 황산용액을 전해액으로 전해하면 음극에 Cu가 부착하고, 양극의 조동은 용해되어 나온다. 이처럼 음극에 전착된 Cu를 전기동이라 하며, 99.98% 이상의 품위가 있다.

절삭성(切削性, Machinability)

피가공재가 절삭가공을 받을 경우 절삭 용이도를 나타내는 성질, 재료의 화학성분, 열처리, 조직, 가공조건 등에 따라 다르며, 재료가 일정하면 ① 절삭소요동력의 대소, ② 피니시 면이 좋은가 나쁜가, ③ 절삭공구의 종류 등에서 결정된다.

청수(靑水)

"물이 파란 감이 있다.", "타월이 옅은 청색으로 되었다." 이 같은 예는 상수도 수질에도 문제가 있지만, 동관 내부에 산화막이 형성되지 않은 경우 미량의 용출된 동 이온이 석검과 암모니아 등의 물질과 반응하여 청색으로 보이기 때문이다. 수돗물을 컵에 받아서 파랗게 느껴지는 경우는 동 이온이 1000pm 이상 함유되어 있는 것으로 평상의 수돗물에서는 있을 수 없다.

청수가 발생하는 것은 배관 직후가 많고, 동 표면에 보호피막이 형성될 때까지 나타난다. 통상 사용 개시 후 반년 후에는 청수의 문제는 없게 된다.

충격시험(衝擊試驗, Impact Test)

일정한 중량의 진자(振子)로 시험편을 타격하여 진자의 반발 높이를 구함으로써 위치에너지의 차를 시험편의 타격에 소용된 흡수에너지로 한다. Izod와 Charpy test가 있다.

콜손합금(Corson Alloy)

Cu – Ni 합금에 소량의 Si을 첨가한 합금.

C 합금으로도 불리며, 인장강도, 도전율이 높기 때문에 長거리 전화선과 송전선에 사용된다.

크리프(Creep)

통상 탄성한계 이하의 응력이 장기간 작용하고 있어도 그간에 특별한 변화가 일어나지 않지만, 고온에서는 탄성한계 이하의 낮은 응력이 작용하고 있는 경우에도 장시간에 걸쳐 변형이 진행된다. 예를 들면, 70/30 황동은 150℃에서 3 kg f/㎟의 하중에서 최소 0.02%의 연신을 나타내지만 5,000시간 후에는 0.045%의 연신으로 증대한다. 이처럼 일정 응력에서도 점차 변형이 진행되는 현상을 크리프라 한다.

일정시간(예를 들면 1,000시간)에 크리프에 의하여 파단에 이르는 응력을 크리프 파단강도(Creep Rupture Strength)라고 한다.

타발(打拔, Blanking)

프레스를 이용한 전단가공 중에 가장 널리 이용되는 가공법이다.

판 또는 조의 소재로부터 필요한 형상의 제품을 금형을 사용하여 따내는 것으로 전기, 전자용 부품, 주화용 소전, 일용품 등의 제조에 널리 이용된다.

탈아연(脫亞鉛, Dezincification)

합금 중의 Zn 성분만이 선택적으로 용출하는 현상으로 황동의 경우 해수 중에서 특히 40℃ 이상의 온도에 노출되면 표면의 Zn이 용출하여 해면(海綿)상으로 부식한다. 또한 400℃ 이상으로 가열했을 경우에도 발생한다(고온 탈아연 현상).

편석(偏析, Segregation)

용융금속이 응고할 때 액상선과 고상선의 온도차, 액체에서 고체로 될 때까지의 냉각속도, 혹은 성분 금속의 비중차 등으로 최초에 응고된 부분과 나중에 응고된 부분의 조성이 다르게 되어 응고 후 합금 전체는 균일한 상이 되기 어렵다. 이 같은 합금 원소와 불순물의 불균일 분포를 편석이라 한다.

표면조도(表面組度, Surface Roughness)

재료 표면의 거칠기를 말하며, 표면조도 측정기를 이용하여 측정한 각 부분에서의 최대높이(Rmax.), 10점 평균조도(Rz) 및 중심선 평균조도(Ra)의 각각의 산술 평균값으로 하여 그 값을 미크론 단위로 나타낸다.

피로(疲勞, Fatigue)

재료에 시간적으로 변화하는 응력(반복응력)이 작용하면 일정한 응력이 작용했을 때보다도 강도가 저하하는 현상이다. 피로시험의 결과를 Y축에 응력 S, X축에 파괴할 때까지의 반복횟수 N으로 표시한 것을 S-N곡선이라 한다. 또한, 반복응력으로 인하여 재료가 파괴될 때까지의 반복횟수 또는 시간을 피로수명(Fatigue Limit)이라고 한다. 부식성 분위기에 재료를 노출시킬 경우 피로한도는 급격히 저하하는바(부식 피로) 부식성 분위기에서 반복응력을 받는 경우에는 내식성 재료를 사용할 필요가 있다.

항복점(降伏點, Yield Strength)

응력의 증가가 없음에도 변형이 증가할 때의 응력으로서 응력-변형 곡선의 구배가 '0'으로 되는 지점에 상당한다. 신동품은 이 점이 나타나지 않으므로 전연신율 0.5%에 상당하는 응력을 시험편 원단면적으로 나눈 값으로 한다.

형단조(型鍛造, Die Forging)

제품의 형상을 조각한 금형에 소재를 넣어 금형의 외측으로부터 힘을 가하여 금형과 동일한 제품을 만드는 단조법으로 주물에 비하여 조직이 강인하고 품질의 균일성, 양산성 등에서 매우 유리하다.

임옥수林玉洙, Lim ock soo

▌약 력

전라북도 김제시 출생
홍익대학교 미술대학공예과 졸, 동대학원 미술학박사
대한전선(주) 상품개발부 디자이너
일본 International Jewelry Art School 수료
동경예술대학 단금과 객원연구원 역임
대한민국 미술대전 운영위원, 심사위원 역임
청주국제공예비엔날레운영위원, 심사위원, 초대작가
문화재청 문화재전문위원, 전라북도 문화재위원장
한국조형예술학회 회장 역임
저서 산업디자인표현기법 및 논문 20여 편, 금속조형개인전 13회
현재, 전주대학교 예체능대학학장 및 디자인학부 교수
        한국조형디자인학회 회장

조형디자이너를 위한
금속조형해석론

초판인쇄 | 2010년 3월 31일
초판발행 | 2010년 3월 31일

지 은 이 | 임옥수
펴 낸 이 | 채종준
펴 낸 곳 | 한국학술정보㈜
주   소 | 경기도 파주시 교하읍 문발리 파주출판문화정보산업단지 513-5
전   화 | 031) 908-3181(대표)
팩   스 | 031) 908-3189
홈페이지 | http://www.kstudy.com
E-mail | 출판사업부 publish@kstudy.com
등   록 | 제일산-115호(2000. 6. 19)

ISBN 978-89-268-0814-6 13630 (Paper Book)
      978-89-268-0815-3 18630 (e-Book)

이담 Books 는 한국학술정보(주)의 지식실용서 브랜드입니다.